Joseph Schumacher

Esoterik – die Religion des Übersinnlichen

Joseph Schumacher

Esoterik – die Religion des Übersinnlichen

Eine Orientierungshilfe nicht nur für Christen

BONIFATIUS
Druck · Buch · Verlag
PADERBORN

Imprimatur. Paderbornae, d. 6. m. Maii 1994.
Nr. 2/A 58-22.3/352. Vicarius Generalis i. V. Dr. Schmitz.

Die Deutsche Bibliothek – CIP-Einheitsaufnahme

Schumacher, Joseph:
Esoterik – die Religion des Übersinnlichen : eine
Orientierungshilfe nicht nur für Christen / Joseph Schumacher.
– Paderborn : Bonifatius, 1994
ISBN 3-87088-819-9

ISBN 3-87088-819-9

Gesamtherstellung:
Bonifatius GmbH Druck · Buch · Verlag Paderborn

INHALT

ESOTERIK IN DER GESCHICHTE

EINFLUSSREICHE NEUERE ESOTERISCHE GRUPPIERUNGEN

VORWORT

Dieses Buch ist hervorgegangen aus einer Vorlesung, die ich im Wintersemester 1987/88 an der Freiburger Universität gehalten habe. Die Diktion und auch die Inhalte wurden so angelegt, daß ein breiterer Leserkreis danach greifen kann. Die behandelte Materie ist von existentieller Bedeutung für viele. Für das Christentum und die Kirche ist sie weithin eine Frage von Sein oder Nichtsein. Die Religion des Übersinnlichen bietet sich an als Alternative zum Christentum. Sie überzeugt viele, wenn auch nicht rational.
Das Buch will informieren und analysieren. Es will den Blick auf eine Religion richten, die uns in mannigfacher Gestalt in der Geschichte begegnet, heute aber mehr Menschen erreicht als je zuvor, mit der das Christentum und die Kirche sich auseinandersetzen müssen. Es will eine Hilfe dazu bieten, die eigene Position klarer zu erkennen, vernünftig zu durchdenken und werbend ins Licht zu rücken.
Mein besonderer Dank gilt an dieser Stelle Herrn Oberstudienrat Pfarrer Hans-Georg Allekotte aus Gelsenkirchen-Horst, der mit großem Interesse die Entstehung des Werkes begleitet und das Manuskript mitgelesen hat.

Freiburg i. Br., Ostern 1994.

Joseph Schumacher

EINLEITUNG

Gegensätze bestimmen unsere alltägliche Wirklichkeit. Auf der einen Seite beobachten wir einen mehr und mehr um sich greifenden religiösen Indifferentismus, auf der anderen Seite eine Zunahme des religiösen Interesses und der religiösen Aktivitäten. Einerseits scheinen der Atheismus und der Antitheismus das Feld zu beherrschen, andererseits gibt es eine wachsende Hinwendung zum Geheimnisvollen, zu dem, was unsere Erfahrungswirklichkeit übersteigt. Es begegnet uns heute so etwas wie ein neues Interesse für das, was diese unsere alltägliche Wirklichkeit übersteigt. Das führt jedoch weniger dazu, daß man sich den etablierten Glaubensgemeinschaften zuwendet. Größere Anziehungskraft haben esoterische Zirkel, hat esoterisches Denken und Handeln. Esoterische Gedanken und Praktiken sowie esoterische Gruppierungen gewinnen heute mehr und mehr an Bedeutung. Die Meditation, ungewohnte religiöse Übungen und der Okkultismus finden wachsenden Zuspruch. Gegenläufig zu einem um sich greifenden Rationalismus entfaltet sich ein unkritischer Irrationalismus, der sich allen möglichen Formen geheimer Weisheit zuwendet, der sich dem „rettenden Rezept" in die Arme wirft, ganz gleich, wie phantastisch oder skurril es sich darstellt. Eine Überspitzung der Vernunft und ein absolutes Vertrauen auf die Naturwissenschaften und die Technik stehen in einer unüberbrückbaren Spannung zu einem ebenso absoluten Vertrauen auf die Innenschau, die Spekulation und die subjektive Intuition, losgelöst von aller Wirklichkeit. Nicht selten begegnet uns diese Gegensätzlichkeit in ein und derselben Person.

Seit gut einem Jahrzehnt verbreiten sich in der westlichen Welt Heilslehren, Versenkungspraktiken und Geheimwissenschaften, die man schon lange für überwunden gehalten hatte, erhalten Zauberei und magische Praktiken einer vergangenen Epoche überraschende Aktualität. Man sucht Erleuchtung und Innerlichkeit, man hält Ausschau nach Bewußtseinserweiterung, das heißt „Veränderung des allgemeinen Wahrnehmungsbezugsrahmens",[1] wodurch angeblich zuvor nicht beachtete oder zuvor unbewußte Inhalte erkannt werden,[2] und erhofft davon eine Steigerung des Menschseins. Wer tiefer schaut, erkennt darin das vielfach angesprochene Unbehagen, das uns erfüllt angesichts der techni-

---

[1] E. Gruber, S. Fassberg, New-Age-Wörterbuch. 300 Schlüsselbegriffe von A-Z. Mit aktuellen Literaturhinweisen (Herderbücherei, Bd. 1310), Freiburg 1986, 23.

[2] Ebd.

schen Rationalität und der industriellen Zivilisation, die unser Leben beherrschen.
Oswald Spengler spricht in seinem Buch „Der Untergang des Abendlandes“[3] von einer „zweiten Religiosität“, die in Zivilisationen immer dann auftritt, wenn sie ihre Blütezeit überschritten haben und in den Zustand geschichtsloser Dämmerung eintreten. Diese zweite Religiosität ist allerdings eine wenig geordnete, sie ist vage und baut rein auf dem subjektiven Erleben auf. Sie ist bestimmt von den verschiedenen Formen der Esoterik, wie sie sich in den Jahrhunderten entfaltet hat. Man kann sie daher als die Religion des Übersinnlichen bezeichnen. Vieles spricht dafür, daß sie ein Abfallprodukt unserer sterbenden Kultur ist. Immerhin erkennen wir darin die Unfähigkeit des Menschen, auf die Dauer ohne religiösen Bezug zu leben. „Anima naturaliter christiana“, „die Seele ist natürlicherweise auf das Christentum ausgerichtet“, so sagten die Kirchenväter. Damit meinten sie die Ausrichtung des Menschen auf die Religion allgemein. Die Säkularisierung des modernen Lebens hat ein religiöses Vakuum hinterlassen, das auf die Dauer nicht zu ertragen ist. Das Alte und das Neue Testament erinnern uns daran, daß der Mensch nicht allein vom Brot lebt.[4] Er bedarf der Tiefendimension der Wirklichkeit. Wo der Glaube vertrieben wird, da nistet sich der Aberglaube ein. In kritischen Zeiten tritt an die Stelle der Religion die Parareligion, das religiöse Surrogat. Es ist verhängnisvoll, wenn die Offenbarung Gottes, wie sie der Kirche anvertraut ist, nicht mehr die Kraft hat, dem Menschen überzeugende Antworten zu geben auf seine tiefsten Fragen.

---

3 O. Spengler, Der Untergang des Abendlandes II: Welthistorische Perspektiven, München 1922, 382f.; vgl. ders., Der Mensch und die Technik, München 1932, 82.

4 Dtn 8,3; Mt 4,4.

ESOTERIK –
IHRE GESTALT
UND IHRE PRINZIPIEN

WORUM ES HIER GEHT

Geheimes Wissen und geheimes Tun

Die Esoterik überschreitet die Alltagswelt. Sie bietet eine umfassende Lebensdeutung und Lebenspraxis vom Übersinnlichen her. Sie befriedigt die Sehnsucht des Menschen nach Erkenntnis und vermittelt Kontakt mit dem Übersinnlichen. Sie ist geheimes Wissen und geheimes Tun. Geheim ist sie im Sinne des Außergewöhnlichen, des Exzentrischen, und der Abschirmung, der Geheimhaltung. Träger esoterischen Wissens und esoterischer Praxis sind seit eh und je kleine Gruppen, die sich mehr oder weniger nach außen hin abschließen. Die Geheimhaltungsdisziplin und die elitäre Grundhaltung der Esoterik gelten allerdings nur in weltanschaulich geschlossenen, nicht in pluralistischen Gesellschaften. In pluralistischen Gesellschaften geht die Esoterik in die Öffentlichkeit, wie das in Ansätzen bereits in der Anthroposophie erkennbar wird, vollends aber im New Age. In solchen Formen der Esoterik bezieht sich dann das Geheime nur noch auf die Exzentrizität des Wissens und des Tuns.[1]

Esoterik und Okkultismus

Das geheime Tun der Esoterik besteht in okkulten Praktiken. Deshalb denken Außenstehende bei dem Begriff „Esoterik" nicht zu Unrecht vielfach spontan an Okkultismus, das heißt: an Magie, Orakelwesen, Astrologie, Alchemie, Spiritismus, Geistheilung und Satanskult. In der Tat spielt im Leben der bedeutenden Esoteriker der Okkultismus eine große Rolle. Das gilt für Madame Blavatsky († 1891) nicht weniger als für Rudolf Steiner († 1925), Franz Anton Mesmer († 1815) und Paracelsus († 1541). Durch die okkulten Praktiken will man zur Geist-Erkenntnis kommen, zum Wissen vom inneren Menschen, zur „Geisteswissenschaft".[2] Man geht davon aus, daß der Mensch mit der unsichtbaren Geisterwelt in Verbindung treten und ihre Macht in Dienst nehmen kann.

Gerade der Okkultismus macht die Esoterik heute für viele faszinierend, trotz Aufklärung und Rationalismus. Es ist nicht zu übersehen, daß die okkulten Praktiken sich ausbreiten, besonders bei Jugendlichen. Wach-

---

1 Vgl. W. Janzen, Okkultismus, Mainz 1988, 36.

2 S. unten S. 219f.

sendes Interesse finden das Kartenlegen, das Pendeln, die Astrologie, das Tischrücken, Kontakte mit Verstorbenen, überkommene magische Praktiken zur Daseinssicherung, magische Heilmethoden und Satanskulte. Die Motive für die Hinwendung zum Okkultismus sind die Neugier, der soziale Druck, die Identitätssuche, physische und seelische Krankheiten, die Frage nach einem über den Tod hinausreichenden Leben und die mangelhafte religiöse Erziehung. Zuweilen beginnt die Begegnung mit dem Okkultismus auch einfach mit der Erwartungshaltung „Vielleicht ist doch etwas daran" oder „Warum sollte nicht etwas daran sein". Nicht zuletzt sind es die Medien, die die Okkultbedürfnisse mobilisieren und eine stimulierende Wirkung ausüben.[3]
Der Okkultismus fasziniert nicht nur junge Menschen, sondern auch ältere. In der Welt der Erwachsenen scheint er weniger im Spiritismus zu bestehen als in der Hinwendung zu magischen Praktiken im Dienst der Lebenssicherung und der Heilung von Krankheiten und der Hinwendung zur Astrologie.
In den USA sollen sich an die 100 Millionen mit Okkultpraktiken beschäftigen.[4] Bereits in den siebziger Jahren spricht der Religionswissenschaftler Mircea Eliade von einer „Explosion des Okkulten" in Amerika und in Europa.[5] In den Jahren 1986/1987 veröffentlichten Illustrierte Umfragen, nach denen 35% der Befragten der Astrologie Vertrauen schenken, 21% den Kontakt mit Verstorbenen für möglich halten, 12% auf Geistheilung setzen, 12% den Kartenlegern Glauben entgegenbringen und 13% der Meinung sind, daß es Menschen gibt, die ihren Mitmenschen etwas „anhexen" können.[6]
Man will der banalen Alltagswelt entfliehen und eine entzauberte Welt wieder verzaubern, man sucht Hilfe in den Nöten des Alltags. Gefördert wird das Vertrauen zum Okkultismus durch wirtschaftliche und politische Unsicherheit, vor allem aber durch Überdruß an der nüchternen rational-technischen Umgebung und an der rationalistischen Kritik an allem und jedem. Vom Rationalismus der Totalkritik ist der Weg nicht weit zum Irrationalismus der Esoterik. Die Extreme liegen auch hier nahe beieinander. Der Mensch kann sich vom gesunden Hausverstand abwenden, und gerade heute neigt er dazu. Letztlich ist es der Verfall der Religion, wovon der Okkultismus profitiert, jedenfalls in der westlichen

---

3 O. Schnurr, Aberglaube. Faszination und Versuchung, München 1988, 7f.

4 B. Wenisch, Satanismus. Schwarze Messen – Dämonenglaube – Hexenkulte, Mainz 1988, 29.

5 M. Eliade, Das Okkulte und die moderne Welt, Salzburg 1978, 64.

6 Brigitte 9, 1987; Stern 38, 1986; vgl. W. Janzen (Anm. 1), 23f.

Welt. An die Stelle des geschwächten oder verlorenen Glaubens tritt der Aberglaube.
Die okkulten Phänomene sind als solche, sofern nicht Betrug oder Selbsttäuschung vorliegen, durchaus ernst zu nehmen, fragwürdig ist jedoch ihre Deutung. Faktisch gehören sie dem natürlichen Bereich an, von Ausnahmen abgesehen. Es handelt sich dabei um die Aktivierung außergewöhnlicher psychischer Fähigkeiten oder um paranormale oder parapsychologische Gegebenheiten, die zwar unser physikalisches Weltbild sprengen, aber dennoch der naturalen Wirklichkeit angehören.
Der Okkultismus ist eine Art von Metaphysik, aber eine äußerst primitive, die zudem jedem gesunden Menschenverstand und allen Erfahrungen der Wissenschaft widerspricht. Der Philosoph Theodor W. Adorno († 1969) bezeichnet ihn ein wenig drastisch als „die Metaphysik der dummen Kerle".[7] Der Okkultismus, der bei uns mehr und mehr gesellschaftsfähig wird, ist aber nicht nur eine primitive Art von Metaphysik, er ist auch eine Gefahr für den Menschen, und zwar in vielfacher Hinsicht, besonders für den jungen Menschen. Durch die okkulten Praktiken verliert der Mensch vor allem den Sinn für die Wirklichkeit.[8]

Erlebte Religiosität

Im geheimen Wissen und im geheimen Tun der Esoterik findet der moderne Mensch angesichts des Verfalls des Christentums eine Ersatzreligion, einen Religionsersatz. Wenn die Verkündigung der Kirche die brennenden Fragen, die die Menschen beschäftigen, nicht mehr beantwortet und sich mehr oder weniger peripheren Fragen zuwendet, wenn die Kirche ihre Botschaft horizontalisiert, sie auf Mitmenschlichkeit reduziert und sich in inneren Querelen aufreibt, dann entsteht ein Vakuum bei den Menschen, das aufgefüllt werden muß. Hier ist auch an die Verflachung des liturgischen Tuns zu erinnern, wodurch das religiöse Erlebnis einen wesentlichen Ort verliert, sowie an die Fundamentalproblematisierung von Kirche und Christentum. Überhaupt ist die Vernachlässigung der Kategorie der Erfahrung oder ihre Reduzierung im Alltagsleben der Kirche, in der Liturgie wie in der Pastoral, das mangelnde

---

7 T. W. Adorno, Minima Moralia, Frankfurt [12]1970, 325; vgl. H. Baer, Jugendgefährdung durch Okkultismus – die abartigste Form: Satanismus, in: Katholische Bildung 89, 1988, 488.

8 Vgl. Neue Zürcher Zeitung vom 1. Juni 1988; Frankfurter Allgemeine Zeitung vom 9. März 1988.

Verständnis für Mystik und Askese, Meditation und Spiritualität eine besondere Chance für die Esoterik. Wenn dem Menschen im religiösen Bereich nur Diskussionen, doktrinäre Ableitungen, moralisierende Agitation und Indoktrination, nicht aber das Erlebnis vermittelt wird, so wendet er sich ab. Wenn die Kirche und das Christentum nicht mehr in der Lage sind, die „Sehnsucht nach dem ganz Anderen"[9] in rechter Weise aufzugreifen, echte Glaubenserfahrung zu vermitteln und die Fragwürdigkeit esoterischer Erfahrung aufzuzeigen, so verlieren sie ihre Gläubigen.

Das Irrationale ist attraktiv. Davon profitiert die Esoterik. Davon profitieren aber auch die neuen Sekten und die Jugendreligionen, die man im weiteren Sinne der Esoterik zurechnen kann. Speziell sind es die jungen Leute, die den neuen Religionen und Sekten zum Opfer fallen, aber nicht nur sie. Was die Menschen in diese Gemeinschaften führt, das ist die Erfahrung der inneren Leere, bedingt durch den Wohlstand und durch das religiöse Vakuum, sowie die fehlende innere Motivation zum Leben und zum Arbeiten. Die Kirche und die etablierten religiösen Gemeinschaften können davor nicht den Blick verschließen. Dieses Phänomen ist in letzter Zeit so sehr hervorgetreten, daß sich auch die Psychologie in verstärktem Maß mit ihm beschäftigt. Die Zahl der Verluste der Kirche durch die neuen Gemeinschaften geht in die Millionen. In Lateinamerika bereitet das Sektenproblem den Verantwortlichen heute mehr Sorgen als die Befreiungstheologie. Aber auch in anderen Ländern breiten sich die Sekten in wachsendem Maße aus, vor allem in den afrikanischen Ländern, auf den Philippinen und in den Ländern der früheren Sowjetunion. In den entsprechenden Dokumentationen wird immer wieder hervorgehoben, daß die mangelnde Aufmerksamkeit der Kirche, ihre allzu starke Hinwendung zu den sozialen Fragen sowie ihre Mißachtung der Sehnsucht des Menschen nach dem Sakralen eine große Chance für die Ausbreitung der Sekten darstellen. In den Ländern der Dritten Welt ist der Protest gegen die verhaßte Kolonialherrschaft ein weiterer Grund für die Ablehnung des überkommenen Christentums. Die immer zahlreicher werdenden neuen Gemeinschaften sind einerseits eine Herausforderung für die Kirche, andererseits bedrohen und gefährden sie die Gemeinschaft der Gläubigen. Sie sind ein Hinweis auf die innere Schwäche der Kirche und verstärken sie noch. Sie sind zugleich

---

[9] M. Horkheimer, Die Sehnsucht nach dem ganz Anderen. Ein Interview mit Kommentar von Helmut Gumnior (Stundenbücher 97), Hamburg 1970.

Ursache und Wirkung für die kritische Situation der Kirche in der Gegenwart.[10]
Von der Hinwendung des modernen Menschen zum Irrationalen profitieren auch die verschiedensten Formen der Esoterik, wie sie geschichtlich geworden sind. Einen Vorposten nimmt dabei das New Age ein, das so etwas wie eine gemeinsame Klammer der verschiedenen Ausprägungen esoterischen Denkens ist. Wurde in den sechziger Jahren vielfach der Ruf laut, es gebe für uns keine Zukunft mehr („no future“), so tritt an seine Stelle jetzt das New Age gewissermaßen als magischer Gegenbegriff.

Wege zum Menschen

In zahllosen Büchern wird das esoterische Gedankengut heute mit großem Erfolg publik gemacht. Nichts verkauft sich gegenwärtig besser in den Buchhandlungen als Literatur über Esoterik. Der Boom der gesellschaftskritischen und psychologischen Literatur wird abgelöst durch eine wachsende Zahl von Büchern über esoterische Themen, die den Buchmarkt geradezu überschwemmen. Linke Verlage, die sich noch vor kurzem als Vorposten der Aufklärung verstanden, sind über Nacht zu Agenturen der Esoterik geworden. Im Jahre 1985 brachten 45 Verlage über 300 Titel zur Esoterik heraus. 1987 waren 10 % der Neuerscheinungen auf dem Buchmarkt esoterischen Themen gewidmet. Wie das Handelsblatt feststellt, macht die esoterische Literatur, speziell im Zeichen des New Age, gegenwärtig 8-10 % der gesamten Buchproduktion aus. Besonders häufig begegnet uns die Esoterik im Bereich der Taschenbücher. Die zahlreichen Publikationen auf dem Büchermarkt propagieren das esoterische Gedankengut in einem oft unterschätzten Ausmaß. Darüber hinaus sind es vor allem drei Zeitschriften, die heute das esoterischen Gedankengut verbreiten, die Zeitschrift „Magazin 2000“, die sich als Magazin für neues Bewußtsein empfiehlt, die Zeitschrift „Trendwende“, die sich speziell an jene wendet, die im mittleren und höheren Management tätig sind, und die Zeitschrift „Esotera“, die sich als führende wissenschaftlich-esoterische Monatszeitschrift präsentiert, die über alle neuen objektiven Erkenntnisse und persönlichen Erfahrungen informiert, als eine Zeitschrift „für alle, die unter die Oberfläche schauen wollen“. Auch im Bereich der Schallplatten und Tonbänder begegnet uns das Thema der Esoterik in wachsendem Maß. Esoterische Themen finden aber auch an Volkshochschulen und in Seminaren, die von den verschie-

---

10 Vgl. R. Ansuini, Die Sektenkiller, in: 30 Tage in Kirche und Welt 1, 1991, Nr. 4, S. 43f.

densten Institutionen angeboten werden, immer mehr Zuspruch. Seit einigen Jahren veranstaltet Alexander Dohn in einer Reihe von Städten Esoterik-Messen mit steigenden Besucherzahlen und macht dabei zahlreiche okkulte Angebote speziell im Bereich der Gesundheitsfürsorge, der Therapie und der Mantik.[11]

---

[11] Vgl. Frankfurter Allgemeine Zeitung vom 16. Mai 1992; J. Tibusek, Die neue religiöse Kultur. New Age: Personen, Organisationen, Zitate, Gießen/Basel ^{3}1988, 6; H. Hemminger (Hg.), Die Rückkehr der Zauberer. New Age – Eine Kritik, Reinbek 1987, 8.

ESOTERIK
ALS GEHEIMES WISSEN

Vielfache Deutungen

Das Wort „Esoterik“ findet sich in den einschlägigen Lexika in ausführlicher Würdigung erst in neuester Zeit. Das ist bezeichnend.
Häufig identifiziert man die Esoterik mit der Mystik. Unter Mystik versteht man im allgemeinen das Gott-Erleben, die affektive Dimension der Religion, die „praktische Gotteserkenntnis“, womit sich oft außerordentliche Phänomene verbinden, die zum Teil eine gewisse Ähnlichkeit mit den Okkultphänomenen haben. Mystik gibt es in den meisten Religionen, vor allem in den Hochreligionen, wenngleich nicht alles, was uns hier als Mystik begegnet, als echt bezeichnet werden kann. Um die unechte Mystik von der echten zu scheiden, haben wir im Deutschen den Begriff des Mystizismus. Mystizismus ist falsche Mystik. Die englische Sprache hat nur das eine Wort „mysticism“ für Mystik und Mystizismus, das zunächst wertfrei ist, aber gleichwohl bis vor kurzem noch einen negativen Beigeschmack hatte.
Allgemein wurde die Mystik noch vor nicht langer Zeit negativ gewertet. Das hat sich geändert. Heute wird selbst der Mystizismus positiv gewertet. Mit der Aufwertung der Esoterik wurde auch die Mystik aufgewertet.
Die Esoterik wird recht verschiedenartig definiert. Man versteht sie als das Traumhafte und Phantastische, als intuitive Erkenntnis der menschlichen Tiefenseele, als Urwissen und Weisheit der Völker, als geheimes Wissen für einzelne oder für alle, als Zauberei und Alchemie, als Magie und Okkultpraktiken. Man verwendet das Adjektiv esoterisch für seltsam, kurios, alternativ, grün, versponnen oder einfach für charismatisch im Gegensatz zu institutionell. Man spricht von esoterischem Christentum oder bezeichnet die gesamte christliche Mystik oder das authentische Christentum als esoterisch oder versteht Esoterik als die gemeinsame Urwahrheit aller Religionen und macht sie zu einer Art Superreligion. Dabei zieht man sich auf ein unbestimmtes religiöses Gefühl zurück oder einfach auf das Hinauslangen des Menschen über sich selbst, auf seine Hinwendung zur Tiefe des Seins, zu dem, „was ihn unbedingt angeht“ (Paul Tillich).
Es läßt sich nicht leugnen, von all dem ist etwas in dem vorhanden, was wir mit dem umfassenden Begriff „Esoterik“ bezeichnen. Aber damit ist noch nicht die Mitte dessen erreicht, was hier gemeint ist.

Der Blick nach innen

Dem Begriff „Esoterik“ liegt das griechische „eiso“ oder „eso“ zugrunde, was soviel bedeutet wie „innerlich“, „drinnen“, „nach innen zu“. Eine übertragene Bedeutung ist dann „geheim“, „verborgen“. Von „eíso“ oder „éso“ sind die Worte abgeleitet „esóteros“ und „esoterikós“, womit die Steigerungsform angesprochen ist, der Komparativ. Gemeint ist also in der Esoterik das „Innerlichere“, das, was ganz tief drinnen, im tiefsten Innern der Dinge und des Menschen seinen Ort hat. Die Esoterik richtet demnach den Blick auf den Innenaspekt, der verborgen ist und sich der äußeren Betrachtung entzieht. Der Esoterik geht es um die Innerlichkeit, nicht im psychologisch-subjektiven Sinn, sondern in einem sachlich-objektiven, jedenfalls dem Anspruch nach. Gemeint ist hier nicht ein Raum hinter der Wirklichkeit, erst recht nicht das Transzendente im Sinne des Jenseitigen als des ganz anderen – das gibt es im Grunde genommen nicht für die Esoterik – , sondern die Tiefe der Wirklichkeit, jene Dimension, die alle Wirklichkeit erst Wirklichkeit sein läßt.

Die Esoterik ist nach innen gerichtet und stellt sich damit in Gegensatz zur Exoterik, die nach außen gerichtet ist. Sie bezeichnet alles, was nicht esoterisch ist, als exoterisch, und zwar mit einem negativen Akzent.

Das Innerliche, womit sich die Esoterik befaßt, wird nicht durch die Beschäftigung mit der Wirklichkeit und auch nicht durch nüchterne Information vermittelt, sondern durch Einweihung und Überlieferung. Im Grunde ist es jedoch das Ergebnis luftiger Spekulation. Ist die Esoterik sozialisiert, so erfolgt die Einweihung in der Form der Initiation.

Die Esoterik versteht sich als Geheimwissenschaft. Als solche ersetzt sie den Glauben durch das Wissen und die Offenbarung durch die Gnosis. Sie will das wahre Wesen der Dinge, der Welt und des Menschen mit Hilfe der Spekulation ergründen. Geheim ist dieses Wissen zunächst hinsichtlich seiner Entstehung, dann aber auch, sofern es außergewöhnlich und exzentrisch ist und oft geheimgehalten wird, jedenfalls soweit man in einer homogenen Gesellschaft lebt.[1] Das geheime Wissen aber führt zum geheimen Tun, und das geheime Tun ist teilweise wiederum das Medium des geheimen Wissens. Mit dem geheimen Wissen und dem geheimen Tun verbindet sich also der Gedanke der Innenschau, worin man die letzte Wirklichkeit der Dinge erkennen und über sie verfügen will. Die Esoterik erhebt den Anspruch, die wahre Natur der äußeren

---

1 Vgl. oben S. 14.

Erscheinungswelt zu ergründen, die dahinterliegenden Bewußtseinsebenen zu erweitern, unter die Oberfläche zu schauen und den Menschen zur Sinnfindung und Selbstvervollkommnung zu führen.

Esoterik – Hermetik

Ein anderes Wort für Esoterik ist Hermetik. Der Begriff der Hermetik nimmt Bezug auf den Mythos des Hermes Trismegistos, dem sich die Esoterik seit eh und je in besonderer Weise verpflichtet fühlt. Dieser Mythos führt uns zurück in die altägyptische Mythologie, die in esoterischen Kreisen als ein unübertroffenes Ideal esoterischen Wissens gilt. In allen Formen der Esoterik spielen Hermes Trismegistos und die ihm zugeschriebene Literatur eine wichtige Rolle. Hermes Trismegistos (Trismegistos bedeutet soviel wie der dreimal Größte) ist die griechische Bezeichnung für den ägyptischen Gott Thot. Bei den Römern heißt er Merkur, bei den Germanen Wotan, bei den Kelten Lug. In der Vorstellung der Ägypter und der Griechen war er halb Gott und halb Mensch. Thot gilt bei den Ägyptern als der Schreiber der Götter, als der Gott der Weisheit, als der Erfinder der Schrift, der Hieroglyphen, als der Gott der Zahl und der Musik und als der Begründer der Sternkunde, der die Zeit gemessen, den Kalender geschaffen und die Meßsysteme aufgestellt hat. Man schreibt ihm eine Reihe von heiligen Büchern zu, in denen Geheimwissen über Gott, die Welt und den Menschen enthalten ist, Bücher, die in Wirklichkeit auf das 2. und 3. nachchristliche Jahrhundert zurückgehen, bei denen es sich jedoch möglicherweise, jedenfalls zum Teil, um Übersetzungen ägyptischer Texte aus dem 4. und 3. vorchristlichen Jahrhundert handelt. An den Gott Thot knüpft auch eine Reihe von griechischen Schriften astrologischen, magischen und philosophischen Inhalts an, die dem 2. und 3. nachchristlichen Jahrhundert angehören. Zumeist geben sie sich als Dialog zwischen Hermes und einem Schüler. In griechischer Sprache ist uns ein sogenanntes Corpus Hermeticum überliefert, das aus 18 Traktaten besteht, von denen der erste und zugleich bekannteste der „Poimandres“ ist, eine Kosmogonie, eine Anthropologie und eine Eschatologie in der Form einer Vision und einer Audition. Ein weiterer Traktat dieser Sammlung ist der „Asklepios“, der dem Kirchenlehrer Augustinus († 430) in einer lateinischen Übersetzung vorgelegen hat.[2] Es handelt sich dabei um ein Gemisch von stoischen, platonischen und aristotelischen Formeln, wie das für die Spätantike charakteristisch

---

[2] Augustinus hat ihn in seinem „Gottesstaat“ zitiert (Der Gottesstaat, Buch 8, Kap. 23-26).

ist, die durch die Gottnähe des Künders, des Hermes Trismegistos, eine besondere Aufwertung erfahren.
In der griechischen Mythologie ist Hermes der Sohn des Göttervaters Zeus, des urgöttlichen Prinzips, und einer Tochter des Riesen Atlas, der das Universum auf seinen Schultern trägt. Als göttlich und menschlich zugleich verbindet er das Oben und Unten, den Himmel und die Erde. Er wird auch als der Götterbote angesehen und als der Hüter des Schlafes, des Traumes und des Todes, also der wichtigsten Kontaktstellen zwischen dem Göttlichen und dem Menschlichen. Das heißt: er bringt den Schlaf und die Träume, in denen Zeus den Menschen seine Botschaften zukommen läßt, und ist der Begleiter der Toten in die jenseitige Welt. Mit seinen geflügelten Füßen durchzieht er die Welt, um überall den Willen der Götter zu verkünden und gegebenenfalls zu vollstrecken. Darüber hinaus sieht man in ihm den Hirtengott, der die Fruchtbarkeit der Herden segnet und sie zusammenhält, der sich um die verlorenen Schafe kümmert und sie wieder zurückträgt und der denen, die unterwegs sind, den rechten Weg weist, weshalb sein Bild in alter Zeit oft an Wegkreuzungen stand und als Wegweiser diente. Endlich wird er als der Gott der Heiler, als der Herr der Heilpflanzen und als der große Zauberer verehrt.
Auf Hermes Trismegistos führt die Esoterik die Smaragdene Tafel zurück, die noch heute als Grundtext der gesamten abendländischen Esoterik gilt. Der Legende nach hat Alexander der Große († 323 v. Chr.) sie nach der Eroberung des ägyptischen Reiches in der Grabkammer des Hermes Trismegistos gefunden, dort, wo heute die Stadt Alexandria steht. Auf der Smaragdenen Tafel sind nach esoterischer Überlieferung die Grundgesetze des Kosmos eingraviert, zwölf Grundaussagen, die formal wie inhaltlich sehr fremdartig und unverständlich sind und daher einer Erklärung bedürfen. In esoterischer Interpretation gestaltet man daraus vier Grundprinzipien, die sich folgendermaßen darstellen:
1. Was immer auf der oberen Ebene geschieht, hat seine Entsprechung in den unteren Ebenen („wie oben, so unten“). 2. Alles in der Welt ist polar, das heißt: Alles, was ist, besteht in zwei Ausgaben oder Polen, die in einem Spannungsverhältnis zueinander stehen, wie etwa männlich – weiblich, positiv – negativ, hell – dunkel, oben – unten, sichtbar – unsichtbar usw. 3. Zwischen diesen zwei Polen, die mit einem unterschiedlichen Spannungsverhältnis ausgestattet sind, herrscht ein gegenseitiger Kraftfluß, der ein Neues, ein Drittes entstehen läßt, das mit den beiden Polen eine Einheit bildet und seinerseits wieder zu einem neuen Spannungspol wird. 4. Das entscheidende Gesetz des Kosmos ist der Kreislauf. Das heißt: Alles im Kosmos läuft zyklisch und rhythmisch ab und untersteht dem Gesetz der Balance und der Ausgewogen-

heit in Analogie zum Herzschlag und zur Atmung des Menschen. Dadurch wird der innere Zusammenhalt des Kosmos bewirkt.
Wiederholt finden wir bei den Kirchenvätern einen Hinweis auf hermetische Lehren zur Bestätigung christlicher Wahrheiten. Daran erinnern Esoteriker gern. Mit Nachdruck machen sie auch darauf aufmerksam, daß Parallelen zwischen Hermes und der Christusgestalt bestehen und daß in der Schrift „Der Hirt des Hermas", einer Schrift, die um die Mitte des 2. Jahrhunderts entstanden ist und in der alten Christenheit eine große Rolle gespielt hat, der Offenbarungsengel als Hirt auftritt. Sie verkennen dabei jedoch die fundamentalen Unterschiede zwischen den Lehren der Esoterik und dem Gedankengut der Zeit des frühen Christentums.
Hermetische Gedanken haben auch auf die arabische Philosophie eingewirkt, die sie dann wiederum an das lateinische Abendland weitergegeben hat. Spuren davon finden wir immer wieder im Mittelalter, vor allem bei Petrus Abaelard († 1142) und Albertus Magnus († 1280).
In der esoterischen Literatur werden die Juden nicht nur als die Väter des Christentums verstanden, sondern auch als die Hüter der esoterischen oder hermetischen Tradition der Ägypter, der altägyptischen Weisheit, die sie angeblich an das Christentum weitergegeben haben, das deshalb esoterisch interpretiert werden muß, wenn man es nicht verfälschen will. Wenn sich die Esoterik als Hermetik versteht, so bringt sie damit den Anspruch zum Ausdruck, göttlich legitimiert zu sein, dem obersten göttlich-kosmischen Prinzip zu entspringen und die Verbindung zwischen oben und unten definitiv und authentisch herzustellen.[3]

Konstruktion der Wirklichkeit

An die Stelle des Glaubens tritt in der Esoterik das Wissen. Das entscheidende Medium des Wissens ist die Vernunft, so sagt man. Diese wird jedoch nicht als ein Organ verstanden, das die Wirklichkeit vernimmt, wie es das Wort nahelegt, das offen ist für die vorgegebenen Ordnungen und die Gesetze des Seins, mit ihr spekuliert man vielmehr unabhängig von der Wirklichkeit und bindet sich an Kriterien, die man selbst gesetzt hat und die zutiefst subjektiv sind. Mit der Vernunft lauscht man nicht auf die Stimme des Seienden in der Erfahrung, sondern interpretiert in das Seiende hinein, was dem eigenen System entspricht. Die Erkenntnis erfolgt hier nicht von außen nach innen,

---

3 H.-D. Leuenberger, Das ist Esoterik. Eine Einführung in esoterisches Denken und in die esoterische Sprache, Freiburg 1985, 58-69.

sondern von innen nach außen. Die Wirklichkeit wird nicht abgebildet oder nachgebildet, sondern konstruiert.
Es ist allen esoterischen Gruppierungen gemeinsam, daß sie sich auf die Wissenschaft berufen, daß sie den Anspruch erheben, Erkenntnis zu vermitteln. Was sie als Wissenschaft und Erkenntnis bezeichnen, ist jedoch nichts anderes als Spekulation und Konstruktion. Es ist bezeichnend, daß die Esoteriker eine Überprüfung oder Rechtfertigung ihrer grundlegenden Behauptungen stets kategorisch ablehnen und sich einer rationalen Auseinandersetzung grundsätzlich widersetzen. Der Anspruch ist rational, die Wirklichkeit hingegen irrational.
Auf eine Verifizierung der Lehren an den Gegebenheiten oder an der Wirklichkeit verzichtet man von vornherein. Das hält man für überflüssig, da man davon ausgeht, daß man ein höheres Wissen hat, evident für den, der eingeweiht ist. Die Esoterik tritt stets mit dem Anspruch der Wissenschaft auf, wird ihm jedoch in keiner Weise gerecht. Damit sie aber um dieses Mangels willen nicht in Frage gestellt wird, betrachtet sie wiederum die seriöse Wissenschaft als suspekt.
Die Esoterik ist nicht gegen das Denken, wohl aber gegen die nüchterne Beobachtung, die Abstraktion und die Logik. An die Stelle der Einsicht in die Naturgesetze, der Erkenntnis der Wirklichkeit und der Logik tritt hier die geheime Weisheit, das Grenzenlose und die unendliche Interpretation. Das Denken nimmt seinen Ausgang nicht bei den äußeren Objekten, sondern beim Subjekt, und fühlt sich auch nicht den Gesetzen der inneren Logik verpflichtet.
Der Esoteriker spekuliert nach innen. Er verachtet die äußere Beobachtung und die logische Argumentation. Oft reduziert sich seine Argumentation darauf, daß er an die Defizienz unseres Wissens und unserer Erkenntnisse erinnert oder einfach fragt, warum es nicht so sein sollte, da doch alles möglich sei.[4] Die Argumentationsfigur: Warum nicht?, die hier eine große Rolle spielt, ist heute auch über den Rahmen der Esoterik hinaus sehr verbreitet und für viele überzeugend, objektiv betrachtet, ist sie jedoch völlig unbrauchbar. Der Esoteriker verhält sich im Grunde extrem irrational und subjektivistisch zur Wirklichkeit. Die Rationalität reduziert sich bei ihm auf den Anspruch der Rationalität, der immer

---

4 Es ist bezeichnend, wenn Shirley MacLaine, eine Exponentin der modernen Esoterik (vgl. unten S. 263), ihrer dreibändigen Selbstbiographie („Out on a Limb“, „Dancing in the Light“, „It's All in the Playing“) das bekannte Hamlet-Wort als Motto voranstellt: „Es gibt nicht wenige Dinge im Himmel und auf Erden, Horatio, von der deine Philosophie nicht träumen kann“ (vgl. William Shakespeare, Hamlet, 1. Akt, 5. Szene). Vgl. M. Introvigne, Il cappello del mago. I nuovi movimenti magici. Dallo spiritismo al satanismo, Milano 1990, 118.

wieder mit Nachdruck erhoben wird, dem man in der Praxis hingegen in keiner Weise gerecht wird.
In der Esoterik dominiert das Gefühl, das sich zuweilen zur Schwärmerei, ja, zur Hysterie steigert und geradezu phantastische Vorstellungen hervorbringt. Wenn so in der Esoterik stets Gefühle, Empfindungen und Erfahrungen im Vordergrund stehen, so empfiehlt sie sich allerdings gerade damit dem modernen Menschen.

Erleuchtung und Bewußtseinsänderung

Das esoterische Wissen legitimiert sich als natürliches Erkennen. Es will nicht die Antwort des Glaubens auf eine Offenbarung sein oder das Ergebnis des gehorsamen Hörens auf die Selbsterschließung Gottes, obwohl die göttliche Legitimierung der Spekulation nicht ganz unbekannt ist. In der Esoterik gibt es keine geschichtliche Offenbarung des Geheimnisses, sondern nur Entschleierung und Eroberung des Unbegreiflichen. Die Erkenntnis ist hier das Ergebnis des eigenen Bemühens oder der Einweihung in das, was bedeutende Esoteriker erkannt haben. Dabei erhebt die Esoterik den Anspruch, das Wissen von Gott und der jenseitigen oder der geistigen Welt durch Schauen zu erlangen, Gott und die jenseitige Welt unmittelbar erkenntnismäßig zu durchdringen, und das mit den natürlichen Erkenntniskräften, sei es, daß sie angeboren sind, sei es, daß sie erlernt sind. Man geht davon aus, daß der Mensch einen direkten Zugang zum Göttlichen hat, und zwar durch Erleuchtung oder durch Erkenntnis. Gott ist in diesem Denken nicht transzendent, er ist ein Teil dieser Welt. Eine übernatürliche Ordnung gibt es hier überhaupt nicht, es gibt nur die eine naturale Wirklichkeit, ein einziges Seinsprinzip der Welt. Die „andere Realität“ ist nur eine „andersdimensionale Diesseitigkeit“, „eine in eine hypothetische andere Dimension verlagerte Diesseitigkeit“.[5] – Man darf nicht übersehen, daß diese Weltsicht auch außerhalb der Esoterik Geschichte gemacht hat, zum Teil bis in die Theologie der Kirche hinein.
An die Stelle der Positivität der Offenbarung tritt in der Esoterik die Spekulation, an die Stelle der Offenbarungsgeschichte das subjektive Denken und Erkennen des Menschen.
Demgemäß lautet der entscheidende Imperativ für den Esoteriker nicht „Kehret um, das Reich Gottes ist nahe“, sondern „Laßt euch erleuchten“. Durch die Erleuchtung will er zu einer Art von geistlicher Wissenschaft,

---

5 B. Haneke, K. Huttner (Hg.), Spirituelle Aufbrüche. New Age und „Neue Religiosität“ als Herausforderung an Gesellschaft und Kirche, Regensburg 1991, 103.

zu einer spirituellen Psychosynthese gelangen. Die Voraussetzung für die Erleuchtung ist die Änderung des Bewußtseins. Das Heil ist dann nicht mehr Gnade, sondern menschliche Leistung – und das wiederum nicht einmal als ethische Tat, sondern als Erkenntnis.

Ideologisches Denken

Damit wird die Esoterik, die sich als Erkenntnisweg artikuliert, schlichtweg zur Ideologie. Der Ideologe paßt sich nicht der Wirklichkeit an, vielmehr paßt er die Wirklichkeit dem eigenen Denken an. Er orientiert sein Denken nicht an der Wirklichkeit, sondern die Wirklichkeit an seinem Denken. Das macht eine Auseinandersetzung mit ihm recht schwierig.

Die Ideologien hat man nicht zu Unrecht als die Großmächte unserer Zeit bezeichnet. Auf der einen Seite schlagen sie die Massen in Bann, auf der anderen Seite sind sie die eigentlichen Triebkräfte elitärer Minderheiten. Sie verheißen Zukunft, verändern das Bewußtsein, bestimmen, was gut und böse ist, und bemächtigen sich aller Lebensbereiche. Stets berufen sie sich auf die Wissenschaft und behaupten, Wissenschaft zu sein, wohl deshalb, weil sie im Grunde wissen, daß die Vernunft das entscheidende Kriterium der Wahrheit ist, daß die Wissenschaft, die rationale Wissenschaft, speziell die Naturwissenschaft, daher die maßgebliche Instanz ist und für die allermeisten Menschen das letzte Wort hat.

Die Ideologien sind hartnäckig, weil sie im Grunde genommen stets ein Religionsersatz sind, profanierte Formen von Religion. Sie trösten den Menschen mit Trugbildern. Sie bieten ihm Ersatzlösungen für verweigerte Antworten, die sich nicht an der Wirklichkeit messen. Sie geben ihm Antworten, die die Kirche zu geben versäumt hat, möglicherweise schuldhaft, weil sie sich einem bestimmten Zeittrend verschrieben hat, statt nüchtern ihren Auftrag wahrzunehmen und die Ersatzlösungen als solche zu entlarven, weil sie ihre Verkündigung mit dem Blick auf den Adressaten und seine vermeintliche oder wirkliche Erwartung zurechtgestutzt hat oder weil sie der Attraktivität der gängigen Ideologien verfallen ist.

Die Ideologien wirken wie Drogen, von denen man sich nur unter Aufwendung großer Kraft loßreißen kann, und das auch nur dann, wenn man Besseres an ihre Stelle zu setzen weiß und bereit und auch stark genug ist, sich von den Illusionen abzuwenden, die Realität zu ertragen, mit der ungeschminkten, schlichten und undramatischen Wahrheit zu leben. Aber das ist nun einmal sehr anstrengend.

Die Ideologie kann sich des Menschen bemächtigen, weil er in der Lage ist, an einem bestimmten Punkt mit dem Denken aufzuhören, sich auf der Suche nach einem lebenswerten Leben in eine große Lüge einsperren zu lassen. Das ist nicht eine Frage der Intelligenz, sondern der Psychologie und des Ethos, speziell des Ethos der Wahrhaftigkeit und der Sachlichkeit.[6]

Das „Credo" der Esoterik

In der Esoterik gibt es eine Reihe von grundlegenden Elementen, die zwar nicht in allen Formen der Esoterik in gleicher Weise hervortreten, bei aller Dunkelheit, manchmal auch Widersprüchlichkeit der verschiedenen Systeme jedoch in der Konsequenz des esoterischen Ansatzes liegen und innerlich zusammengehören. Im einzelnen stellen sie sich dar als Wertschätzung der alten Mysterienreligionen, als Hinwendung zum Mythos, als Liebe zum fernöstlichen Denken, als Tendenz zum Pantheismus, als Überzeugung von der Emanation aller Dinge aus Gott oder aus dem Göttlichen, von der Lebendigkeit der Materie und von der Evolution und als Propagierung der Ideen der Selbsterlösung, der Einweihung, der Wiedergeburt, der astrologisch verstandenen Zeitalter und der Einheit der Religionen.

Wertschätzung der vorchristlichen Mysterienreligionen

Ein erster Grundzug der Esoterik ist die Wertschätzung der vorchristlichen Mysterienreligionen, speziell der Mysterien von Eleusis und der Orphik.[7] In der Esoterik herrscht die Überzeugung, daß besonders in den Mysterienreligionen das geheime Wissen von Gott und vom Menschen behütet und aufbewahrt wird. Dabei wird das Christentum gern als die Erfüllung der alten Mysterienkulte gedeutet und das Kreuzesgeheimnis zu einer Art von Einweihung oder Initiation uminterpretiert.
Die angebliche Weisheit der Mysterienreligionen steht jedoch auf schwachen Füßen. Das Gottes- und Menschenbild der Mysterienreligionen ist ausgesprochen primitiv. Das gilt erst recht vor dem Hintergrund des Alten und des Neuen Testamentes.

---

6 V. Pierott, Anthroposophie – eine Alternative? (Telos-Taschenbuch 335) Neuhausen-Stuttgart ^{2}1983, 229-238; vgl. E. Topitsch, K. Salamun, Ideologie, Herrschaft des Vor-Urteils, München 1972, 7-15; A. Grabner-Haider, Vernunft und Religion. Ansätze einer analytischen Religionsphilosophie, Graz 1978, 149-168.

7 Vgl. unten S. 112f.

Hinwendung zum Mythos

Ein zweiter Grundzug des esoterischen Denkens ist die Hinwendung zum Mythos. Bewußt kehrt man zum Mythos zurück, nicht, um ihn rational zu erklären, um ihn auf den Begriff zu bringen, um seine hintergründige Bedeutung zu erfassen und damit tiefere Einsichten zu gewinnen, man bejaht den Mythos als solchen. Für das esoterische Denken sind der Mythos und seine Bedeutung identisch. Mit der Hinwendung zum Mythos verbindet man die Hinwendung zum Spirituellen.

Unter dem Einfluß des sich ausbreitenden esoterischen Denkens wird der Mythos heute auch von Theologen rehabilitiert. Anders als noch vor kurzem ist der Terminus „Mythos" in der Gegenwart durchweg positiv akzentuiert. Im September des Jahres 1987 fand ein europäischer Theologenkongreß in Wien statt, auf dem dezidiert die Forderung nach einer Rückbesinnung auf den Mythos erhoben wurde. Man beklagte, daß die Kirche unter dem Druck der Säkularisation über die mythischen Potentiale des Glaubens hinweggegangen sei, und vertrat die Meinung, mit der Abwendung von der Ratio und der Hinwendung zum Mythos könne man weite Kreise der Bevölkerung für die Kirche zurückgewinnen. Dabei war man hier immerhin noch eher für eine rationale Erklärung des Mythos aufgeschlossen, als das sonst der Fall ist. Dennoch stellte man nachdrücklich fest, die Mythen der Bibel dürften nicht rationalisiert, sie müßten wieder als solche gekennzeichnet und gewürdigt werden, und man vermerkte mit großem Bedauern, die Theologie des Christentums habe die Mythen in den Religionen als Illusion und Phantasie, wenn nicht gar als böswillige Irreführung von Priestern und Zauberern bezeichnet, um so die unaufgeklärten Heiden beherrschen zu können.[8]

Es ist jedoch festzuhalten, daß der Mythos archaisch ist, daß er am Morgen der Entwicklung des Geistes steht und daß er dem Kindheitsstadium der Menschheit angehört. Der Philosoph Jacques Maritain († 1973) spricht von der Nacht und der Dämmerwelt der Mythen, die durch die erwachsene Vernunft überwunden worden sei.[9] Die Hinwendung zu ihnen bedeutet daher Rückschritt. Zweifellos haben in den Mythen tiefe Menschheitserfahrungen ihren Niederschlag gefunden, aber diese müssen auf den Begriff gebracht werden, sie bedürfen der rationalen Erklärung. Allein die Esoterik hat ein anderes Verhältnis zum Mythos. Sie verbindet die Rückkehr zum Mythos mit der Rückkehr zum Spirituellen im Sinne von Selbsterfahrung und Bewußtseinserweiterung.

---

8 K. A. Odin, Der Glaube zwischen Mythos und Wissenschaft, in: Frankfurter Allgemeine Zeitung vom 28. September 1987.

9 J. Maritain, Der Bauer von der Garonne, München 1969, 26.

In der Esoterik will man nicht die Werte des Mythos nutzbringend verwenden, man betrachtet ihn vielmehr als historische Wirklichkeit. Einen solchen Rückschritt kann man nur als Resignation erklären, als Flucht aus einer unerträglich gewordenen Wirklichkeit. Der modernen Zivilisation überdrüssig, setzt man sich hinweg über festgefügte Erkenntnisse und verschließt die Augen vor der Wirklichkeit.[10]
Wenn auch Theologen diesen Rückschritt mitmachen, so ist zu fragen, ob sie nur in einer gewissen Gedankenlosigkeit Ideen aufnehmen, die in der Luft liegen, oder ob darin nicht eine gewisse Skepsis gegenüber dem Wahrheitsanspruch des Christentums oder gegenüber der Wahrheitserkenntnis des Menschen überhaupt erkennbar wird. Wenn die einen dazu neigen, die Wahrheit überall zu suchen, die anderen sie hingegen nirgendwo mehr suchen, so ist das im Grunde das gleiche. Infolge der Konfrontation mit den verschiedensten Weltdeutungen wendet sich die Theologie häufig einem Pluralismus oder einer Pluralität von unvereinbaren Deutungen der Wirklichkeit, einem Nebeneinander von kontradiktorischen Gegensätzen zu, wobei sie diesen zuweilen unbewußt oder auch bewußt unterschiedslos Wahrheitscharakter zuerkennt.

Liebe zur östlichen Weisheit

Ein dritter Grundzug der Esoterik ist die Hinwendung zur östlichen Weisheit, zu den fernöstlichen Religionen, die Sympathie für den Hinduismus und den Buddhismus. Dieses Moment tritt in besonders auffallender Weise seit dem 19. Jahrhundert hervor, in der Gegenwart begegnet es uns auch in zahlreichen sogenannten Jugendreligionen. Der Vorliebe für das fernöstliche Denken entspricht in der Esoterik das zyklische Denken, mit dem man in Gegensatz tritt zu jenem linearen oder geschichtlichen Denken, das die abendländisch-christliche Kultur erst ermöglicht hat.[11]

Pantheistische Weltdeutung

Ein vierter Grundzug der Esoterik ist die Tendenz zum Pantheismus und Immanentismus. Gott, das höchste Prinzip, wird weder transzendent noch monotheistisch gedacht. Der Esoteriker sucht das Göttliche hinter

---

10 H.-D. Leuenberger, (Anm. 3), 183f. Der italienische Philosoph Augusto Del Noce schreibt in seinem Buch „Il problema dell'ateismo" (Bologna 1970), die Geschichte der modernen Welt sei eine Geschichte der Ausbreitung des Atheismus und die Epoche des Atheismus sei gleichzeitig eine Epoche der Wiedergeburt des mythologischen Weltverständnisses (552).

11 H.-D. Leuenberger, (Anm. 3), 194-198.

der alltäglichen Wirklichkeit. Für ihn gibt es kein Jenseits im qualitativen Sinne. An die Stelle der Transzendenz tritt für ihn das Übersinnliche, das ein Teil der Welt ist. Für den Esoteriker gibt es keine doppelte Seinsordnung, der eine doppelte Erkenntnisordnung entspricht. Gott und die Seele, der Himmel und die Engel, das alles ist für ihn ein Teil dieser Welt, ein Teil der einen naturalen Wirklichkeit. Das Weltjenseitige, das der Erfahrung unzugänglich ist, das nur durch schlußfolgerndes Denken erreichbar ist und durch den Glauben als Antwort auf die Selbstmitteilung Gottes, wird in der Esoterik zum Gegenstand des menschlichem Wissens und der menschlichen Erfahrung. Das führt konsequent zu einer pantheistischen Gottesvorstellung. Dabei muß man sich klarmachen, daß der Weg vom Pantheismus zum Atheismus nicht sehr weit ist.[12]

Diesen immanentistischen Pantheismus kann man auch als Monismus bezeichnen. Er findet einen besonderen Ausdruck in der Gleichsetzung von Stoff und Geist, in der Deutung des Seelischen und des Geistigen als verfeinerter Aggregatzustände der Materie. Für den Esoteriker ist letztlich alles Energie, nicht im Verständnis der Physik, sondern der Esoterik. Der gesamte Kosmos wird hier als ein einziges großes Energiefeld verstanden, in das der Mensch verwoben ist. Im Kosmos gibt es lediglich Stufen der Komplexität. Damit ist die Einheit aller Wirklichkeit vollkommen erreicht.[13]

Monistische Tendenzen sind heute auch im Christentum, in der Verkündigung des christlichen Glaubens und der Theologie wirksam, wenn man etwa den Glauben in Wissen auflöst und die beiden Seinsordnungen, den Bereich des Natürlichen und den Bereich des Übernatürlichen, nicht mehr auseinanderhält. Ob man nun alles als natürlich bezeichnet oder den Bereich des Übernatürlichen so ausweitet, daß für das Natürliche kein Raum mehr bleibt, das Ergebnis ist das gleiche. Der Immanentismus führt entweder zum Pantheismus oder zum Atheismus.

Aus dem Göttlichen hervorgegangen

Ein fünfter Grundzug im vielgestaltigen „Credo" der Esoterik ist der Emanatismus. Man kann ihn als eine spezifische Konkretisierung des esoterischen Monismus verstehen. Er besagt, daß Welt und Mensch nicht durch Schöpfung entstanden sind, daß sie vielmehr aus Gott oder aus dem Göttlichen hervorgegangen sind. Mit dieser Auffassung verbindet sich die

---

12 S. unten S. 236.

13 B. Grom, Art. Esoterik, in: U. Ruh, D. Seeber, R. Walter (Hg.), Handwörterbuch religiöser Gegenwartsfragen, Freiburg 1986, 92. Vgl. unten S. 50.

Vorstellung einer animistischen Belebung und einer spiritistischen Durchgeistigung des ganzen Kosmos. Das heißt: Man rechnet mit einer Fülle von geistigen Wesenheiten, mit einer umfasssenden göttlichen Geistes- und Geisterwelt. Den ganzen Kosmos sieht man als belebt an, animistisch und spiritistisch. Die Emanationslehre findet sich jedoch nicht in allen Formen der Esoterik. Bisweilen konkurriert sie mit der Vorstellung von der Ewigkeit der Welt. Ob nun der Kosmos ewig ist oder ob er aus Gott oder dem Göttlichen hervorgegangen ist, stets lehrt die Esoterik seine evolutive Höherentwicklung.

Mit der Emanationslehre verbindet sich nicht selten die Vorstellung von einem guten und bösen Urprinzip, von einem Dualismus, den man im Unterschied zum Dualismus der Seinsordnungen als einen horizontalen Dualismus bezeichnen könnte. Man geht dann aus von einem guten und einem bösen Urprinzip, die beide ungeschaffen und göttlich sind, und verbindet damit den Gedanken einer kosmischen Auseinandersetzung dieser beiden Prinzipien. In Reinkultur findet sich diese Lehre in der Gnosis, im Manichäismus und in der Kabbala.[14]

Die Emanationslehre, die dezidiert dem jüdisch-christlichen Schöpfungsgedanken widerspricht, ist vernünftigerweise ebensowenig zu rechtfertigen wie der Pantheismus. Sie übersieht den Unterschied zwischen den Wirkungen und ihrer Ursache, zwischen den Spuren des Schöpfers und diesem selber. Die Welt ist nicht Gott, und Gott ist personal.

Selbsterlösung

Ein sechster Grundzug der Esoterik ist die Idee von der Selbsterlösung des Menschen. Für die Esoterik gründet die Unvollkommenheit des Menschen nicht in seiner Sündhaftigkeit und Schwäche, sondern darin, daß er in seiner Erkenntnis zurückgeblieben ist oder daß er sich sträubt, die hinter der gewöhnlichen Welt liegende Wahrheit zu erkennen und anzuerkennen. An die Stelle von Sünde und Schwäche treten mangelndes Wissen und mangelnde Erkenntnis. Auf das Wissen kommt es an. Persönliches sittliches Streben und Askese spielen keine Rolle. Für den Esoteriker gibt es keine ethische Verantwortung vor Gott, sondern nur – wenn man überhaupt von Ethos sprechen kann – vor dem eigenen Ich und vor dem Entwicklungsgesetz. Der Esoteriker tut das Gute nicht, wie Rudolf Steiner († 1925), der Begründer der Anthroposophie, erklärt, „weil er für gut befunden werden soll, sondern weil er nach und nach erkennt, daß das Gute allein die Evolution vorwärtsbringt, das Böse

---

14 S. unten S. 123ff. 149f.

dagegen und das Unkluge und das Häßliche dieser Evolution Hindernisse in den Weg legen".[15]

Erlösung gibt es demnach nur als Selbsterlösung, und sie meint nicht Erlösung von der Sünde, sondern Selbstvervollkommnung auf der Ebene der Erkenntnis. Sie besteht darin, daß der Mensch sich aus dem Sinnlichen ins Geistige erhebt.

In diesem Kontext muß man auch die Humanität der Esoteriker verstehen, die Selbstlosigkeit und tätige Nächstenliebe verlangt, die pazifistisch ist und das Ideal der Weltverbrüderung vertritt, die mit Liebe und Erbarmen nicht nur dem Menschen, sondern allen Lebewesen begegnet und teilweise gar, zumindest als Rat, die vegetarische Lebensweise einbezieht. Es geht hier nicht um das im übernatürlichen Glauben und in der Verantwortung vor Gott verwurzelte ethische Liebesgebot des Neuen Testamentes, sondern um das Streben nach Selbstvervollkommnung, um die Evolution zum Geist.

Einweihung und Initiation

An die Stelle von moralischem Bemühen und Askese treten in der Esoterik die Einweihung und die Initiation im Dienste der Veränderung und Erweiterung des Bewußtseins- und des Seinszustandes, im Dienste der Individuation und der Selbstfindung. Damit ist ein siebtes Grundelement des esoterischen Denkens angesprochen. Dem Begriff der Einweihung ist der Begriff des Wissens zugeordnet. Die Einweihung führt den Menschen aus dem Dunkel des Unbewußten in das helle Licht der Bewußtheit. Dadurch wird ihm eine höhere Erkenntnis zuteil, und er erfaßt Dinge und Zusammenhänge, die andere nicht sehen. Auch sie haben das Wissen, aber es ist ihnen nicht bewußt.

Die Einweihung wird mit immer neuen Ausdrücken beschrieben. Dabei betont man, ihr Eigentliches könne immer nur annähernd in Worte gefaßt werden, man könne sie sich nicht selbst erteilen, sie müsse vielmehr von außen her gegeben werden, und man könne sich lediglich darauf vorbereiten, sie beanspruche den Kandidaten total und existentiell, und sie setze höchste Risikobereitschaft voraus, die Bereitschaft, alles zu verlieren, um vielleicht alles zu gewinnen.[16]

Von der Einweihung her wird auch die Christusgestalt gedeutet, deren Anliegen angeblich durch das Christentum verfälscht wurde. Man sagt

---

15 R. Steiner, Anweisungen für eine esoterische Schulung, Dornach 1969, 21; vgl. V. Pierott, (Anm. 6), 204-207.

16 H.-D. Leuenberger, (Anm. 3), 17f. 55-58.

etwa, Christus habe eine Einweihung erhalten, er habe seine Lehre aus Indien empfangen oder aus der Kabbala, der Geheimlehre der Juden, und er sei gekreuzigt worden, weil er das geheime Einweihungswissen dem jüdischen Volk mitgeteilt und dadurch den Zorn der Pharisäer erregt habe. In solchen Zusammenhängen werden dem Stifter des Christentums alle Ideen der Esoterik zugeschrieben. Damit verbindet man die Behauptung, das Christentum und die Kirche hätten Jesus und seine Verkündigung in den ersten drei Jahrhunderten verfremdet, das Christentum, wie es sich heute darstellt, sei eine verzerrte und irrige Interpretation des Anliegens Jesu und der ursprünglichen Verkündigung, wie die Auseinandersetzung der Kirche der ersten Jahrhunderte mit der Gnosis beweise.[17]

Seelenwanderung

Ein achtes Grundelement der Esoterik ist die Lehre von der Seelenwanderung, die Lehre von der Wiedergeburt, von der Reinkarnation. In allen esoterischen Systemen nimmt sie einen bedeutenden Platz ein. Sie geht davon aus, daß die Seele nach dem Tode eines Menschen wieder in einen Körper eingeht, um ein neues Leben zu beginnen, das in einem kausalgesetzlichen Zusammenhang mit dem früheren Leben steht. Das ist eine Lehre, die heute wachsende Zustimmung findet. Wie Befragungen ergeben haben, glauben in der westlichen Welt sogar 23 % der Katholiken an die Reinkarnation, von denen zudem 31 % Sonntag für Sonntag den Gottesdienst besuchen.[18]

Die Seelenwanderungslehre bildet eine besondere Form des Glaubens an ein Weiterleben nach dem Tod, die uns in einer Reihe von Religionen begegnet. Stets verbindet sie sich mit einem zyklischen Weltbild. Irgendwie drängt sie sich dem naiven Beobachter der Welt auf, wenn er sieht, wie sich das Leben auf der Erde immer wieder erneuert, wie der Tod der Geburt folgt und immer neue Geburten dem Tod folgen, wie Entstehen und Vergehen einen ständigen Kreislauf bilden. Die Übertragung dieser alltäglichen Erfahrung auf das Individuum entbehrt nicht einer gewissen Plausibilität, zumal es dem Menschen schwerfällt, sich die Endgültigkeit seines Schicksals im Tod vorzustellen und zu bejahen, und der Gedanke, daß man ein mißglücktes Leben nachholen kann, äußerst angenehm ist. In der Seelenwanderungslehre geht man davon aus, daß die Seele nach dem Tod immer wieder in einen neuen gleichartigen oder artverschiede-

---

17 Vgl. ebd., 72-75. S. auch unten S. 129ff.

18 G. Danneels, Christus oder der Wassermann? Ein Hirtenbrief, Einsiedeln/Freiburg 1991, 41; J. Heer, Jeder fünfte hält was davon. Reinkarnationsglaube hier und heute, in: Bibel heute 23, 1987, 27.

nen Körper eingeht, bis sie geläutert ist und, frei von aller Körperlichkeit, zur Vollendung kommen kann. Die Art der Wiederverkörperung wird jeweils bestimmt durch das, was der Mensch in seinem vorhergehenden Leben getan hat. Gute Taten führen zu einer guten Reinkarnation, böse aber zu einer schlechten. Der Mensch wird wiedergeboren, um die Aufgaben zu erfüllen, die er in seinem Leben nicht erfüllen konnte oder wollte. Die Vollendung besteht dann in einem endgültigen Zustand der Ruhe oder der Beseligung oder der Vergöttlichung.[19]

Ein engagierter Vertreter der Seelenwanderungslehre in neuerer Zeit schreibt: „Ist im Menschen etwas potentiell Göttliches angelegt, so muß er sich auf der relativen Ebene in Zeit und Raum so lange entwickeln, bis er seine wahre Natur verwirklicht hat, bis das in ihm Schlummernde voll manifestiert ist. Da ein einziges Menschenleben in den meisten Fällen zu kurz ist (was nicht so sehr aus logischen Überlegungen, sondern eben aus unseren Erfahrungen abzuleiten ist) und da der Tod dem Menschen nicht automatisch die Erleuchtung bringt, bedarf es dazu einer Reihe von Leben."[20]

Verschieden beantwortet werden in der Lehre von der Seelenwanderung die Fragen, ob auch eine Wiedergeburt in einem Tier möglich ist, ob alle Menschen wiederkehren, ob man das Geschlecht wechseln kann in einer Wiedergeburt, ob größere Abstände zwischen den Inkarnationen liegen und was ihr letztes Ziel ist.

Beherrschend ist die Lehre von der Seelenwanderung im Hinduismus und im Buddhismus. Zwar ist sie in den ältesten Schriften des alten Indiens, in den Veden, kaum bekannt, aber in den Upanishaden nimmt sie einen zentralen Platz ein. Der Buddhismus übernimmt sie vom Hinduismus, modifiziert sie allerdings angesichts seiner Leugnung einer substantiellen Seele.

Im Hinduismus und im Buddhismus stellt sich die Seelenwanderungslehre so dar: Der Mensch hat einen unzerstörbaren Kern, das „atman", das sich vor unvorstellbar langer Zeit von dem absoluten Urgrund, dem „brahman", gelöst hat. Seither muß das „atman" nach einem unverbrüchlichen Weltgesetz, dem „dharma", unzählige Erdenleben durchlaufen. Dabei haftet dem Kern, dem Selbst des Menschen, dem „atman", jeweils die Summe der guten und bösen Taten, das „karma", an und bestimmt die Eigenart und den Zustand des kommenden Erdendaseins. Wenn das

---

19 R. Hummel, Suche nach Identität, in: B. Haneke, K. Huttner (Hg.), Spirituelle Aufbrüche, (Anm. 5), 47.

20 H. Torwesten, Sind wir nur einmal auf Erden? Die Idee der Reinkarnation angesichts des Auferstehungsglaubens, Freiburg 1983, 21.

„atman“ einige Zeit nach dem Tod des Menschen in einen neuen Leib eintritt, also wiedergeboren wird, hat es die Gelegenheit, seine früheren bösen Taten zu sühnen und durch gute Taten besseres „karma“ zu erwerben. Der qualvolle Kreislauf der Wiedergeburten, das „samsara“, findet erst ein Ende, wenn der Zustand der Vollkommenheit erreicht ist. Dann verliert das „atman“ sein Selbstbewußtsein und kehrt in den absoluten Seinsgrund zurück, aus dem es hervorgegangen ist, und findet so seine Erlösung.

Während die Esoterik auch den alten Ägyptern die Seelenwanderungslehre zuschreibt, geht die seriöse Forschung davon aus, daß bei ihnen ursprünglich der Glaube an die Unsterblichkeit der Seele vertreten wurde – dafür sprechen die Totenkonservierung und der Jenseitsglaube der Ägypter –, daß die Vorstellung von der Seelenwanderung hingegen erst später von den Griechen übernommen wurde.

Im Abendland begegnet uns die Vorstellung von der Seelenwanderung zum ersten Mal in Griechenland, und zwar in der Orphik (8. vorchristliches Jahrhundert) und bei den Pythagoräern (6. vorchristliches Jahrhundert).[21] Später finden wir sie bei Empedokles († ca. 423 v. Chr.), bei Platon[22] († 347 v. Chr.), im Neupythagoreismus (1. Jahrhundert vor Christus bis 2. Jahrhundert nach Christus) und im Neuplatonismus (3. bis 5. Jahrhundert nach Christus).[23]

In Griechenland verbindet sich, anders als im fernöstlichen Denken, mit der Lehre von der Wiedergeburt die Vorstellung von der Präexistenz der Seelen, die demgemäß ursprünglich ein götterähnliches Dasein geführt haben, dann aber zur Strafe für eine Verfehlung oder kraft eines ewigen Gesetzes auf die Erde verbannt und in einem Leib eingekerkert wurden, um viele Erdenleben zu durchwandern und, dadurch geläutert, schließlich in das frühere götterähnliche Dasein zurückkehren zu können.

Der Seelenwanderungsglaube findet sich möglicherweise bei den Kelten, mit Sicherheit aber in nicht wenigen primitiven Naturreligionen, in manchen islamischen Sekten und in der Religion der alten Mexikaner.

In der Esoterik versteht man das „Karma“ als Energiemanifestation. Man sagt, nichts von dem, was der Mensch tue, spreche oder denke, gehe verloren, es bleibe als Energie im Kosmos erhalten und wirke nach dem Tod des Individuums weiter, es könne von einer neuen Persönlichkeit wieder aufgegriffen und korrigiert, neutralisiert und verwandelt werden. Dabei erklärt man vielfach, bei den Wiedergeburten gehe es nicht um

---

21 S. unten S. 112ff.

22 S. unten S. 117f.

23 S. unten S. 119ff.

Strafe oder um sittliche Läuterung, es gebe keine Erinnerung an frühere Inkarnationen und keinen Rückfall in eine niedere Evolutionsstufe. Die Wiedergeburt eines Menschen in einem Tier wird als Ausnahme angesehen. Heute erwarten die Esoteriker von der Seelenwanderungslehre die Überwindung der Leistungsgesellschaft, deren geistiges Fundament sie in der Überzeugung von der Unwiederholbarkeit des menschlichen Lebens sehen.[24]

Im Christentum wurde der Glaube an die Seelenwanderung von Anfang an abgelehnt und zurückgedrängt. Dennoch trat er im christlichen Abendland in den esoterischen Systemen, aber auch, wohl im Bannkreis der Esoterik, bei einer Reihe von Philosophen hervor. So etwa bei Baruch Spinoza († 1677), Gotthold Ephraim Lessing († 1781), Arthur Schopenhauer († 1860) und Friedrich Nietzsche († 1900). Auch Goethe († 1832) war überzeugt von der Seelenwanderung, wie überhaupt die deutsche Klassik ihr sehr zuneigte. Die Tradition dieser Lehre geht weiter bis in die Gegenwart. Gerhard Hauptmann († 1946) hat die Reinkarnation mit der Erinnerung und mit dem Gedanken der Gerechtigkeit begründet, und Salvador Dali († 1989) will eine Wiederverkörperung des hl. Johannes vom Kreuz († 1591) gewesen sein.[25] Mit großem Nachdruck wird die Reinkarnation heute im New Age vertreten.[26]

In der abendländischen (esoterischen) Version ist die Lehre von der Seelenwanderung für gewöhnlich nicht pessimistisch getönt, wie das im fernöstlichen Denken der Fall ist, sondern optimistisch. Man freut sich auf das neue Erdendasein mit seinen neuen Möglichkeiten. Während die Wiedergeburten in den Religionen Ostasiens als leidvoll angesehen werden, erscheinen sie in der abendländischen Seelenwanderungslehre durchweg als Chance zur Selbstverwirklichung und Höherentwicklung im Sinne der Selbsterlösung. Das Ziel der Hoffnung ist hier nicht der Ausstieg aus dem Kreislauf der Wiedergeburten, aus dem „samsara", sondern die Chance einer jeweils neuen Existenz.[27]

---

24 H.-D. Leuenberger, (Anm. 3), 78ff. 180ff.; V. Pierott, (Anm. 6), 192ff.

25 E. Bock, Wiederholte Erdenleben. Die Wiederverkörperungslehre in der deutschen Geistesgeschichte, Stuttgart [5]1967, 57-60. 154; J. Heer, (Anm. 18), 29.

26 W. Brugger, Art. Seelenwanderung, in: Lexikon für Theologie und Kirche IX, Freiburg [2]1964, 576-578; H. Reller (Hg.), Handbuch Religiöse Gemeinschaften, Gütersloh 1978, 570; G. Walkhoff, Esoterik – Neue Werte oder Modetrend?, in: Frankfurter Allgemeine Zeitung vom 6. März 1991; H.-D. Leuenberger, (Anm. 3), 178-183; H. Pfeil, Die Idee der Wiedergeburt, in: Klerusblatt, 59, 1979, Heft 3, 57; A. Riedmann, Die Wahrheit über die vier Letzten Dinge (A. Riedmann, Die Wahrheit des Christentums IV), Freiburg 1956, 59f.

27 Ch. Schönborn, Existenz im Übergang. Pilgerschaft, Reinkarnation, Vergöttlichung, Einsiedeln 1987, 99. 125.

Begründet man die Seelenwanderung nicht, so wird sie zu einer leeren Behauptung. Die Berufung auf die intuitive Erfahrung kann nicht überzeugen. Verweist man aber zu ihrer Begründung auf angebliche Erinnerungen an frühere Leben, auf ungewöhnliche Kenntnisse, die nur aus einem vorhergehenden Leben stammen können, auf das spontane Gefühl, unbekannten Landschaften und Personen schon einmal begegnet zu sein, auf Anlagen und Neigungen, die ganz neu in einer Familie auftauchen, auf die Notwendigkeit weiterer Existenzen zur Verwirklichung der Anlagen und Talente, auf das Erfordernis der Herbeiführung der Gerechtigkeit angesichts der Ungleichheit der Menschen und ihres Schicksals und auf Experimente mit der Hypnose und mit dem Spiritismus, so ist das nicht überzeugend. Bei den genannten Erfahrungen bieten die Psychologie, die Tiefenpsychologie und die Parapsychologie bessere Erklärungen. Zudem gibt es außer der abendländisch-christlichen Kultur nicht wenige Kulturen, die den Gedanken der Reinkarnation nicht entwickelt haben.[28]
Ist auch die Lehre von der Seelenwanderung nicht annehmbar, so ist sie immerhin eine Absage an den Materialismus und realisiert faktisch den Gedanken der notwendigen Läuterung des Menschen, Gegebenheiten, die für viele nicht mehr selbstverständlich sind. Sie verneint allerdings die Einmaligkeit des Erdenlebens und weithin auch die individuelle Fortexistenz des Menschen sowie die Unvergänglichkeit des menschlichen Ich. Das hat zur Folge, daß das Leben seinen letzten Ernst verliert, daß der Tod und das dem Tod vorausgehende Leben verharmlost werden, daß dem sittlich-religiösen Streben ein entscheidender Antrieb genommen wird und Schuld und Sühne zu leeren Worten werden oder daß ihr personaler und bewußter Charakter negiert wird. Mit dem Christentum ist die Lehre von der Seelenwanderung vor allem deshalb unvereinbar, weil sie klaren Aussagen der Schrift sowie der Wesenseinheit des Menschen widerspricht. Thomas von Aquin († 1274) hebt die einmalige Bezogenheit der Seele auf den Leib hervor, die moderne Psychologie bestätigt die enge Verbindung von Leib und Seele im Menschen, und die Offenbarung bezeugt im Alten wie im Neuen Testament die Geschichtlichkeit des Einzelmenschen und des ganzen Menschengeschlechtes. Es gehört zu den Grundlehren des Christentums, daß sich Heil oder Unheil des Menschen in seinem konkreten Leben entscheiden, daß er dieses nicht wiederholen kann. Im Hebräerbrief heißt es: „Es ist dem Menschen gesetzt, einmal zu sterben, und danach ist das Gericht“ (Hebr 9,27). Mit dem Sterben „kommt die

---

28 W. Brugger, (Anm. 26), 577f.

Nacht, in der niemand mehr wirken kann“ (Joh 9,4). Dann werden die Guten und die Bösen „durch eine große Kluft“ (Lk 16,26) voneinander getrennt sein.
Die Schriftstellen, die man als Argumente für die Seelenwanderungslehre vorgebracht hat, Mk 6,14f.[29] und Joh 9,1 f.,[30] sind nicht überzeugend. Sie zeigen zwar, daß der Gedanke der Wiedergeburt Jesus und seinen Zeitgenossen nicht unbekannt war, aber, wie sich aus dem Zusammenhang ergibt, wird er gerade nicht bejaht. Wenn Jesus endlich von der Wiedergeburt aus Wasser und Heiligem Geist spricht,[31] so geht es offenkundig um die innere Bekehrung und die Taufe.
Unvereinbar mit dem Geist des Christentums ist schon das eherne Gesetz der gnadenlosen Vergeltung, das mit der Wiedergeburtslehre verbunden ist. Auch das Christentum lehrt die Verantwortlichkeit des Menschen hinsichtlich seiner Taten. Dem ewigen Leben steht die ewige Verlorenheit gegenüber, der ewigen Gemeinschaft mit Gott die ewige Trennung von ihm. Aber es tritt das Element der Gnade hinzu. Ohne sie kommt niemand zu Gott. Durch sie findet der Mensch Vergebung, wenn immer er umkehrt.[32]
Im Jahre 543 spricht sich eine Synode in Konstantinopel klar gegen die Seelenwanderungslehre aus.[33]
Die Seelenwanderungslehre steht in einem merkwürdigen Gegensatz zu der sich innerhalb des Christentums ausbreitenden Lehre vom Ganztod des Menschen, die die Unsterblichkeit der Seele in Frage stellt und allein auf die Auferstehung der Toten setzt.

---

29 Mk 6,14f.: „Und der König Herodes hörte – denn sein Name (der Name Jesu) war bekannt geworden –, daß man sagte: ‚Johannes der Täufer ist von den Toten auferstanden, und deshalb wirken die Wunderkräfte in ihm.‘ Andere aber sagten: ‚Er ist Elias.‘“ Vgl. Joh 1,21; Mk 8,28 /Mt 16,14; Lk 9,19; Mk 9,13 /Mt 17, 10-12; Mt 11,14/Mk 9,13. Hier wird Johannes als der gemäß Mal 3,1.23f. und Sir 48,1-11 in der messianischen Zeit erwartete Elija angesehen. Wie das gemeint ist, ergibt sich aus Lk 1,17: „Er (Johannes) wird mit dem Geist und mit der Kraft des Elija dem Herrn vorangehen.“

30 Joh 9,1f.: „Im Vorübergehen sah er einen Mann, der von Geburt an blind war. Da fragten die Jünger:,Wer hat gesündigt, dieser oder seine Eltern, daß er blind geboren wurde?‘“ Die Antwort Jesu lautet: „Weder er noch seine Eltern haben gesündigt, sondern das Wirken Gottes soll an ihm offenbar werden“(9,3). Damit verneint Jesus indirekt den Gedanken, daß der Blindgeborene ein früheres Leben geführt hat.

31 Joh 3,5: „Jesus antwortete: ‚Wahrlich, wahrlich, ich sage dir, wenn jemand nicht wiedergeboren wird aus Wasser und Heiligem Geist, so kann er nicht in das Reich Gottes eingehen.‘“ Vgl. Tit 3,5; 1 Petr 1,3.23.

32 A. Riedmann, Die Wahrheit über die vier Letzten Dinge, (Anm. 26), 59-61.

33 H. Denzinger, A. Schönmetzer (Hg.), Enchiridion symbolorum, definitionum et declarationum de rebus fidei et morum, Barcelona/Freiburg [36]1976, Nr. 403.

Diese Lehre nimmt ihren Ausgang in der reformatorischen Theologie der jüngsten Vergangenheit, näherhin bei Karl Barth († 1968), und hat heute nicht wenige Anhänger auch bei katholischen Theologen gefunden. Zu ihrer Verbreitung hat vor allem der Holländische Katechismus beigetragen, der 1966 erschienen ist. Die Lehre vom Ganztod scheint auch bei der Liturgiereform Pate gestanden zu haben, wenn weithin das Wort „Seele“ aus der Totenliturgie verschwunden ist.
Dabei wird nicht berücksichtigt, daß die Seele des Menschen im Gegensatz zur Seele des Tieres geistiger Natur ist, daß sie nicht nur über ein sinnliches, sondern auch über ein geistiges Bewußtseinsleben verfügt und daß sie zufolge ihrer Geistigkeit auch unabhängig vom Leib sein und sich geistig betätigen kann, jedenfalls prinzipiell. In ihrer Geistigkeit ist die Seele nicht zusammengesetzt und kann deshalb nicht zerfallen. Wo immer in der Schrift vom ewigen Leben und von der ewigen Verdammnis die Rede ist, da wird die Unsterblichkeit der Seele vorausgesetzt. Jesus ermahnt die Jünger, sich nicht vor denen zu fürchten, die zwar den Leib, nicht aber die Seele töten können, sie sollen sich vielmehr vor denen fürchten, die den Leib und die Seele ins Verderben der Hölle stürzen können (Mt 10,28). Dem reumütigen Schächer verspricht er das Paradies noch am Tage seines Todes (Lk 23,43), und Paulus ist überzeugt, daß der Tod ihm sogleich die Christusgemeinschaft bringen kann (Phil 1,23). Das V. Laterankonzil verkündet im Jahre 1513 die Unsterblichkeit der Seele des Menschen,[34] die neuerdings wieder durch die Pastoralkonstitution des II. Vatikanischen Konzils bekräftigt wird.[35]

Astrologische Geschichtskonstruktion

Ein neuntes bedeutendes Moment der Esoterik ist die Lehre von den Zeitaltern. Diese knüpft an die altbabylonische Sternkunde an, die die Sonnenlaufbahn – die scheinbare Sonnenlaufbahn, so müssen wir heute sagen – in zwölf Sektoren aufteilte und diese nach den jeweils der Sonne zugeordneten Sternbildern, den Tierkreiszeichen, bezeichnete. Damit hatte man eine Einteilung des Jahres gefunden. Auf dieser Einteilung des Jahres baut die astrologische Welt- und Lebensdeutung auf.[36] Nun ordnet man den einzelnen Sternbildern in der Esoterik aber nicht nur zwölf Abschnitte des Jahres, sondern auch zwölf Weltzeitalter zu. Dabei beruft man sich darauf, daß sich die Erde nicht nur um die Sonne, sondern auch

---

34 Ebd., Nr. 1440f.

35 Gaudium et spes, Art. 14.

36 S. unten S. 93ff.

um die eigene Achse dreht und dabei eine Präzessionsbewegung durchführt. Das heißt: während sich die Erdachse um sich selbst dreht, bewegt sie sich gleichzeitig wie ein Kinderkreisel auf einem gedachten Kegelmantel. Das bedingt die Tatsache, daß sich die Tierkreiszeichen gegenüber den alten astrologischen Kalendern verschoben haben, daß beispielsweise der Widder- oder der Frühlingspunkt heute im Sternbild der Fische liegt oder daß der Polarstern nicht immer Polarstern gewesen ist. Die Erdachse wandert also längs der Ekliptik und kehrt nach ungefähr 25 000 Jahren zu ihrem Ausgangspunkt zurück (genau nach 25 868 Jahren). Jeweils etwa 2 000 Jahre ist sie dann im Bereich eines der zwölf Sternbilder, denn ungefähr 2000 Jahre dauert die Wanderung der Erdachse von einem Sternbild zum anderen. Zur Zeit Christi war sie im Bereich des Sternbildes der Fische. Jetzt wandert sie in das Sternbild des Wassermanns hinein. Demgemäß spricht man von Weltenjahren und Weltenmonaten und versteht die Weltenmonate jeweils als Zeitalter.

Den Beginn des Weltenjahres setzt man in der Esoterik ungefähr 10 000 Jahre vor Christus an. Dann steht das erste Zeitalter im Zeichen des Sternbildes des Löwen. Ihm folgen das Zeitalter des Krebses, das Zeitalter der Zwillinge, das Zeitalter des Stieres, das Zeitalter des Widders und das Zeitalter der Fische. In der Gegenwart wird das Zeitalter der Fische durch das Zeitalter des Wassermanns abgelöst. Mit ihm verbindet man die Hoffnung auf eine menschlichere Zukunft kraft der allgemeinen, weltweiten Ausbreitung des esoterischen Wissens und des esoterischen Tuns. Das Zeitalter des Wassermanns soll jenes goldene Zeitalter werden, worauf sich schon immer die Sehnsucht der Menschheit gerichtet hat. Mit ihm soll auch das Christentum, das „exoterische" Christentum, die bedeutendste Religion des Fische-Zeitalters, ein Ende finden.[37]

Eine Einteilung der Weltgeschichte von der kosmischen Konstellation her geht von völlig unbewiesenen Voraussetzungen aus. Vernünftigerweise muß man sagen, daß nicht die Geschichte den Menschen, sondern der Mensch seine Geschichte gestaltet.

Welteinheitsreligion

Ein zehnter Grundzug im esoterischen Denken ist die Idee von der Welteinheitsreligion,[38] die sich des öfteren mit der Idee eines Welteinheitsstaates verbindet. In der Welteinheitsreligion tritt, so die Überzeugung, die allen Religionen gemeinsame Wahrheit hervor, die schon immer

---

37 H.-D. Leuenberger, (Anm. 3), 18ff. 76ff.; E. Gruber, S. Fassberg, (S. 10 Anm. 1), 152.

38 S. unten S. 186ff. 276ff.

in der Esoterik ihren Ort hatte. Die Esoterik versteht sich grundsätzlich als die Erfüllung aller Religionen, als die allen Religionen gemeinsame Wahrheit hinter den Dogmen der einzelnen Religionen. Das Wesen der Religionen ist im esoterischen Denken die Vergöttlichung des Menschen durch die Erweckung seines göttlichen Ich unter Ausschaltung seiner niederen grob-stofflichen Prinzipien. Diese Vergöttlichung aber erfolgt auf dem Weg der Erkenntnis.

In der Sicht der Esoterik muß die Einheit der Religionen, die Religion über allen Religionen, demnach nicht erst hergestellt werden, etwa dadurch, daß die bestehenden Religionen einen gemeinsamen Nenner finden und sich zusammenschließen oder daß eine bestimmte Religion sich durchsetzt und die anderen verdrängt. Diese Einheit ist nach esoterischem Verständnis bereits da in dem verborgenen Wirken der Esoterik, sie muß aber offen hervortreten in der Gestalt der Welteinheitsreligion, weil nur so eine vollkommene Welt entstehen kann.[39]

Die Welteinheitsreligion bezieht zwar das Christentum irgendwie mit ein, hat jedoch keinen Platz für die zentralen christlichen Glaubenswahrheiten, für einen persönlichen Gott, für Jesus Christus als den Sohn Gottes, für die Heilsgeschichte Gottes mit dem Menschen und für die Erlösung von Sünde und Schuld durch den Tod Jesu. Die Mitte dieser Religion ist im Grunde nicht Gott, sondern der Mensch. Die absolute Autonomie und Selbstbestimmung des Menschen ist das höchste Ideal dieser Religion. In ihr ist der Mensch das Maß aller Dinge.

Der Gedanke der Welteinheitsreligion findet heute auch innerhalb des Christentums nicht wenig Anklang. Das wird deutlich, wenn man die eigene Wahrheit relativiert und sich synkretistisch öffnet für die verschiedenen Religionen, wenn man den bisher im Christentum vertretenen Absolutheitsanspruch als eng bezeichnet und in den Verschiedenheiten der Religionen Gemeinsamkeiten zu entdecken sucht, die gar nicht vorhanden sind, oder wenn man gar für einen Wahrheitsbegriff eintritt, in dem kontradiktorische Gegensätze faktisch zu konträren werden. Immer wieder kommt es vor, daß man erklärt, die verschiedenen Religionen meinten im Grunde das gleiche, oder wir müßten einen Prozeß in Gang setzen, der uns mehr und mehr zu der Erkenntnis führe, daß die Religionen sich nicht widersprechen, daß sie alle, wenn auch mit verschiedenen Worten, das gleiche meinen. Damit verliert das Christentum allerdings seine Identität. Etwas anderes ist die gebotene Anerkennung der Wahrheitselemente in den verschiedenen Religionen, der notwendige

---

[39] G.-K. Kaltenbrunner (Hg.), Wissende, Verschwiegene, Eingeweihte. Hinführung zur Esoterik (Herderbücherei Initiative 42), Freiburg 1981, 21f.

Respekt vor denen, die eine andere religiöse Überzeugung haben, und der unermüdliche Dialog mit ihnen im Dienste der Wahrheit.

Literarischer Niederschlag

Die Esoterik wird nicht nur mündlich oder in Lehrschriften und Abhandlungen tradiert, sondern auch literarisch. Die antike Literatur bemühte sich immer wieder um die Mythen und ihre Ausgestaltung, um die Mysterienreligionen und ihre Darstellung. Ein Beispiel für einen esoterischen Roman ist in der Antike der Roman des Lucius Apuleius „Der goldene Esel" aus dem 2. nachchristlichen Jahrhundert. Er hat die Einweihungszeremonien der Isis-Mysterien zum Thema. Im Jahre 1926 erschien er in deutscher Übersetzung von A. Schaeffer. Im Mittelalter hatte die esoterische Geschichte vom goldenen Gral eine bedeutende literarische Wirkungsgeschichte.[40] Zur klassischen esoterischen Belletristik der neueren Zeit zählen der Rosenkreuzer-Roman „Zanoni" von Edward Bulwer-Lytton und die Romane „Die drei Lichter der kleinen Veronika" von Manfred Kyber und „Die Möwe Jonathan" von Richard Bach.
Der von der Literaturwissenschaft am meisten beachtete esoterische Schriftsteller ist Gustav Meyrink († 1932). Man zählt ihn zu den Expressionisten. Zeitweilig war er tonangebend in der deutschen Literatur. Zusammen mit einigen anderen Schriftstellern gehört er zu den Begründern des literarischen Okkultismus oder des magischen Realismus am Beginn des 20. Jahrhunderts. In dieser Literatur werden okkulte Traditionen aus unserer eigenen Vergangenheit sowie aus fremden Kulturen aufgegriffen und teilweise ergänzt durch angebliche Selbsterfahrungen. Besonders hoch im Kurs steht dabei der Spiritismus. Das Hauptwerk Meyrinks ist der 1915 erschienene Roman „Der Golem", der 1984 neu aufgelegt worden ist. Meyrink beteiligte sich 1891 an der Gründung der Prager Loge „Zum blauen Stern". Er hatte intensive Verbindungen zu englischen Freimaurern und Rosenkreuzern. In esoterischen Kreisen empfiehlt man von seinen Schriften außer dem genannten Roman besonders die Romane „Der Engel vom westlichen Fenster", „Das grüne Gesicht" und „Der weiße Dominikaner", Romane, die jeweils bestimmte Gebiete der Esoterik zum Inhalt haben, die Magie und die Kabbala, den Spiritismus, den jüdischen Chassidismus und die östliche Mystik und den Taoismus.

---

40 Siehe unten S. 155ff.

Eine gewisse Schlüsselstellung innerhalb der Kategorie der esoterischen Romane nimmt der Roman der ungarischen Schriftstellerin Maria Szepes „Der rote Löwe" ein, der auch als Taschenbuch erschienen ist.
Eine unübersehbare Fülle von esoterischen Romanen gibt es heute innerhalb der Taschenbuch-Literatur. Sie sind in ihrer Art besonders bizarr. Sie nehmen die reale Welt, wie wir sie kennen, zum Ausgangspunkt, um dann dahinter eine andere dämonische, schreckenerregende oder auch märchenhafte und phantastische Welt erstehen zu lassen.[41]
Eine bedeutende Rolle spielen in diesem Zusammenhang auch Hermann Hesse und Michael Ende.
Hermann Hesse, der 1877 in Calw in Württemberg geboren wurde und 1962 in der Schweiz gestorben ist, konnte, fasziniert vom fernöstlichen Denken im allgemeinen und von der Einheitsschau dieses Denkens im besonderen, seine Ideen mit großem Erfolg verbreiten und hat noch heute eine große Lesergemeinde. Die Resonanz, die er gefunden hat und noch findet, ist außergewöhnlich. Vielfach wird er als der populärste deutschsprachige Schriftsteller der Gegenwart bezeichnet. Von den 40 Büchern, die er geschrieben hat, waren im Jahre 1987 etwa 70 Millionen Exemplare in aller Welt verbreitet. Die Gesamtauflage seiner Bücher in deutscher Sprache beträgt 12 Millionen. Im Jahre 1946 hat er den Nobelpreis erhalten. Liest man das 1991 über ihn erschienene Buch von Christian Immo Schneider, so gewinnt man den Eindruck, er sei nach Goethe der bedeutendste deutsche Dichter. Wenn man jedoch einen objektiven Maßstab anlegt, wird man die Originalität Hesses und die Qualität seines Schaffens nicht gar so hoch veranschlagen.
Mehr noch als Hermann Hesse hat Michael Ende, geboren 1930, esoterisches Gedankengut literarisch verarbeitet und den Esoterik-Boom gefördert. In seinen Büchern geht es immer wieder um die Phänomene des Okkultismus und der außersinnlichen Wahrnehmung. Jahrzehnte hindurch hat er sich leidenschaftlich mit der Kabbala, dem Rosenkreuzertum, dem Zen-Buddhismus, dem Tarot, dem Okkultismus und parapsychologischen Phänomenen beschäftigt und darin seine geistige Heimat gefunden.
Die Rückkehr zu den Märchen, zur Mystik, zur Magie und zum Mythos versteht er, der in seiner Jugend einige Jahre in einer Waldorfschule verbracht hat, als unmittelbar erlebte Metaphysik. Es ist seine erklärte Absicht, die Menschen durch magische Phantasien zu heilen. Die Esote-

[41] W. Reif, Exotismus und Okkultismus, in: H. A. Glaser (Hg.), Deutsche Literatur. Eine Sozialgeschichte, Bd. 9, Reinbek b. Hamburg 1983, 155ff.; H.-D. Leuenberger, (Anm. 3), 199-204.

rik ist für ihn „konkrete Religion“, sofern sie hinter jeder Erscheinung der Welt und der Natur das Geistige zu erfassen versucht. Er ist der Überzeugung, daß die Welt, das ganze Weltall, von Intelligenzen und von Bewußtsein erfüllt ist. In seinem Garten in Genzano, in der Nähe von Rom, pflegt er den Geistern und Naturwesen, den Gnomen, Nixen, Undinen, Elfen und Salamandern, kleine Geschenke in die Bäume zu legen. Er pflegt intensive Gemeinschaft mit ihnen und läßt sich von ihnen in seiner literarischen Arbeit inspirieren.
Der außergewöhnlich erfolgreiche Buchautor – seit 1989 ist er Träger des Bundesverdienstkreuzes[42]- weiß sich dezidiert der Esoterik verpflichtet, wenn er konstatiert, die Bibel sei nicht in erster Linie ein Lehrbuch im Sinne gewisser moralischer und religiöser Verhaltensnormen, sondern eine Mysterienbuch, sie sei nicht ein allgemeines Volksbuch, sondern ein Meditationsbuch für Eingeweihte. Man könne sie nur verstehen, wenn man die jüdische Esoterik kenne.
Intensiv hat Ende auch die Werke des englischen Satanisten Aleister Crowley († 1947) studiert, der als einer der bedeutendsten Okkultisten unseres Jahrhunderts angesehen werden muß.[43] In dem Roman „Unendliche Geschichte“ ist die Grundmaxime Crowleys „Tu, was du willst“ so etwas wie ein Leitmotiv. Ende versteht sich als Prophet des neuen Zeitalters, des Wassermannzeitalters. So ist es nicht verwunderlich, wenn er den Okkultismus vehement verteidigt und bemerkt, der Spott, den die Rationalisten dem Okkulten gegenüber vorbrächten, sei nichts anderes als eine unbewußte Angstreaktion angesichts der Risiken, die die Suche nach der Wirklichkeit der geistig-seelischen Welt mit sich bringe. Zynisch fügt er hinzu, der Selbständige und Mutige könne auch vom Teufel allerhand lernen, da der Teufel alt sei und viel wisse.
Endes Bücher „Jim Knopf“, „Die wilde 13“, „Momo“ und „Unendliche Geschichte“ begeistern heute Millionen. Die beiden zuletzt genannten Bücher, die als Kultbücher der Ökologie- und Friedensbewegung gelten, gehören mit jeweils mehr als einer Million verkaufter Exemplare zu den erfolgreichsten deutschen Romanen seit 1945.[44]

---

42 Vgl. Die Welt vom 4. August 1989.

43 S. unten S. 171ff.

44 M. Ende, Mein Lesebuch, Frankfurt/M. ^{2}1984, passim; Idea-Spektrum, Informationsdienst der Evangelischen Allianz e. V., Wetzlar Nr. 42, 1986, S. 3f.; R. König, Geheime Gehirnwäsche. Wie man uns heute für morgen programmiert, Neuhausen-Stuttgart ^{4}1987 124ff.; H. Baer, Satanismus, in: Unsere Seelsorge 36, 1986, 20; K. Berger, Heilung durch magische Phantasien, Wuppertal ^{2}1988, 9-40.

ESOTERISCHE PRAXIS

Esoterisches Wissen und esoterisches Tun bilden eine Einheit. Das esoterische Wissen findet seine Anwendung in den verschiedenen esoterischen Praktiken. Die wichtigsten sollen im folgenden vorgestellt werden.

Magie

Weiße und Schwarze Magie

Der Hinwendung der Esoterik zum Mythos entspricht ihre magische Weltdeutung und ihre magische Lebenspraxis. Das Interesse für die Magie erfaßt heute breite Kreise, obwohl sie entwicklungsgeschichtlich eigentlich überwunden ist. Das magische Denken bestimmt in der Gegenwart die geistige Haltung einer wachsenden Zahl von Menschen. Immer häufiger flüchtet man, besonders an den Krisenpunkten des Lebens oder wenn man in wirkliche Not gerät, in die Magie. Diese Beobachtung machen wir selbst bei solchen, die sich als Christen verstehen. Von magischen Praktiken erhofft man Hilfe in der Bewältigung der Lebensangst und der Todesfurcht. Zu Recht hat man darauf hingewiesen, daß die magische Welle heute neben die erotische getreten ist.[1] Wie sich vor Jahren an immer neuen Orten die Sex-Shops etablierten, so treten nun allenthalben die Magic-Shops hervor. Der Präsident des römischen Studienzentrums für neue Religionen, Erzbischof Casale, warnte im Herbst des Jahres 1993 vor einem wachsenden Einfluß von Magiern auf die italienische Gesellschaft, er stellte fest, allein in der Stadt Mailand seien neben 3 000 Priestern 4 000 Magier tätig.[2]

Das Wort „Magie" ist von dem griechischen „mageia" abgeleitet und bedeutet soviel wie „Zauberei", „Gaukelei", „Blendwerk". Der „magos" ist von daher der Wahrsager, der Astrologe, der Zauberer, der Gaukler. Seiner Herkunft nach gehört das Wort „mageia" wohl nicht zur indogermanischen Sprachfamilie. Möglicherweise kommt es aus dem Sumerischen oder dem Altbabylonischen. Dann bedeutet seine Wurzel soviel wie „erhaben".[3]

Im magischen Weltverständnis wohnt allen Erscheinungen eine verbor-

---

1 R. Kriese, Okkultismus im Angriff, Neuhausen-Stuttgart 1988, 95.

2 Deutsche Tagespost vom 28. Oktober 1993.

3 P. v. Schanz, Art. Zauberei, in: Wetzer und Welte's Kirchenlexikon, Bd. XII, Freiburg ²1901, 1874.

gene Kraft inne, ist die unbelebte wie auch die belebte Natur Trägerin außergewöhnlicher Kräfte, die positiv oder negativ wirken und derer sich der Mensch bemächtigen kann. Die Fähigkeit, diese Kräfte zu übertragen, schreibt man der Sprache, der Schrift, bestimmten Symbolen oder einfach der Berührung mit kraftgeladenen Dingen zu. Man muß nur die richtige Formel, das entsprechende Symbol oder die erforderliche symbolische Handlung kennen, um sich die außergewöhnlichen oder magischen Kräfte zunutze machen zu können, die ihrerseits automatisch wirken. So die Überzeugung.

Faktisch erhebt der Magier den Anspruch, über Gott oder über das Göttliche verfügen zu können, macht er die bösen und die guten Geister zu Handlangern des Menschen. Damit bekennt er sich zu einer primitiven Weltsicht, die den höheren Religionen und besonders dem Christentum jedoch, zumindest prinzipiell, fremd ist.

Im Fetischismus schreibt man etwa bestimmten Gegenständen, Steinen, Geräten oder Figuren, besondere Kräfte zu oder läßt Geister in ihnen wohnen. Man trägt solche Gegenstände bei sich, verehrt sie oder quält sie gar unter Umständen, um sie sich gefügig zu machen. Eine entwickeltere Abwandlung dieser Praxis ist das Tragen von magischem Schmuck, von Amuletten oder Talismanen, mit der Absicht, Unglück abzuwenden. Amulette oder Talismane begegnen uns als Anhänger mit Geheimzeichen oder bestimmten Inschriften, als Nachbildungen menschlicher Körperteile, als Münzen oder als symbolische Darstellungen der Sonne und des Mondes.

Andere verbreitete Formen der Magie sind Tätowierungen, in denen ein alter Abwehrzauber weiterlebt, Himmelsbriefe, die vor Unglück schützen sollen, Brandbriefe, die Feuerbrände verhindern sollen, Kettenbriefe, die Glück versprechen für den Fall, daß der Empfänger sie abschreibt und sogleich weiterschickt, Unglück hingegen, wenn er dieser Aufforderung nicht nachkommt, das Besprechen von Krankheiten, die Teufelsanrufung, der Blutzauber, der Verfolgungszauber, der Rachezauber und der Todeszauber.[4]

Im magischen Denken unterscheidet man Glückszahlen und Unglückszahlen, Glückszeichen und Unglückszeichen. Die Zahl 13, die Spinne und die schwarze Katze sollen Unglück, der Schornsteinfeger, das Hufeisen, das vierblättrige Kleeblatt, das verschüttete Salz, das Maskottchen und Scherben hingegen sollen Glück bringen. Glück bringen soll auch der Ausruf „Toi-toi-toi", der wohl soviel bedeutet wie „Teufel-Teufel-Teufel". Magischem Denken entspringt auch der Brauch, auf

---

4 R. Kriese, (Anm. 1), 95ff.

Holz zu klopfen und den Daumen zu halten, um Unglück abzuwenden, und dem Montag und dem Freitag mit besonderem Mißtrauen zu begegnen.[5]
Durch Beschwören oder Besprechen mittels geschriebener und gesprochener Worte werden feindliche Mächte, böse Geister, gebannt, die man verantwortlich macht für Krankheiten, Mißwachs und Naturkatastrophen, durch Verwünschungsformeln werden sie veranlaßt, Menschen und Tieren Schaden zuzufügen, und durch den Liebeszauber wird mit Hilfe der Geister die Liebe einer bestimmten Person gewonnen.[6]
Besonders reich entfaltet sich das magische Zeremoniell an den Wendepunkten des Lebens, in Zeiten, in denen die kreatürliche Bedrohung und Gefährdung mehr als sonst ins Bewußtsein tritt, bei Heirat, Geburt, Krankheit und Tod. Hier ist etwa an den Polterabend vor der Hochzeit und an das Lärmen in der Silvesternacht zu erinnern. Was die daran Beteiligten vielfach als lustiges Gesellschaftsspiel betrachten, hat magische Wurzeln, ist als antidämonischer Lärmzauber zu verstehen, mit dem man die bösen Geister vertreiben will. Dabei ist der Übergang von Spiel zu Ernst fließend.
Eine spezielle Form der Magie ist der Analogiezauber, bei dem man von der imitativen Darstellung einer Handlung reale Folgen erhofft. So soll die Ausgießung von Wasser Regen hervorbringen oder die Nachahmung des Donners Gewitter oder das Durchbohren des Bildes eines Feindes dessen Tod.
Eine große Rolle spielt noch heute in der Magie das sechste und siebte Buch Mosis, ein Zauberbuch aus dem 16. Jahrhundert, das im 19. Jahrhundert mit Teilen eines französischen Zauberbuchs vermischt wurde, eine Sammlung von Zauberformeln und unverständlichen Beschwörungsriten, eine Zusammenstellung „von ekelerregenden Praktiken, von primitiven, automatisch wirkenden Sprüchen".[7] Für die verschiedensten Nöte des Alltags gibt es da komplizierte Anweisungen, die in ihrer Absurdität unübertrefflich sind. Im Jahre 1950 wurde das Buch neu verlegt.[8] Der Verleger des Buches wurde damals wegen Aufforderung zur Tierquälerei, zur Leichenschändung und zum Diebstahl zu einer hohen Geldstrafe verurteilt, das Urteil wurde jedoch später wieder

---

5 Vgl. Deutsche Tagespost vom 19. Mai 1990.

6 O. Schnurr, (S. 15 Anm. 3), 48; G. Graichen, Die neuen Hexen. Gepräche mit Hexen, Hamburg 1986, 89f.

7 R. Ruthe, Medien–Magier–Mächte. Aberglaube und Okkultismus im Zeitalter des Wassermanns, Moers 1988, 88 bzw. 87f.

8 Das sechste und siebente Buch Mosis, neu bearbeitet von F. H. Masuch, Braunschweig 1950. Eine weitere Ausgabe erschien 1968 in München.

revidiert.[9] Das Buch enthält Anweisungen für den Rache-, den Fruchtbarkeits- und den Krankheitszauber und empfiehlt sich als das „Buch der größten, wundersamsten Geheimnisse zur Erlangung von Glück und irdischen Gütern".[10] Mit Hilfe von alten Rezepten und Hausmitteln will es ewige Jugend, Schönheit und Fruchtbarkeit schenken und Mittel gegen alle möglichen Krankheiten und Gebrechen bei Mensch und Tier bereitstellen.[11] Äußerlich ist es aufgemacht wie eine Bibel und beruft sich gar auf sie, nimmt es doch für seine Zauberrezepte die Autorität des biblischen Mose in Anspruch.

Es gibt weitere Zauberbücher dieser Art. Sehr zahlreich werden sie seit dem 13. Jahrhundert. Nur einige seien hier genannt: die Clavicula Salomonis, das Grimorium (Zauberbuch) des Papstes Honorius, die Philosophia occulta des Agrippa von Nettesheim, die Ägyptischen Geheimnisse des Albertus Magnus, das 8. und 9. Buch Mosis, das 10., 11. und 12. Buch Mosis und die Dr. Faust zugeschriebenen Zauberbücher. Sie alle erheben den Anspruch, mit uralten magischen Formeln und Rezepten Hilfe im Alltag zu bieten und ein glücklicheres Leben zu ermöglichen.[12]

Man pflegt zwei Grundformen der Magie zu unterscheiden, die Weiße und die Schwarze Magie oder die höhere und die niedere. Die Schwarze Magie ist die böse, das heißt: man bedient sich dabei des Teufels und der Dämonen für eigensüchtige Zwecke oder zum Schaden anderer, die Weiße Magie ist die gute, in ihr verbindet man sich mit Gott und den guten Geistern im Dienste des eigenen Wohlergehens und des Wohlergehens der Menschen und des Aufstiegs zum Göttlichen. Diesen Anspruch erhebt man jedenfalls. Ob das möglich ist, soll zunächst noch offenbleiben. Während die Schwarze Magie sich dezidiert antireligiös versteht, verbindet sich die Weiße mit der Religion, nimmt sie in Dienst und tarnt sich gewissermaßen religiös. Die wichtigsten Elemente der Weißen Magie sind der Schutzzauber, der Fruchtbarkeitszauber, der Abwehrzauber und der Heilungszauber, während die Schwarze Magie sich vor allem im Verfolgungszauber und im Rachezauber artikuliert. Sie bedient sich aber auch des Abwehr- und des Heilungszaubers. Eine große Rolle spielt in der Schwarzen Magie der Gedanke des Teufelspaktes und der Teufels-

---

9 R. Ruthe, (Anm. 7), 88. 104; H. Baer, Okkulte Praktiken und abergläubische Vorstellungen, in: Unsere Seelsorge 36, 1986, Heft 10, S. 7-11; R. Kriese, (Anm. 1), 79ff.

10 R. Ruthe, (Anm. 7), 88.

11 Ebd., 87f.; vgl. R. Kriese, (Anm. 1), 97.

12 R. Ruthe, (Anm. 7), 90f.; H. Werner, Lexikon der Esoterik, Wiesbaden 1991, 745f.

buhlschaft. Nicht selten erheben jene, die sich der Schwarzen Magie verschrieben haben, den Anspruch, Hexer oder Hexen zu sein. Man spricht in diesem Zusammenhang von Menschen mit einem bösen Blick, denen man aus dem Weg gehen muß, weil sie durch ihren Blick willentlich oder unbewußt Schaden stiften.[13]
Die Esoterik erklärt die Wirkungsweise der Magie als die rechte Beherrschung der kosmischen Energie. Für sie ist der Kosmos nämlich letztlich reine Energie, die sich auf verschiedenen Ebenen manifestiert und uns in immer neuen Erscheinungsformen begegnet.[14] Von dieser Energie sagt die Esoterik, sie könne nicht vernichtet, nur verwandelt werden. Die gesamte Wirklichkeit, einschließlich des Menschen, ist in dieser Sicht von einer einheitlichen fluidalen Lebensenergie beseelt, die im Menschen, in höheren Wesen, in Naturgeistern und in den Seelen der Verstorbenen personifiziert erlebt werden kann. Demgemäß wird der Mensch als Ansammlung der verschiedensten Energien definiert, ist die Ausgewogenheit, die Balance das Grundgesetz des Kosmos, dem alle Wesen verpflichtet sind. Man erklärt, während der Mensch normalerweise nicht in der Lage sei, die verborgenen Energien bewußt und kontrolliert einzusetzen, lerne er in der Magie, sie mittels bestimmter Techniken planmäßig zu mobilisieren und in Dienst zu nehmen.[15]
Heute wollen die Esoteriker den Bedeutungsgehalt der Magie vielfach anders fassen, gewissermaßen weniger primitiv, vergeistigter, aufgeklärter, wenn sie etwa die magischen Praktiken psychologisieren. Dabei berufen sie sich auf Carl Gustav Jung († 1961), den gefeierten Begründer der Tiefenpsychologie, einen bedeutenden Vertreter der Esoterik, der davon ausgeht, daß magisch nur ein anderes Wort für psychisch ist.[16] Für

---

13 W. Janzen, (S. 14 Anm. 1), 35; K. E. Koch, Seelsorge und Okkultismus, Berghausen b. Karlsruhe o. J., 125-130; J. Haekel, Art. Böser Blick, in: Lexikon für Theologie und Kirche II, Freiburg ^{2}1958, 618.

14 Energie ist hier etwas völlig anderes als das, was die Physik unter Energie versteht.

15 W. Schmidt, H.-D. Leuenberger, R. Bleistein, H. Steckeler, Zwischen Evangelium, Okkultismus und Esoterik. Jugend auf der Suche nach dem Sinn, Freiburg 1987, 28ff.; W. Janzen, (S. 14 Anm. 1), 19.

16 C. G. Jung, den man zusammen mit Sigmund Freud († 1941) und Alfred Adler († 1937) als den Begründer der modernen Psychotherapie zu bezeichnen pflegt, der in den fünfziger Jahren sehr von sich reden machte, versteht sich als Christ, hat jedoch schon früh seine geistige Heimat in der Esoterik gefunden. Schon in jungen Jahren hat sich der Sohn eines evangelischen Pfarrers, der seines Berufes nicht sehr froh geworden war, vom kirchlichen Leben abgewandt. Jung hatte die Idee, das zeitgenössische Christentum zu einer neuen Religion weiterzuentwickeln (M. Stein, Leiden an Gott. C. G. Jungs Therapiekonzept für das Christentum, Zürich 1988, 264f.). Er war stark geprägt vom Okkultismus und begeistert vom Mythos. Seelenwanderung und Spiritismus spielen eine

Jung werden in der Magie die verborgenen Kräfte der Tiefenseele ausgeschöpft. Die Magie wird damit zum Wissen um die menschliche Seele. Wie die Esoteriker heute gern betonen, hat die moderne Psychologie die Voraussetzungen und die Wirkungsweise der Magie durchleuchtet und Wesentliches über die psychischen Energien des Menschen herausgefunden, was sich angeblich auch die Psychotherapie und die Gruppendynamik zunutze machen. Das Grundprinzip ist auch hier die Idee, daß der Kosmos sich wesenhaft als Energie darstellt, daß die Energie das tiefste Wesen aller Dinge ist.[17]
Auch im Christentum hat es seit eh und je magische Vorstellungen und Praktiken gegeben, wenn auch nicht in jener ausgeprägten Form, wie sie neben dem offiziellen Christentum Gestalt angenommen haben. Als magisches Symbol, das außergewöhnliche, übersinnliche Kräfte aktivieren und vermitteln soll, hat das sogenannte magische Zahlenquadrat in gewisser Weise Geschichte gemacht. Es enthält neun Einzelquadrate mit je einer Zahl. Addiert man diese Zahlen in der Waagerechten, in der Senkrechten oder in der Diagonalen, so ist die Summe stets die gleiche. Es handelt sich dabei um folgende Zahlenwerte:

8	1	6
3	5	7
4	9	2

Eine Variante des magischen Zahlenquadrats begegnet uns in der Sator-Formel, einem Buchstabenquadrat, einem Kryptogramm, das nachweislich bereits im Jahre 63 n. Chr. bekannt gewesen und möglicherweise gar christlichen Ursprungs ist. Wiederholt hat man die Meinung vertreten, es gehöre der Arkandisziplin der Alten Kirche an und verweise uns auf die erste Zeit der Christenverfolgungen. Immerhin begegnet es uns häufiger im christlichen Orient und Okzident in der Antike wie auch im Mittelalter. Es stellt sich in folgender Weise dar:

---

große Rolle für ihn (vgl. A. Jaffé [Hg.], Erinnerungen, Träume, Gedanken von C. G. Jung, Olten [7]1990, 159). Hat Freud in der Religion eine Illusion gesehen, so hat Jung in ihr die Projektion menschlicher Bedürfnisse gesehen. Wenn das Geheimnis der menschlichen Seele im Mittelpunkt der Forschungen Jungs steht, so ist das für ihn ein ausgesprochen existentielles Problem. Besonders bedrängend war für ihn die Welt des Unbewußten, der er sich zu nähern bemühte durch die Traumdeutung.

17 H.-D. Leuenberger, (S. 24 Anm. 3), 159ff.

S	A	T	O	R
A	R	E	P	O
T	E	N	E	T
O	P	E	R	A
R	O	T	A	S

Die besondere Eigenart dieses Buchstabenquadrats besteht darin, daß die fünf Buchstabeneinheiten SATOR, AREPO, TENET, OPERA, ROTAS vorwärts und rückwärts, aufwärts und abwärts gelesen, stets die gleichen Worte ergeben.

Die Sator-Formel hat in ihrer langen Geschichte immer wieder Verwendung gefunden. Man sah in ihr ein Mittel gegen Feuersbrunst, Zahnweh und Kopfschmerzen, gegen Schlangenbiß und Hexerei. Wir finden sie in Handschriften, als Inschriften in Kirchen und Klöstern und auf unzähligen Amuletten. Sie begegnet uns im Zusammenhang mit Anrufungs- und Beschwörungsformeln oder auch im Zusammenhang mit dem Wettersegen. Manchmal verwendete man sie gar in Verbindung mit dem Kruzifix und dem Christusmonogramm.

Zuweilen zeichnete man auch das Kreuz in das Buchstabenquadrat ein, was natürlich naheliegt, da die beiden „tenet" in der Mitte bereits ein Kreuz bilden, und machte auf eine interessante Anordnung der Buchstaben A und O aufmerksam, die auf Christus verweisen, der sich in der Geheimen Offenbarung als das Alpha und das Omega, als den Anfang und das Ende bezeichnet.[18] Das sieht dann so aus:

S	A	T	O	R
A	R	E	P	O
T	E	N	E	T
O	P	E	R	A
R	O	T	A	S

Zu einer allseits befriedigenden Deutung der Sator-Formel ist man bis heute nicht gekommen. Geht man davon aus, daß es sich um lateinische Wörter handelt, so kommt man zu dem Satz „Der Sämann Arepo hält die Werke, die Räder" oder „Der Sämann Arepo hält das Werk der Räder"

[18] Apk 1,8; 21,6; 22,13.

bzw. „das Räderwerk“ oder „Der Sämann Arepo hält mit Mühe die Räder“ oder „Der Sämann Arepo hält sorgsam die Räder (d. h. den Wagen oder den Pflug) in Gang“. Bei solcher Übersetzung der Formel war man immer geneigt, nicht ohne Grund, den Sämann Arepo mit Christus zu identifizieren. So erhält sie einen gewissen Sinn. Dennoch bleibt sie rätselhaft.
Man hat die fünf Worte der Sator-Formel aber auch symbolisch gedeutet und erklärt, sie bezeichneten die Namen der Nägel, mit denen Christus ans Kreuz geschlagen worden sei oder die fünf Wunden des Gekreuzigten oder die Namen der Hirten, die bei der Geburt Christi anwesend gewesen seien. Andere haben die fünf Worte mit den Heiligen Drei Königen und deren Namen Ator, Sator und Peratoras zusammengebracht oder in ihnen eine Abkürzung einer alten Mönchsregel sehen wollen, die folgenden Wortlaut hatte: Sat orare potenter et operare ratio (oder religio) tua sit. Das bedeutet dann: „Dein Sinn (oder deine Religion) sei darauf gerichtet, genug zu beten und kräftig zu arbeiten.“ Das ergibt zwar einen guten Sinn, aber der Weg dahin ist kompliziert, und die Sator-Formel hat mehr Buchstaben als die Mönchsregel. Zudem ist die Sator-Formel älter als das Mönchsinstitut. Wieder andere sind der Meinung, man müsse die Sator-Formel als bloße Spielerei bezeichnen.
Eine spezifisch christliche Färbung erhielt die Sator-Formel durch die überraschende Feststellung, daß man mit den Buchstaben der Sator-Formel auch die beiden ersten Worte des Pater noster, des Hauptgebetes der Christenheit, vermehrt um das Gottessymbol „Alpha und Omega“, in Kreuzesform darstellen kann. Diese Entdeckung hat man in den zwanziger Jahren unseres Jahrhunderts gemacht.[19] Das sieht dann so aus:

19 Avvenire vom 13. Dezember 1990.

A

P

A

T

E

R

A P A T E R N O S T E R O

O

S

T

E

R

O

Die Magie ist eine Versuchung auch des religiösen Menschen. Das gilt allgemein. Gerade die religiöse Symbolik wird leicht zur Magie, nämlich dann, wenn sie veräußerlicht und damit entartet. Da im katholischen Christentum die Symbole von großer Bedeutung sind und die Sakramente und die sakramentale Struktur des religiösen Lebens eine entscheidende Rolle spielen, ist hier die Gefahr des Abgleitens in die Magie größer als in den anderen christlichen Gruppierungen. Darauf spielt Goethe († 1832) an, wenn er das katholische Christentum die magische Form des Christentums nennt. Jedes religiöse Symbol kann mißverstanden oder mißdeutet werden. Das Kreuz kann die Funktion eines magischen Abwehrzaubers übernehmen, und die Sakramente können zu magischen Zeichen werden, wenn man dabei vom Glauben und vom Gebet absieht und sich so verhält, als ob der Mensch sich Gottes und seiner Gnade bemächtigen könnte, wenn die religiösen Bräuche sich mit der Überzeugung verbinden, man gewinne so Macht über Gott und seine Gnade, man könne sich durch seine Gebete und seine religiösen Übungen die göttliche Macht verfügbar machen. Der christliche Glaube gleitet auch ab in die Magie, wenn man das Gebet als Beschwörungsformel verwendet, wenn man Gottesurteile herbeizuzwingen versucht oder die Bibel als Orakelbuch benutzt, wenn man Weihwasser trinkt oder Heiligenbildchen auflegt oder gar verzehrt, um von einer Krankheit geheilt zu werden. Gerade die Gottesurteile waren im christlichen Abendland zeitweilig sehr verbreitet, ohne daß man ihren abergläubischen Charakter erkannte. Die Reliquienverehrung, der Bilderkult, die Anrufung der Heiligen, das Kerzenopfer, die Weihungen und Segnungen, das alles kann magisch verfremdet und mit abergläubischen Vorstellungen verbunden werden. Das geschieht da, wo diese Handlungen von ihrem religiösen Hintergrund abgelöst und veräußerlicht werden, wo man vergißt, daß der Mensch nicht über Gott und die Heiligen verfügen kann, daß er zwar zu Gott beten und daß er die Sakramente feiern kann, daß die Initiative aber stets bei Gott liegt und liegen muß.[20]

Wenn wir heute eine wachsende Hinwendung zur Magie beobachten, so ist das als Folge des Verlustes der echten religiösen Werte zu verstehen, als Folge einer Glaubenskrise, wie sie das Christentum in seiner fast zweitausendjährigen Geschichte wohl noch nicht erlebt hat. Die Magie wird hier zum Surrogat des echten Glaubens und einer gesunden religiösen Praxis, zum Ersatz für das Geheimnis, ohne das der Mensch nicht leben kann, zu einem Instrument der Überwindung der kreatürlichen Angst.

Die Magie ist attraktiv, schon deswegen, weil sie dem Menschen erlaubt, seine personale Verantwortung auf Dinge und dingliche Vorgänge abzuschieben. Dieser Verantwortung entzieht er sich jedoch nicht ungestraft. Die Magie hat eine Sogwirkung, wie die Drogen sie haben, sie macht den Menschen abhängig, führt ihn in Zwangssituationen und gefährdet sein seelisches Gleichgewicht und seine geistige Gesundheit.[21]

Was den Wirklichkeitswert der Magie angeht, gilt folgendes: Wenn es sich bei der Zauberei nicht um Selbsttäuschung oder Betrug handelt, beruht sie auf der Psychologie oder auf der Parapsychologie oder – in selteneren Fällen – auf dämonischen Wirkungen.

Im Alten und im Neuen Testament kämpfen die Propheten und die Apostel gegen die Magie und gegen den Mißbrauch okkulter Kräfte im Dienst eigensüchtiger und dämonischer Herrschaftsansprüche. Um das Verbot der Magie geht es im zweiten Gebot des Dekalogs. Sich Gott oder den Teufel verfügbar machen zu wollen, gilt als ein blasphemisches Unterfangen. Im Buch Exodus heißt es: „Eine Zauberin darfst du nicht am Leben lassen.“[22] Das Buch Leviticus bemerkt: „Männer und Frauen, in denen ein Toten- oder Wahrsagegeist ist, sollen mit dem Tode bestraft

---

20 H. Baer, Okkulte Praktiken und abergläubische Vorstellungen, (Anm. 9), 8f.

21 K. E. Koch, (Anm. 13), 132.162ff.; R. Ruthe, (Anm. 1), 11.

22 Ex 22,17.

werden.[23] Immer wieder werden Wahrsagerei und Zauberei im Alten Testament scharf verurteilt.[24] Nicht weniger eindeutig ist die Verurteilung der Magie im Neuen Testament.[25] Das Alte wie das Neue Testament sehen in den magischen Praktiken, in dem Versuch, Gott oder die Dämonen in Dienst zu nehmen, eine Verfehlung gegen die Ehrfurcht vor Gott, einen Mangel an echtem Glauben und echter religiöser Gesinnung, eine Veräußerlichung der Religion und den Verlust der wahren Freiheit. Demgemäß ist die Kirche in allen Jahrhunderten mehr oder weniger gegen die Magie zu Felde gezogen, wenn auch nicht immer erfolgreich.

Thomas von Aquin († 1274) vertritt die Lehre vom „pactum implicitum", nach der in jeder abergläubischen Handlung wenigstens implizit, stillschweigend, ein Pakt mit dem Teufel eingeschlossen ist.[26] Damit steht er nicht allein. Auch einige Kirchenväter vertreten diese Meinung.[27] Sie ist jedoch nicht haltbar. Bei der Magie handelt es sich durchweg einfach um ein unerleuchtetes Glaubensverständnis, um eine gewisse individuelle oder epochale Primitivität. Dennoch wird man nicht bestreiten können, daß hier unter Umständen Teufel und Dämonen wirksam werden. Diese Auffassung hat die Kirche in Übereinstimmung mit dem Alten und Neuen Testament stets vertreten. Bereits in der Alten Kirche galt, daß der Teufel die Wunder Gottes nachahmt und bis zu einem gewissen Grad nachahmen kann, um die Menschen zu täuschen, weshalb die Kirchenväter den Teufel gern den Affen Gottes nennen, daß diese Wunder aber in Wirklichkeit Trug und Blendwerk sind. Diese Auffassung blieb bestimmend in der Kirche: Gott läßt es zu, daß der Teufel und die Dämonen sich in außerordentlicher Weise bemerkbar machen und tätig werden, aber nicht über den Rahmen dessen hinaus, was auch natürlich erklärbar ist. Ihr Wirkungsbereich umfaßt dann jene nicht alltäglichen Phänomene, die der Parapsychologie und der Psychologie, speziell der Tiefenpsychologie, angehören, ihre Möglichkeiten sind damit beschränkt auf Täuschungsmanöver und Scheinwunder. Immerhin gibt es nach dem Glauben der Kirche so etwas wie Schwarze Magie, wie dämonisches Wirken in der Welt. Das ist auch der Grund dafür, daß sich die Kirche im Mittelalter und am

23 Lev 20,27.

24 Lev 19,31; 20,6; Dtn 18,10-12.

25 Mt 4,7; Lk 4,12; Apg 8,9ff.; 1 Kor 10,9; Gal 4,8-11.

26 Thomas von Aquin, Summa Theologiae II/II q. 95 a. 2.

27 Erinnert sei hier vor allem an Augustinus, De doctrina christiana II, 20. Vgl. A. Arens, Friedrich Spee im Licht der Wissenschaften, Mainz 1984, 135ff.

Beginn der Neuzeit eine Zeitlang bis zu einem gewissen Grad, wenn auch nicht ohne innerkirchlichen Widerspruch, am Hexenwahn beteiligen konnte.

Hexenwahn

Die Meinung, daß es Hexen gibt, ist älter als das Christentum, sie ist als Sonderfall des magischen Weltverständnisses zu verstehen. Nicht selten verbindet sie sich mit dem Satanismus und dem Satanskult. Heute erlebt sie eine bemerkenswerte Renaissance. Wie eine demoskopische Befragung im Jahre 1976 ergab, ist in der Bundesrepublik Deutschland jeder zehnte der Meinung, daß es so etwas gibt wie Hexen.[28] Wenn man den Medien Glauben schenken darf, wächst die Zahl derer, die bei Krankheit auf Hexenbannung setzen, in auffallender Weise, hat man im Jahre 1970 für eine Hexenbannung zwischen 200 und 500 DM gezahlt.[29] 1984 soll es in Deutschland mehr als 2 500 aktive Hexen gegeben haben,[30] 1990 an die 10 000.[31] Im Jahre 1993 wirkten angeblich 4 000 Magier und Hexenmeister in der Stadt Mailand.[32] Man hat von einem „Hexenboom“ als einem charakteristischen Zeichen der Gegenwart gesprochen.[33] Die zweiundsiebzigjährige Hexe Ulla von Bernus aus Wüstefeld bei Rotenburg an der Fulda, die in Kleinanzeigen in Frauenzeitschriften und auf roten Prospekten ihre Dienste als Hexe und Satanspriesterin anbietet und auch bereits in einer Fernsehsendung ihr magisches Ritual vorgeführt hat, einen Analogiezauber, berechnet unter Umständen bis zu 30 000 Mark für die Zusammenführung oder die Trennung von Menschen, speziell für das „Tothexen“ von Ehemännern. Über 20 Ehemänner will sie mit der Hilfe Satans bereits totgehext haben. Für einfache Voraussagen verlangt sie 250 Mark.[34] Im August des Jahres 1985 wurde sie durch das Landgericht in

---

28 Vgl. Die Welt vom 29. Januar 1977. Einige Jahre später spricht die gleiche Zeitung von 25 % (Die Welt vom 12. September 1984).

29 H.-P. Pandora, Okkultismus und Esoterik haben Konjunktur. Extreme Rockbands stehen vor Gericht. Gibt es auch Aufforderungen, in: Deutsche Tagespost vom 31. Juli 1990.

30 Die Welt vom 12. September 1984.

31 Idea Spektrum vom 26. Juli 1990 (vgl. L. Groppe, Friedrich von Spee: Priester, Dichter, Anwalt der Menschenrechte, in: Katholische Bildung 92, 1991, 96).

32 Deutsche Tagespost vom 28. Oktober 1993 (mit Berufung auf Erzbischof Casale, den Präsidenten des römischen Studienzentrums für neue Religionen). Vgl. oben S. 46.

33 G. Graichen, (Anm. 6), 64. 12. 18-35.

34 J. Nyary, Der Satanskult ist die Jugend-Droge von heute, in: Welt am Sonntag vom 21. Februar 1988; R. Ruthe (Anm. 7), 94f.

Kassel dazu verurteilt, das Honorar, 3 000 DM, an eine Kundin im Raum Bremen zurückzuzahlen, weil ihr Liebeszauber nicht den erwünschten Erfolg erbracht hatte.[35] Den 10 000 Frauen, die in der Bundesrepublik als Hexen aktiv sind und sich in 70 Konventen zusammengeschlossen haben, sollen 24 Spezialgeschäfte zur Verfügung stehen, in denen sie ihren Hexenbedarf einkaufen können.[36] Jährlich sollen in Deutschland 30 Tonnen des Produktes „Asa Foetida", zu deutsch „Teufelsdreck", als ein Mittel gegen Verhexung aus Ostasien eingeführt werden.[37] Diese aus Harzen gemischte übelriechende Masse, die auf glühende Kohlen gestreut wird und einen widerlichen Gestank verbreitet, soll in vielen Apotheken erhältlich sein.[38] Besonderes Vertrauen bringt man angeblich den Hexen in der Lüneburger Heide und im Bodenseegebiet entgegen.[39] Den zahlreichen Hexen stehen die nicht weniger zahlreichen Hexenbanner gegenüber, die gegen Bezahlung die Verhexung wieder unwirksam machen.[40]

In England gründete Ende der dreißiger Jahre Gerald Gardner, Mitglied des Ordo Templi Orientis,[41] langjähriger Freund von Aleister Crowley († 1947)[42] eine Hexensekte und ein Museum für Magie und Hexenkunst. Magische Zirkel, die sich heute in großer Zahl konstituieren, verbinden sich vielfach mit einem neuen Interesse am alten Hexenglauben. So wird etwa von einer Hexe berichtet, die einen Workshop leitete, wo sie ihre Jüngerinnen Selbsterfahrung im Zeichen der Großen Mutter lehrt.[43] Es wird berichtet von Möchtegern-Hexen, die sich bei Vollmond im Moor oder in einem verlassenen Steinbruch zu gespenstischen Reigen treffen und sich in magischen Ritualen üben, von Frauen, die sich stolz als Hexen bezeichnen, weil sie in den Hexen der vergangenen Jahrhunderte Symbole

---

35 G. Graichen, (Anm. 6), 18.

36 H.-P. Pandora, (Anm. 29)

37 R. Kriese, (Anm. 1), 95.

38 R. Ruthe, (Anm. 7), 103f.

39 Ebd., 95f.

40 Ebd.

41 Bei dieser Gruppierung handelt es sich um eine internationale satanistische Vereinigung, die vor allem die Sexualmagie praktiziert. Sie war um die Jahrhundertwende von dem Wiener Industriellen und Okkultisten Carl Kellner († 1905) gegründet worden, der in seiner Gründung die tantrische Sexualphilosophie der hinduistischen Yogis, die er auf einer Reise in den Fernen Osten kennengelernt hatte, mit freimaurerischen Ritualen (verschiedene Grade!) verbunden hatte (H. Werner, [Anm. 12], 342. 488). Vgl. auch unten S. 67f. 70.

42 S. unten S. 171ff.

43 Frankfurter Allgemeine Zeitung vom 28. Mai 1987.

weiblichen Widerstandes und weiblicher Macht sehen.[44] Nicht selten kommt es vor, daß erklärte Feministinnen in einer bestimmten Form von Hexen ihr Idealbild sehen.[45] In manchen frauenbewegten Kreisen gehört es zum guten Ton, als Hexen zu gelten.[46]

Auch am Büchermarkt kann man die Aktualität des Hexenthemas ablesen. In den letzten Jahren ist eine Reihe von neuen und neu aufgelegten Büchern zu diesem Fragenkomplex erschienen.[47] H. Sebald, Professor für Soziologie in Arizona, zeigt in seinem Buch „Hexen damals – und heute"[48] im Zusammenhang mit dem Hexenphänomen die zeitliche und räumliche Ungebundenheit des magischen Weltbildes auf und kommt zu der Erkenntnis: Was endgültig vorüber zu sein schien, taucht heute erneut auf in modischen Varianten.[49] Im Jahre 1987 gab es unabhängig voneinander zwei Ausstellungen zum Hexenthema, die eine im Saarland, die andere in der Steiermark.[50]

Im Märchen begegnen uns Hexen als böse Zauberinnen, die versteckt im Wald wohnen und geheimnisvolle Kräfte haben, in der Geschichte begegnen sie uns als Frauen, manchmal auch als Männer, die, vor allem im 16. und 17. Jahrhundert, in hysterischen Aufwallungen des Volkes verbrannt wurden.

Das Wort „Hexe" ist seit dem 13. Jahrhundert gebräuchlich und hat seine Heimat im schweizerisch-alemannischen Sprachgebiet. Die Sache ist jedoch älter. Dem Wortsinn nach ist die Hexe „die den Hag Schädi-

---

44 Frankfurter Allgemeine Zeitung vom 23. Mai 1987.

45 G. Graichen, (Anm. 6), passim.

46 R. Ruthe, (Anm. 7), 93.

47 So hat der Deutsche Taschenbuchverlag im Jahre 1987 die bisher nur schwer erhältliche deutsche Übersetzung des „Maleus maleficiarum", des „Hexenhammers", aus dem Jahre 1906 neu aufgelegt. Kurz zuvor hatte er die beiden entscheidenden Gegenschriften, die „Cautio Criminalis" von Friedrich Spee von Langenfeld (^{2}1983) und die „Theses de crimine magiae" von C. Thomasius (1986) auf den Buchmarkt gebracht. O. Schnurr nennt für die Zeit von 1963-1987 an die 30 Publikationen zum Hexenthema in deutscher Sprache, die vor allem seit dem Ende der siebziger Jahre zu verzeichnen sind (O. Schnurr, [S. 15 Anm. 3] 61).

48 H. Sebald, Hexen damals – und heute, Frankfurt 1987. Erinnert sei auch an das Buch von W. Behringer „Hexenverfolgung in Bayern. Volksmagie, Glaubenseifer und Staatsraison" (München 1987), das sehr viel Literatur enthält und verarbeitet.

49 Das Buch bietet eine Fülle von Informationen, ist aber leider nicht ohne Ressentiment gegen das Christentum und die Kirche. Es macht sich die Sache zu einfach, wenn es das mittelalterliche Hexenwesen monokausal dem Christentum zur Last legt.

50 Vgl. die beiden Ausstellungskataloge: R. van Dülmen (Hg.), Hexenwelten, Frankfurt/M. 1987; H. Valentinitsch (Hg.), Hexen und Zauberer, Graz 1987.

gende",[51] also „die den Zaun Schädigende", wobei Hag auch als Rodung oder als Feld oder als Flur verstanden wird. Eine andere Erklärung verbindet mit der Wortwurzel „hag" die Wortwurzel „zussa", die für „Weib" steht. Die Hexe ist dann ein Zaunweib. Immerhin ist nach altgermanischer Vorstellung das Zaunreiten eine wichtige Tätigkeit der Hexen.[52] Verständlich, da sie ja zwischen zwei Welten leben, der sinnenhaften Welt und der übersinnlichen, der Welt des Tages und der Welt der Nacht.[53]

Die Überzeugung, daß es Hexen und Hexerei gibt, ist uralt. Sie begegnet uns in den allermeisten Kulturen. Sie besteht darin, daß man bestimmten Menschen, Männern wie Frauen, vor allem aber Frauen, einen Teufelspakt zuschreibt, wodurch sie angeblich befähigt und angeregt werden, Menschen, Tieren und fremdem Gut Schaden zuzufügen. Was das Verhältnis der Geschlechter angeht, waren zwei Drittel aller im 14. und 15. Jahrhundert im Abendland der Hexerei Beschuldigten Frauen. Später steigerte sich noch die Zahl der weiblichen Verdächtigten. Unter den männlichen Personen, die der Hexerei beschuldigt wurden, waren nicht wenige Kleriker, vor allem solche, die dem Hexenwahn widerstanden und sich auf die Seite der unschuldig Verfolgten stellten.

Nicht nur im christlichen Abendland, auch in anderen Kulturkreisen sind die der Hexerei Beschuldigten in der Regel Frauen, und zwar durchweg verheiratete Frauen. Dabei neigte man dazu, Frauen mit einer anrüchigen Sexualmoral eher der Hexerei zu verdächtigen.

In den Hexenverfolgungen in den europäischen Ländern am Ausgang des Mittelalters und am Beginn der Neuzeit warf man den Hexen im einzelnen Kannibalismus, Giftmischerei, Tierverwandlung, Flug durch die Luft, Annahme eines Scheinleibes, Wettermachen, Krankheitszauber, Todeszauber, Liebeszauber und Unfruchtbarmachung bei Mensch und Tier vor. Zu diesen paganen Vorwürfen kamen dann als spezifisch christliche hinzu der Mißbrauch der Sakramente, die Gotteslästerung und die Ketzerei. Die spezifisch christlichen Vorwürfe waren des öfteren die eigentliche Grundlage der Hexenprozesse.[54]

Um dem Zauber der Hexen zu begegnen, entwickelte man, nicht minder magisch, verschiedene Maßnahmen des Gegenzaubers in der Gestalt von

---

51 H. E. Miers, Lexikon des Geheimwissens, Freiburg 1970, 193f.

52 Ebd.; vgl. auch H. Held, Art. Hexen, in: Lexikon für Theologie und Kirche V, Freiburg ^{1}1933, 1.

53 Vgl. G. Graichen, (Anm. 6), 66.

54 F. Merzbacher, Art. Hexe, in: Lexikon für Theologie und Kirche V, Freiburg ^{2}1960, 316; H. C. Zander, Gottes unbequeme Freunde, Hamburg 1982, 60; R. Dimler, Friedrich Spee, Trutznachtigall, Washington 1981, 6. 26; L. Groppe, (Anm. 31), 91f. 99.

Amuletten und bestimmten magischen Handlungen. Durch den Gegenzauber wollte man sich die größere Macht Gottes verfügbar machen. Als Amulette dienten Steine, Medaillen, Münzen und mit dem magischen Quadrat beschriebene Zettel. Konnte man auf diese Weise den Zauber nicht brechen, so zog man einen Hexenbanner hinzu, der professionell diese Aufgabe versah und mit einem ausgedehnten Ritual seines Amtes walten konnte.

Ursprünglich hat die Kirche die Zauberei und damit auch den Hexenwahn als Überrest des alten Heidentums energisch bekämpft. Nicht wenige Kirchenväter wandten sich im kirchlichen Altertum nachdrücklich gegen die Meinung, es gebe Hexen. So etwa Hippolyt († 235), Johannes Chrysostomus († 407), Caesarius von Arles († 542), Martin von Braga († 580), Rhabanus Maurus († 856) und Hinkmar von Reims († 882), um nur einige zu nennen. 785 erklärt eine Synode in Paderborn: „Wer, vom Teufel verleitet,... behauptet, daß es Hexen gibt und sie auf dem Scheiterhaufen verbrennt, wird mit dem Tod bestraft."[55] Karl der Große († 814) stellt die Verfolgung von Hexen unter Strafe. Papst Gregor VII. († 1085) untersagt es in einem Schreiben an König Harald von Dänemark ausdrücklich, Frauen als Hexen zu verfolgen und als vermeintliche Urheberinnen von Stürmen, Krankheiten und Seuchen zu töten, und bezeichnet die verfolgten Hexen als unschuldig Verfolgte. Im Decretum Gratianum, einer bedeutenden Kirchenrechtssammlung aus dem 12. Jahrhundert, findet sich ein Canon, in dem festgestellt wird, wer an Hexenwerk glaube, falle ins Heidentum zurück, weil er Vexierbilder Satans für bare Münze nehme.

Man war zwar von der Existenz der Teufel und Dämonen überzeugt, nicht jedoch von der Möglichkeit, daß der Mensch sich ihrer bedienen könne. Darin sah man nichts anderes als Phantasie und Aberglauben. Diese Position vereint die meisten Theologen des Mittelalters. Dennoch wirkte der alte Volksaberglaube weiter.

Im Hochmittelalter erhielt er eine neue Belebung durch die Kreuzzüge und durch das Vordringen des arabisch-jüdischen Zauberglaubens von Spanien und Süditalien her. Hinzukam die sich ausbreitende Irrlehre der Katharer mit ihrer Idee vom bösen Urprinzip. Zunächst gab es in der Kirche noch Widerstand gegen den Hexenwahn, aber immer mehr verfielen die Verantwortlichen dem Zeitgeist und gaben den Widerstand auf, manchmal auch die Päpste.

Seit dem 14. Jahrhundert gibt es die Hexenprozesse, die man rechtfertigte

---

55 B. Larson, I. Steigelmann, Geht unsere Jugend zum Teufel?, Neuhausen-Stuttgart 1990, 121.

mit Berufung auf das mosaische Gesetz, nach dem Zauberei, Wahrsagerei und Totenbeschwörung als Götzendienst galten und mit der Steinigung geahndet werden sollten. Man konnte sich dabei aber auch auf die römische Gesetzgebung berufen, die ebenfalls die Bestrafung der Zauberei vorsah und jenen Zauberern, die durch irgendwelche Künste den Tod eines Menschen herbeigeführt hatten, die Strafe des Feuertodes zuerkannte. Hatte die Kirche dem im Altertum und im Mittelalter das Verbot der Hexenverfolgung entgegengestellt, ließ sie sich nun unter dem Druck der Volksleidenschaft und der Volksjustiz zu einer Aufhebung dieses Verbotes verleiten. Das konnte um so eher geschehen, als man den Hexenglauben angesichts der für die Kirche gefährlichen Irrlehre der Katharer mit dem Vorwurf der Ketzerei verband und die Ketzer als Hexen ansah. Im Jahre 1239 wurden in Mont-Aimé 183 Katharer verbrannt. Die Begründung der Strafe entlehnte man dem Alten Testament, ihren Vollzug dem römischen Recht.
Angeheizt wurde der Hexenwahn durch die Bulle des Papstes Innozenz VIII. „Summis desiderantes affectibus“ vom 5. Dezember 1484, auch „Hexenbulle“ genannt, die die Inquisitoren Jakob Sprenger und Heinrich Institoris erwirkt hatten, um den Widerstand gegen die Inquisition zu brechen, und durch deren dreibändige Schrift „Maleus maleficiarum“ („Hexenhammer“), die drei Jahre später in Straßburg erschien. Nun entstanden zahlreiche weitere Traktate, die den Hexenverfolgern zu Hilfe kamen. Der „Hexenhammer“, der immer wieder neu aufgelegt wurde, und die „Hexenbulle“ förderten den Hexenwahn ungemein und gaben ihm ein moralisches Alibi, obwohl sie den Widerstand gegen die Hexenprozesse in der Kirche nicht völlig zum Schweigen bringen und nicht verhindern konnten, daß immer wieder Gegenschriften entstanden.
Der „Hexenhammer“ versteigt sich in phantastische Behauptungen und fragwürdige psychologische Erörterungen. Während die beiden ersten Bände der Schrift das angebliche Treiben der Hexen behandeln, gibt der dritte Band den geistlichen und weltlichen Richtern konkrete Anweisungen für die Durchführung der Hexenprozesse. Die Schrift betont vor allem den Schadenzauber, näherhin die „siebenfache Hexerei“ der „Hexenhebammen“ gegen die menschliche Fruchtbarkeit, und sucht die Hexenprozesse auf die weltliche Gerichtsbarkeit überzuleiten. Sie verbreitet sich aber auch über das angebliche Treffen der Hexen am Hexensabbat und schreibt ihnen im Zusammenhang damit Teufelsverehrung, Schwarze Messen, sexuelle Orgien, Kindesmord und Kannibalismus zu.
In der Regel war es so, daß bei den Hexenprozessen die Inquisitionsgerichte die häretische Gesinnung der Beschuldigten feststellten, die weltlichen Gerichte dann aber das Endurteil fällten und die Strafe vollzogen.

Häufiger lag die Durchführung der Verfahren jedoch allein bei den weltlichen Gerichten, unabhängig von der Kirche. Die Torturen, die man dabei anwandte, um ein Geständnis zu erpressen, entsprachen dem Rechtsempfinden der Zeit, sie kannte auch bereits das römische Recht.
Nicht alle der Hexerei Beschuldigten wurden mit dem Tode bestraft. In einem Inquisitionsprozeß des Jahres 1335 wurden in Toulouse von 63 Angeklagten acht dem weltlichen Arm zur Todesstrafe überliefert, elf erhielten lebenslänglich Gefängnis, 44 eine Strafe von 20 Jahren. Dabei gestanden nach wiederholter Folterung zwei ältere Frauen, auf dem Hexensabbat gewesen zu sein, dort den Teufel angebetet und mit ihm und den übrigen Anwesenden Unzucht getrieben und das Fleisch getöteter Kinder gegessen zu haben.
Seinen Höhepunkt erreichte der Hexenwahn in Europa am Beginn der Neuzeit, in den Jahrzehnten zwischen 1560 und 1630. In dieser Zeit häuften sich die Hexenverfolgungen und erfaßten die Massen immer wieder epidemieartig. Das war nicht zuletzt bedingt durch die Erschütterungen der Reformation, die das christliche Abendland in große Unruhe versetzt und alle Ordnungen in Frage gestellt hatten. Im übrigen waren die Neugläubigen dem Hexenglauben nicht weniger abhold als die Altgläubigen. Luther († 1546) und Calvin († 1564) hatten sich mitnichten gegen den Hexenwahn gewandt. Ausdrücklich hatten sie die Ausrottung der Zauberer verlangt. Auch Zwingli († 1531) hatte den Hexenwahn nicht bekämpft. Es ist bezeichnend, daß der Hexenwahn vor allem in den nördlichen Ländern Europas einen fruchtbaren Nährboden fand. In Italien gab es Hexenprozesse nur sporadisch, und das dann nur im weltlichen Bereich. Die Päpste waren in diesem Punkt im allgemeinen relativ zurückhaltend, wenn man einmal von der Hexenbulle des Papstes Innozenz VIII. absieht. Zudem gab es in Italien, aber nicht nur hier, nicht wenige, die ihre Stimme gegen den Hexenwahn erhoben.
Die Massenverfolgungen begannen in der Schweiz und setzten sich von dort aus nach Ober- und Niederdeutschland, England, Schottland und Skandinavien hin fort. Auch in Nordamerika kam es zu Massenverfolgungen. Äußere Anlässe für den Ausbruch der Hexenverfolgungen waren jeweils Naturkatastrophen, Kriege und Hungersnöte. Für sie machte man die Hexen verantwortlich, denn ihnen dichtete man neben der Teufelsbuhlschaft und der Teufelsanbetung vor allem den Schadenzauber an.
Schnell konnte man in das Räderwerk der Denunziation kommen. Wer in irgendeinem Punkt auffiel, wer sehr gescheit oder sehr beschränkt, ungewöhnlich fromm oder ungewöhnlich lau, besonders schön oder besonders häßlich war, zog leicht den Verdacht auf sich, eine Hexe zu sein. Wollte man jemanden beschuldigen, so konnte man auch entgegengesetzte Kriterien als Anzeichen der gleichen vorgefaßten Meinung

deuten. Führte die betreffende Person etwa einen ehrbaren Lebenswandel, so sagte man, sie verschleiere ihre Bosheit, führte sie einen unehrbaren Lebenswandel, so warf man ihr vor, sie offenbare ihre Bosheit ungeniert. Fürchtete sie sich vor den Torturen des Prozesses, so bekannte sie sich in den Augen solcherart voreingenommener Richter direkt zu ihrer Schuld, fürchtete sie sich nicht, weil sie beispielsweise auf ihre Unschuld vertraute, so sah man gerade darin ein indirektes Geständnis. Im übrigen konnte man mit den grausamen Foltermethoden jener Zeitepoche jedes Geständnis erpressen. Wer immer sich für die Hexen einsetzte, geriet in den Verdacht, selber mit dem Teufel im Bunde zu stehen. Der Zynismus war perfekt, die Situation völlig verfahren.

Die Verantwortlichen der Kirche beugten sich dem Druck der Massen und wirkten mit bei diesem Wahn, aber nicht alle. Seit dem Erscheinen des „Hexenhammers" gab es, wie bereits festgestellt wurde, im christlichen Abendland dezidierten Widerstand gegen die Hexenverfolgungen. Es wurden Bücher geschrieben und intensive Diskussionen geführt über die Existenz und den Charakter der Hexen, wie sie von der Inquisition gesehen wurden. Der „Hexenhammer" wurde auch in unmittelbarer Nähe der Päpste lebhaft bekämpft. Der Widerstand gegen die Hexenverfolgungen erlahmte zu keiner Zeit. Ihm ist es zu verdanken, daß der Massenwahn schließlich ein Ende fand. Im letzten päpstlichen Erlaß in Hexenangelegenheiten verfügte Papst Gregor XV. am 20. März 1623 die Auslieferung von angeblichen Hexen an das weltliche Gericht zur Todesstrafe nur bei Teufelsbündnis und zugleich erfolgter Tötung eines Menschen. 1657 lehnte eine Instruktion der römischen Inquisition die übliche Prozeßführung scharf ab und ergriff Partei für den Jesuiten Friedrich Spee von Langenfeld († 1635). Dieser hatte im Jahre 1631 die Schrift „Cautio criminalis" veröffentlicht, die in ihrer Bedeutung für die Überwindung des Hexenwahns nicht unterschätzt werden darf. Ihr zur Seite traten sieben Jahrzehnte später die beiden Traktate des evangelischen Theologen und Rechtsgelehrten Christian Thomasius († 1728) „Theses de crimine magiae" (1701) und „Kurze Lehrsätze vom Laster der Zauberei mit dem Hexenprozesse" (1704).[56]

Anders als Thomasius wandte von Spee sich nicht gegen den Hexenglauben schlechthin, sondern gegen die unmenschliche Praxis der Hexenpro-

[56] F. Merzbacher, Art. Hexenprozeß, in: LTHK V, Freiburg ²1960, 316-319; H. Held, Art. Hexen, in: LTHK V, Freiburg ¹1933, 1-6; H. Jedin (Hg.), Handbuch der Kirchengeschichte IV, Freiburg 1985, 442. 678f.; G. Kranz, Politische Heilige und katholische Reformatoren II, Augsburg 1959, 278.282.

zesse,[57] und nahm dabei die modernen Menschenrechte vorweg, die erst im 19. Jahrhundert in die Strafgesetzgebung vieler europäischer Staaten aufgenommen wurden. Er erklärte, die Schuld müsse bewiesen werden, im Zweifel müsse für den Angeklagten entschieden werden, der Angeklagte habe in jedem Fall das Recht auf Verteidigung und die Folter sei absolut verwerflich.[58]

In Einzelfällen erfolgten Hexenverbrennungen noch im 18. Jahrhundert, so etwa 1749 in Würzburg, 1751 in Endingen a. Kaiserstuhl, 1775 in Kempten, 1782 in Glarus und 1793 in Posen, aber faktisch war um diese Zeit der Wahn erloschen.[59]

Hätte sich die Kirche weniger auf den Zeitgeist eingelassen und ihr Ureigenes entschlossener zum Ausdruck gebracht, so wäre das Hexenunwesen früher überwunden worden, hätte es sich gar nicht in dieser Weise ausbreiten können. Immerhin kam die Besinnung und die Reinigung aus dem Innern der Kirche selbst, durch die Hinwendung zu den tragenden Prinzipien ihrer Verkündigung.

Die genaue Zahl der Opfer des Hexenwahns ist schwerlich zu ermitteln. In der Gegenwart besteht die Tendenz, sie möglichst hoch anzusetzen. Der „Spiegel“ spricht in seiner Ausgabe vom 22. Oktober 1984 von sechs Millionen. Die seriöse Forschung nennt die Zahl 500 000 oder maximal eine Million.[60]

Man hat das Hexenunwesen immer wieder allein der Kirche und dem Christentum angelastet. Bei nüchterner Betrachtung des Phänomens wird man eine monokausale Erklärung zurückweisen. Man kann diesen Wahn weder allein der Kirche noch einfach der weltlichen Obrigkeit zur Last legen. Sehr oft sind die Hexenverfolgungen nicht einmal von den Obrigkeiten ausgegangen, sondern von der bäuerlichen Bevölkerung und von den Dorfgemeinschaften. Das entscheidende Stimulans war die naive Furcht vor der Verhexung, eine Furcht, die nicht gespielt oder vorgetäuscht war. Man fühlte sich ernsthaft bedroht von Zauberei und Magie. Eine Analyse der Prozeßakten, der Verhörprotokolle und der handschriftlichen Gutachten jener Zeit zeigt uns, daß hier im allgemeinen nicht

---

57 F. v. Spee, Cautio criminalis oder Rechtliches Bedenken wegen der Hexenprozesse, München ^{2}1983 (Deutscher Taschenbuch-Verlag), 1 (Vorwort); C. Thomasius, Vom Laster der Zauberei, München 1986 (Deutscher Taschenbuch-Verlag), 41. Vgl. oben S. 59.

58 Vgl. A. Arens, Friedrich Spee, ein dramatisches Leben, Trier 1990, 82. Vgl. auch W. Nigg, Friedrich von Spee. Ein Jesuit kämpft gegen den Hexenwahn, Paderborn 1991.

59 H. Jedin (Hg.), Handbuch der Kirchengeschichte V, Freiburg 1985, 602.

60 So Anton Arens, der sich intensiv mit der Gestalt des Friedrich von Spee beschäftigt hat, in: Christ in der Gegenwart vom 24. November 1985 (vgl. L. Groppe, [Anm. 31], 100).

zynische Unterdrücker am Werk waren, sondern Menschen, die einfach in den Beschränkungen ihrer Zeit dachten. Ein solches Denken zu Fall zu bringen ist nicht leicht. Der Hexenwahn ist das Produkt des magischen Denkens, die Folge einer mangelhaften Christianisierung oder eines Rückfalls ins Heidentum. Auch die äußere Grausamkeit, die uns hier begegnet, erklärt sich von daher. Am Hexenwahn des Mittelalters und der beginnenden Neuzeit erkennen wir, daß es der Kirche nicht genügend gelungen war, die magisch geprägte Volkskultur aufzubrechen, mit dem rationalen Geist der Philosophie und der Theologie zu befruchten und höher zu führen. Wenn die Kirche sich dabei mit dem Zeitgeist verband und den Erwartungen der Menschen entgegenkam, begegnet uns hier eine Versuchung, die es nicht nur damals gegeben hat.

Hexen gehören zum magischen Weltbild, ebenso ihre soziale Ächtung und ihre Verfolgung, die Kriminalisierung ihres Tuns. Der im Spätmittelalter anhebende Hexenwahn ist nicht ein typisch christliches Phänomen, er gründet vielmehr in den heidnischen Resten, die im Christentum fortdauerten, und in allgemeinen psychologischen Sachverhalten. Neben einer urtümlichen Angst, der Angst vor dem Magischen, spielte dabei eine Rolle der Fanatismus, das politische und das private Intrigenspiel, ein gewisser Haß gegen das Weibliche, ein der gefallenen menschlichen Natur innewohnender Sadismus und das Bestreben, die eigenen Sünden auf einen Sündenbock abzuwälzen.[61] Vordergründig betrachtet, wollte man „die Infektionsherde des Satanischen“[62] ausbrennen. Die Hexen galten als gefährliche Wesen, deswegen mußten sie ausgerottet werden. Indes war man dem Teufel, den man bekämpfen wollte, selbst verfallen, ohne es jedoch zu merken.[63]

Dauerhaft wird man den Hexenwahn nur durch das authentische Christentum überwinden können, durch die gesunde Lehre des Christentums und durch jene rationale Weltsicht, die erst das Christentum ermöglicht und die gerade im Christentum einen treuen Verbündeten findet oder finden sollte.

Satanismus

Oft verbindet sich das Hexenunwesen mit dem Satanskult. Das gilt besonders für die Gegenwart. Dann werden die Hexen zu Priesterinnen

---

61 Friedrich Spee nennt in seiner „Cautio criminalis“ bereits zwei wichtige Ursachen für den Hexenglauben: die Unwissenheit und den Aberglauben sowie den Neid und die Mißgunst (F. v. Spee, [Anm. 57], 3f.).

62 H. Biedermann, Hexen, Graz 1974, 121.

63 G. Kranz, (Anm. 56), 280.

des Satanskultes. Am 18. September 1984 wurde ihnen durch das Zweite Deutsche Fernsehen eine eigene Sendung gewidmet unter dem Titel „Ich töte, wenn Satan es befiehlt". Im Dezember 1989 gab es in Köln eine groß angelegte Selbstdarstellung des Satanismus, die „Satanica 89", veranstaltet vom „Dachverband der Nichtchristlichen Religionsgemeinschaften (NCR)". Man sprach von der „ersten nationalen Schwarzen Messe".
Während in den etablierten christlichen Kirchen und Gemeinschaften der Teufel und die Dämonen immer mehr an die Peripherie gerückt oder gar nur noch bildhaft verstanden werden, als Symbol für die Macht des Bösen, wächst das Interesse an der Geister- und Dämonenwelt außerhalb von Kirche und Christentum in zunehmendem Maße. Der kanadische Theologe Kenneth Hamilton macht eine radikale Entmythologisierung des Christentums dafür verantwortlich. In der Tat ist das Christentum vielfach durch einen mehr oder weniger platten Rationalismus geprägt, der das Herz leer ausgehen läßt, die transzendente Wirklichkeit ausklammert und die Botschaft Christi auf ihren Weltbezug reduziert.[64]
Angesichts der Leugnung von Teufeln und Dämonen bei den Christen und angesichts des schwindenden Einflusses des Christentums in der Öffentlichkeit entsteht in der Hinwendung zum Satanismus so etwas wie eine religiöse Gegenkultur. Nicht zu Unrecht hat man ihn als die Weltanschauung des Wahnsinns bezeichnet. Obwohl die Medien immer wieder vom Satanismus berichten und eine wachsende Zahl von Publikationen sich mit ihm beschäftigt, weiß man im Alltag wenig von ihm, verschließen viele die Augen vor ihm. Nach Einschätzung der Evangelischen Zentralstelle für Weltanschauungsfragen treffen sich bei uns mehr als 10 000 Jugendliche regelmäßig zu Schwarzen Messen, ist der Satanskult bereits so etwas wie eine verbreitete Jugend-Droge geworden.[65] Stärker noch floriert er in den Ländern Lateinamerikas.[66] Aber nicht nur junge Menschen werden vom Satanismus gefesselt.
Der Kult des Teufels, eigentlich eine merkwürdige Angelegenheit, ist vorgebildet in den verschiedensten gnostischen Sekten des Mittelalters, die sich teilweise bis in die Neuzeit durchgehalten haben. Daran knüpft man heute des öfteren bewußt an. Der Teufelskult begegnet uns im Mittelalter bei der Sekte der Luziferianer, bei einer Reihe von pseudomystischen Sekten, die unter dem Sammelnamen „Brüder des freien Geistes" zusammengefaßt werden, sowie bei den Katharern und einer Anzahl von

---

64 Vgl. Time vom 13. März 1972, S. 30.

65 J. Nyary, (Anm. 34).

66 H. Baer, Jugendgefährdung durch Okkultismus – die abartigste Form: Satanismus, (S. 16 Anm. 7), 488.

ähnlichen Gruppierungen.[67] In diesem Zusammenhang sind auch die Okkultorden des 19. und 20. Jahrhunderts zu nennen, unter ihnen der Ordo Templi Orientis (O. T. O.),[68] dem zeitweilig Aleister Crowley († 1947) und Rudolf Steiner († 1925) angehörten, und die 1925 auf Anregung von Aleister Crowley in Berlin gegründete Fraternitas Saturni, die nach dem 2. Weltkrieg einen bedeutenden Aufschwung erlebte.[69] In Frankreich hat es im 19. Jahrhundert gedruckte Teufelsmissalien gegeben, die in Schwarzen Messen Verwendung fanden, in perversen Kulthandlungen, in denen man eine blasphemische Verzerrung und Verhöhnung des Christentums mit Brutalität und Unzucht verband. Die Schwarzen Messen stehen auch heute im Zentrum des Satanskultes.

Der Satanismus arbeitet mit der Verächtlichmachung der Religion und der Gottesverehrung, mit Sex und Gewalt sowie mit der Ritualisierung des Kriminellen. Fasziniert vom Bösen, bringt man ihm kultische Verehrung entgegen. Bei den Zusammenkünften der Satanisten gibt es sexuell-orgiastische Praktiken, Tieropfer, Kindesmißhandlungen und Blutorgien bis hin zu Menschenschlachtungen. Ein Opfer solcher Menschenschlachtungen war am 9. August des Jahres 1969 die schwangere Frau des Filmproduzenten Roman Polanski, Sharon Tate.[70] Im Mai des Jahres 1986 ließ ein Ritualmord unter Jugendlichen im westfälischen Lüdinghausen aufhorchen, bei dem ein Siebzehnjähriger und eine Sechzehnjährige einer Fünfzehnjährigen die Pulsadern aufgeschnitten hatten. Sie gehörten einer Gruppe an, die sich „Luzifikaner" nannte.[71] Im Jahre 1971 wurde in New Jersey ein zwanzigjähriger junger Mann angeblich auf eigenen Wunsch hin ertränkt, weil er durch einen gewaltsamen Tod Befehlshaber über 40 Legionen Dämonen werden wollte.[72] Im April des Jahres 1989 ging der Fall „Matamoros" durch die Presse. Matamoros ist der Name eines Ortes an der mexikanisch-texanischen Grenze, an dem man damals 15 Leichen ausgegraben hatte. Ein texanischer Drogenring hatte 15 meist junge Menschen dem Satan geopfert, um vor dem Zugriff der Polizei bewahrt zu bleiben. Die Grausamkeit, mit der diese Morde durchgeführt, geradezu „zelebriert" worden waren, ist unbeschreiblich. Diese Tat hat seinerzeit

---

67 K. Algermissen, Art. Luziferianer, in: Lexikon für Theologie und Kirche VI, Freiburg ^{2}1961, 1174; J. Greven, Art. Brüder und Schwestern des freien Geistes, in: Lexikon für Theologie und Kirche II, Freiburg ^{1}1931, 582.

68 Vgl. oben S. 58.

69 S. unten S. 168.

70 Vgl. H. Baer, Satanismus, (S. 45 Anm. 44), 17-20.

71 Frankfurter Allgemeine Zeitung vom 17. Oktober 1987.

72 Vgl. Time vom 13. März 1972, S. 30.

in den USA die Diskussion um eine Strafrechtsreform im Hinblick auf die Verbreitung satanistischer Ideologie, die Durchführung satanistischer Rituale und die Begehung satanistisch motivierter Straftaten neu belebt.[73]
Seit eh und je gehört zum Teufelskult auch ein gewisser Vandalismus gegenüber heiligen Zeichen. Man zerstört Feldkreuze, vor allem in der Karfreitagsnacht, zerstückelt die bildlichen Darstellungen Christi und schändet die Eucharistie.[74] Im September des Jahres 1987 berichtete die Presse über zwei Einbrüche in Kirchen der Stadt Rom innerhalb von 48 Stunden, bei denen Sakralgegenstände und konsekrierte Hostien entwendet worden waren. Von ähnlichen Fällen wird immer wieder in den Medien berichtet. In Verdacht hatte man damals eine Gruppe von Satansmagiern, die sich die „Schwarze Kirche Luzifers" nannte, die an die 200 Mitglieder hatte. Der „Großpriester" dieser Gruppierung, Efrem del Gatto, erklärte dazumal vor Journalisten, zwar verwende er mit seinen Leuten bei den Schwarzen Messen auch konsekrierte Hostien, aber diese beschaffe er sich auf legalem Wege.[75]
Vor einigen Jahren wurde in Kalifornien die erste Satanskirche eröffnet. Der Gründer dieser Institution, Anton La Vey, hat eine Schrift verfaßt, die man als Satansbibel bezeichnet. Sie soll auf dem Campus einiger amerikanischer Universitäten häufiger verkauft werden als die Heilige Schrift. Das Buch umfaßt 272 Seiten. 1969 wurde es zum ersten Mal veröffentlicht. 1972 folgte von dem gleichen Verfasser ein Handbuch zur Praxis des Satanismus mit den satanischen Ritualen. – In der Satanskirche wird der Teufel allerdings nicht als personales Wesen verstanden. Nachdrücklich versichert La Vey, daß er für ihn nur eine Metapher ist.
Die Satansbibel beginnt mit dem Bekenntnis des Autors zur hedonistischen Lebenseinstellung, das heißt: der höchste Wert ist für ihn der sinnliche Genuß, die Lust. Er stellt fest, er sehe das Streben nach Sinnenlust und Genuß als das oberste Prinzip an. Die Satansbibel erlaubt jede Form von Sexualität und alle Ausprägungen des Sadismus bis hin zu Menschenopfern. Ihr Zentrum sind die neun Satanischen Thesen, eine Art Glaubensbekenntnis der Satanskirche. Weil sie bezeichnend sind für eine Denkweise, die ganz im Zuge der Zeit liegt, seien sie hier im Wortlaut angegeben. Sie lauten:
1. Satan verkörpert Genuß statt Enthaltsamkeit. 2. Satan verkörpert wirkliches Leben statt geistlicher Entrückung. 3. Satan verkörpert vollkommene Weisheit statt heuchlerischer Selbsttäuschung. 4. Satan ist

---

73 B. Larson, I. Steigelmann, (Anm. 55), 67 u. 76.

74 E. Krebs, Art. Teufel, in: Lexikon für Theologie und Kirche X, Freiburg [1]1938, 14-17.

75 Vgl. Deutsche Tagespost vom 3. September 1987.

freundlich zu denen, die es verdienen, statt seine Liebe an Undankbare zu verschwenden. 5. Satan fordert Rache, nicht das Hinhalten der anderen Wange. 6. Satan übernimmt Verantwortung für die, die selbstverantwortlich leben, um psychische Schmarotzer kümmert er sich nicht. 7. Der Mensch ist ein Tier wie jedes andere, manchmal besser, sehr viel häufiger aber schlechter und bösartiger. 8. Satan verkörpert alle sogenannten Sünden, denn sie allein führen zu körperlicher, geistiger oder emotionaler Befriedigung. 9. Satan ist der beste und treueste Freund der Kirche. Ihm allein verdankt sie es, daß sie noch immer existiert.[76]

Man wundert sich ob der Primitivität dieser Bekenntnisthesen, formal wie inhaltlich, aber sie finden Gefolgschaft, weil sie das Lebensgefühl breiter Schichten treffen.

Es gibt zwei Gruppen von Satanisten, die institutionalisierten oder etablierten und die nicht institutionalisierten oder spontanen Satanisten. Sie unterscheiden sich voneinander lediglich dadurch, daß die letztgenannte Gruppierung weniger ritualisiert und damit freier ist in der Gestaltung ihrer Praktiken. Verständlicherweise wenden sich die Jugendlichen eher dem nicht institutionalisierten Satanismus zu. Beispiele für den institutionalisierten Satanismus sind neben der Satanskirche von La Vey, der Schwarzen Kirche Luzifers, dem Ordo Saturni und dem Ordo Templi Orientis, die bereits erwähnt wurden, die Kirche der Satanischen Bruderschaft und der Temple of Seth.[77] Vom Satanismus bestimmt sind auch die schwarzgekleideten „Grufties", Jugendliche, die in Särgen schlafen und heimlich auf Friedhöfen ihr Satansritual zelebrieren. Immer häufiger kommt es vor, daß junge Menschen gegen ungeliebte Personen den Satan um Hilfe bitten.[78]

Die Zahl der jungen Menschen, die mit dem Satanismus irgendwie in Kontakt kommen, ist in den USA sehr groß, aber auch bei uns hat diese Form der Subkultur eine große Bedeutung. In den Vereinigten Staaten schätzt man die Zahl der ernsthaften Satanisten auf etwa 60 000, von denen ein Drittel sich in Kalifornien befinden soll.[79] Möglicherweise ist ihre Zahl jedoch erheblich größer. Die amerikanische Wochenzeitschrift „Time" berichtet am 13. März 1972[80] von der Weltevangelisierungsgesellschaft, einer in San Diego in Kalifornien etablierten Gruppe, die die Meinung vertritt, mindestens zehn Millionen Amerikaner beschäftigten

---

76 B. Larson, I. Steigelmann, (Anm. 55), 84ff.

77 Ebd. 102ff.

78 J. Nyary, (Anm. 34).

79 B. Larson, I. Steigelmann, (Anm. 55), 93.

80 Time vom 13. März 1972, S. 30.

sich mit okkulten Künsten, mit Magie, Schwarzen Messen und Blutorgien. Das wären dann ungefähr 5-6% der Gesamtbevölkerung.
Es gibt eine Reihe von satanischen Symbolen, die im Satanismus eine bedeutende Rolle spielen. Das bekannteste satanistische Symbol ist die gehörnte Hand. Sie entsteht dadurch, daß der Daumen, der Mittelfinger und der Ringfinger der rechten Hand auf die Innenfläche der Hand gelegt und der Zeigefinger und der kleine Finger als Hörner gestreckt werden. Weitere Symbole sind das Zeichen der Anarchie, der Großbuchstabe A in einem Kreis mit einer durchgezogenen waagerechten Linie in der Mitte, das Nero-Kreuz, ein umgekehrtes Kreuz, dessen Querstreben gebrochen sind und in der Art einer umgekehrten Lebensrune nach unten weisen, von einer Kreislinie umgeben, und die nach unten weisende zweischneidige Axt, das Zeichen der Rechtlosigkeit. Eine besondere Rolle spielt im Satanismus endlich noch das Pentagramm, ein fünfzackiger Stern in einem Kreis, der durch drei in einem einzigen Zug gezeichnete ineinander verschränkte Dreiecke entsteht. Es begegnet uns in zweifacher Ausführung, einmal zeigt die Spitze nach oben, das andere Mal nach unten. In der letzteren Form wird es auch als Baphomet bezeichnet. Während das Baphomet ein ausgesprochen satanisches Symbol ist, ist das Pentagrammm in der ersteren Form der Weißen wie der Schwarzen Magie zugeordnet.[81]
Wichtige Accessoires der Satanisten sind schwarze Kleidung, schwarz gefärbtes Haar und Schmuckstücke mit den genannten Symbolen des Satanismus oder auch mit dem Ziegenkopf und mit der Zahl 666.
Im Satanskult ist erlaubt, was sonst verboten ist. Jeder soll seine eigenen Wünsche egoistisch ausleben. Die entscheidende Devise lautet: Tu, was dir ein gutes Feeling gibt!
Im Satanismus suchen die Menschen ekstatische Erlebnisse. Die entscheidenden Medien sind dabei die Verhöhnung des Heiligen, sexuelle Permissivität, Grausamkeit und Vandalismus. Das sind Elemente, die uns auch bereits im vorsatanischen Bereich begegnen, wo sie eine günstige Ausgangsbasis für den Satanismus schaffen. Mit ihnen verbindet man den Gebrauch der verschiedensten Drogen. Ein wichtiges Medium des Satanismus ist endlich der Kontrast. In diesem Kontext steht das Ekeltraining, wenn der Satanist gehalten ist, Exkremente von Mensch und Tier zu essen.
Was den Satanismus attraktiv macht, das ist das ekstatische Erleben. In einer Sendung des Zweiten Deutschen Fernsehens im April des Jahres 1989 meinte ein Schüler: „Ist doch ganz logo – die einen glauben an Jesus,

---

81 B. Larson, I. Steigelmann, (Anm. 55), 167f.

und die, die was erleben wollen, an Satan; also, was soll die ganze Aufregung?“ Ein anderer ergänzte: „Am besten ist dabei die geile Musik. Dafür gibt’s ja wohl keinen Ersatz.“[82]

Töten und grausame Torturen sind wichtige Elemente des Satanskultes. Das Töten und Quälen von Tieren ist ein Vorspiel für das Töten und Quälen von Menschen. „Sie verbrannten meine Freundin vor meinen Augen“, solchen und ähnlichen Geständnissen begegnet man immer wieder bei denen, die sich dem Satanskult verschrieben haben.

In dem 1967 in den USA erschienenen Buch „The Black Arts“[83] von Richard Cavendish, einem Lehrbuch der Schwarzen Magie, heißt es: „Wenn in der Schwarzen Magie von der Tötung eines Kindes gesprochen wird, ist damit ein richtiges Menschenkind gemeint... es gibt eine Tradition, die besagt, daß das wirksamste Opfer für Dämonen das Menschenopfer sei.“[84] In England sollen jährlich 4000 Kinder „geopfert“ werden.[85] In Kalifornien sind 95% aller vermißten Kinder angeblich Opfer okkult motivierter Entführungen.[86] Mit den Menschenopfern verbinden die Satanisten oft Schändung und Kannibalismus. Im Zusammenhang mit den satanistischen Ritualen begegnet uns immer wieder das Trinken des Blutes von Mensch und Tier.[87]

Eine bedeutende Rolle spielen im Satanismus die Drogen als Einstieg in den Satanismus, aber auch in der Praxis des Satanismus. Im einzelnen haben sie die Aufgabe, die Gehirnwäsche des Neulings bei der Einführung in die Riten zu erleichtern, die natürlichen Hemmschwellen herabzusetzen und die Erlebnisqualität der Orgien zu steigern. Durch die Droge wird der Satanist vor allem in Abhängigkeit gehalten von der Gruppe, die ihn immer neu mit „Stoff“ versorgt und ihn damit in der Hand hat. Er braucht die Gruppe, um seinen „Stoff“ zu bekommen, er braucht aber auch den „Stoff“, um das aushalten zu können, was er in der Gruppe erlebt.

Es werden im Satanismus nicht nur illegale Drogen verwendet, sondern auch Medikamente wie Amphetamine, Antidepressiva, Beruhigungsmittel und Halluzinogene, vor allem aber huldigt man im Satanismus dem Alkohol.

---

82 Ebd. 32.

83 R. Cavendish, The Black Arts, New York 1967.

84 Ebd., 272; vgl. B. Larsen, I. Steigelmann, (Anm. 55), 90.

85 H.-P. Pandora, (Anm. 36).

86 B. Larsen, I. Steigelmann, (Anm. 55), 91.

87 Zu den unvorstellbaren Perversionen des Satanismus vgl. J. Symonds, Aleister Crowley. Das Tier 666, Basel 1983 und H. Knaut, Testament des Bösen, Stuttgart 1979.

Allgemein ist zu vermerken, daß die Bedeutung der Drogen und des Alkohols heute vielfach unterschätzt wird. Der Mißbrauch des Alkohols wie auch der Griff zu den Drogen ist verbreiteter, als viele meinen. Aus einer Umfrage in den Vereinigten Staaten geht hervor, daß 50% der befragten Teenager Drogen zumindest ausprobiert haben, zum Spaß oder infolge von Überredung oder um dem Alltag zu entfliehen. Auch der Alkohol ist eine Droge, wenn auch eine gesetzlich erlaubte. Er ist die gegenwärtig am meisten verbreitete, auch unter Jugendlichen. Vor der Wiedervereinigung gab es in der Bundesrepublik Deutschland 1,8 Millionen Alkoholkranke. Das sind an die 3% der Gesamtbevölkerung. In den neuen Bundesländern ist die Situation noch schlechter. Extensiver Alkoholgenuß auf Partys ist an der Tagesordnung, auch wenn die Teilnehmer noch sehr jung sind.

Nicht selten werden der Mißbrauch des Alkohols und die Hinwendung zu den Drogen schon früh eingeübt durch den Medikamentenmißbrauch, wenn man etwa von Kindesbeinen an beim geringsten Unwohlsein zur Tablette greift oder sich bei der unbedeutendsten Anspannung Fitmacher einverleibt, wenn man es als Kind nicht mehr lernt, zu verzichten, sich Opfer aufzuerlegen und mit unerfüllten Wünschen zu leben.[88]

1991 stellte die Universität Bielefeld in einer Langzeitstudie fest, daß die Drogenszene bei uns ihren Ort vor allem in den Schulen hat, daß zwei Drittel aller Neuntkläßler regelmäßig Alkohol trinken, daß jeder zweite Neuntkläßler raucht und jeder dritte Haschisch oder Kokain oder starke Medikamente nimmt. Die Zahl der Rauschgifttoten stieg in Westdeutschland im Jahre 1990 um 49,3% auf 1479. 1991 zählte man 2125 Rauschgifttote. 1992 war allerdings ein geringer Rückgang zu verzeichnen. Etwa 100000 vorwiegend junge Menschen sind von harten Drogen abhängig. Auf Weltebene beläuft sich ihre Zahl auf 50 bis 70 Millionen. Mit der Sucht verbindet sich die Beschaffungskriminalität.[89]

Ist durch die Drogenanfälligkeit bereits eine gewisse Disposition für den Satanismus gegeben, speziell in Verbindung mit sexueller Permissivität und Brutalität, mit der Verachtung des Heiligen und der Sehnsucht nach ekstatischem Erleben, so erfolgt die Einführung in ihn und in die satanische Gruppe bei Jugendlichen für gewöhnlich über Partys, die sich als attraktiv erweisen durch ihre moralische Schrankenlosigkeit. Von den

88 B. Larson, I. Steigelmann, (Anm. 55), 66ff.

89 J. Liminski, Reichlich spät, in: Deutsche Tagespost vom 8. August 1991; A. von Alten, Methadon – das angebliche Wunderheilmittel, in: Deutsche Tagespost vom 2. November 1991; vgl. auch Bericht über Vatikanische Konferenz über Drogen und Alkoholismus vom November 1991 in: Deutsche Tagespost vom 28. November 1991 und Notiz in Frankfurter Allgemeine Zeitung vom 17. Juli 1992.

entscheidenden Leuten wird dann die Angst der Neulinge vor der Öffentlichkeit in zynischer Weise ausgenutzt, um ihren Ausstieg zu verhindern.
Eine nicht zu unterschätzende Disposition für den Satanismus wird durch jene Musik geschaffen, die man als Hardrock bezeichnet, speziell durch die „Black-Metal-Music" oder den „Black-Metal-Rock". Varianten davon sind die „Heavy-Metal-Music", die „Trash-Metal-Music" und die „Speed-Metal-Music".
Berühmte Hard-Rock-Gruppen, die sich dem Satanismus verschrieben haben, tragen Namen wie Euronymous-Mayhem, Led Zeppelin, Iron Maiden, Judas Priest, Kiss,[90] AC/DC, Slayers oder Black Sabbath.
In der Darbietung wird der Hardrock bewußt mit Sex, Gewalt, Horror, Entsetzen und Angst verbunden. So führt er zum Satanismus und festigt in der Treue zu ihm. Man darf die Gefährlichkeit dieser Musik, die in zahlreichen Vorformen und Varianten im Rundfunk und im Fernsehen einen großen Raum einnimmt, nicht herunterspielen. Geistvollerweise hat man sie als die Gospel-Musik des Satanismus bezeichnet. In ihr werden harte Rhythmen, die oft in unerträglicher Lautstärke von verwegenen Gestalten produziert werden, mit bestialischen Texten verbunden, in denen immer wieder zum Ritualmord und zum Selbstmord aufgefordert wird.[91] Die australische Hardrock-Gruppe AC/DC[92]erlebte ihren größten Schallplattenerfolg mit der Hymne „Highway to Hell" („Straße zur Hölle"), die zu einer Art Glaubensbekenntnis der Hardrock-Freunde wurde.[93] Die Black-Metal-Band „Slayers" („Totschläger") hat eine Kassette bespielt mit folgendem Liedtext: „Der Hohepriester wartet mit dem Dolch in der Hand, er vergießt das Blut der reinen Jungfrau. Ein Mord für Satan, ein zeremonieller Tod, folge allen seinen Befehlen."[94]
Teilweise verbreitet man mit dieser Musik satanistische Botschaften in verschlüsselter Form und wendet sich so an das Unterbewußtsein. Man

---

90 Abkürzung für Kings in satanic service (Könige in satanischem Dienst) oder für Knights in satanic service (Knechte in satanischem Dienst) (vgl. U. Bäumer, Wir wollen Deine Seele. Rockszene und Okkultismus: Daten – Fakten – Hintergründe, Wuppertal ^{6}1988, 65. 125).

91 H.-P. Pandora, (Anm. 36); vgl. auch Frankfurter Allgemeine Zeitung vom 5. Juni 1991 (Die lautstarken bösen Buben aus der Welt des schweren Metalls).

92 Die Abkürzung AC/DC steht im Englischen für Gleichstrom/Wechselstrom. Sie dürfte hier zunächst als Anspielung auf Bisexualität zu verstehen sein. Andere Deutungen der Abkürzung: „Antichrist, death to Christ" oder „Antichrist devil cooperation" (vgl. U. Bäumer, (Anm. 90), 80. 125).

93 Ebd., 80.

94 Ebd.

streut sie kaum hörbar in den eigentlichen Text ein oder verbindet sie mit Obertönen oder spielt sie im umgekehrten Sinne auf die Schallplatte ein, so daß sie erst im Rückwärtslauf identifiziert werden können. Neben der Huldigung Satans enthalten sie Blasphemien und die Aufforderung zum Drogenkonsum. Der Rockstar Jimmy Hendrix, selber völlig dem Spiritismus verfallen, erklärt: „Mit Musik kann man Leute hypnotisieren; und wenn man sie an ihrer schwachen Stelle erwischt, kann man ihnen ins Unterbewußtsein predigen. ...“[95]

Eine besondere Rolle spielt in der satanistischen Szene die englische Hardrock-Band „Black Sabbath“ („Schwarzer Sabbat“) aus Birmingham. Schon früh hat sie sich dem Satanismus verschrieben und ihn bei ihren Auftritten in seinen verschiedenen Formen mit ihren musikalischen Darbietungen verbunden. Sie betreibt offene Propaganda für den Satanskult, sie verherrlicht Mord und Gewalt und fördert unverhohlen zerstörerische Tendenzen. Aus ihr ist Ozzy Osbourne hervorgegangen, der „Liebling des Teufels“, wie er sich selbst bezeichnet. Ursprünglich trat er nur zusammen mit dieser Gruppe auf, er hat sich dann aber von ihr getrennt, um seinen Bewunderern den Satanismus in Solo-Auftritten nahezubringen. Eine seiner Schallplatten trägt den Titel „Speak of the Devil“. Seine Schallplatte „Mr. Crowley“, eine Huldigung an den größten Satanisten aller Zeiten, soll die meistverkaufte „Picturedisc“ (Schallplatte mit eingearbeitetem Bild) sein, die je gepreßt wurde.[96]

Die Musik des Satanismus hat ihre Vorgeschichte im Hardrock der siebziger Jahre. Die Rolling Stones baten damals auf ihren Tourneen um „Sympathie für den Teufel“ und präsentierten sich auf den Alben ihrer Schallplatten als Hexen mit dem Schriftzug „Their Satanic Majesties Request“ („ihre satanischen Majestäten bitten“). Da findet man bereits den abgetrennten Ziegenkopf, das Symbol der Satansanbetung, schwimmend in einem kochenden Kessel über der Aufschrift „Goat's Head Soup“.[97]

Die Black-Metal-Szene arbeitet mit sexuellen Perversionen und mit Blasphemie, mit brutaler Gewalt und gar mit Nekrophilie. Mit blutrünstigen und schockierenden Texten sichtert sie sich den Zulauf der Jugendlichen zu ihren Konzerten. Satanische Symbole zieren ihre Schallplatten und steigern den Verkaufserfolg. Die satanische Musik, von der

---

95 J. Rockwell, Trommelfeuer, Asslar ^{6}1988, 14; vgl. U. Bäumer, (Anm. 90), 91f.

96 Ebd., 9-21. 27. 54f.; D. u. S. Peters, Manipulation im Rückwärtsgang, Asslar ^{2}1989, 9-25. 35. 41f.; Hardrock-Gruppen bewegen sich oft auf gefährlichem Weg in höllische Gefilde, in: Deutsche Tagespost vom 8. Mai 1993.

97 B. Larson, I. Steigelmann, (Anm. 55), 53ff.

eine hypnotische Wirkung ausgeht, führt jedoch zur Entpersönlichung, zur Enthemmung und zum Verlust der Selbstkontrolle. Deshalb endet ihre öffentliche Darbietung nicht selten in Raserei und Gewalttätigkeit. Hämmert man sich die satanische Musik mittels Autoradio und Walkman immer wieder ein, wie sollte das keine Folgen haben?

Eine Disposition für den Satanismus wird nicht nur durch die entsprechende Musik geschaffen, auch auf den Konsum von Horrorfilmen ist hier zu verweisen. Horrorfilme machen zur Zeit 20% aller verfügbaren Videos aus. Sie verbinden die Sexualität mit der Brutalität und zeigen damit auf der Leinwand oder auf dem Bildschirm, was im Satanismus live erlebt wird, jedenfalls bis zu einem gewissen Grad. Sie stimulieren ihre Konsumenten, unter denen nicht wenige Jugendliche sind, mit grausamen Mordszenen, in denen Menschen auseinandergerissen und Gliedmaßen abgetrennt werden, in denen in immer neuer Form fließendes Blut präsentiert wird. Wie Augenzeugen versichern, werden solche Vorführungen häufig von den Jubelrufen der jugendlichen Konsumenten begleitet und von Stellungnahmen und Kommentaren, die die Akteure zu noch größerer Grausamkeit anspornen sollen, oder es treten an die Stelle von Entsetzen und Mißbilligung Gelächter und Gleichgültigkeit, derweil man Schokolade und Popcorn verzehrt. Die Grausamkeit wird hier zu einem Ritual und damit zu einer Vorübung der satanistischen Liturgie. Sie eskaliert, ohne daß die Konsumenten oder die für sie Verantwortlichen sich Gedanken darüber machen, welche psychischen und physischen Schäden dadurch hervorgerufen werden, und ohne daß die Sozialschädlichkeit solcher Produktionen von den Verantwortlichen erkannt wird, die Sozialschädlichkeit, die eigentlich den Gesetzgeber auf den Plan rufen müßte. Das ist besonders verhängnisvoll angesichts der Tatsache, daß sogar die öffentlich-rechtlichen Fernsehanstalten sich immer mehr an der Aufführung von Horrorfilmen beteiligen. Gewiß, der Zusammenhang zwischen Horrorfilmen und Satanismus ist nicht exakt zu beweisen, aber vernünftigerweise kaum in Abrede zu stellen.

Eine Disposition für den Satanismus wird endlich geschaffen durch die Hinwendung zu den verschiedenen Formen der Magie, speziell zur Wahrsagerei und zum Spiritismus, und zur Parapsychologie. Das bedeutet nämlich Hinwendung zum eigenen Ich, Distanzierung von der Außenwelt und wachsende Unfähigkeit, mit den Realitäten des Lebens fertig zu werden. Hier ist auch an die aus Amerika importierten Fantasy-Rollenspiele, auch D & D genannt, „Dungeons an Dragons", zu deutsch „Kerker und Drachen", zu erinnern, Rollenspiele mit okkultistischem

Hintergrund.[98] Hinzukommen die okkultistisch verseuchten Comic-Hefte, in denen grausame Gewalt und Vernichtung das Feld beherrschen und die Phantasie der Heranwachsenden vergiften.[99]
Wenn junge Menschen in die satanistische Szene abgleiten, sind die Eltern vielfach ahnungslos und hilflos. Sie bemerken die Unbotmäßigkeit ihrer Tochter oder die Verweigerungshaltung ihres Sohnes, die nachlassenden schulischen Leistungen, die Selbstmordgedanken und die Depressionen, die gesteigerte Aggression und das lange Ausbleiben am Abend, messen all dem aber häufig keine besondere Bedeutung bei. Selbst wenn sie Einzelheiten über die fragwürdigen Wege ihrer Kinder vernehmen, sind sie geneigt, diese zu bagatellisieren und als pubertäre Launen herunterzuspielen oder sich damit zu trösten, daß die jungen Menschen eines Tages schon vernünftig werden oder zur Einsicht kommen. Die Medien unterstützen die Eltern in solcher Leichtfertigkeit, auch die kirchlichen. Die mit der Jugendverwahrlosung befaßten Jugendämter, die Jugendseelsorger, die berufsmäßig mit der Aufklärung von Verbrechen Beschäftigten und die Behörden des Strafvollzugs wissen oft nicht um den satanistischen Hintergrund jugendlicher Verfehlungen und sind in das Phänomen des Satanismus nicht genügend eingeweiht. Schon deshalb messen sie ihnen nicht genügend Bedeutung bei und spielen sie herunter. Vielfach herrscht auch die Meinung, wenn Verbrechen im Namen des Teufels ausgeführt würden, so seien das Handlungen von Geisteskranken. Mithin kann das Übel sich weithin unbehindert ausbreiten.
Viele junge Menschen sind in die satanistische Szene geraten, weil ihre Eltern ihnen zwar stets alle Wünsche erfüllten, sich ihnen aber zu wenig zuwandten, weil sie von der frühesten Kindheit an keine Zeit für sie hatten. Es ist nicht so, als ob die Anhänger des Satanismus nur aus zerbrochenen Familien kämen. Auch in äußerlich intakten Familien erhalten die Kinder heute vielfach nicht genügend Zuwendung. Die mangelnde Zuwendung seitens der Eltern ist das eine Moment, das junge Menschen zum Satanismus führt, das andere ist das Fehlen einer religiösen Bindung, sei es, daß sie ihnen nie vermittelt worden ist, sei es, daß sie sie aus irgendwelchen Gründen verloren haben. Verlieren wird man indes die religiöse Bindung leicht, wenn sie nur formalistisch und äußerlich gewesen ist.
Der Satanismus ist anarchistisch und selbstzerstörerisch. Spricht man junge Menschen, die ihm verfallen sind, darauf an, so antworten sie gern, die Selbstzerstörung werde nicht weniger besorgt durch die Politik mit

---

98 B. Larson, I. Steigelmann, (Anm. 55), 36ff.

99 F.-W. Haack, Europas neue Religion. Sekten-Gurus-Satanskult, Freiburg 1993, 45.

ihrer Korruption und ihrem heimlichen Terror sowie durch die allgemeine Gleichgültigkeit im Hinblick auf den Umweltschutz.[100] Was sie meinen, ist etwas anderes, sie meinen den zerstörerischen Nihilismus, der in der westlichen Zivilisation wirksam ist und nicht wenige zugrundegerichtet, unter dessen Einfluß sie jedoch selber stehen, und zwar ganz massiv, ohne es zu wissen oder ohne es wahrhaben zu wollen. Gerade der latente Nihilismus ist es, der sie in den Satanismus hineintreibt, der sich in ihrem Satanismus einen verhängnisvollen Ausdruck verschafft.

Wer sich dem Bösen in einer solchen Weise überläßt, wie das im Satanismus geschieht, und jede moralische Verantwortlichkeit negiert, zerstört nicht nur sein Menschsein, er begibt sich damit auch leichtfertig in den Einflußbereich des Teufels und der bösen Geister, die sich ihm zwar nicht durch außerordentliche Kräfte, erst recht nicht durch eine Steigerung seines Menschseins erkenntlich zeigen können, wie er es erhofft, die ihn aber in eine Welt der Lüge und der Täuschung einschließen und in die Sklaverei des Bösen führen.

Man kann den bösen Geistern nicht eine jenseitige Macht über die sichtbare Welt zuschreiben, erst recht nicht die Fähigkeit, diese irdischen Geschöpfen mitzuteilen. Dagegen stehen das Gottesbild der Offenbarung und der Glaube der Kirche. Man kann hier nicht auf das Phänomen der Besessenheit verweisen, das als solches biblisch gut fundiert ist und als negative Möglichkeit stets im Glauben der Kirche festgehalten worden ist. Zum einen ist es in diesem Fall nicht der Mensch, der sich der jenseitigen Welt bemächtigt, und zum andern dürfte auch hier gelten, daß der Teufel nur Scheinwunder wirken kann und daß die scheinbar die Ordnung dieser Welt übersteigenden Wirkungen in Wirklichkeit ganz und gar der irdischen Ordnung angehören, im Bereich der Parapsychologie und der Psychologie liegen. Die Macht der bösen Geister geht gemäß der Zulassung Gottes – abgesehen von dem Fall der Besessenheit – lediglich auf den Willen des Menschen.

Wenn heute die Meinung vertreten wird, die bösen Geister hätten übermenschliche Macht und könnten die Menschen daran partizipieren lassen, es gebe so etwas wie das, was man traditionellerweise als Teufelspakt bezeichnet, so geschieht das vor allem in jenen Kreisen von Christen, und zwar innnerhalb der verschiedensten christlichen Denominationen, die den Anspruch besonders intensiver Gläubigkeit erheben. Im Raum der reformatorischen Christenheit sind das jene Christen, die dem Pietismus zuneigen, im katholischen jene, die eine starke Tendenz zu Privatoffenbarungen, Visionen und Wundern haben, kurz, zu den außer-

---

100 Ebd., 81.

ordentlichen religiösen Phänomenen. In diesen Kreisen gilt vielfach die Devise: Je mehr man glaubt, um so besser. Dem ist jedoch nicht so. Der Aberglaube, der zuviel und leichtfertig glaubt, ist nicht sehr weit vom Unglauben entfernt.

Esoterische Medizin

Ein Weg zur Esoterik ist für viele die esoterische Medizin. Ihr vertraut man sich gern an, wenn man keinen anderen Ausweg mehr weiß. Tatsächlich berücksichtigt die esoterische Medizin viele Aspekte der Krankheit, die einen nüchternen Realitätssinn verraten. Von daher empfiehlt sie sich breiten Kreisen der Bevölkerung. Mit Recht findet sie die Zustimmung vieler, wenn sie auf die sanften Heilverfahren setzt und die psychosomatische Komponente einbezieht, wenn sie das Zusammenspiel von Leib und Seele in der Krankheit berücksichtigt, der Aktivierung der Selbstheilung des Menschen große Bedeutung zumißt, der menschlichen Zuwendung einen besonderen Stellenwert einräumt und der Prophylaxe das Wort redet. Fragwürdig wird sie jedoch, wenn sie sich verabsolutiert und die Krankheit und die Therapie in ein wirklichkeitsfremdes und phantastisches Weltbild einordnet.

Ganzheitliche Heilung

Die esoterische Medizin wirft der herkömmlichen Medizin vor, sie kuriere nur Symptome und beachte nicht den Sinn der Krankheit. Sie begnüge sich damit, Symptome unsichtbar und Schmerzen unfühlbar zu machen, um den Kranken wieder in seine täglichen Pflichten einzugliedern. Schon ihre Grundeinstellung zur Krankheit sei verfehlt. Sie sei Manipulation und auf einen vordergründigen Effekt ausgerichtet, sie beachte nicht, daß die Heilung stets mit einer Neugeburt, mit einer grundlegenden Veränderung des Menschen einhergehen müsse, daß sie, wenn sie wirklich Heilung sei, niemals den früheren Zustand wiederherstellen könne, weshalb die herkömmliche Medizin für die Heilung nicht nur ungeeignet sei, sondern sie gar verhindere.

Nachdrücklich betont die esoterische Medizin, jede Krankheit sei die Folge einer schon länger bestehenden krankhaften Seelenverfassung, die unbedingt in den Heilungsprozeß einbezogen werden müsse. Nach Auffassung der Esoterik sind nicht nur einige oder viele Krankheiten psychischen Ursprungs, sondern schlechthin alle. Man vertritt die Meinung, jede Krankheit zeige ein seelisches Leiden an, dieses greife auf den Körper über und rufe die entsprechenden Symptome hervor, würden diese nicht beachtet, so würden sie immer stärker, um den Heilungsprozeß doch noch in Gang zu bringen und den Organismus vor dem Untergang zu retten, um den Entwicklungsprozeß der Seele aufs neue anzustoßen.

Die Krankheit selbst, so stellt die esoterische Medizin fest, sei nichts anderes als der Versuch des Organismus, sich zu reinigen und damit zu heilen, sie sei der erste Schritt zur Heilung. Deshalb sei es falsch, die Krankheit als ärgerliche Störung zu verstehen, sie müsse vielmehr als Segen verstanden werden. Der kranke Mensch müsse dem Übel, das seiner Krankheit zugrunde liege, auf den Grund gehen. Das aber könne er nur, solange er bewußt leide, was jedoch verhindert werde durch die Medikamente der Schulmedizin oder durch radikale Operationen.

Weil Krankheiten Fehlhaltungen anzeigen, so verkündet die esoterische Medizin, weil sie auf psychische Widrigkeiten zurückgehen, deshalb dürfen sie nicht sogleich abgewehrt oder unterdrückt werden, müssen sie vielmehr ein Anlaß zur Besinnung und zur Kurskorrektur sein, zum Nachdenken darüber, wie man harmonischer und menschenwürdiger leben kann. Der kranke Mensch muß seine Einstellung zum Leben grundlegend ändern. Er muß sein Schicksal annehmen, er darf nicht mit ihm hadern und die Krankheit nicht verdrängen. Er darf sich nicht gegen jene übermächtige Kraft stellen, die alles bestimmt und lenkt, er darf nicht gegen Gott oder gegen das Göttliche opponieren. Tut er das, so wird die Krankheit schlimmer. Jedes Hadern mit dem Schicksal, aber auch jede Verdrängung der Krankheit führt in tieferes Unheil. So die Grundthese.

Die unheilvolle Lebenshaltung, die die Krankheit hervorgerufen hat, muß, wie die esoterische Medizin lehrt, aufgearbeitet und in den Dienst der Entwicklung der Seele, damit aber des Heiles, gestellt werden. Die Krankheit kann nur geheilt werden, wenn sich in der Seele die unendliche Kraft verwirklicht, die wir Gott nennen, die wir nicht begreifen können, deren Drängen wir jedoch in uns verspüren, wenn in ihr jener innere Wachstumsprozeß wieder in Gang gesetzt wird, der durch die Krankheit ins Stocken geraten ist. Der Mensch muß daher umkehren und so den inneren Frieden zurückgewinnen.

Es ist also falsch, so sagt der Esoteriker, in der Krankheit sofort wieder normale Zustände anzustreben. Wichtiger ist die grundlegende Änderung der Einstellung zum Leben und zur Welt.

Die Therapie darf demnach nicht eine vordergründige Heilung auf Kosten des Heiles herbeiführen, sie muß vielmehr Bedingungen schaffen, unter denen die natürliche Heilkraft zur Wirkung kommt. Der kranke Mensch darf sich nicht einer Medizin anvertrauen, die sein Heil seiner Heilung zum Opfer bringt.

Der Esoteriker ist also bemüht, sich nicht gegen die Krankheit zu sträuben oder ihr gegenüber in panische Angst zu verfallen, weiß er doch, daß sie einen tiefen Sinn hat, daß sie Ausdruck innerer Konflikte ist, die seinen Wünschen und Erwartungen, seinem Hochmut und seiner Selbstgerechtigkeit entspringen, kurz: seinem fehlenden inneren Frieden. Diesen muß er zurückgewinnen. Er muß den rechten Blick für die Wirklichkeit wiederfinden und alle Ängste überwinden, die einer falschen Haltung zur eigenen Person und zu den Mitmenschen und zur Wirklichkeit überhaupt entspringen. Was den Menschen krank macht, das sind falsche Vorstellungen, wie Haß, Neid, Eifersucht, Überheblichkeit, Unmäßigkeit, Habgier, Unzufriedenheit und Frustration. Das alles macht den Menschen krank, zuerst die Seele, dann aber auch den Leib.[101]

Die ganzheitliche Sicht der Krankheit und ihrer Heilung, wie sie die Esoterik vertritt, hat eine besondere Ausprägung gefunden in der Heilungsmethode des US-Amerikaners Joseph Murphy († 1981) und seines Münchener Schülers Erhard Freitag (* 1940), die in ihren Kursen und therapeutischen Gesprächen dazu anleiten, autosuggestiv – teilweise auch unter Einbeziehung der Hypnose – die grenzenlose Kraft des Unterbewußtseins zu mobilisieren, das Selbstvertrauen zu aktivieren und die Kraft des positiven Denkens in den Dienst der Gesundheit und des Wohlbefindens zu stellen.[102]

Der esoterischen Sicht der Krankheit und ihrer Heilung kann man seine Zustimmung weithin nicht versagen. Als genuin christlich erweist sich vor allem der Gedanke, daß das Ja zur Krankheit von großer Bedeutung für die Heilung ist. Man kann nicht leugnen, daß die seelische Einstellung ein bedeutender Faktor im Heilungsprozeß ist. Fragwürdig wird diese Sicht allerdings, wenn sie sich der Deutung der körperlichen Krankheit und damit dem Heilungsprozeß im einzelnen zuwendet, vor allem wenn sie sich verabsolutiert und so das Phänomen der Krankheit und ihrer Heilung in unzulässiger Weise vereinfacht.

Wenn die esoterische Medizin lehrt, den positiven Sinn der Krankheit zu sehen, die Krankheit als Anruf zum Umdenken zu verstehen, so erfüllt sie ein wichtiges Desiderat, das im Christentum der Gegenwart auf weite Strecken hin brachliegt, was besonders bedauerlich ist angesichts der Tatsache, daß das Christentum in dieser Hinsicht im Grunde wirksamere Hilfen anzubieten hat. Auf jeden Fall sollte es sich die guten Anstöße der

---

101 Esotera, Spezialausgabe, Bauer-Verlag Freiburg, S. 26-29.

102 Vgl. J. Murphy, Die Macht Ihres Unterbewußtseins, Darmstadt 1962; ders., Leben in Harmonie. Der Kosmos: Die unversiegbare Quelle Ihrer Kraft, München 1984; ders., Die kosmische Dimension Ihrer Kraft. Positives Denken im Einklang mit dem Universum des Geistes, München 1985; Die unendliche Quelle Ihrer Kraft. Ein Schlüsselbuch positiven Denkens, München [10]1987.

Esoterik zu eigen machen, die ohnehin bereits im profanen Bereich in der modernen Gesellschaft nicht unwirksam geblieben sind.

Krankheit und kosmische Energie

Wie die Esoterik lehrt, besteht die physische Krankheit, die als solche auf eine tiefere seelische Disharmonie verweist, in einer Störung der kosmischen Energien im kranken Menschen. Deshalb kann dieser nur wieder gesund werden, wenn das energetische Gleichgewicht in ihm wiederhergestellt und die kosmische Harmonie in ihm erneut zum Schwingen gebracht wird, und zwar durch die Zuführung der entsprechenden Energien.[103]

Weil das Energiefeld beim kranken Menschen gestört ist, deshalb bedarf er zusätzlicher Energie, die sich ihrerseits in Schwingungen, in Frequenzen manifestiert. Die entsprechende Schwingungsfrequenz muß von außen hinzugefügt und erhöht werden, das gestörte Energiefeld muß seine verlorene Harmonie wiederfinden. Das geschieht entweder durch ein Medikament, das die fehlende Schwingungsfrequenz aufweist, oder durch direkte Einwirkung auf das gestörte Energiefeld mit Hilfe der verschiedenen Formen der spirituellen Heilung, etwa durch Handauflegung, durch Magnetismus oder durch Psychotherapie. Auch die Psychotherapie wird in der Esoterik als spirituelle Heilung verstanden. Demnach unterscheidet man zwei Richtungen der esoterischen Medizin, die medikamentöse (indirekte) und die nichtmedikamentöse (direkte) Heilmethode.

Die Heilung erfolgt im esoterischen Verständnis des Menschen über den Ätherleib, einen feinstofflichen Leib, der auch Aura genannt wird, den man als den Träger der Energie definiert. Er umgibt den physischen Leib und durchdringt ihn. In ihm entstehen die Krankheiten und wandern dann in den physischen Leib ab. Bei ihm muß daher die Heilung ansetzen.[104]

Im Sinne der Wiederherstellung des energetischen Gleichgewichts deutet die Esoterik auch die Homöopathie, wenn sie diese auf Samuel Hahnemann († 1843) zurückgehende Form der Medikamentation als eine klassische Form der medikamentösen Heilweisen im Sinne der Esoterik bezeichnet. Hahnemann selber hat die Homöopathie auf rein empirische Weise erklärt, als Anwendung des Grundsatzes „similia similibus" („Ähnliches durch Ähnliches"). Durch behutsame Reize wollte er die

---

103 Vgl. Esotera-Spezialausgabe, (Anm. 101), 12-17.

104 R. Ruthe, (Anm. 7), 62.

Heilungskräfte des Körpers von innen heraus anregen.[105] Die Esoteriker behaupten jedoch, Hahnemann habe erkannt, daß es nur eine Energie gebe, die, bedingt durch die Höhe der Dosierung, Krankheiten hervorrufe oder heile.[106]

Das entscheidende Moment ist für die esoterische Medizin das esoterische Energiekonzept. Das wird deutlich, wenn sie sich nicht nur gegenüber der Schulmedizin, sondern auch gegenüber der Naturheilkunde abgrenzt.

Die Energie, von der hier immer wieder die Rede ist, ist rein imaginär. Physikalisch ist sie nicht erkennbar. Sie ist nicht meßbar. Die Deutung der Krankheit als Gleichgewichtsstörung der im Menschen vorhandenen kosmischen Energien ist reine Spekulation. Sie beruht auf dem Grundaxiom der Esoterik, daß der Kosmos wesentlich Energie ist, daß auch Materie und Geist Formen von Energie sind. Das ist eine Position, für die es in der Wirklichkeit keine Anhaltspunkte gibt.

Magnetismus

Als Magnetismus bezeichnet man eine esoterische Heilmethode, die den Anspruch erhebt, durch Berührung mit der Hand oder durch Massagebehandlung spezifische Kräfte freizusetzen und so durch angebliche Kraftausströmungen Heilwirkungen hervorzurufen. Dabei streicht der Therapeut über den kranken Körperteil, um ihn durch sein sogenanntes magnetisches Fluidum zu heilen. Demgemäß spricht man von Magnetiseuren oder Magnetopathen.

Der Magnetismus ist eine Heilmethode, die das Magnetfeld beeinflussen will. In der Geschichte des Magnetismus geschah das zunächst durch das Auflegen von Magneteisen auf die kranken Körperteile. Franz Anton Mesmer († 1815), den man als den eigentlichen Begründer der neuzeitlichen esoterischen Medizin zu bezeichnen pflegt, ging dann dazu über, auch nichtmetallische Gegenstände zu magnetisieren, um schließlich auf Magnete zu verzichten. Somit trat an die Stelle des mineralischen Magnetismus der animalische. Damit war der Magnetismus zum Mesmerismus geworden. Mesmer, der 1734 in Iznang am Bodensee geboren war und nach theologischen und rechtswissenschaftlichen Studien ein medizinisches Studium im Jahre 1766 in Wien mit der Promotion abgeschlossen hatte, erhob nämlich den Anspruch, Personen und Gegenstände durch

105 Th. Löbsack, Magische Medizin. Methoden und Erfolge der Wunderheiler, München 1980, 165f. Ob die Homöopathie der magischen Medizin zuzuordnen ist, ist umstritten. Fragwürdig wird sie auf jeden Fall, wenn sie mit extrem hohen Verdünnungsgraden arbeitet.

106 H.-D. Leuenberger, (S. 24 Anm. 3), 190ff.

sein eigenes Fluidum magnetisieren zu können. Er behauptete, er könne mit seinem Fluidum durch Berührung oder gar auf Distanz magnetisieren. Er meinte, es gebe ein allgegenwärtiges energetisches Fluidum, das allen Körpern gemeinsam sei und das ganze Universum durchdringe, dessen Gleichgewicht im kranken Körper jedoch gestört sei und durch die Zuführung des Magnetismus, der kosmischen Energie, wiederhergestellt werden könne. Das bedeutet, daß der Magnetiseur die kosmische Kraft in sich aufnimmt und sie durch magnetisierte Gegenstände oder direkt auf das magnetische Fluidum des kranken Körpers überleitet und dafür sorgt, daß es wieder regelmäßig im Körper verteilt wird. Mesmer hat seine Gedanken 1814 in seinem Werk „Mesmerismus" veröffentlicht und verteidigt. Bezeichnenderweise beruft er sich dabei einerseits auf die Wissenschaft, andererseits auf ein inneres Wissen, das der Begründung nicht bedarf.[107]

Wissenschaftlich ist der Magnetismus nicht haltbar. Das hat die seriöse Medizin bereits zu Lebzeiten Mesmers erkannt. Die Lehre von der kosmischen Energie und ihrem Gleichgewicht ist okkult. Das Fluidum oder die Strahlung des Magnetiseurs ist physikalisch nicht nachweisbar.[108] Dennoch hat der Mesmerismus bis heute oder heute wieder nicht wenige Anhänger gefunden. Man rechtfertigt ihn mit seinen Heilerfolgen. Aber diese sind oft nur von kurzer Dauer. Sind sie nicht reine Täuschung, müssen sie psychologisch erklärt werden, als Autosuggestion oder als Fremdsuggestion.[109]

Besprechen von Krankheiten und Geistheilung

Zur esoterischen Medizin gehört auch das Besprechen von Krankheiten, ihre Beschwörung durch Wort und Tat und ihre Übertragung auf Gegenstände sowie die Indienstnahme der Geister.[110] Auch solche Formen der Therapie finden heute nicht wenig Zuspruch. Wachsendes Vertrauen wird ihnen nicht nur in den Ländern der Dritten Welt entgegengebracht. Auch in den zivilisierten Ländern der westlichen Welt sind sie hoffähig geworden. Nicht selten treten die Medien für sie ein und

---

107 E. Pavesi, Franz Anton Mesmer und der „animalische Magnetismus". Ein nahezu unbekanntes Zeugnis der revolutionären Kultur, in: factum, Januar 1989, 12ff.; E. Benz, Franz Anton Mesmer und die philosophischen Grundlagen des „animalischen Magnetismus", Wiesbaden 1977, 17; H.-D. Leuenberger, (S. 24 Anm. 3), 105f.

108 Nachweisbar ist lediglich die Radioaktivität. Darüber hinaus gibt es elektrische Phänomene am Organismus. Aber um solche meßbaren Erscheinungen geht es ja nicht.

109 R. Kriese, (Anm. 1), 52.

110 Vgl. unten S. 100ff.

propagieren sie. – Der Resignation gegenüber der Vernunft entspricht die Hinwendung zur Magie.[111]

Wiedergeburts-Therapie

Seit einigen Jahren findet die Wiedergeburts-Therapie, eine recht seltsame Erscheinung innerhalb der esoterischen Medizin, wachsenden Zuspruch. Ihr Protagonist ist der Psychologe Thorwald Dethlefsen, dessen Bücher teilweise sechsstellige Auflagen erlebt haben. Mit ihm sind an die 800 Heiler bemüht, über Hypnose und Trance die Bewußtmachung früherer Inkarnationen in den Dienst der Therapie zu stellen. Sie sind davon überzeugt, daß viele gegenwärtige Krankheiten durch traumatische Spuren aus früheren Inkarnationen hervorgerufen werden. Durch die Heranführung an solche Traumata wollen sie Schuldgefühle und Ängste gegenstandslos machen, das Selbstwertgefühl stärken, Allergien, Übergewicht, Epilepsie und Alkoholismus und viele andere Krankheiten heilen. Hier wird die Psychologie zur Religion und die Religion zur Psychologie.[112]

Edelstein-Therapie

Die Edelstein-Therapie ist in gewisser Weise vorgebildet in der Verwendung von Talismanen und Amuletten. Sie konkretisiert sich in mannigfachen Formen. Man trägt die Edelsteine an einer Halskette, behält sie längere Zeit hindurch im Mund, legt sie auf kranke Stellen des Körpers, kocht sie in einer Flüssigkeit, um diese dann zu trinken, oder pulverisiert und vermischt sie mit Salben oder mit Milch, um sie äußerlich oder innerlich zu verwenden. Von den Edelsteinen erwartet man die Erhöhung der Konzentration in schwierigen Verhandlungen, einen ruhigen Schlaf und Heilung in diversen Krankheiten. Die Erklärung ihrer Wirkung geht entweder aus von dem kosmischen Einfluß der Sterne auf sie, von ihrer chemischen Zusammensetzung oder von ihren Schwingungsfrequenzen.[113] Der Bergkristall ist angeblich ein Mittel gegen Nierenerkrankun-

---

111 H. Hemminger, (S. 19 Anm. 11), 8; R. Ruthe, (Anm. 7), 41.

112 Ebd., 47ff. Erinnert sei in diesem Zusammenhang auch an die „Transpersonale Psychologie“ des bedeutenden New-Age-Vertreters Stanislav Grof, eines tschechisch-amerikanischen Psychiaters, der dem Geburtsvorgang eine zentrale Rolle zuerkennt und die perinatalen Erfahrungen verantwortlich macht für die psychosomatischen Störungen im späteren Leben (St. Grof, Geburt, Tod und Transzendenz. Neue Dimensionen der Psychologie, München 1985, 50. 235; H. Hemminger, [S. 19 Anm. 11], 88ff.).

113 Auf die Schwingungsfrequenz rekurriert auch Edward Bach mit seiner Blütentherapie, wenn er bestimmten Blumen, Büschen und Bäumen eine besondere Heilkraft zuschreibt (vgl. U. Olvedi, Die neue Lust am Irrationalen, Freiburg 1988, 71).

gen, gegen Herz- und Magenleiden und gegen den Kropf. Der Bernstein soll Halskrankheiten, aber auch Magenleiden, Entzündungen und Fieber kurieren können. Der Achat wird als ein Mittel gegen Augenleiden, Schlangenbiß und Skorpionstich betrachtet. Der Hyazinth empfiehlt sich zur Heilung der Melancholie, er wird aber auch verordnet bei Husten und bei Frakturen. Mit dem Rubin geht man gegen Gallen- und Blasenleiden vor, mit dem Smaragd gegen die Epilepsie und gegen Halluzinationen. Zuweilen wird auch ein bestimmter Stein mit merkwürdigen Riten „programmiert", indem man ihn etwa in beiden Händen hält, über ihn bläst und sich dabei etwas wünscht.[114]

Akupunktur

Zur esoterischen Medizin zählt man für gewöhnlich auch die Akupunktur, eine Methode der Therapie, die aus dem alten China stammt. Man geht hier davon aus, daß der Mensch gesund ist, wenn die Lebenskraft in ihm fließen kann, daß diese aber durch Einstiche an bestimmten Stellen des Körpers wieder aktiviert oder freigesetzt werden kann, wenn sie in ihrem Durchfluß blockiert ist und dadurch den Organismus krank macht.[115] Allein weder die Lebenskraft noch die Akupunkturpunkte wurden erfahrungswissenschaftlich nachgewiesen. Solange das nicht geschieht, liegt es nahe, Heilerfolge, die nicht zu bestreiten sind, auf Autosuggestion und auf die seelische Einstellung des Patienten zurückzuführen. In der Gegenwart gibt es allerdings Tendenzen, die Akupunktur erfahrungswissenschaftlich zu deuten und zu begründen und ihr damit die Anerkennung durch die Schulmedizin zu verschaffen.

Irisdiagnose

Sehr verbreitet ist in der esoterischen Medizin die Irisdiagnose oder die Augendiagnose. Sie geht davon aus, daß Störungen oder Schäden, die eine Erkrankung verursachen, in der Iris, in der Regenbogenhaut des Auges, erkannt werden können. Bei dieser Methode teilt man die Iris in etwa 90 Felder ein, in denen sich die einzelnen Körperorgane des Menschen widerspiegeln sollen. Aus der genauen Betrachtung dieser Felder will der Augendiagnostiker Erkenntnisse über etwaige Erkrankungen gewinnen. Das ist etwas anderes als die allgemein in der Medizin anerkannte Beobachtung, daß bestimmte Krankheiten Veränderungen an der Iris

---

114 H. Werner, (S. 49 Anm. 12), 175f.; R. König, (S. 45 Anm. 44), 119f.

115 J. Tibusek, (S. 19 Anm. 11), 59f.

hervorrufen, wie etwa die Lues, die Tuberkulose, die Diabetes und einige weitere Krankheiten. Vielfach benutzt man die Augendiagnose subsidiär, da man davon ausgeht, daß die Iris nicht alle Erkrankungen anzeigt. Man betont, die Augendiagnose sei besonders schwierig, wenn der Patient eine dunkle oder braune Iris habe.
Die Irisdiagnose ist okkult. Sie ist unbewiesen. Ihr Wirklichkeitswert ist zumindest umstritten. In der medizinischen Wissenschaft ist sie nicht anerkannt.[116]

Pendeln

In den Bereich der esoterischen Medizin gehört auch das Pendeln, obwohl man nicht nur im Dienste der Heilkunst pendelt. Immerhin ist das Pendeln mehr verbreitet, als man gemeinhin vermutet. Ähnlich wie im Magnetismus geht man hier aus von einem Fluidum, einem Kraftfeld oder einer Strahlung, durch die das Pendel angeblich bewegt wird. Die Frage ist die, ob es sich dabei um Suggestion, um Autosuggestion oder Fremdsuggestion, oder um vitale Kraft – von außen oder von innen – handelt.[117] Man pendelt, um medizinische Diagnosen zu stellen und die entsprechenden Heilmittel herauszubekommen, um die Bekömmlichkeit von Medikamenten und Speisen zu ermitteln. Man pendelt aber auch über Landkarten, um die Bodenbeschaffenheit an bestimmten Orten festzustellen. Mit dem Pendel informiert man sich über das Geschlecht von Mensch und Tier vor der Geburt. Es werden die Charaktereigenschaften eines Menschen ausgependelt, oder man befragt das Pendel, um zu erfahren, ob ein Mensch noch zu den Lebenden zählt.
Das Pendeln hat eine lange Geschichte. Sie reicht zurück ins 4. nachchristliche Jahrhundert. Schon 375 n. Chr. wird es bei dem römischen Histori-

---

116 R. Kriese, (Anm. 1), 80f.; Th. Löbsack, (Anm. 105), 214ff.; M. Gossler, Lexikon der Geheimwissenschaften, Bindlach 1988, 99f.

117 Hierher gehört möglicherweise auch das Wünschelruten-Gehen, wenn man dabei den Anspruch erhebt, physikalisch nicht nachweisbare Erdstrahlen, bedingt durch Wasseradern, die gesundheitsschädlich sein sollen, dingfest zu machen. Zur Erkennung solcher Wasseradern wird übrigens auch das Pendel verwendet. Denkt man beim Wünschelruten-Gehen an die Veränderung des elektrischen Feldes, des magnetischen Feldes oder des Gravitationsfeldes, so fragt sich zum einen, wie diese Veränderung in ihrer Geringfügigkeit für das Medium erkennbar werden soll, und zum anderen, wie sie nennenswerte physische Schäden verursachen soll. Werden tatsächlich Wasseradern erkannt, so ist das jedenfalls nicht eine Wirkung des Pendels oder der Wünschelrute, sondern der medialen Fähigkeiten dessen, der sich des Pendels oder der Wünschelrute bedient, wobei eine befriedigende Erklärung solcher Fähigkeiten ebensowenig möglich ist wie bei der Telepathie, beim Hellsehen und bei der Präkognition.

ker Marcellinus urkundlich erwähnt, und zwar im Zusammenhang mit der Orakelbefragung. In alter Zeit betrachtet man das Pendel vor allem als Wahrsageinstrument.
Das Wort „Pendel“ ist lateinischen Ursprungs. Es kommt von dem Verbum „pendére“, was soviel bedeutet wie „hangen“, „schweben“, „aufgehängt sein“ oder von dem Verbum „péndere“, was soviel bedeutet wie „hängen“, „aufhängen“. Das Pendel besteht aus einem Faden, an dem ein Gegenstand, etwa ein Metallstück, ein Stein, ein Ehering, eine Medaille oder gar eine Bibel, befestigt wird. Der Pendler hält den Faden in der Hand und gewinnt seine Informationen aus der Art und Weise, wie sich der Gegenstand, der Kreise, Ellipsen und Linien beschreiben kann, bewegt. Die einen sagen nun, die Figuren des Pendels kämen durch unwillkürliche Bewegungen der Hand zustande, wodurch bewußte oder unbewußte Vorstellungen zum Ausdruck gebracht würden, während die anderen der Meinung sind, der Gegenstand des Pendels vermittle Schwingungen, das Pendel sei ein sensibles Instrument, das die Ausstrahlungen des menschlichen Körpers auffangen, auf sie reagieren und sie weitergeben könne. Es wird so sein, daß der Pendler das Pendel selber bewegt, bewußt oder unbewußt, willkürlich oder unwillkürlich. Unter Umständen handelt es sich dabei um Wahrnehmungen, die aus dem Unterbewußtsein hervorgehen oder das Ergebnis paranormaler Fähigkeiten sind, wie sie uns im Hellsehen, in der Präkognition und in der Telepathie begegnen. Versagen solche Erklärungen, muß man das Pendeln als Magie oder Aberglauben, als Selbsttäuschung oder bewußte Täuschung verstehen. Unter Umständen ist hier auch an eine spezifische Öffnung gegenüber dämonischen Einflüssen zu denken, was im Grunde für alle magischen Praktiken gilt. Auf jeden Fall kann das Pendeln zu psychischen Störungen führen, zu Zwangsgedanken oder Zwangsneurosen und zu eingebildeten Krankheiten. Wie alle okkulten Praktiken wirft es den Menschen auf sich selbst zurück, zerstört es den Sinn für die Wirklichkeit und pervertiert das religiöse Empfinden. Sofern es magisch zu verstehen ist, ist es bereits durch das 2. Gebot des Dekalogs verboten.[118] Das Verdikt des Alten Testamentes gilt für alle Formen der Magie. Demgemäß versündigt sich nicht nur derjenige, der pendelt, sondern auch jener, der sich etwas auspendeln läßt, jedenfalls objektiv.[119]

---

118 Dtn 18,20.

119 Vgl. R. Kriese, (Anm. 1), 54ff.

Alchemie

In gewisser Weise gehört auch die Alchemie zur esoterischen Medizin, sie ist jedoch, wie das Pendeln, umfasssender. Alchemie oder Alchimie bezeichnet chemische Verfahren, die zu magischen Zwecken verwendet werden. Die Alchemie ist die Geheimlehre von der Stoffumwandlung, aus der im 17. Jahrhundert die wissenschaftliche Chemie geworden ist. In der Alchemie bedient man sich angeblich des „Steines der Weisen“, dem eine Menge wunderbarer Eigenschaften nachgesagt wird. Eine Fülle von alchemistischen Rezepten findet man heute in dem Buch „Geheimwissen des Mittelalters“ von Elmar zur Bonsen und Cornelia Glees.[120] Als Quintessenz aller Substanzen wird in der Alchemie das Quecksilber angesehen, das man mit immer neuen Substanzen verbindet. Manche Alchemisten träumen von der Herstellung einer Flüssigkeit, die jeden beliebigen Festkörper aufzulösen vermag. Sie können dabei allerdings nicht sagen, wo und wie eine solche Flüssigkeit dann aufbewahrt werden könnte.

Der Name „Alchemie“ kommt von dem arabischen „el kymia“ und bedeutet soviel wie „das schwarze Land“. So bezeichnete man in alter Zeit das Land Ägypten. Die Esoteriker ziehen daraus den Schluß, daß die Alchemie das Erbe der alten Ägypter ist, daß sie also eine hermetische Kunst im eigentlichen Sinne ist, eine Kunst, die man dem Hermes Trismegistos, dem altägyptischen Gott Thoth, verdankt. Immer wieder betonen die Esoteriker daher, Hermes Trismegistos sei der Ur-Alchemist, der Urheber und der Herr der königlichen Verwandlungskunst.

Die Grundthese der Alchemie ist die, daß alles in der Welt letzten Endes eins ist und ein und demselben Grundstoff entstammt, der „prima materia“, wie man sagt, daß die verschiedenartigen Stoffe und Formen, in denen sich unsere Welt heute darbietet, durch Verwandlung, Veredelung und Transmutation des ursprünglichen Grundstoffs entstanden sind. Davon ausgehend, stellen die Alchemisten die Frage, was die Materie überhaupt ist. Und ihre Antwort lautet: Materie und Energie sind im Grunde ein und dasselbe. Daraus folgern sie, daß das Gold, das edelste und wertvollste aller Metalle, ursprünglich dem gleichen Stoff entstammt wie das Gewöhnlichste und Abscheuerregendste, weshalb es einen Weg geben muß, auf dem man das Unedle in Edles verwandeln kann.

Die Transmutation im Werden der Welt übertragen die Alchemisten dann auch auf den geistigen Bereich, sofern der Mensch sich aus den Niederungen der Primitivität erheben kann und muß, damit so in einem tieferen

120 E. zur Bonsen, C. Glees (Hg.), Geheimwissen des Mittelalters, Aschaffenburg 1988.

Sinn aus dem Blei des irdischen Menschen das Gold des himmlischen Menschen wird. Das ist ein Prozeß, der vollendet ist in der Vereinigung des Menschen mit seiner ursprünglichen göttlichen Kraft. Diese Vereinigung ist das letzte Ziel der Alchemie, ihr Weg aber ist die Technik der Einweihung. Wird dieses Ziel erreicht, so wird im Einswerden des Menschen mit dem Kosmos jene Transmutation erreicht, für die die Transmutation der Elemente nur ein Gleichnis ist.

Die Umwandlung der Substanzen steht in der Alchemie auch im Dienst der Medizin. Teilweise dienen die Mixturen der Alchemie der Heilkunde, und man hofft auf ein Lebenselixier, das durch die Vereinigung aller Energien des Körpers das vollkommene physische Gleichgewicht bringt. Alchemistische Präparate betrachtet man nicht nur als Heilmittel, man nimmt sie auch ein, um zu Vitalität, zu langem Leben, zu Euphorie und zu lebendiger Geistigkeit zu kommen.

Carl Gustav Jung († 1961), der einer auf Logik und Vernunft basierenden Wissenschaft abhold ist, verhehlt nicht seine Sympathie für die Alchemie, wenn er schreibt: Der Scholastik verdanken wir die „Disziplin und das Training des Intellektes", die Alchemie aber ist die „Mutter der wesenhaften Denkinhalte und des substantiellen Denkens der modernen Naturwissenschaften".[121]

Während noch Thomas von Aquin († 1274) der Meinung war, daß man tatsächlich Metalle umwandeln könne, verurteilte Papst Johannes XXII. die Alchemie im Jahre 1317 als Aberglauben. Dennoch erlebte sie eine neue Blüte in der Zeit der Renaissance, besonders bei Paracelsus († 1541). Seit dem 17. Jahrhundert wurde sie vor allem bei den Rosenkreuzern gepflegt.[122]

In der Alchemie begegnet uns recht anschaulich ein Moment, das wie ein roter Faden die verschiedenen Formen der Esoterik durchzieht: Die Spekulation steht gegen die Erfahrung und die Beobachtung, wenngleich man das nicht wahrhaben will. Werden bei der Alchemie sichtbare Ergebnisse erzielt, so sind sie auf Selbsttäuschung und Fremdtäuschung, auf Scharlatanerie und Betrug zurückzuführen. In Einzelfällen dürften gewisse Wirkungen erreicht werden durch parapsychologische Fähigkeiten, etwa durch Telekinese, durch Fernbewegung, die man hier als Umwandlung von psychischer Energie in physische Tätigkeit zu erklären pflegt. Aber das, was die Alchemie meint,

---

121 C. G. Jung, Aion. Beiträge zur Symbolik des Selbst, Olten 1980, 185.

122 M. Gossler, (Anm. 116), 98f. 160f.; E. zur Bonsen, C. Glees, (Anm. 120), 77ff.; H.-D. Leuenberger, (S. 24 Anm. 3), 156ff.; Ajit Mookerjee, Madhu Khanna, Die Welt des Tantra. Die umfassende Darstellung des wahren Tantra-Weges und seiner Praktiken, Bindlach 1990, 136ff.

ist nichts anderes als ein Traum. Seine angebliche Realisierung ist eine große Utopie.
Die behauptete Identität von Materie und Energie hat vor der seriösen Wissenschaft keinen Bestand, erst recht nicht angesichts des esoterischen Verständnisses der Energie. Die Physik geht heute davon aus, daß Materie und Energie möglicherweise als Ausdrucksformen einer übergeordneten Wirklichkeit aufgefaßt werden können. Deshalb ist eine Umwandlung des einen in das andere möglich. Aber von einer möglichen Umwandlung kann man nicht auf Identität schließen.

Tantra

In einem weiteren Sinn kann man auch das Tantra zur esoterischen Medizin zählen. Es entspringt dem Zauberritual des Fernen Ostens und ist recht kompliziert, findet aber auch in der westlichen Welt nicht wenig Zuspruch. Das geht bereits aus der Tatsache hervor, daß es hier eine außergewöhnlich große Zahl von Publikationen gibt, die die Praxis des Tantra zum Thema haben, die über sie spekulieren und sie kommentieren.
Das Tantra hat seine Heimat im Hinduismus. In seinen Grundgedanken findet es sich in einer Reihe von hinduistischen Schriften verschiedenen Alters. Es hat sich aber auch im Buddhismus entfaltet. Deshalb unterscheidet man den hinduistischen und den tibetisch-buddhistischen Tantrismus, zwei Formen, die sich in gewissen Nuancen unterscheiden.
Das Tantra will ein Heilsweg sein. Die Esoteriker erklären, der echte Tantrismus sei nichts anderes als die praktische Anwendung der Esoterik auf allen Lebensgebieten und habe daher sehr viel Ähnlichkeit mit der Alchemie. In dieser Praxis begegnet uns wieder die für die verschiedenen Formen der Esoterik grundlegende Überzeugung, daß der ganze Kosmos unter dem Aspekt der Energie betrachtet werden muß, weil alles letztlich kosmische Energie ist. Daraus folgert man, daß die andere Wirklichkeit, das Übersinnliche, in jedem vorhandenen Ding zu erfassen und zu erkennen ist, ob es sich um einen Stein oder um ein Lebewesen oder um sonst etwas handelt.
Der Begriff „Tantra“ bedeutet eigentlich soviel wie Gewebe, Netz. Darin klingt die Überzeugung an, daß alles miteinander verwoben und letztlich göttlich ist.
Im Tantrismus oder Tanrismus bedient sich der Mensch symbolisch-magischer Mittel, indem er heilige Silben oder okkulte Formeln rezitiert, über mystische Diagramme meditiert, Teile des Körpers durch die Berührung mit den Fingerspitzen oder mit den Handflächen sensibilisiert und zur Erweiterung seines Bewußtseins und seiner Fähigkeiten sowie

zur Mobilisierung der ihm innewohnenden geistigen Kräfte bestimmte Körperübungen durchführt. In Ergänzung dieser symbolisch-magischen Mittel führt er dem Körper die verschiedensten Substanzen zu, um seine Kraft und Vitalität zu steigern und seine Stimmung zu heben.
Das Tantra ist stark erotisch akzentuiert. Nachdrücklich betont es die Bedeutung von Sexualität und Erotik im Ganzen des Kosmos. Daher ist es nicht verwunderlich, wenn es heute viele anspricht und eine große Rolle spielt bei den satanistischen Gruppierungen.[123]
Es braucht nicht eigens betont zu werden, daß das Tantra als Okkultphilosophie in keiner Weise seinem Anspruch gerecht werden kann, die Wirklichkeit der Welt und des Menschen in ihr in rechter Weise zu deuten.

Wahrsagerei und Zukunftsdeutung

Von großer Bedeutung ist in allen Formen der Esoterik die Wahrsagerei und die Zukunftsdeutung, die Divination, die Mantik. Wir wurden darauf bereits gestoßen bei den Ausführungen über das Pendeln. Im Bereich der Wahrsagerei und der Zukunftsdeutung gibt es viel Betrug. Manches erklärt sich aber auch als Zufall oder als Suggestion. Wird wirklich Unbekanntes in außerordentlicher Weise bekannt und wird die unbekannte Zukunft enträtselt, so ist das auf mediale Fähigkeiten zurückzuführen – Hellsehen, Telepathie und Präkognition – oder auf Vorahnungen, die häufiger vorkommen und im Leben sehr vieler Menschen immer wieder einmal hervortreten.
Das große Interesse an Wahrsagerei und Zukunftsdeutung heute belegt bereits die angebliche Tatsache, daß es in der Bundesrepublik doppelt so viele steuerlich registrierte Wahrsager und Hellseher gibt wie evangelische und katholische Pfarrer zusammen genommen, beinahe 50 000.[124] In Tokio sollen gegenwärtig an die 10 000 hauptberufliche Wahrsager tätig sein, die nach mehr als 200 Methoden arbeiten.[125]
Wahrsagerei und Zukunftsdeutung bedienen sich vielfältiger Mittel, um zu dem erwünschten Wissen zu gelangen. Das Pendel wurde bereits genannt. Andere Mittel sind die Sterne, die Karten, das I Ging, die Psychometrie, die Chiromantie und direkte Kontakte mit der Geisterwelt. Davon soll im folgenden die Rede sein.

---

123 H.-D. Leuenberger, (S. 24 Anm. 3), 196.

124 L. Gassmann, Okkultismus. Östliche Religionen und die New-Age-Bewegung. Eine Orientierungshilfe, Bad Liebenzell 1990, 31.

125 Frankfurter Allgemeine Zeitung vom 19. Februar 1988.

Astrologie

Außerordentlich stark verbreitet ist die Mantik in der Form der Astrologie, der Sterndeutung. Ihr Einflußbereich geht weit über den Rahmen der eigentlichen Esoterik hinaus. Eine große Zahl von Zeitungen und Zeitschriften bringt regelmäßig Horoskope, die den Anspruch erheben, dem einzelnen seine Zukunft aus der Konstellation der Sterne zu erschließen. Mit den Horoskopen beschäftigen sich viele zunächst spielerisch, lassen sich dann aber bald in ihren Bann ziehen. Während 1974 noch 44 % der Bundesbürger die Horoskope in den Zeitungen und Zeitschriften lasen, waren es 1982 schon 54 %.[126]

Die Grundthese der Astrologie ist die alte hermetische Überzeugung, daß die Gesetze des Universums auch die Lebensvorgänge auf der Erde bestimmen. Es gilt hier die Devise: Wie oben, so unten. Man geht davon aus, daß die kosmischen Gesetze auch das Leben der Menschen prägen, daß es zwischen Makrokosmos und Mikrokosmos eine Entsprechnung gibt. Deshalb beschäftigt man sich mit den Vorgängen im Kosmos, um daraus Rückschlüsse auf das menschliche Leben zu ziehen.

Die Beobachtung des Himmels im Dienste vitaler Interessen begegnet uns bei vielen alten Völkern. In archaischer Vorzeit, als die Sammler und Jäger Ackerbauern geworden waren, war die richtige Zeit der Aussaat für sie eine Lebensfrage. Verließen sie sich nur auf das Gefühl oder auf die herrschenden Witterungsverhältnisse, so konnte es leicht geschehen, daß die Aussaat zu früh erfolgte und wieder durch Frost zerstört wurde oder zu spät und nicht mehr reifen konnte. Da lag es nahe, in der Beobachtung des Sternenhimmels ein verläßliches Hilfsmittel zu suchen und von daher Rückschlüsse auf die Verhältnisse auf der Erde zu ziehen, zunächst auf die allgemeinen, dann aber auch auf die individuellen.

Eine Hochburg der Astrologie war in alter Zeit Babylon. Dort blühte der Astralkult, dort wollte man durch die Verehrung und Beobachtung der Sterne den kosmischen Willen der Götter erkennen und vorauserkennen. Die altbabylonische Astrologie gelangte im sechsten vorchristlichen Jahrhundert über die pythagoreische Schule nach Griechenland. Eine große Rolle spielte sie dann bei den Arabern, die sie in das christliche Mittelalter hineintrugen. Aber nicht nur auf diesem Wege kam die Astrologie ins christliche Abendland. Schon die Alte Kirche hatte die Astrologie kennengelernt, und zwar in der Begegnung mit der Gnosis. Kein Geringerer als Augustinus († 430) hat in einer bestimmten Phase seines Lebens in der Astrologie eine den Menschen entlastende Antwort

---

[126] R. König, (S. 45 Anm. 44), 11.

auf die Frage nach dem Bösen gefunden.[127] Später wurde die Astrologie durch die Kabbala im Abendland verbreitet. Eine gewisse Hochblüte erlebte sie in Europa in der Zeit von 1400 bis 1650. Damals standen die höchsten kirchlichen und weltlichen Würdenträger unter ihrem Einfluß. Sie waren überzeugt von dem Wirklichkeitswert der Astrologie und von der Einwirkung der Sternenwelt auf das menschliche Leben und hielten die Astrologie mit dem christlichen Glauben für durchaus vereinbar. Eine dezidierte Verteidigung der Astrologie begegnet uns in der Schrift „Speculum astronomiae", hinter der man Albert den Großen († 1280) vermutet. Sie vertritt die These, die Gestirne legten den Willen des Menschen zwar nicht fest, aber sie machten ihn geneigt für bestimmte Laster oder Tugenden. Papst Leo X. († 1521) ließ gar einen Lehrstuhl für Astrologie errichten. Der Reformator Melanchthon († 1560) hielt Vorlesungen über die Astrologie. Im 17. Jahrhundert wandte man sich jedoch mehr und mehr von der Sterndeutung ab, und zwar in dem Maße, in dem sich das kopernikanische Weltbild durchsetzte. Papst Sixtus V. verurteilte sie im Jahre 1586 als Aberglauben. In diesem Sinne kennzeichnete sie auch Papst Urban VIII. im Jahre 1631. Die Päpste konnten sich dabei auf Gal 4,10f. berufen, wo die Astrologie als Rückfall ins Heidentum bezeichnet wird. Entschieden distanziert sich auch von der Astrologie die Aufklärung. Das „Lexikon der Astrologie" erklärt im Jahre 1981 lapidar: „Astrologie ist nichts anderes als eine nachweislich falsche Theorie zur Erklärung nachweislich nicht vorhandener Tatbestände".[128]
Die Einwirkung der Gestirne auf das Schicksal der Menschen erklärt man in der Esoterik des näheren auf zweifache Weise. Die einen behaupten einen direkten, physikalisch wirksamen Einfluß der Gestirne auf das menschliche Leben – sie denken an einen Zusammenhang zwischen dem durch den Lauf der Gestirne sich ständig verändernden Magnetfeld der Erde und der menschlichen Reaktion darauf –, die anderen betrachten den Himmel wie das Zifferblatt einer kosmischen Uhr, auf dem man das zyklische kosmische Geschehen ablesen kann, dem auch der individuelle Mensch unterworfen ist, von dem er auf seine persönliche Art bestimmt wird, denn es gilt das Axiom „wie oben, so unten". Auch hier arbeitet man mit der hinlänglich bekannten esoterischen Vorstellung von dem Energiefeld, das sich immer wieder ändert. Die Beziehung ist hier allerdings individueller.
Die reflektierte esoterische Astrologie erklärt im Unterschied zu dem,

---

[127] Aurelius Augustinus, Bekenntnisse, Buch 4, Kapitel 3. Augustinus stellt hier fest, wahre christliche Frömmigkeit müsse die Astrologie verwerfen und verdammen.

[128] Lexikon der Astrologie, Freiburg 1981, 6.

was man populärerweise unter Astrologie versteht, daß die Astrologie nicht einfach Ereignisse voraussagen kann, daß sie vielmehr nur sagen kann, mit welchem Energiefeld ein Mensch in einer bestimmten Zeit und an einem bestimmten Ort konfrontiert wird. Was sich daraus für ihn ergibt, hängt davon ab, so betont man, wie er in dieser Situation reagiert, wie er sich verhält. Das aber wird bestimmt durch die von den Ahnen ererbte genetische Struktur und durch das Milieu, durch Faktoren, so die Esoterik, die nicht von der Astrologie her beurteilt werden können. Von daher erhebt die Astrologie in diesem Verständnis nur den Anspruch, dem einzelnen Hinweise für die bestehende Situation zu geben und ihm gewisse Entscheidungshilfen vorzulegen, nicht aber Ereignisse vorauszusagen.

Für die reflektierte esoterische Astrologie ist das Horoskop demnach so etwas wie eine Skizze, einer Landkarte vergleichbar, die Konstellationen der Gestirne darstellt und deren Beziehung zur Menschenwelt aufzeigt. Dabei setzt sie voraus, daß jeder Stern eine spezifische Energiequalität hat. Wenn die Gestirne in eine bestimmte Zuordnung zueinander treten, so folgert sie, vermischen sich deren Energiequalitäten miteinander und ergeben neue Nuancen.[129] In dieser Gestalt verbindet man die Astrologie heute gern mit der Psychotherapie.[130]

Die Astrologie erscheint nicht haltbar, auch nicht im Sinne der reflektierten Esoterik. Es ist Willkür, aus der Stellung der Sterne zueinander, aus bestimmten Sternbildern, das individuelle Schicksal oder auch den spezifischen Charakter der Menschen bestimmen zu wollen. Schon das Axiom „wie oben, so unten" ist fragwürdig. Zudem ist der geschichtliche Hintergrund der Astrologie die Vorstellung, daß die Sterne wirkende Mächte sind, daß sie Götter sind oder durch Götter oder Geister belebt sind. Rein spekulativ ist endlich die Behauptung von der Energiequalität der Sterne.

Das Körnchen Wahrheit, das in der Astrologie enthalten ist, ist die Tatsache, daß die Sonne und, in geringerem Maß, auch der Mond, auf Magnetfeld, Atmosphäre, Meer- und Landoberfläche der Erde und auf bestimmte Lebensäußerungen der Organismen einwirken können, wie sich das bereits in dem Faktum der Gezeiten zeigt. Allein aus solchen Einflüssen läßt sich kein System von Regeln ermitteln. Zudem ist der Mensch ein freies Wesen.

Wenn im Einzelfall astrologisch begründete Voraussagen sich als richtig erweisen, so läßt sich das leicht erklären aus der Allgemeinheit und

---

129 H.-D. Leuenberger, (S. 24 Anm. 3) 145ff.

130 Vgl. H. Hemminger, (S. 19 Anm. 11), 94f.

Ungenauigkeit derartiger Voraussagen, aus der bewußten oder unbewußten Einstellung des Individuums auf sie, aus der Erwartung ihrer Erfüllung, aus dem Einfühlungsvermögen des Astrologen oder einfach aus günstigen Zufällen.
Die Hinwendung zur Astrologie ist für das Seelenleben des Menschen schädlich. Durch das Ausschauhalten nach astrologischen Prognosen kommt der Mensch leicht in Erwartungsangst und zwanghafte Abhängigkeit. Die Astrologie lenkt sein Sicherheitsbedürfnis in falsche Bahnen. Statt auf Gott zu vertrauen, vertraut er auf trügerische Konstellationen und Voraussagen. An die Stelle des rational fundierten Glaubens tritt der Aberglaube.
Wenn sich der Münsterschwarzacher Benediktiner Gerhard Voss heute vorsichtig im Sinne der kosmischen Bedingtheit der Psyche für die Astrologie einsetzt und sie mit Hilfe des kosmischen Aspektes des christlichen Glaubens rechtfertigt, wenn er sie als Dialog mit dem Kosmos charakterisiert,[131] so erliegt er im Grunde der Faszination der Esoterik und verfällt einem überwundenen mythischen Denken. Was richtig ist an seinen Überlegungen, das ist die Tatsache, daß die menschliche Freiheit schicksalhaft begrenzt ist und daß die Umwelt wie auch Erbfaktoren in gewisser Weise den Verlauf des individuellen Lebens festlegen.

Tarot

Der Sinn und die Bedeutung des Begriffs „Tarot" – man spricht auch von „Tarock" – ist bis heute unbekannt. Inhaltlich versteht man darunter das Wahrsagen mit Hilfe von Spielkarten und ihren symbolischen Darstellungen. Durch die Deutung der Spielkarten, denen man einen magischen Sinn zuschreibt, will man gegenwärtiges oder zukünftiges Unbekanntes ermitteln. Die Esoterik nennt das Tarot das „Buch des Thoth". Sie verwendet es zwar auch divinatorisch, aber zunächst sieht sie in ihm einen allgemeinen Weg des Wissens, das Tor zum geheimen Wissen der Esoterik. Die Spekulation über das Tarot entfaltet sich in nicht wenigen Büchern auch in neuerer Zeit.[132]
Das Tarot besteht aus 78 Spielkarten, aus den 56 niederen oder kleinen und den 22 höheren oder großen Arcana, wobei die niederen Arcana ungefähr unseren heutigen Spielkarten entsprechen. Arcana sind Geheimnisse. Die 22 höheren Arcana haben jeweils eine symbolische Darstellung

---

131 G. Voss, Astrologie – christlich, Regensburg ^{2}1990.

132 Vgl. Prospekt des Bauer-Verlags in Freiburg i. Br.

mit einer speziellen Bezeichnung. Man hat sie mit den 22 Buchstaben des hebräischen Alphabets in Verbindung gebracht und von daher mit der esoterischen Überlieferung der Kabbala. Bei den 56 niederen Arcana unterscheidet man 40 Zahlenkarten und 16 Hofkarten. Erstere repräsentieren objektive Energiequalitäten, so die Deutung der Esoterik, letztere bezeichnen den Ort, von wo aus diese Energiequalitäten wirken. Die 22 höheren Arcana versteht man als Ausdruck der subjektiven Erfahrungen des einzelnen Menschen und der Menschheit insgesamt im Umgang mit diesen Energiequalitäten.

Die Tarot-Karten haben eine lange Geschichte. Bereits um 1400 wurden sie nachweislich zum Wahrsagen verwendet. Möglicherweise sind sie sehr viel älter. Manche vermuten ihren Ursprung im alten Ägypten. Sie vertreten die Meinung, die Tarot-Karten hätten im Tempel von Memphis im Zusammenhang mit der Einweihung eine wichtige Rolle gespielt. Andere bringen sie in Verbindung mit den Zigeunern, deren Heimat Innerasien ist, oder mit einem anderen asiatischen Volk, das in den Bergtälern des Himalaja gewohnt haben soll.

In der Esoterik geht man davon aus, daß das ganze Wissen der Welt und all ihre Gesetze im Tarot enthalten sind, sieht man das Wesen des Tarot in der Wirkung der Bilder der Karten auf das Unbewußte des Menschen. Die Tarotbilder, so sagt man, drücken einerseits eine objektive Information aus, die dem kollektiven Erfahrungsschatz der Menschheit entspringt, und andererseits sind sie geeignet, wenn immer sie betrachtet werden, im Unbewußten und durch das Unbewußte die entsprechenden Energien auszulösen. Sie repräsentieren objektive Energiequalitäten, zeigen an, von wo aus diese Energiequalitäten wirken, und bringen die subjektiven Erfahrungen der einzelnen Menschen oder der Menschheit in ihrer Gesamtheit im Umgang mit diesen Energiequalitäten zum Ausdruck. Die Esoteriker sind der Meinung, daß man sich rein intellektuell mit dem Tarot beschäftigen kann, indem man versucht, die darin enthaltene Bildsymbolik zu ergründen, und daß man es intuitiv auf das Unbewußte wirken lassen kann, so daß die dort vorhandenen Energien ausgelöst werden können. Wenn immer man eine bestimmte Karte zieht, so sieht man das nicht als Zufall an, sondern als durch geheime Kräfte gesteuert.[133]

Das Ganze hat keinen Wirklichkeitswert. Die Überzeugung, die Tarotkarten seien das Tor zum geheimen Wissen, ist nicht haltbar. Damit soll

---

133 H.-D. Leuenberger, (S. 24 Anm. 3), 169ff.; Weltalmanach des Übersinnlichen. Ein einzigartiges Kompendium aller rätselhaften Phänomene und unglaublichen Erscheinungen, München 1982, 446ff.

nicht bestritten werden, daß in den Symbolen der Karten und in ihrer Deutung unter Umständen tiefe Menschheitserfahrungen zur Sprache kommen und das kollektive Unbewußte offengelegt wird. Aber eine „Wissenschaft“ vom Tarot geht an der Wirklichkeit vorbei. Es können bei der Wahrsagerei mit Hilfe der Karten Treffer vorkommen. Diese gehen dann jedoch auf das Konto Zufall, Ahnung oder Suggestion, oder sie sind auf parapsychologische Fähigkeiten des Kartenlegers zurückzuführen, auf dessen hellseherische oder telepathische Fähigkeiten. Dabei ist einzuräumen, daß die Karten unter Umständen einen gewissen Reiz auf die Vorstellung des die Karten Konsultierenden ausüben und seine parapsychologischen oder mediumistischen Fähigkeiten stimulieren.

I Ging

Nicht anders als das Tarot steht auch das I Ging in der Esoterik im Dienst einerseits der Zukunftsvorhersage und andererseits der kosmischen Erfahrung und der Selbsterfahrung, das heißt: des Wissens über den Kosmos und den Menschen, allgemein und individuell. Beim I Ging, dem Buch der Wandlungen, handelt es sich um einen chinesischen Text, der als eine der fünf klassischen Schriften des Konfuzianismus gilt. Vielfach geht man allerdings davon aus, daß die Schrift schon um 1000 v. Chr. existiert hat, also lange vor Konfutse († 479 v. Chr.). Faktisch stellt sie ein Kompendium chinesischer Lebensweisheit dar, ursprünglich in der Gestalt des Orakels, das auf Fragen mit Ja und Nein antwortet.

Es geht in diesem äußerst komplizierten Buch um die Polarität und die sich ständig im Wandel befindenden kosmischen Kräfte. Die beiden Pole sind die Erde und der Himmel. Sie heißen Yin und Yang. Das Yin steht für die weibliche Energie, die als dunkel, passiv, schwach und einfügsam beschrieben und durch eine unterbrochene Linie (- -) dargestellt wird, das Yang vertritt die männliche Energie, die als aktiv, fest, kräftig und hell charakterisiert wird und eine durchgezogene Linie (–) als Symbol erhält. Mit Hilfe dieser Linien, der durchgezogenen und der unterbrochenen, werden im Buch der Wandlungen 84 Hexagramme oder Symbole abgebildet, die aus je 6 übereinanderstehenden, durchgezogenen oder gebrochenen Linien bestehen, denen jeweils die entsprechenden Kommentartexte hinzugefügt werden. Die Kunst des I Ging besteht dann darin, daß man die verschiedenen Hexagramme in ihrem Aufbau tiefer versteht und auf die persönliche Situation überträgt. Die Hexagramme müssen in Beziehung gesetzt werden zu den verschiedenen Aspekten des gesellschaftlichen und des persönlichen Lebens, und diese Beziehungen müssen aufgedeckt und gedeutet werden.

Das I Ging ist ein Medium des Wahrsagens und der Spekulation über Welt und Mensch. In der Beschäftigung mit dem Buch der Wandlungen untersucht man die kosmischen Energien, um zu erfahren, ob eine Unternehmung günstig oder ungünstig ist, ermittelt man die richtigen Handlungsweisen für die verschiedenen Lebenssituationen, erarbeitet man sich endlich eine umfassende Sicht aller Dinge und die Fähigkeit, die konkreten Handlungen der Person mit dem obersten Tao, dem richtigen Weg, dem Weg des Himmels, in Einklang zu bringen. Wird das I Ging als Orakel benutzt, werden, wie in der reflektierten esoterischen Astrologie, keine genauen Vorhersagen gemacht, so daß der Spielraum des Handelns sehr weit ist.

Im Westen wurde das I Ging vor allem durch Carl Gustav Jung († 1961) bekannt, der sich intensiv damit beschäftigt hat, der uns immer wieder im Zusammenhang mit dem esoterischen Denken und der esoterischen Praxis begegnet. Jung meint, das Buch der Wandlungen sei für die Erforschung des Unbewußten sowie für das Wissen über die eigene Person von größter Bedeutung. Auch Hermann Hesse († 1962), ein esoterischer Schriftsteller mit großer Breitenwirkung,[134] der stets eine besondere Vorliebe für das fernöstliche Denken hatte, hat sich ausgiebig mit dem Studium des I Ging befaßt.[135]

Was den Wirklichkeitswert der I-Ging-Spekulation angeht, gilt das, was bereits im Zusammenhang mit der Wertung des Tarot festgestellt wurde.[136]

Psychometrie

Ein nicht gerade seltenes Mittel der esoterischen Divination ist die Psychometrie oder die Psychoskopie. Sie besteht darin, daß man über die Vergangenheit, Gegenwart und Zukunft einer Person Aussagen macht mit Hilfe eines Gegenstandes, der dieser Person gehört, den sie berührt hat oder der an sie erinnert. Der in Frage kommende Gegenstand kann etwa ein Kleidungsstück sein, ein Spazierstock oder eine Photographie. Um eine unbekannte Information geben zu können, zieht man einen materiellen Gegenstand zu Rate, der in irgendeiner Weise mit der gewünschten Information im Zusammenhang steht. Dabei geht man davon aus, daß alle Dinge mit Informationen angereichert sind, daß jeder Gegenstand eine Art von Informationsspeicher ist, der durch solche, die

---

134 S. oben S. 44.

135 H.-D. Leuenberger, (S. 24 Anm. 3), 198f.; Weltalmanach des Übersinnlichen, (Anm. 133), 424ff.; M. Gossler, (Anm. 116), 98.

136 S. oben S. 97f.

in der Esoterik bewandert sind, die die richtige Formel kennen, aktiviert und abgefragt werden kann. Eine solche Annahme ist jedoch unbewiesen und unbeweisbar, phantastische Spekulation, angesichts der realen Welt geradezu absurd. Wenn sich durch die Psychometrie ermittelte Informationen als richtig erweisen, bietet sich die parapsychologische Erklärung an, die außersinnliche Wahrnehmung in Form von Hellsehen, Telepathie und Präkognition, wobei es durchaus denkbar ist, daß das Medium gelegentlich durch den in Dienst genommenen Gegenstand angeregt wird.[137]

Chiromantie

Ein weiteres divinatorisches Mittel der Esoterik ist die Chiromantie. Man kannte sie bereits im Altertum. Besonderer Wertschätzung erfreute sie sich seit eh und je bei den Zigeunern. Zum Teil steht die Chiromantie in Verbindung mit der Astrologie. In der Chiromantie liest man unbekannte gegenwärtige oder zukünftige Informationen aus den Handlinien. Die Willkür solcher Praxis wird dem kritischen Beobachter bereits deutlich, wenn er erfährt, daß man dabei die Hand in bestimmte Bereiche einteilt, in Zonen für Geist, für Erfolg, für Sinnenlust usw.[138]

Geist-Kontakte

Der Spiritismus ist als ein genuines Element des esoterischen Denkens und der esoterischen Praxis wohl zu unterscheiden von der Religion des Spiritismus, die im 19. Jahrhundert entstanden ist, wovon später die Rede sein soll,[139] wenngleich der Spiritismus auch in dieser Form nicht selten religiösen Charakter hat und für den einzelnen an die Stelle der Religion tritt. Hier geht es um den Spiritismus als Okkultphänomen, wie er sich darstellt und wie er zu erklären ist.
Im Spiritismus erhebt man den Anspruch, mit den Geistern der Verstorbenen oder überhaupt mit Geistern Umgang pflegen zu können. Das ist nicht neu, immer wieder hat man in der Geschichte diesen Anspruch erhoben. Im Zuge der Hinwendung zum Okkulten wird auch der Spiritismus heute in wachsendem Maß gepflegt, besonders von jungen Menschen. Laut demoskopischer Erhebung haben bei uns bereits 39%

---

137 R. Ruthe, (Anm. 7), 75f.; R. Kriese, (Anm. 1), 50; Weltalmanach des Übersinnlichen, (Anm. 133), 357.

138 R. Kriese, (Anm. 1), 87; O. Schnurr, (S. 15 Anm. 3), 33.

139 S. unten S. 237ff.

der Jugendlichen Tote befragt und an Seelenexkursionen teilgenommen, und 12-13 % haben Erfahrungen mit Tischrücken und Gläserrücken gemacht.[140] In den USA zählt man gegenwärtig 6 000 spiritistische Zirkel, in Zürich 400 mit insgesamt 20 000 eingeschriebenen Mitgliedern. Insgesamt soll es in der Welt gegenwärtig 70 Millionen Anhänger des Spiritismus geben, davon in Europa und in den Vereinigten Staaten mindestens 20 Millionen.[141] Unverkennbar nimmt der Spiritismus als sich ausbreitendes Okkultphänomen religiöse Züge an, er strömt in das religiöse Vakuum ein und wird zu einem vagen Ersatz für die verlorene Religion. Mehr und mehr erregen Reisen ins Jenseits, Gespräche zwischen Lebenden und Verstorbenen, Stimmen aus dem Jenseits das Interesse der Massen, nicht nur in den westlichen Ländern. In spezifisch katholischer Version wird daraus das Interesse für „Erlebnisse mit armen Seelen". Der „Bericht vom Leben nach dem Tod", ein amerikanischer Bestseller, empfiehlt sich mit dem Hinweis, sein Autor, Arthur Ford, habe mit Menschen im Jenseits geredet und sei der Kronzeuge der Wissenschaft für das psychische Weiterleben des Menschen nach dem Tod.[142] Der Buchmarkt wird heute mit spiritistischer Literatur überschüttet. Besonderer Beliebtheit erfreuen sich in der Gegenwart aber auch spiritistische Filme.

Der Spiritismus steht im Dienst der Wahrsagerei und der Heilung von Krankheiten. Zudem will er durch die Geisterzitierung und durch den Umgang mit den Geistern das Jenseits beweisen, einen Erfahrungsbeweis für das Fortleben nach dem Tod und Informationen über die nachtodliche Existenz des Menschen ermitteln und damit das Fundament der Religion verbessern.

Im Jahre 1985 erschien in Italien das Buch des Trienter Rechtsanwaltes Lino Sardos Albertini „Esiste l'aldila?", das großes Aufsehen erregt hat und in fünf Jahren bereits 24 Auflagen erreicht hat. Auch in katholischen Zeitschriften hat es außerordentlich gute Kritiken erhalten. Es ist die erklärte Absicht des Autors, das Jenseits mit Hilfe spiritistischer Praxis experimentell zu beweisen. Angeblich hat er mit seinem Buch eine Unmenge von Bekehrungen ausgelöst.

Der österreichische Redemptorist Andreas Resch, Professor an der Hochschule der Redemptoristen und an der Lateran-Universität in Rom, Leiter der Gesellschaft „Imago Mundi", der sich intensiv mit den verschiedenen Phänomenen der Parapsychologie beschäftigt hat, erklärt,

---

140 H.-P. Pandora, (Anm. 29).

141 R. Ruthe, (Anm. 7), 111f.

142 A. Ford, Bericht vom Leben nach dem Tod, Bern 1972.

auf dem Gebiet der Kontakte mit Verstorbenen erziele man besonders gute Erfolge mit dem Tonband. Hinsichtlich des Realitätswertes solcher Unternehmungen ist er zurückhaltend, tendiert aber dahin, spiritistische Kontaktnahmen mit dem Jenseits für möglich zu halten, ohne freilich die Autorität der Kirche dabei in Anspruch zu nehmen.

In Italien gibt es die sogenannte Bewegung der Hoffnung, eine Vereinigung von Personen, die den Verlust eines geliebten Menschen beklagen und über ein Medium mit ihm Kontakt aufnehmen wollen. Sie bedienen sich dabei vor allem des automatischen Schreibens. Nachdrücklich betont die Bewegung der Hoffnung ihre Nähe zur Kirche. Sie zählt bereits über 800 Mitglieder.

Kein Geringerer als der katholische Philosoph Gabriel Marcel († 1974) hat das Vorwort zu einem französischen Bestseller geschrieben, der im Jahre 1968 mit dem Titel „Zeugen des Unsichtbaren“ (Les témoins de l'invisible) erschienen ist, in dem die Ergebnisse der verschiedenen Arten der mediumistischen Kommunikation mit den Verstorbenen als „christliche Botschaften“ bezeichnet werden. Der Autor des Buches ist Jean Prieur, den die Franzosen wegen seines Interesses am Spiritismus „Monsieur Jenseits“ („Monsieur Au-dela“) nennen. Dieser erhebt den Anspruch, auf rein wissenschaftlicher Grundlage Kontakte mit Verstorbenen zu pflegen. Selbstbewußt erklärt er: „Die Zeichen, die uns erreichen, gehören der höchsten spirituellen Ebene an.“ Prieur ist Protestant, betont aber, seitdem er die Botschaften aus dem Jenseits empfangen habe, habe er gelernt, jene katholischen Glaubensüberzeugungen zu verstehen, die der Protestantismus nicht kenne, wie z. B. die Gemeinschaft der Heiligen und die Existenz des Fegfeuers.

Die Hinwendung zum Spiritismus unter katholischem Vorzeichen hat in Frankreich bereits eine gewisse Tradition. Schon gleich nach dem Zweiten Weltkrieg sammelte sich dort eine Gruppe von führenden Katholiken um das Medium Marcelle de Jouvenel, die Ehefrau des Schriftstellers und Botschafters Bertrand de Jouvenel, die angeblich auf dem Weg des automatischen Schreibens immer neue Botschaften aus dem Jenseits erhielt. Diese brachte sie in Verbindung mit ihrem früh verstorbenen Sohn Roland. Zu der Gruppe um Marcelle de Jouvenel gehörten außer Gabriel Marcel und Bertrand de Jouvenel der theologische Schriftsteller Henri Daniel-Rops (Pseudonym für Jules Charles Henri Petiot) († 1965) und der Jesuit und spätere Kardinal Jean Daniélou († 1974).

Marcelle de Jouvenel ist im Hinblick auf die von ihr ermittelten „Botschaften“ auch literarisch tätig geworden. So erschien 1948 das Buch „Nach der Stimmgabel des Himmels“, das allerdings 1955, nicht ohne den Widerstand breiter kirchlicher Kreise, die in einer Epoche des Skeptizismus in den spiritistischen Aktivitäten eine Stütze für den Glauben finden

wollen, durch die römische Glaubenskongregation verurteilt wurde. Federführend bei der Verurteilung der genannten Schrift war seinerzeit Kardinal Ottaviani.[143]
Sehr verbreitet ist der Spiritismus in Brasilien. In diesem Land ist er das entscheidende Problem der Kirche geworden. In Rio de Janeiro soll es mehr spiritistische Versammlungslokale („terreiros") geben als Kirchen.[144] Bereits 1953 rief die Brasilianische Bischofskonferenz zum „nationalen Kampf" gegen den „espiritismo" auf. Seither breiten sich dort spiritistische Kulte, durchsetzt mit christlichen Elementen, in großer Zahl aus, um so erfolgreicher, je mehr die Kirche sich mit Agrarreform und Korruption, mit Gewinnüberweisungen und Zinskonditionen, mit Arbeitslosigkeit und zu geringen Lehrergehältern beschäftigt. Die spiritistischen Kulte koexistieren vielfach mit der offiziellen Kirche und erfassen mehr als ein Drittel der Katholiken Brasiliens. Öffentliche Aufmerksamkeit erregen sie vor allem durch die Geistheiler und die Geisteroperateure.[145]
Aufschlußreich ist die Tatsache, daß die Vertreter sozialistisch geprägter Formen der Befreiungstheologie, allen voran Leonardo Boff, den spiritistischen Aktivitäten, speziell in den Umbanda-Kulten und in den afroasiatischen Religionen, die immer mehr Brasilianer erreichen, ihre unverhohlene Sympathie entgegenbringen. Immerhin vermochte der Spiritismus in Brasilien die Massen des Volkes anzuziehen und zu gewinnen, was den Befreiungstheologen nicht gelungen ist.
Die Befürchtung ist nicht von der Hand zu weisen, daß nun, nachdem sich die sozialistische Ideologie durch den Zusammenbruch in den sozialistischen Ländern des Ostens desavouiert hat, das spiritistische Gedankengut noch stärker in bestimmte Formen der Befreiungstheologie und in die von ihr konzipierten Basisgemeinschaften Brasiliens und anderer lateinamerikanischer Länder einströmen wird, aber nicht nur dort. Eine Theorie solcher Rezeption hat Leonardo Boff bereits in seinem Buch „Kirche, Charisma und Macht" entfaltet, das durch einen Erlaß der römischen Glaubenskongregation vom 11. März 1987 wegen seines

---

143 M. Introvigne, Il cappello del mago, (S. 25 Anm. 4), 72f.; G. Valente, Katholiken auf okkulten Wegen, in: 30 Tage in Kirche und Welt, 1, 1991, Nr. 1, S. 8-13; vgl. M. de Jouvenel, Weisungen aus dem Jenseits. Roland de Jouvenel an seine Mutter. Einführung von Gabriel Marcel, Freiburg 1983.

144 R. Ruthe, (Anm. 7), 112.

145 R. Olsen, Echte Täuschung – Falsche Wunder?, in: A. Resch (Hg.), Paranormale Heilung (Imago Mundi VI), Innsbruck 1977, 459; M. Gester, Brasilien – ein katholisches Land? Spiritistische Kulte und Pfingstler drängen den Klerus in die Defensive, in: Frankfurter Allgemeine Zeitung vom 6. Juli 1990.

unkatholischen Subjektivismus scharf kritisiert worden ist.[146] Der Subjektivismus ist jedenfalls eine nicht zu unterschätzende Disposition für den Spiritismus, ein Subjektivismus, der sich gegenüber der Objektivität des Lehramtes der Kirche emanzipiert.

Der Spiritismus begegnet uns heute vor allem in vierfacher Gestalt: als Tischrücken, mit dem man das automatische Schreiben verbindet, als Gläserrücken, als Geistheilung und als Spirit-Channeling.

Im Tischrücken, vielfach als einfaches Gesellschaftsspiel verharmlost, werden die Geister auf folgende Weise herbeigerufen: Ein kleiner dreibeiniger Tisch, an dem das eine Bein mit einem Schreibgerät ausgerüstet ist, wird auf eine Tapete gestellt. Alle an der Sitzung Beteiligten berühren die Tischplatte mit ihren Fingern, konzentrieren sich und stellen Fragen. Dann ruft ein Medium mit beschwörender Stimme einen Geist herbei, das Tischchen setzt sich in Bewegung und schreibt ohne bewußte und aktive Führung eines der Teilnehmenden, wie von fremder Hand geführt, Wörter und Sätze auf die Tapete, die man als Mitteilungen aus dem Jenseits deklariert.

Ähnlich verfährt man beim Gläserrücken. Auf eine Tischplatte schreibt man die Buchstaben des Alphabets und die Zahlen von 0 bis 9 und stellt ein Trinkglas umgekehrt auf den Tisch, das die Beteiligten der Sitzung mit ihren Fingerspitzen berühren. Sodann ruft man bestimmte Geister der Verstorbenen herbei und erlebt es, daß das Glas sich in Bewegung setzt. Es rutscht auf der Tischplatte von einem Buchstaben zum anderen und von einer Zahl zur anderen.

Sind hier wirkliche Geister am Werk, oder sind es nur die unwillkürlichen Muskelbewegungen der am Tischrücken und am Gläserrücken Beteiligten, oder handelt es sich um jenes Phänomen, das die Parapsychologie als Fernbewegung, als Telekinese kennt? Das ist die Frage.

Was auffällt an den Mitteilungen, das ist die Banalität ihrer Inhalte. Sie sind oberflächlich und undifferenziert. Sie negieren vor allem die dogmatischen Glaubensaussagen der Kirche, bestätigen hingegen die zentralen Gedanken der Esoterik: die Selbsterlösung, die Seelenwanderung, die Nichtexistenz der Hölle und die dereinstige Ankunft aller bei Gott, dem Urquell des Seins. Das legt die Vermutung nahe, daß es sich hier um projiziertes Wunschdenken handelt.

Geradezu bizarr sind die Berichte über Geistheilungen und Geistoperationen vermittels medial begabter Personen, die uns bei vielen Naturvölkern begegnen und eine besondere Verbreitung in Brasilien, aber auch auf

---

[146] M. Introvigne, Die Geister, die sie riefen, in: 30 Tage in Kirche und Welt 1, 1991, Nr. 1, S. 10f.

den Philippinen gefunden haben. Die Geistheiler und vor allem die Geistoperateure verstehen sich als irdische Werkzeuge jenseitiger Geisterärzte. Sie erheben den Anspruch, die Geister verstorbener Kapazitäten herbeizitieren zu können, oder behaupten, von Jesus oder von bestimmten Heiligen geführt zu werden. In Brasilien werden solche Geistoperationen nicht selten in modern eingerichteten Operationssälen durch professionelle Ärzte vorgenommen, die sich ihrer esoterischen Kunst im Trance-Zustand widmen. Auch in den europäischen Ländern wächst die Zahl der Geistheiler auffallend. In England haben sie sich in der „National Federation of Spiritual Healers" zusammengeschlossen und teilweise bereits die Anerkennung durch die Krankenkassen erkämpft. Ihre Zahl beläuft sich auf über 6 000. Darüber hinaus soll es noch weit mehr als 20 000 nicht registrierte Geistheiler geben.[147]
Berühmtheit erlangt hat der brasilianische Frauenarzt und Internist Dr. Edson Queiroz, der schon in seiner Kindheit mit dem Spiritismus in Kontakt gekommen ist und früh mediumistische Fähigkeiten bekundet hat. Seine medizinischen Erfolge führt er uneingeschränkt auf seinen Verkehr mit den Geistern zurück. Stets nimmt er seine Heilungen im Trance-Zustand vor. Mit Hilfe der Geister führt er auch Fernbehandlungen durch, wenn man ihm etwa Briefe und Photos zusendet. Bei seinen Operationen will er vor allem von dem im Ersten Weltkrieg umgekommenen, weltweit bekannt gewordenen deutschen Arzt Dr. Adolf Fritz geführt worden sein.
Wie berichtet wird, durchdringen die Geistoperateure mit ihren Händen die Körperoberfläche ihrer Patienten und holen Fremdkörper aus dem Körper heraus oder nehmen blutige Eingriffe mit Instrumenten vor, ohne nachher irgendwelche Spuren zu hinterlassen. Von philippinischen Geistoperateuren wird behauptet, daß sie Operationen vornehmen ohne jede medizinische Kenntnis und ohne Anästhesie und Antisepsis mit unsterilisierten Messern und Rasierklingen oder gar mit noch ungeeigneteren Instrumenten und daß sie dabei immer wieder auf medialem Weg Gewebe oder auch Flüssigkeit, speziell Blutflüssigkeit, produzieren. Bei näherer Untersuchung will man dann die Ähnlichkeit des produzierten Gewebes und der produzierten Blutflüsigkeit mit dem Gewebe und der Blutflüssigkeit des Operierten ermittelt haben. Manchmal soll das neu Entstandene dem Gewebe und der Flüssigkeit des Operierten ähnlich gewesen sein, manchmal soll es aber auch von einer höher entwickelten Struktur und

147 R. Ruthe, (Anm. 7), 62.

Zellorganisation gewesen sein, von einer Art, wie sie erfahrungsgemäß im menschlichen Körper nicht vorkommt. – Die Parapsychologie kennt solche Phänomene, wenngleich ihr Wirklichkeitswert nicht unumstritten ist, und spricht von Materialisation oder von teleplastischer Morphogenese, ohne jedoch eine befriedigende Erklärung dafür bieten zu können. Auffallend ist, daß von Materialisationen nur berichtet wird im Zusammenhang mit einem Medium. Wenn es sich dabei überhaupt um echte äußere Phänomene handelt, so bleibt die Frage, woher das stoffliche Substrat kommt – aus dem Körper des Kranken oder aus dem Körper des Heilers, aus einem uns noch unbekannten stofflichen Kraftfeld oder aus den mit in die Operation hineingenommenen Substanzen, wie Watte oder Wasser – und wie die Transformation bewerkstelligt wird.
Von anderen Geistoperateuren wird uns berichtet, daß sie mit der bloßen Hand Einschnitte in den menschlichen Körper machen und so eine krankhafte Veränderung entfernen, ohne daß eine Narbe zurückbleibt. Teilweise hat man mit Hilfe von Filmaufnahmen nachgewiesen, daß es sich hier um geschickten Betrug handelt. In anderen Fällen versagte bei Filmaufnahmen die Technik gerade im entscheidenden Augenblick. Immerhin gibt es Filmaufnahmen und Photographien, die die Objektivität dieser Vorgänge beweisen, und man hat auch das auf medialem Wege entstandene Gewebe und die auf medialem Wege entstandenen Flüssigkeiten untersucht. Das bedeutet: Wenn auch in vielen Fällen nur äußerlich der Eindruck eines Eingriffs oder einer blutigen Operation erweckt wird, so trifft das nicht für alle Fälle zu.
Von den Geistheilern auf den Philippinen wird uns berichtet, daß sie mit den Fingern ohne jede Mühe, nur mit der Konzentration, Zähne extrahieren, das Auge aus der Augenhöhle herausholen oder Schnitte in der Haut herbeiführen.
Merkwürdig ist dabei wiederum, daß Geistoperationen länger dauern oder gar nicht gelingen, wenn dabei viele Skeptiker zugegen sind. Das erinnert wiederum an bekannte parapsychologische Phänomene, von denen wir wissen, daß sie stark von der seelisch-emotionalen Einstellung der Anwesenden abhängig sind.
Gibt es bei diesen Phänomenen auch Betrug und Täuschung, Suggestion und Hypnose, so ist damit das Problem noch nicht gelöst. Wenn hier nicht Geister am Werk sind, so sind es die verborgenen Kräfte der Tiefenseele des Menschen, weltimmanente Kräfte, die sich zwar selten zeigen, aber unserer Welt angehören, wenngleich wir sie nicht in ihrem Wirken erfassen und erklären können. Die Parapsychologie kennt das Phänomen der Psycho- oder Telekinese, der Fernbewegung, und versucht es in der Regel ohne die Inanspruchnahme der Geisterwelt zu erklären, animistisch, wie der Terminus technicus lautet. Dennoch ist

einzuräumen, daß es eine befriedigende Antwort auf die Fragen, die derartige Phänomene aufwerfen, letztlich nicht gibt.[148]
Eine nicht geringe Bedeutung hat im gegenwärtigen Spiritismus das Spirit-Channeling.[149] Carl Gustav Jung († 1961), der zusammen mit seiner Cousine spiritistische Sitzungen abgehalten hat, behauptet, stets in enger Verbindung mit Geistern gestanden, immer wieder außerkörperliche Erfahrungen und Geistererscheinungen gehabt und mit seinem Leitgeist Philemon wie mit einem normalen Menschen geredet zu haben. In der Tat hat sich bei ihm schon früh das Interesse an Kontakten mit den Geistern geregt. Er hat sich auch theoretisch mit dem Spiritismus befaßt und nicht wenige spiritistische und okkultistische Werke gelesen. In seinen Erinnerungen schreibt er: „Alle meine Schriften sind sozusagen Aufträge von innen her; sie entstanden unter einem schicksalhaften Zwang. Was ich schrieb, hat mich von innen überfallen. Den Geist, der mich bewegte, ließ ich zu Wort kommen."[150]
Auch die Russin Helena Petrowna Blavatsky († 1891), die 1875 in New York die Theosophische Gesellschaft gegründet hat, erhebt den Anspruch, ihre Schriften jeweils von einem Geistwesen diktiert erhalten zu haben, wobei sie als Geistwesen durch günstige Weiterentwicklung aus der Masse herausragende Menschen versteht.[151]
Einen ähnlichen Anspruch erhebt die eigentliche Ahnherrin der New Age-Bewegung, die Engländerin Alice Bailey († 1949), nur noch konsequenter.[152]
Hierher gehört auch das merkwürdige Phänomen des Diktats von musikalischen Kompositionen. So schreibt das Medium Rosemarie Brown ohne besondere Vorbildung musikalische Kompositionen nieder, die ihr nach eigenen Aussagen von berühmten verstorbenen Komponisten eingegeben werden. Musikwissenschaftler empfinden die Kompositionen

148 U. Skambraks, Vorsicht Geistheilung. Was die Wunderheiler verschweigen, Asslar 1987, 9ff. 95ff.; R. Ruthe, (Anm. 7) 112; A. Stelter, Paraphysikalische Begleiterscheinungen bei medialen Heilbehandlungen, in: A. Resch, Paranormale Heilung, (Anm. 145), 383-453; H. Hebda, Unorthodoxe Heilung. Psychische Heilung und psychische Chirurgie, in: A. Resch, Paranormale Heilung, (ebd.), 461-493; R. Olsen, (Anm. 145), 455-459; H. Naegeli-Osjord, Erklärungsmöglichkeiten der sogenannten Wunderheilungen, in: A. Resch, Paranormale Heilung, (ebd.), 551-568.

149 Vgl. unten S. 262f.

150 A. Jaffé, (Anm. 16), 225. Die spiritistischen Sitzungen, die Jung mit seiner medial begabten Cousine Helena abhielt, bilden den entscheidenden Hintergrund seiner Dissertation, in der er sich mit der Psychologie und der Pathologie okkulter Phänomene befaßt (vgl. ebd. 113f.).

151 S. unten S. 208.

152 S. unten S. 243f. 263.

als stilkonform mit den Werken der jeweils genannten Künstler. Das Buch, in dem sie darüber berichtet, hat als Empfehlung das Vorwort eines Bischofs, der darin für die spiritistische Deutung des Phänomens plädiert.[153]

Auch für das Spirit-Channeling braucht man indes nicht Geister zu bemühen. Es läßt sich erklären als Wirken verborgener Kräfte der menschlichen Seele, als psychische Projektion, als ungewöhnliche Manifestation des eigenen Ich. Die Parapsychologie kennt das Phänomen der Telepathie, des Fernfühlens, und erklärt es für gewöhnlich von innen, nicht von außen her, animistisch, nicht spiritistisch. Auch wenn wir das Phänomen der Telepathie und die übrigen Phänomene der Parapsychologie nicht befriedigend erklären können, so spricht doch alles dafür, daß sich in ihnen verborgene Kräfte dieser unserer Raum-Zeit-Welt manifestieren, Kräfte, die unserer naturalen Wirklichkeit angehören, wenngleich sie unser Weltbild sprengen.

Eine weltimmanente nichtspiritistische Erklärung der spiritistischen Phänomene mag manche Probleme aufwerfen – das gilt vor allem für die Phänomene der Geistoperation und des Diktates von Kompositionen –, aber ein Tätigwerden überirdischer Wesen würde mehr Probleme aufwerfen.

Bonaventura Kloppenburg, Theologieprofessor und Bischof, der das Phänomen des Spiritismus in Brasilien über vierzig Jahre hindurch kritisch beobachtet und wissenschaftlich erforscht hat, der an zahllosen spiritistischen Sitzungen teilgenommen hat, bemerkt, er sei niemals Zeuge einer echten Geist-Manifestation geworden, wohl aber habe er gelernt, spiritistische Phänomene zu demonstrieren.[154]

Gegen echte Bekundungen des Jenseits im Spiritismus spricht bereits die Banalität des Inhaltes der Botschaften. Auffallend ist, daß die spiritistischen Phänomene stets eng mit bestimmten Personen verbunden sind, die medial veranlagt sind, sensibel für die Mitteilungen aus dem Jenseits, überempfindlich, psychisch labil, leicht empfänglich für alle möglichen Sinneseindrücke und Beeinflussungen, die rasch in eine Art Selbsthypnose verfallen, in einen Trance-Zustand, wodurch ihr normales Bewußtsein ausgeschaltet wird und das Unterbewußtsein hervortritt. Häufig dürften gar psy-

---

153 R. Brown, Musik aus dem Jenseits. Das Medium Rosemary Brown berichtet, Wien 1971; vgl. G. Adler, Es gibt Dinge zwischen Himmel und Erde… Parapsychologie, Okkultismus und Religion, Frankfurt ²1976, 75f.

154 G. Valente, (Anm. 143), 13.

chopathologische Störungen im Spiel sein, wahnhafte Vorstellungen, die in das Gebiet der Hysterie und der Schizophrenie verweisen.
Zu bedenken ist auch, daß die Herbeizitierung von Geistern und das Verfügen von Menschen über sie ernste philosophische und theologische Probleme aufwerfen. Es ist ein wesentlicher Unterschied, ob gute oder böse Geister erscheinen oder ob sie von den Menschen herbeizitiert werden. Könnte der Mensch sich die jenseitige Welt verfügbar machen, so wäre das angesichts unserer metaphysischen Erkenntnisse und von der Offenbarung her zumindest verwunderlich, trotz der Möglichkeit des weltimmanenten Wirkens der Geister, das wir voraussetzen müssen. In der Offenbarung wird gar der Versuch einer Indienstnahme der jenseitigen Welt ausdrücklich als Zauberei verboten, womit nicht gesagt ist, daß das möglich ist.[155] Der gläubige Christ weiß, daß Gott Engel oder auch die Geister der Verstorbenen erscheinen lassen kann, daß er sich unter Umständen gar auch böser Geister bedienen kann, aber in solchen Fällen liegt die Initiative bei ihm.
Die offizielle Haltung der Kirche gegenüber dem Spiritismus ist negativ ohne jede Einschränkung. Immer wieder hat sie ihn in Lehräußerungen zurückgewiesen. In einer Verlautbarung des Heiligen Officiums vom 24. April 1917 wird jeglicher Versuch, außerhalb des Gebetes mit Verstorbenen in Kontakt zu treten, und jede Teilnahme an spiritistischen Sitzungen, auch wenn sie nur passiv ist, sofern sie nicht aus wissenschaftlichen Gründen erfolgt, verurteilt.[156] Dieses Verbot wird durch das kirchliche Gesetzbuch von 1917 bekräftigt.[157] In einer Anmerkung der Dogmatischen Konstitution „Lumen Gentium" des II. Vatikanischen Konzils, die auf Wunsch der brasilianischen Bischöfe eingefügt wurde, werden einige wichtige Verurteilungen des Spiritismus durch das Lehramt der Kirche in Erinnerung gerufen.[158]
Auch wenn der Spiritismus die Geisterwelt nicht wirklich erreicht, ist er nicht ungefährlich. Er bringt das psychische Gleichgewicht durcheinander und führt zu Angstzuständen, Depressionen und Abhängigkeiten, bei der Ankündigung von Krankheit und Unglück hat er Erwartungsangst und Erfüllungszwang zur Folge. Nicht selten erlitten Spiritisten schwere seelische Störungen und wurden zu gespaltenen Persönlichkeiten. Zudem

---

155 Lev 19,31; 20,6; 20,27; Dtn 18,10-12 u. ö. Vgl. oben S. 55f. 88.

156 H. Denzinger, A. Schönmetzer, (S. 39 Anm. 33), Nr. 3642.

157 Codex Iuris Canonici, Rom 1951, Canon 2325 u. Canon 1399 § 7. Wenn das Verbot im neuen Codex Iuris Canonici von 1983 nicht mehr zu finden ist, so bedeutet das lediglich, daß es aus dem Bereich des Strafrechts der Kirche herausgenommen ist. Vgl. G. Valente, (Anm. 143), 13.

158 Vgl. Lumen Gentium, Art. 49.

ist das Spiel mit dem Unbewußten ein Spiel mit dem Feuer. Die Tiefenschichten der menschlichen Seele sind leicht verletzbar und unberechenbar. Was mit der Neugier beginnt, kann in schwerer Geistesverwirrung enden. Das ist hier ähnlich wie bei den Drogen. Schnell entgleitet einem das interessante Experiment entsprechend dem Vers aus Goethes „Zauberlehrling": „Die ich rief, die Geister, werd' ich nun nicht los."[159] Immerhin ist der Spiritismus ein Zeugnis für die unzerstörbare metaphysische Unruhe des Menschen und für sein verborgenes Wissen um eine jenseitige Welt und um sein Weiterleben über die Todesgrenze hinaus. Die verstärkte Hinwendung zum Spiritismus in der Gegenwart dürfte sich letzten Endes daraus erklären, daß die Kategorie des Erlebnisses im Christentum und in der Kirche vielfach durch einen banalen Rationalismus verdrängt wird und daß die Botschaft vom Tod und vom Jenseits in der Verkündigung der Kirche allzu sehr zurücktritt oder daß sie weitgehend ihre Überzeugungskraft verloren hat. Man braucht sich daher nicht zu wundern, wenn der Spiritismus heute oft jene Felder besetzt, die einst der Kirche gehörten. Meditation und Gebet, Ordnung und Gebote, alles, was innerkirchlich zum Problem geworden ist, hier ist es vielfach problemlos.

---

159 H. Bender, Parapsychologie. Ihre Ergebnisse und Probleme, Bremen 1970, 22; R. Ruthe, (Anm. 7), 136f.

ESOTERIK
IN DER GESCHICHTE

In der Geschichte erweist sich die Esoterik als äußerst vielfältig. Immer wieder hat sie Gestalt angenommen in den Lehren einzelner Persönlichkeiten, in religiösen Gruppierungen und geistigen Strömungen. Das soll im folgenden an einigen Beispielen erläutert werden.

DIE ORPHIK UND DIE MYSTERIEN VON ELEUSIS

Schon immer betrachtete man die Orphik und die Mysterien von Eleusis als eine wichtige Quelle der Esoterik. Als ihr Begründer gilt Orpheus. Im alten Griechenland ist er jene mythische Gestalt, die mit dem Zauber ihres Gesangs die Pflanzen und Tiere bezwang. Deshalb wanderten die Bäume zu ihm. Darum versammelten sich um ihn die Vögel des Himmels, die Tiere des Waldes und die Fische des Meeres, und er vermochte sie zu zähmen. Ja, er konnte sogar die Steine in Bewegung setzen. Mit seinem Gesang und mit seinem Zitherspiel gelang es ihm auch, seine verstorbene Gattin Eurydike aus der Unterwelt zu befreien, er verlor sie jedoch wieder, weil er seine Neugier nicht bezähmen konnte.

In der Esoterik sieht man in Orpheus den Dichter vieler Gesänge, den Verfasser einer großen Zahl von Orakelsprüchen, den Erfinder der Buchstabenschrift und vor allem den Begründer des Geheimkultes der Dionysosmysterien. Im alten Orient gab es eine Reihe von Geheimkulten, die elitär waren und in die man eingeweiht werden mußte. Allein die Gestalt des Orpheus ist nicht geschichtlich. Ungeschichtlich ist auch die Gründung des Dionysoskultes durch ihn. Der Dionysoskult ist älter als der Orpheus-Mythos. Der erstere reicht zurück ins 10. vorchristliche Jahrhundert, während der letztere dem 6. vorchristlichen Jahrhundert angehört.

Immerhin hat auch das frühe Christentum große Sympathien für Orpheus, wenn es in ihm den edelsten Lehrer der Heiden sieht und ihn mit dem Alten Testament in Verbindung bringt. In der frühchristlichen Kunst erscheint er gar als Sinnbild Christi, was sich wohl daraus erklärt, daß auch er als Heilandsgestalt verstanden wurde.

Die Jünger des Orpheus, die Orphiker, muß man als eine Art Sekte des Dionysoskultes verstehen. Ihre entscheidenden Gedanken sind in den orphischen Hymnen überliefert, die eine Theogonie und eine Kosmogonie umfassen, eine phantastische Lehre von der Entstehung der Götter- und der Menschenwelt. In den orphischen Hymnen begegnet uns die Lehre von der uranfänglichen Unheilssituation des Menschen und der Befreiung aus ihr, ein anthropologischer Dualismus, der vorgebildet ist in der Götterwelt. Er zieht den Gedanken der Reinigung nach sich, der Selbstreinigung, wie immer man sie versteht. Damit hängt die Idee der Seelenwanderung, der Reinkarnation, zusammen, die in der Orphik zum ersten Mal im Abendland auftaucht. Die Orphiker pflegten den Vegetarismus. Eine große Rolle spielt bei ihnen auch die geheime Zahlenlehre, die Zahlenmystik.

Im Mittelpunkt der Orphik aber steht der Kult des Dionysos, ein leidenschaftlicher Fruchtbarkeitskult. Dionysos, der Sohn des Zeus und der Semele, der phrygischen Göttin der Erde, wird als das männliche Gegenstück zur Göttin Kore von Eleusis, der Tochter der Demeter, der Erdmutter, angesehen, als der Gott des Werdens und des Vergehens, der sinnlichen Ausschweifung und der zügellosen Ausgelassenheit. Demgemäß war der Dionysoskult ekstatisch und orgiastisch. Im Rausch der Mysterienfeier suchten die Jünger des Orpheus die Einheit mit der Natur und mit dem Kosmos. In diesem Kult waren Ausschweifung und unbegrenzte Bewegung wesentliche Elemente. Ja, Raserei und rauschhafte Enthemmung bis hin zum Ritualmord bestimmten ihn. Eine Anspielung darauf ist die Überlieferung vom Tod des Orpheus, nach der der Sänger von Bacchantinnen in ungezügelter Leidenschaft zerrissen wird.

Eng verwandt mit dem Dionysoskult und der Orphik sind die Mysterien von Eleusis, die sich um die Göttin Kore, die Göttin des pflanzlichen Wachstums, ranken. Daher hat sich der Dionysoskult schon früh mit den eleusinischen Mysterien verbunden. Seit dem 7. vorchristlichen Jahrhundert sind uns diese bezeugt. Wir sind ein wenig über sie unterrichtet, weil man in Eleusis am Golf von Ägina im 19. Jahrhundert ausgedehnte Tempelanlagen ausgegraben hat. Die eleusinischen Mysterien sind ein Fruchtbarkeitskult wie der Dionysoskult. Anders als in diesem spielt in ihnen allerdings entsprechend ihrer weiblichen Prägung der sogenannte „hieros gamos", die kultische Unzucht, eine besondere Rolle. Aber in beiden Kulten geht es im wesentlichen darum, dem Menschen das Erlebnis von Tod und Wiedergeburt und ihm darin das Heil, die Erlösung, zu vermitteln.[1]

Die Orphik hat einen starken Einfluß auf Pythagoras († um 500 v. Chr.) und die Pythagoreer, auf Platon († 347 v. Chr.), die Neupythagoreer, die Neuplatoniker und die Gnosis ausgeübt.

---

1 H.-D. Leuenberger, (S. 24 Anm. 3), 66-68; K. Prümm, Religionsgeschichtliches Handbuch für den Raum der altchristlichen Umwelt, Rom 1954, 221-241.

PYTHAGORAS

Ist bereits die Orphik eine äußerst rätselhafte Erscheinung im frühgriechischen Geistesleben, so gilt das erst recht für den Pythagoreismus. Die innere Verwandtschaft zwischen der Orphik und dem Pythagoreismus ist groß. Man hat ihn deshalb als eine Nebenströmung der Orphik verstehen wollen, als Orphik für gebildete Kreise. Der Begründer des Pythagoreismus ist Pythagoras von Samos, ein Philosoph, der etwa von 580-500 v. Chr. gelebt hat. Er ist eine historische Gestalt, jedoch stark mythisch verfremdet. Schriftliches hat er nicht hinterlassen. Dennoch wissen wir einiges über ihn. Die wichtigste Quelle ist hier Aristoteles (384-322 v. Chr.). Die meisten Überlieferungen über ihn sind jedoch jüngeren Datums, wenn sie auf die Neuplatoniker Porphyrios von Tyros (um 233-300 n. Chr.) und Jamblichos († um 330 n. Chr.) zurückgehen. Nicht historisch ist die Überlieferung, daß der pythagoreische Lehrsatz, ein Hauptsatz der Geometrie, auf ihn zurückgeht. Dieser ist nämlich bereits um 2000 v. Chr. im Kulturraum des Euphrat und des Tigris bekannt gewesen.[1]

Die Esoterik betont, Pythagoras habe auf vielen Reisen ein besonderes Interesse für die östliche Geistigkeit gewonnen, für die Astronomie und die mystische Verinnerlichung, er habe das indische Denken kennengelernt und 22 Jahre in Ägypten gelebt, um hier alle Stufen der Einweihung zu durchschreiten.[2] In Ägypten, so sagt die Esoterik, sei er zu der Erkenntnis gekommen, daß es seine Aufgabe sei, das alte Wissen in die neue Zeit hinüberzuretten. Möglicherweise sei ihm diese Aufgabe gar offiziell von den ägyptischen Priestern übertragen worden, bevor das ägyptische Reich durch die barbarischen Völker des Ostens zerstört worden sei. Die Esoterik hält daran fest, daß Pythagoras in Ägypten eine Lehrzeit durchgemacht hat, dann nach Griechenland zurückgekehrt ist und von dort aus nach Crotona im südlichen Italien gegangen ist. In Crotona hat er nach der Version der Esoteriker eine Einweihungsschule nach ägyptischem Vorbild gegründet, in der die Schüler nach einer Reihe von strengen Prüfungen stufenweise in das esoterische Wissen eingeweiht wurden. Die Esoteriker sehen in der Schule von Crotona den ersten esoterischen Orden, dessen oberstes Gesetz die Geheimhaltung der Lehren gewesen sein soll. Sie bemerken, weil dieses Gesetz in Crotona so

---

1 Ebd., 123f.

2 Die Zahl „22" hat hier eine symbolische Bedeutung. Sie entspricht nämlich der Anzahl der Buchstaben des hebräischen Alphabets und auch der Anzahl der großen Arcana des Tarot.

strikt befolgt worden sei, deshalb sei es für uns heute so schwer, die Lehren des Pythagoras zu rekonstruieren. Im einzelnen erklären sie, der Schüler sei in der Schule von Crotona zunächst angehalten worden, seinen Charakter zu schulen und sein persönliches Leben den ethischen Prinzipien des Ordens gemäß zu gestalten. Dann sei er in die Grundlehren der Kosmogonie, der Entstehung des Kosmos, eingeweiht worden und endlich habe er die beherrschenden Kräfte des Kosmos und den Menschen als beseelten Teil dieser kosmischen Kräfte verstehen gelernt. Die Lehren der Kosmogonie seien in der Schule von Crotona anhand der Zahlen und ihrer Beziehungen zueinander gelehrt, die Mathematik sei hier als Vehikel der Esoterik benutzt worden. Im Unterschied zu den ägyptischen Einweihungsschulen habe diese Schule keinerlei Beziehung zum Volk gesucht. Sie sei daher sowohl vom Volk als auch von der Politik als suspekt betrachtet worden. Mit ihrer strengen Schweigepflicht habe sie gar Angst bei der Bevölkerung der Stadt ausgelöst, die sich durch den Orden bedroht gefühlt, sich gegen ihn gewandt und ihn schließlich in blutigen Unruhen zerstört habe. Dabei seien Pythagoras und seine Anhänger umgebracht worden.

Mit der Gründung einer Schule in Crotona durch Pythagoras sind wir auf historischem Boden. Es handelt sich hier um eine philosophische Schule, nicht um eine Einweihungsschule oder um einen esoterischen Orden. Historisch ist aber das Interesse des Pythagoras für den Osten und sein zyklisches Denken.[3] Es ist auch eine Tatsache, daß die Schule von Crotona verfolgt und versprengt wurde. Man kann ferner nicht bestreiten, daß in dieser Schule ein religiöser Asketismus und die Seelenwanderung gelehrt wurden, daß die Gemeinschaft der Schüler einen starken mystischen Impuls hatte, der sich in den kultischen Mysterienfeiern, in den Pythagoreischen Mysterien, einen Ausdruck verschaffte und durch sie genährt wurde. Geschichtlich ist auch, daß hier jene geheimnisvolle Zahlenspekulation gepflegt wurde, die man auch als Zahlenmystik bezeichnet.[4] Richtiger wäre es, von Zahlenmagie oder von magischer Zahlenlehre zu reden. Eine spezifische Form dieser Zahlenspekulation ist die Gematrie, die uns im alten Orient und in der jüdischen und arabischen Überlieferung begegnet, die aber auch im Neuen Testament Spuren hinterlassen hat.

Die Gematrie beruht darauf, daß den Buchstaben des Alphabets jeweils eine Zahl unterlegt wird. Daraus ergibt sich die Möglichkeit, die Buchstaben der Wörter durch ihre Zahlenwerte oder die Wörter durch die Summe

---

3 H.-D. Leuenberger, (S. 24 Anm. 3), 63-65.

4 K. Prümm, (S. 113 Anm. 1), 123-125.

ihrer Zahlenwerte, also die Quersumme, zu ersetzen. Wörter, die die gleiche Quersumme besitzen, kann man dann in Beziehung zueinander bringen oder zum Ausgangspunkt von Spekulationen machen und etwa verborgene Informationen aus ihnen herauslesen.[5] So hat man, um ein Beispiel zu nennen, für die griechischen Worte „Theós“ (Gott), „hágios“ (heilig) und „agathós“ (gut) die gleiche Quersumme, nämlich 284, errechnet.[6]

Im Neuen Testament begegnet uns die Gematrie, wenn in der Geheimen Offenbarung (13,18) die Zahl 666, die in den modernen Formen der Esoterik, speziell auch des Satanismus, eine große Rolle spielt, als Zahl des Antichristen bezeichnet wird. Auf Spuren der Gematrie treffen wir auch da, wo man die Zahlen 1, 3, 4, 7 und 10 als heilige Zahlen versteht. In diesen Kontext gehört auch die Zahl 13, die man noch heute vielfach als Unglückszahl oder gar als Glückszahl ansieht. Mit Hilfe der Gematrie hat man nicht nur Texte gedeutet, sondern auch Geheimschriften erstellt.[7]

Zu welchen absurden Gedankenkonstruktionen man auf der Grundlage der Gematrie kommen kann, sei an einem Beispiel verdeutlicht: Um den Computer als satanisch qualifizieren zu können, als Instrument, mit dem der Antichrist seine Weltherrschaft festigt, ersetzt man die einzelnen Buchstaben des Wortes „Computer“ im Sinne des kabbalistischen Sechser-Alphabets, das mit der Zahl Sechs beginnt und fortlaufend jeweils sechs hinzuaddiert, durch die entsprechenden Zahlenwerte. Dann bilden die Buchstaben des Wortes „Computer“ die folgenden Zahlen: 18, 90, 78, 96, 126, 120, 30, 108. Addiert man diese, so kommt man zu der Zahl 666.

Geheimnisumwittert ist der Pythagoreismus auf jeden Fall, und es ist nicht zu bestreiten, daß er nicht weniger als die Orphik die Esoterik aller Zeiten intensiv befruchtet hat.

---

5 In diesem Fall sprechen wir von Numeromantie.

6 K. H. Schelkle, Art. Gematrie, in: Lexikon für Theologie und Kirche IV, Freiburg 1960, 642.

7 M. Gossler, (S. 87 Anm. 116), 98; K. Joel, Art. Pythagoräer, in: Die Religion in Geschichte und Gegenwart IV, Tübingen ^{2}1930, 1659.

PLATON

Eine bedeutende Autorität für die Esoterik ist auch der griechische Philosoph Platon (428-348 v. Chr.), der Begründer der berühmten Akademie in Athen. Er wird von der Esoterik vereinnahmt, wenn sie lehrt, er habe in Ägypten eine Einweihung, eine Initiation, erhalten und sei dort durch die Priester beauftragt worden, die Lehren der ägyptischen Mysterien in der hellenistischen Welt auszubreiten, nicht anders als Pythagoras, er habe aber nicht wie dieser einen nach außen hin abgesonderten Orden gegründet, in dem er seine esoterischen Lehren hätte verbreiten können, ohne gegen das ihm auferlegte Schweigegelübde zu verstoßen, er habe vielmehr eine Schule gegründet, die mehr in das öffentliche Leben integriert und daher jederzeit kontrollierbar gewesen sei, das habe ihn dann zwar vor dem Schicksal des Pythagoras bewahrt, ihm jedoch die Einhaltung des Schweigegebotes recht schwer gemacht, er habe sich gleichwohl daran gehalten, indem er die esoterischen Lehren in seinen Schriften verborgen mitgeteilt habe, gewissermaßen zwischen den Zeilen. So kommt man zu der Behauptung, die platonischen Schriften seien nach außen hin exoterisch, nach innen hin jedoch esoterisch, was freilich nur der erkennen könne, der schon einen gewissen Grad der Initiation erlangt habe.[1]

Solche Überlegungen sind Phantasie. Gibt es bei Platon auch esoterische Gedanken, so kann man ihn doch nicht eigentlich als Esoteriker bezeichnen. Nicht zu Unrecht haben die Kirchenväter ihn als den Advent des Christentums in der heidnischen Welt verstanden. Schon das pantheistische Gottesbild der Esoterik findet bei ihm keine Stütze. Für ihn steht ein transzendenter Eingott an der Spitze alles Wirklichen. Hinter allem Sichtbaren und Vergänglichen sieht er das Reich der unsichtbaren, ewigen Ideen und identifiziert das oberste Wirkliche mit der Zentralidee dieser Ideenwelt, der Idee des Guten. Das oberste Gute ist nach ihm mit Leben und Bewegung ausgestattet, vor allem aber mit Einsicht und Vernunft.[2]

Entspricht das Gottesbild Platons weithin dem christlichen Gottesbild, erreicht er jedoch mit seiner Auffassung von der Entstehung der Welt die christliche Lehre weniger. Zwar geht das Werden der Welt nach ihm auf Gott zurück und ist die Welt dem Reich der Ideen nachgebildet, das ebenso von Ewigkeit her besteht wie die oberste Idee des Guten, aber Gott hat nicht, wie Platon ausdrücklich in seinem Dialog „Timaios" sagt,

---

1 H.-D. Leuenberger, (S. 24 Anm. 3), 65f.

2 K. Prümm, (S. 113 Anm. 1), 132.

die Gestaltung der Welt selber durchgeführt, er hat der Welt vielmehr eine Seele verliehen und ihr so die Kraft gegeben, sich selbst zu ordnen. Zudem setzt Platon in seiner Kosmologie die Ewigkeit und das Ungewordensein einer stofflichen Grundlage der Welt voraus. In seinem späteren Alter hat er überdies die Verehrung der angestammten Götterwelt ausdrücklich empfohlen und sich im besonderen für den Gestirnkult begeistert, wodurch er sich wieder von der ursprünglichen Höhe seines Gottesbildes entfernt hat.

Findet man in der Lehre Platons von der Entstehung der Welt Ansatzpunkte für esoterisches Denken, so tritt dieses bei ihm deutlicher hervor in der Anthropologie, wenn er das Zueinander von Leib und Seele stärker dualistisch versteht, ohne daß man diesen Dualismus überakzentuieren darf, wenn die Seele für ihn auf der Erde wie in der Verbannung lebt – im Dialog „Phaidros" begegnet uns die Formel „Der Leib ist das Grab der Seele" –, wenn er betont, die Seele sei auf die Erkenntnis der ewigen Ideen hingeordnet und könne nicht im Bereich des Sinnfälligen, im Bereich der „doxa", des bloßen Schattens der Ideenwelt, ihre Heimat haben, wenn er zur Lehre von der Reinkarnation tendiert. Solche Gedanken dürften ohne Zweifel auf das Konto der Orphik gehen.[3]

Mit dem Platonschüler Aristoteles (384-322 v. Chr.) können die Esoteriker weniger anfangen. Gleichwohl erkennen sie bei ihm eine indirekte Beziehung zur Esoterik, wenn sie erklären, er sei der Lehrer Alexanders des Großen (356-323 v. Chr.) gewesen, der für die Esoterik zwar keine geistige Bedeutung gehabt habe, aber immerhin eine politische, da er bei seinen Feldzügen bis nach Nordindien gekommen sei und das erklärte Ziel gehabt habe, in seinem Reich die verschiedensten Kulturen miteinander zu vermischen, eine Synthese von westlicher und östlicher Kultur herbeizuführen. Habe er dieses Ziel auch nicht erreicht wegen seines frühen Todes, so habe er doch wichtige Voraussetzungen dafür geschaffen. Dank seines Bemühens hätten sich westliche und östliche Kultur für lange Zeit befruchten und ergänzen können. Dadurch habe er die für die Esoterik so wichtige Epoche des Hellenismus heraufgeführt.[4]

---

3 Ebd., 132-134.

4 H.-D. Leuenberger, (S. 24 Anm. 3), 66.

NEUPYTHAGOREISMUS UND NEUPLATONISMUS

Seit dem Beginn des ersten nachchristlichen Jahrhunderts erlebt der Pythagoreismus eine Renaissance im Neupythagoreismus. Um die Mitte dieses Jahrhunderts wandten sich ihm in Rom nicht wenige wohlhabende Bürger zu. Von dem Pythagoreismus übernimmt der Neupythagoreismus den Dualismus, nach dem die stoffliche Welt als schlecht gilt, weshalb der Mensch die Aufgabe hat, sich durch Askese von der Materie zu befreien und zur Gottesnähe zu erheben. Mit dem Streben nach der kosmischen Gottverbundenheit verbindet der Neupythagoreismus das Bemühen, auch die Götter der überlieferten Volksreligion zu verehren und die alten Kulte neu zu beleben. Darüber hinaus tendiert der Neupythagoreismus stark zum Okkultismus und zur Magie.
Die bedeutendsten Vertreter des Neupythagoreertums sind Apollonios von Tyana († 96 n. Chr.) und Numenios von Apameia († um 200 n. Chr.). Der erstere ist zu außergewöhnlicher Popularität gelangt. In der Überlieferung ist er ein Wundermann und Zauberer, ein Magier, der übermenschliche Kräfte besaß und mit Hilfe okkulter Mächte Wundertaten vollbrachte. Sein Leben ist allerdings so sehr von Legenden überwuchert, daß selbst die Esoteriker teilweise geneigt sind, in ihm lediglich eine Symbolfigur zu sehen.[1] Über ihn werden wir unterrichtet durch eine romanhafte Biographie, die der griechische Schriftsteller Philostratos († um 245) im Auftrag der Kaiserin Julia Domna, der Witwe des Kaisers Septimius Severus (193-211 n. Chr.), geschrieben und um 220 n. Chr., drei Jahre nach dem Tod der Auftraggeberin, fertiggestellt hat. Am Hof des Kaisers Septimius Severus gab es nämlich eine bemerkenswerte Verehrung für Apollonios. Aber auch Christus wurde hier verehrt. Das erklärt wohl den Tatbestand, daß Philostratos in seiner Arbeit das Leben Jesu teilweise kopiert hat, um dem Christenheiland einen Heidenheiland zur Seite zu stellen oder gar den Heidenheiland ein wenig über den Christenheiland zu erheben. Philostratos wollte nicht einen Gegenchristus schaffen oder Christus gar durch Apollonios verdrängen. Das geht daraus hervor, daß er selbst beide verehrte. Immerhin begegnet uns in seinem Roman das Anliegen, das Christentum mit dem Heidentum zu vermischen, um so die alte Religion vor dem Untergang zu bewahren und ihr vielleicht auch eine etwas höhere Bedeutung zu geben.
Philostratos stellt seinen Helden indes eher als einen Philosophen denn als

---

1 Ebd., 78f.

einen Propheten dar. Darum fehlt bei diesem der Gedanke der Erlösung und der Vorsehung Gottes, spielt Gott bei ihm im Grunde keine Rolle. Allein die Darstellung des Philostratos ist phantastisch, sie ist von anderer Art als die Evangelien, sie enthält nicht wenige unwahrscheinliche Züge, eine imaginäre Geographie, viele Fabeltiere und eine märchenhafte Ausgestaltung der Wunder, obwohl es darin nicht wenige Anklänge an die Evangelien und Parallelen zur Geschichte und zum Wirken Jesu von Nazareth gibt, was sich freilich kaum anders erklären läßt denn als bewußte Gestaltung und Absicht des Autors.

Wir erfahren bei Philostratos, bei der Geburt des Apollonios sei ein Meteor zur Erde gefallen und Apollonios habe sich mit 16 Jahren dem Pythagoras geweiht und es abgelehnt, irgendeinen anderen Meister zu haben, er sei selbstlos gewesen und habe die Armut geliebt, er habe die Seelenwanderung verkündet und viele Wunder gewirkt, er habe alle Sprachen beherrscht, sogar die Sprache der Vögel, er habe die Fähigkeit gehabt, sich unsichtbar zu machen, und in Scharen seien die Menschen zu ihm gekommen, um seine Worte zu vernehmen.

Philostratos, der Apollonios selbst nicht gekannt hat, beruft sich hinsichtlich seiner Darstellung auf einen Mann namens Damis, einen Jünger des Apollonios. Er erklärt, er selber habe nichts anderes getan als dessen tägliche Aufzeichnungen übersetzt. Das ist nicht glaubwürdig angesichts der romanhaften Anlage des Werkes und angesichts seines Inhalts. Zudem ist zu bedenken, daß Damis zu damaliger Zeit ein äußerst gebräuchlicher Name für einen fiktiven Gesprächspartner war. Die ernsthafte Forschung erkennt dem Werk des Philostratos heute keine historische Zuverlässigkeit zu.

Es ist bemerkenswert, daß Apollonios seinerseits eine Vita des Pythagoras geschrieben hat, die nicht erhalten ist, aus der uns aber einiges indirekt überliefert ist.[2]

Nicht nur der Pythagoreismus erlebt so etwas wie eine Renaissance, ein wenig später, im 3. nachchristlichen Jahrhundert, auch der Platonismus. Wir sprechen hier vom Neuplatonismus. Dieser knüpft an jene Gedanken des alten Platonismus an, die der esoterischen Erwartung besonders entgegenkommen, und er ist besonders interessiert an der Kosmogonie und der Anthropologie. Er nimmt dabei nicht wenige aristotelische, stoische und neupythagoreische Elemente sowie Motive der orientalischen Religionen auf. Ähnlich wie der Neupythagoreismus ist er stark

---

2 K. Prümm, (S. 113 Anm. 1), 167-169; A. Bigelmair, Art. Apollonios von Tyana, in: Lexikon für Theologie und Kirche I, Freiburg ²1957, 718-720; H.-D. Leuenberger, (S. 24 Anm. 3), 79.

mystisch und pantheistisch akzentuiert. Die Mythen und Riten der alten Volksreligion betrachtet er als Ausfluß tiefer Weisheit, dem Christentum steht er hingegen teilweise ausgesprochen feindselig gegenüber.
Im religiösen Erleben und in der Ekstase sucht der Neuplatoniker eine unmittelbare Begegnung mit dem Göttlichen. Nicht anders als im Neupythagoreismus spielt auch im Neuplatonismus die Hinwendung zum Okkultismus und zur Magie eine große Rolle. Zauberei und Divination, magische Praktiken, standen hier hoch im Kurs, obwohl sie bereits durch die aristotelische, aber auch durch die platonische Philosophie überwunden worden waren.
Ein wichtiges Element des neuplatonischen Denkens ist die Lehre vom Abstieg und vom Aufstieg der menschlichen Seele, ihr Abstieg vom Göttlichen zur Materie hin und ihr neuer Aufstieg zum Göttlichen. Sie hat sich von Gott abgelöst oder aus dem Göttlichen herausgelöst, ist aus den göttlichen Sphären herniedergesunken und wird von der Materie gefangengehalten. Ihre entscheidende Aufgabe ist es, sich aus der materiellen Gebundenheit zu lösen und sich so wieder mit dem Göttlichen zu vereinen, was angeblich dadurch geschieht, daß sie sich von den materiellen Bedürfnissen distanziert und die Geistwesen des Jenseits in Dienst nimmt. – Das sind Gedanken, die sich bis in die Gegenwart hinein in den verschiedenen esoterischen Gruppierungen besonderer Beliebtheit erfreuen, vor allem in der Anthroposophie.
Sehr populär ist heute der neuplatonische Gedanke von der Belebung der Natur und von den verschiedenen Geistwesen und Geisterwelten zwischen dem Göttlichen und dem Menschlichen. In der Gegenwart hat er einen zentralen Ort im Denken des New Age.
Der Hauptvertreter des Neuplatonismus ist Plotin (203-269 n. Chr.). Dieser verzichtet auf eine klare Bestimmung des göttlichen Wesens und setzt an dessen Stelle die Begegnung mit Gott im religiösen Erlebnis, im Akt der Ekstase. Auch die Bestimmung des Menschen wird bei ihm deutlich von seiner Abneigung gegen das intellektuelle Erkennen bestimmt, wenn er den Menschen als ein unausschöpfbares Meer, als ein unergründliches Geheimnis versteht, wenn er die Seele des Menschen, die er als einen Teil der Weltseele ansieht, als naturhaft-göttlich bezeichnet und die Glückseligkeit des Menschen in der ekstatischen Vereinigung mit dem Göttlichen sucht, in der der Mensch sich angeblich schon in diesem Leben zur Schau des Göttlichen emporschwingt. Plotin erklärt allerdings, diese Gottesschau erreichten auf Erden faktisch nur wenige und sie werde ihnen auch nur für kurze Augenblicke zuteil, weil dem Menschen die Reinigung von den Leidenschaften und die Hinwendung zum Intelligiblen so schwerfalle.
Ein weiterer bedeutender Vertreter des Neuplatonismus ist Porphyrios

von Tyrus (ca. 233-300 n. Chr.), ein Schüler Plotins. Dieser war zunächst ein Christ, wandte sich dann aber dem Neuplatonismus zu und übte sich in Beschwörungen, in Zauberei, Theurgie und Divination. Aus solchen Praktiken ist seine Orakelphilosophie hervorgegangen. Neben den neuplatonischen Lehren bestimmten ihn stark die pythagoreischen. In Auseinandersetzung mit dem Christentum hat er eine Anklageschrift verfaßt, in der er scharf mit dem Christentum ins Gericht geht. Mit dieser Schrift hat sich eingehend der Kirchenvater Theodoret von Cyrus († um 460) beschäftigt.[3]

---

3 K. Prümm, (S. 113 Anm. 1), 178-185; vgl. W. Brugger, Philosophisches Wörterbuch, Freiburg 1953, 210f.

GNOSIS

Eine bedeutende spätantike Bewegung

Das griechische Wort „Gnosis“ steht für Erkenntnis. Es begegnet uns wiederholt in den neutestamentlichen Schriften.[1] Deshalb unterschied die frühe Christenheit zwischen der wahren Gnosis und der falschen. Die wahre Gnosis fand sie in der Orthodoxie, die falsche in der Häresie. Heute verstehen wir unter Gnosis eine nichtchristliche, spätantike religiöse Bewegung, die sich in vielfältiger Form artikuliert, eine religiöse Bewegung, die, obwohl ein wenig älter als das Christentum, gleichzeitig mit ihm in Erscheinung tritt und sich rasch im Vorderen Orient und in den Ländern des Mittelmeerraums ausbreitet. Die Berührungen der Gnosis mit dem Christentum führten dazu, daß sie christliches Lehrgut aufnahm, umdeutete und sich dienstbar machte. So entstand eine christliche Gestalt der Gnosis, der Gnostizismus, der von der jungen Kirche nicht nur als Häresie betrachtet wurde, sondern auch als gefährlicher Rivale erkannt und bekämpft wurde, zumal viele Gnostiker dieser Richtung den Anspruch erhoben, die einzig wahren Christen zu sein.
Frühgnostische Irrlehrer beunruhigten die christlichen Gemeinden schon in apostolischer Zeit. Die Auseinandersetzung mit ihnen hat ihren Niederschlag in einer Reihe von neutestamentlichen Schriften gefunden. Produkte der Gnosis sind im Umkreis des Neuen Testamentes die sogenannten apokryphen Schriften. Das sind Schriften, die sich an die neutestamentlichen Schriften anlehnen, dabei aber zu phantastischen und märchenhaften Ausgestaltungen kommen.[2]
Lange Zeit hindurch waren die wichtigsten Quellen über die Gnosis die apologetischen Schriften der Kirchenväter. Erst im 19. Jahrhundert wurden verschiedene Handschriften mit größeren Werken der Gnostiker herausgegeben. Tiefere Einblicke in die Gnosis haben dann vor allem die Funde von Nag Hammadi in Ägypten im Jahre 1946 gebracht. Weil die Quellenlage so ungünstig war, hat man die Gnosis lange als eine rein innerkirchliche Angelegenheit betrachtet und in ihr lediglich eine heterodoxe christliche Gruppierung gesehen. Jahrhunderte hindurch wußte

---

1 1 Kor 12,8; Kol 2,3; 1 Tim 6,20.

2 Hier ist zu erinnern an das Hebräerevangelium, an das Ebionitenevangelium, an das Ägypterevangelium, an das Petrusevangelium, an das Jakobusevangelium, an das Thomasevangelium, an das Bartholomäusevangelium, an das Matthiasevangelium und viele andere Schriften. Vgl. B. Altaner, A. Stuiber, Patrologie, Freiburg [9]1980, 128-144; R. Haardt, Die Gnosis. Wesen und Zeugnisse, Salzburg 1967, 9.

man nicht, daß es sich hier um eine vom Christentum verschiedene Religion oder besser Religiosität handelte, obwohl die Parallelen der christlichen Gnosis zu der umfangreichen hermetischen Literatur der Spätantike und zum Manichäismus nicht unbekannt waren.[3]
Die Gnosis begegnet uns seit der Antike in immer neuen Formen bis in die Gegenwart hinein, unabhängig vom Christentum oder in Verbindung mit ihm. Sie hat der Esoterik aller Jahrhunderte ihren Stempel aufgeprägt, jedoch nicht nur in den ausgesprochen esoterischen Systemen Geschichte gemacht. Als die bedeutendste Form der Gnosis unseres Jahrhunderts hat man „die komplexe Psychologie C. G. Jungs“[4](† 1961) bezeichnet, die noch immer eine nicht unbeträchtliche Breitenwirkung entfaltet. Ein illustratives Beispiel für Gnosis in der Gegenwart ist aber auch das System Teilhard de Chardins († 1955), das zwischen den Naturwissenschaften und der Theologie angesiedelt und in der Gegenwart recht einflußreich ist. Darauf soll später noch eingegangen werden.[5]

Synkretismus und Pluralismus

Die Gnosis, die, wie gesagt, vielgestaltig ist, verdankt ihren Ursprung verschiedenen Orten und Zeiten. Im vierten Jahrhundert zählt man an die sechzig gnostische Richtungen. Das geistige Fundament der Gnosis sind die jüdisch-hellenistische Philosophie mit ihren Spekulationen über Gott, den Menschen und die Welt und der Religionssynkretismus der ausgehenden Antike mit seiner besonderen Vorliebe für die syrischen und persischen Mythen. In der Gnosis verbindet sich demnach der griechische Geist mit den östlichen Kulturen. Werden auch die Anfänge der Gnosis bereits im ersten nachchristlichen Jahrhundert sichtbar, so gehört ihre Hauptentfaltung doch dem zweiten und dritten Jahrhundert an. In dieser Zeit nimmt sie ihren Weg von Samaria aus nach Kleinasien, Rom, Syrien und Ägypten und wird schon bald zu einer der größten Rivalinnen der Kirche. Zum einen waren ihre Lehren äußerst attraktiv, zum anderen verbreitete sie sich nicht nur in geschlossenen Systemen, sondern unterwanderte auch andere Anschauungen und Systeme und assimilierte sich synkretistisch deren Gedanken. Schon dadurch, daß sie den Anspruch erhob, die Geheimnisse von Erde und Himmel sowie von Leben und Tod zu erkennen, trat sie in Konkurrenz zur jungen Kirche. Diese Konkur-

3 B. Altaner, A. Stuiber, (Anm. 2), 102f.

4 G. Quispel, Die Gnosis als Weltreligion, Zürich 1972, 76.

5 S. unten S. 142ff.

renz war besonders gefährlich, weil die Gnosis sich vielfach christlicher Formeln und Begriffe bediente, ihnen aber einen neuen Sinn unterlegte und so den christlichen Glauben fast unbemerkt mit gnostischen Elementen anreicherte. In der Auslegung der biblischen Texte verwandte sie geschickt die allegorische Methode und interpretierte ihre eigenen Ideen in sie hinein.

Übersinnliche Erfahrung oder Spekulation statt Offenbarung und Glaube

Während die Gnosis Erkenntnis sucht, geht es im Christentum zunächst um die Gemeinschaft mit Gott. Hat die Gnosis die Mitteilung von Wahrheiten zum Ziel, verkündet das Christentum primär die Nachfolge Christi und die Teilhabe am Leben des dreifaltigen Gottes. Das Schlüsselwort der Gnosis ist der Terminus „erkennen". Schon mit ihm tritt sie in einen unversöhnlichen Gegensatz zum Glauben, wenn sie sich als „die durch Erleuchtung gewonnene Erkenntnis der der großen Menge verborgenen göttlichen Geheimnisse" versteht.[6] Sie will rationale Erkenntnis sein, nicht Glaube, der die Antwort auf die übernatürliche Offenbarung Gottes ist. Faktisch ist sie indes weder Glaube noch rationale Erkenntnis. Sie will rational sein, ist aber extrem irrational. Sie will erkennen, tendiert jedoch zu okkulten Praktiken und sucht die künstliche Ekstase. Das ist möglich, weil sich hier hinter dem Anspruch der Rationalität eine rein subjektive Deutung der Wirklichkeit verbirgt, weil in der Erkenntnis der Gnosis die Wirklichkeit nicht nachgebildet oder abgebildet, sondern konstruiert wird. In der Gnosis gelten nicht die Einsicht in die Naturgesetze, das Maß und die Logik, sondern geheime Weisheit und intuitive Interpretation. Die Gnosis ist erleuchtungszentriert. Sie wird empfangen durch übersinnliche Erfahrung. Sie legitimiert sich mit dem Anspruch, die Transzendenz zu erleben, die dabei allerdings zum Übersinnlichen depotenziert wird, wie das stets in der Esoterik der Fall ist. Sie verbindet die Erkenntnis mit der initiatischen Erfahrung des einzelnen, des individuellen Menschen. Deshalb gibt es für sie keine geschichtliche Offenbarung des Geheimnisses durch Gott, sondern nur die Entschleierung und Eroberung des Unbegreiflichen durch den Menschen. Der Gnostiker hört nicht auf Gott und dessen Selbstmitteilung in der Offenbarung, er horcht in sich hinein, um sich seines eigenen Wesens bewußt zu werden. Das führt dazu, daß in der christlichen Gnosis die Glaubensmysterien als innerlich

---

6 J. Gründler, Lexikon der christlichen Kirchen und Sekten I, Wien 1961, 698.

notwendig verstanden werden. – Das ist eine Tendenz, die uns heute zuweilen auch in der katholischen Theologie begegnet. Man knüpft dabei gern an das philosophische System Hegels († 1831) an, das sich ohnehin in gewisser Weise als ein grandioses gnostisches System begreifen läßt.[7]

Die großen Themen: Gott, Welt, Mensch, Zukunft

Die entscheidenden Gebiete, denen die Gnosis ihre Aufmerksamkeit zuwendet, sind die Theologie, die Kosmologie, die Anthropologie und die Eschatologie. Sie beschäftigt sich mit der Wirklichkeit Gottes, mit dem Ursprung der Welt, mit dem Wesen des Menschen und mit dem Sinn und dem Ziel der Welt und des Menschen und greift damit die zentralen Fragen aller Religionen auf.

Das Gottesbild der Gnosis trägt keine persönlichen Züge. Es ist pantheistisch oder auch deistisch gefärbt. Das Göttliche wird hier gern als das Lichtreich bezeichnet, als das Geistige, das im Gegensatz zur stofflichen Welt steht, die als böse und schlecht angesehen wird. Dabei wird die Welt entweder als Ausfluß, als Emanation aus dem göttlichen Pleroma, dann aber als Abwärtsentwicklung, als Devolution, verstanden, oder das Dasein der Welt wird als Folge einer Katastrophe angesehen, eines Sündenfalls. Es gibt in der Gnosis aber noch eine andere Erklärung für die Entstehung der stofflichen Welt. Nach dieser werden von vornherein zwei sich entgegenstehende und sich ausschließende Prinzipien angenommen, ein gutes und ein böses Prinzip. Dem guten Prinzip ordnet man dann die obere Lichtwelt zu, dem bösen die untere, stoffliche Welt, und die obere und die untere Welt werden als Schöpfung oder als Emanation verstanden. Bisweilen wird die untere, materielle, böse Welt auch als Schöpfung eines niederen, von Gott unabhängigen Wesens, eines Demiurgen, angesehen. Dieser Demiurg, einer der niedrigsten Äonen oder Geister, wird gern mit dem Gott des Alten Testamentes identifiziert. In der unteren Welt gibt es jedoch nach dieser Auffassung der Gnosis neben der Finsternis auch Licht, weil Lichtteile aus der oberen Welt in die Materie hinabgestürzt sind. Solche Lichtteile sind die menschlichen Seelen, die durch die rechte Erkenntnis die Befreiung aus dieser unteren Welt und den Aufstieg zum Lichtreich finden sollen.

Die materielle Welt hat in der Sicht der Gnosis keinen Anteil am Göttlichen. Gott hat mit der Welt nichts zu tun. Er ist transmundan,

---

[7] K. Prümm, (S. 113 Anm. 1), 578f.; V. Pierott, (S. 28 Anm. 6), 138-143; H.-D. Leuenberger, (S. 24 Anm. 3), 77; K. Rahner, Art. Gnosis, in: Lexikon für Theologie und Kirche IV, Freiburg [2]1960, 1020; J. Gründler I, (Anm. 6), 698.

akosmisch, ja, antikosmisch. In der Natur gibt es daher keinen Hinweis auf ihn, wie das die Juden und die Christen sagen. Deshalb nennt man Gott nicht Schöpfer, Richter oder Herrscher, sondern Licht, Leben, Geist, zuweilen aber auch Vater im Sinne von „der Gute“ oder einfach Mensch. Der Gnostiker spricht von Gott jedoch mit besonderer Vorliebe in Negationen. Vielfach wird der irdische Kosmos in der Gnosis gar als der Gegenpol Gottes angesehen, dessen Herr der Teufel, der Gegenspieler Gottes, ist. Der jüdisch-christliche Gedanke einer Welt, die Gott gut geschaffen hat, ist der Gnosis absolut fremd. Deshalb gibt es für sie einen Zugang zu Gott nur durch die Abkehr von der Welt.[8]

Vielfach gilt in der Gnosis der Kosmos als von unzähligen Geistern durchwaltet, über denen dann Gott als der reine Geist steht. Die Welt der Geister ist ein Thema, das uns immer wieder in der Gnosis begegnet. Die Geister oder Äonen sind, so die Meinung, aus der Gottheit hervorgegangen. Sie sind personale göttliche Potenzen oder Mittelwesen – bisweilen werden sie als Untergötter bezeichnet –, die die diesseitige Welt mit dem nicht welthaften Gott verbinden.

Im Gnostizismus werden die Äonen zu Engeln. Seither spielt die Engellehre, die auch im Spätjudentum sehr stark ausgebildet wurde, in den verschiedenen Formen der christlichen Gnosis eine große Rolle – bis in die Gegenwart hinein.[9]

Die Gnosis trägt den kosmologischen Dualismus in den Menschen hinein, der stets im Mittelpunkt der gnostischen Spekulationen steht. Gemäß ihrem Selbstverständnis will die Gnosis in erster Linie den Ursprung, das Wesen und den Erlösungsweg des Menschen beschreiben. Dabei hebt sie nachdrücklich das Göttliche im Menschen hervor, das Geistige, das sie als Gegensatz zur materiellen Leiblichkeit versteht. Den Geist des Menschen nennt sie gern den göttlichen Funken. Nicht immer schreibt sie jedoch allen Menschen ein göttliches Selbst zu. Neben dem göttlichen Geist und dem irdischen Körper unterscheidet man in den meisten gnostischen Richtungen noch die Seele als ein drittes konstitutives Element des Menschen, die allerdings eher auf der Seite der Finsternis angesiedelt wird als auf der Seite des Lichtes und durchweg als dämonische Potenz verstanden wird.[10]

---

8 H. Jonas, Gnosis und spätantiker Geist II, 1, Göttingen 1966, 632f.; V. Pierott, (S. 28 Anm. 6), 139-141; K. Prümm, (S. 113 Anm. 1), 576; E. Pavesi, Gnostizismus – an den Wurzeln moderner Anthropologien, in: factum März/April 1992, 6f.

9 A. Riedmann, Die Wahrheit über Gott und sein Werk (A. Riedmann, Die Wahrheit des Christentums I), Freiburg ²1952, 141; J. Gründler I, (Anm. 6), 699.

10 G. Quispel, (Anm. 4), 53; R. Haardt, (Anm. 2), 13; E. Pavesi, (Anm. 8), 7f.

Die Gnosis versteht sich in ihren vielfältigen Ausprägungen stets als Erlösungsreligion. Die Erlösung erfolgt hier aber durch die Erkenntnis. Im Gnostizismus wird Christus deshalb zum Lehrer, der jene Erkenntnis vermittelt hat, wodurch die Selbsterlösung ermöglicht wird. Vielfach findet sich in der Gnosis der Gedanke der Seelenwanderung im Dienst der Läuterung der Seele auf ihrem Weg zur Erkenntnis.[11]
In allen Formen der Gnosis besteht die Sünde nicht in der Auflehnung des Willens gegen Gott, sondern in der Unwissenheit. In der Gnosis hat sie, wie die Erlösung, ihren Ort nicht im Willen, sondern im Intellekt. Deshalb geht es hier nicht um die Vergebung, sondern um die Befreiung von der Unwissenheit, um die Vermittlung des rechten Bewußtseins, um Bewußtseinserweiterung und Selbsterfahrung.
Für die Gnosis kann die Welt nur so lange bestehen, wie noch göttliche Funken in ihr gefangen sind, wie die totale Rückkehr des Lichtes in die Fülle des Göttlichen noch nicht erfolgt ist. Das Ziel der Geschichte ist demnach die Beendigung der Entfremdung des Göttlichen durch die Materie, letztlich die Erlösung Gottes. Völlig unverständlich ist in diesem Kontext die christliche Wahrheit von der Auferstehung der Toten.[12]
Entsprechend der negativen Beurteilung des Materiellen und der menschlichen Existenz werden Geschlechtlichkeit und Fortpflanzung in der Gnosis äußerst negativ bewertet, dienen sie doch dazu, göttliche Funken immer neu an die Materie zu binden. Geschlechtlichkeit und Fortpflanzung werden in diesem Denken vielfach als eine List des Demiurgen verstanden, der daran interessiert ist, den Geist in der sichtbaren Welt zurückzuhalten und die Erlösung hinauszuzögern. Die Weltfeindlichkeit führt in der Gnosis zur Leibfeindlichkeit und zur Absage an die Sexualität. Daraus ergibt sich eine negative Wertung der Frau, da sie angeblich allein durch ihr Dasein die Absage an die Sexualität in Frage stellt und den Geist an die Erde bindet. Die negative Wertung der Frau in der Gnosis bezieht ihre Begründung aber nicht nur aus der Mißachtung der Sexualität, sie ist auch kosmologisch-ontologisch bedingt, sofern man das Weibliche als eine niedere Verkörperung des Geistes ansieht.
Die Mißachtung der Sexualität findet ihren Ausdruck in der Gnosis in einem radikalen Asketismus auf der einen Seite und in einem ebenso radikalen antinomistischen Libertinismus auf der anderen Seite. Von daher unterscheiden wir zwei Grundformen der Gnosis, die laxe und die

---

11 R. Haardt, (Anm. 2), 14-16; G. Quispel, (Anm. 4), 68; J. P. Steffes, Art. Gnostizismus, in: Lexikon für Theologie und Kirche IV, Freiburg [1]1932, 554-557.

12 G. Schütz, Die Gnosis lebt auf. Kommt das neue Zeitalter?, in: Deutsche Tagespost vom 15. Januar 1987.

rigoristische, die permissive und die sittenstrenge Gnosis. Es braucht nicht eigens betont zu werden, daß die erstere Form im Denken der Gegenwart die größeren Chancen hat. Beide Grundformen gehen aus der gleichen Quelle hervor, aus dem Dualismus, aus der Mißachtung der materiellen Welt und der Ablehnung eines Weltschöpfers mitsamt seiner Welt und seinen Geboten. Indes erscheint der Rigorismus zunächst konsequenter. Aber es ist bedeutsam, daß für die Gnosis die Ordnung der Welt nichts mit dem göttlichen Willen zu tun hat. Die Gnosis geht davon aus, daß das kosmische und das moralische Gesetz den Menschen töten. Für sie ist die Welt nicht auf Gott hin transparent, sondern schlechthin dämonisch.[13]

In der Begegnung mit dem Christentum richtete sich die Gnosis vor allem gegen die Lehre von der Menschwerdung des Sohnes Gottes. Daß Gott Mensch wird, ist in diesem Denken schon deswegen nicht möglich, weil es von einem radikalen Gegensatz zwischen der sichtbaren Welt des Menschen und der unsichtbaren Welt Gottes ausgeht. Daher lehrte die christliche Gnosis, Christus habe nur einen Scheinleib gehabt, nur zum Schein habe er gelitten und den Tod auf sich genommen.[14]

In der Auseinandersetzung mit dem Christentum

Die Auseinandersetzung mit der Gnosis und mit dem Gnostizismus ist ein bedeutendes Kapitel in der Geschichte der Alten Kirche. Einmütig hielten die Vertreter der Kirche den Gnostikern den überlieferten Glauben entgegen. Eine Reihe von Kirchenvätern hat sich in eigenen Schriften mit der Gefährdung des Glaubens durch die gnostischen Irrlehren beschäftigt. So Irenäus von Lyon († um 202), Klemens von Alexandrien († 215), Tertullian († nach 220), Hippolyt († um 236) und Origenes († 254). Die Überwindung des Gnostizismus durch die Alte Kirche ist ein eindrucksvolles moralisches Wunder, ein Faktum, das auf den göttlichen Ursprung des Christentums hinweist, vielleicht mehr noch als das Phänomen des Martyriums, dessen apologetische Bedeutung man ebenfalls nicht unterschätzen darf. Die Gnosis war eine äußerst gefährliche Bedrohung der Urkirche.[15] Sie unterwanderte das Christentum nicht nur mit ihrem Synkretismus und ihrer semantischen Verfälschung der Begriffe, sie entfaltete darüber hinaus eine außergewöhnlich lebendige

---

13 R. Haardt, (Anm. 2), 15f.

14 J. P. Steffes, (Anm. 11), 554-557.

15 S. oben S. 124f.

religiöse Propaganda und stellte sich auch nach außen hin sehr überzeugend dar. Sie profitierte davon, daß die gnostischen Lehren eher der Erwartung der Menschen entsprachen als die Lehren der Offenbarung. Die Kirche erkannte die Gnosis in ihrer Heterodoxie und hatte die Kraft, sie zu überwinden. Im Bewußtsein ihrer Verantwortung für das Wort Gottes stellte sie sich einer kritischen Reflexion ihres Glaubens und rückte ihr eigenes Selbstverständnis deutlich ins Licht. Dabei unterschied sie klar zwischen Mythos und Geschichte, zwischen Offenbarung Gottes und menschlicher Spekulation.

Letztlich erfolgte die Überwindung des Gnostizismus nicht durch philosophische Spekulation oder theologische Gelehrsamkeit, sondern durch die Kraft der Überzeugung, daß die Kirche durch den Geist Gottes geführt werde und daß das Lehramt der Kirche mit dem Charisma ausgestattet sei, die Wahrheit unfehlbar zu verkünden. Sie erfolgte im Vertrauen auf eine objektive Instanz, der gegenüber man den Subjektivismus der Gnosis als Verfälschung des Willens Gottes entlarvte. Dem willkürlichen Bibelkanon der Gnostiker stellte man den kirchlichen Kanon der heiligen Schriften gegenüber, und angesichts der subjektiven Bibeldeutung der Gnostiker verwies man auf die autoritative Deutung der Schrift durch die Kirche. Man faßte die wichtigsten Glaubenswahrheiten in einprägsamen Formeln zusammen, in den sogenannten Symbola, die von Anfang an antignostisch aufgebaut sind, und betonte, der Glaube der Apostel werde allein in der konkreten Verkündigung der Kirche gefunden. Mit den Aposteln wußte man sich verbunden durch die Bischöfe, die durch die Kette der Handauflegungen in der apostolischen Nachfolge standen.

Die Auseinandersetzung mit der Gnosis, die übrigens in den ersten Jahrhunderten der Kirchengeschichte die Theologie und ihre Entfaltung sehr gefördert hat, ist ein Zeugnis für die kritische Haltung der Alten Kirche, die ein klares Gespür für das Echte hatte. Die Alte Kirche erkannte das dezidiert antichristliche Daseinsverständnis des Gnostizismus, obwohl es nicht leicht erkennbar war, und hatte die Kraft, diese gefährliche Irrlehre zu überwinden, und zwar radikal. Die Auseinandersetzung mit der Gnosis zwang zu tieferem Nachdenken, zur Abgrenzung und zur genaueren Formulierung der Glaubensgrundlagen. Sie führte zu einer stärkeren literarischen Tätigkeit der Theologen und zu einer fruchtbaren Entfaltung der christlichen Ideen.

Im einzelnen betonen die Väter in dieser Auseinandersetzung den Glauben an den einen Gott, den Schöpfer der Welt und den Gesetzgeber des Alten Bundes, den geschichtlichen Charakter Jesu, der Offenbarung und der kanonischen Schriften, die Realität der Menschwerdung Gottes, die Einmaligkeit der Erlösung, den Ärgernischarakter des Kreuzes, die apostolische Sukzession der Bischöfe, die Bedeutung der Überlieferung und die Gnadenhaftigkeit des in den Sakramenten vermittelten Heiles. Gleichzeitig prangern sie die heidnischen Ungereimtheiten und Absurditäten des Gnosis an.[16]

Die Gnosis war stets eine besondere Versuchung der Intellektuellen. Bereits im christlichen Altertum verbreitete sich der Gnostizismus am meisten unter den Gebildeten. Die Gnosis schmeichelt dem Intellekt. Sie ist „emanzipierte Heilserkenntnis", Erkenntnis, die aus dem menschlichen Bemühen stammt, nicht aus dem gehorsamen Hören des Wortes Gottes. Weil die Gnosis sich in alter Zeit vor allem unter den Gebildeten ausbreitete, entfaltete sie ihrerseits eine umfangreiche literarische Tätigkeit und erwies sich so auch formal dem Christentum überlegen. Wie wir heute wissen, hat der Gnostizismus schon früh eine christliche Dichtkunst und eine weitverbreitete religiöse Volksliteratur hervorgebracht und auch sonst eine hohe geistige Kultur begründet.[17]

Um so erstaunlicher ist es, daß die Kirche in der Auseinandersetzung mit der Gnosis den Sieg davongetragen und die Gnosis eine totale Niederlage erlitten hat. Gnostische Gedanken lebten zwar weiter in der Kirche, aber latent. Offen vertreten und in die Öffentlichkeit getragen wurden sie jedoch von verschiedenen heterodoxen Gruppierungen oder Sekten. Unter ihnen ragen hervor im Altertum die Qumran-Gemeinschaft, die Mandäer, die Ebioniten, die Markioniten und die Manichäer, im Mittelalter die Priszillianisten, die Bogumilen, die Paulizianer, die Katharer und die Waldenser, Gruppierungen, die ihrerseits die manichäische Gnosis weiterführen. In neuerer Zeit wurde das gnostische Gedankengut durch die Freimaurerei, die Theosophie, die Anthroposophie, den Spiritismus und das New Age sowie durch von diesen Bewegungen abhängige Einzelpersonen und Gruppierungen verbreitet und zu neuer Blüte geführt.

Gnostische Sekten in alter Zeit

Qumran-Gemeinschaft

Die Qumran-Gnosis, die zurückreicht bis in die vorchristliche Zeit, ist ein besonders instruktiver Fall der jüdischen Gnosis. Gnostisch sind hier

16 J. P. Steffes, (Anm. 11), 554-557; R. Schnackenburg, Art. Gnostizismus III, in: Lexikon für Theologie und Kirche IV, Freiburg ^{2}1960, 1026-1028; K. Rahner, Art. Gnostizismus IV, a.a.O., 1028f.; B. Altaner, A. Stuiber, (Anm. 2), 75-77. 99-117. 128-144.

17 B. Altaner, A. Stuiber, (Anm. 2), 99-106. 128-132.

der Dualismus, in dem immer wieder von den Söhnen des Lichtes und von den Söhnen der Finsternis die Rede ist, der Asketismus, in dem eine negative Wertung der gegenwärtigen Welt zutage tritt, und die Weltflucht, die zu einem klosterähnlichen Zusammenleben führte. Gnostisch sind hier auch die starke Ausbildung der Engellehre sowie die Lehre vom Aufstieg der Seele durch die sieben Himmel und die sieben Paläste zur Schau des Thrones Gottes, die von den dort Dienst tuenden Engeln vertrieben wird, wenn sie nicht die entsprechenden Siegel besitzt.[18]

Mandäer

Bei den Mandäern handelt es sich um eine alte gnostische Täufersekte, die sich in den Sumpfgebieten des Schatt el-Arab am unteren Tigris als einzige ihrer Art bis heute erhalten hat und daher in der Gegenwart im Brennpunkt der religionsgeschichtlichen Erforschung des Urchristentums steht. Sie geht zurück auf das 2. Jahrhundert nach Christus. Von besonderer Bedeutung ist in ihrer reichen Literatur das sogenannte Große Buch, das Gott selber dem Adam übergeben haben soll. Es enthält Stellen aus den Psalmen und den Propheten und ungeordnete Phantasien, aber auch viele lehrreiche Sinnsprüche. Deutlich tritt bei den Mandäern der Dualismus von Gut und Böse, von Licht und Finsternis hervor. Der eigentliche Erlöser ist für diese Gruppierung nicht Jesus, sondern Johannes der Täufer, weshalb auch die Taufe hier einen zentralen Platz einnimmt und stets in fließendem Wasser gespendet wird. Eine zentrale Lehraussage ist die, daß der Mensch in seinem Erdenleben von den Gewalten der Finsternis befreit werden muß, die ihn einstweilen noch gefangennehmen, um am Ende in das Lichtreich zurückkehren zu können.[19]

Ebioniten

Als Ebioniten bezeichnet man eine Gruppe innerhalb der Urgemeinde, die auch die Heidenchristen auf das jüdische Gesetz verpflichten wollte, die deswegen die Missionspraxis des Paulus mißbilligte. Obwohl das Apostelkonzil diese legitimiert hatte,[20] hielten die Ebioniten an der Verpflichtung des jüdischen Gesetzes für alle fest. Nach der Zerstörung

---

18 K. Schubert, Art. Gnosis II, in: Lexikon für Theologie und Kirche I, Freiburg ^{2}1960, 1024-1026.

19 J. Gründler II, (Anm. 6), 861f.

20 Apg 15.

Jerusalems entwickelten sie sich zu einer eigenen Sekte, und zwar in zwei Richtungen. Die einen sahen die Beobachtung des jüdischen Gesetzes als heilsnotwendig an und betrachteten Jesus nur als einen vom Heiligen Geist erfüllten Menschen. Sie lehnten die Schriften des Neuen Testamentes ab und übernahmen als Offenbarung Gottes lediglich ein „gereinigtes" Matthäusevangelium und das sogenannte Hebräerevangelium, eine apokryphe Schrift. Ihre besondere Feindschaft galt Paulus, den sie als Apostaten betrachteten. Die anderen, die gnostischen Ebioniten, verbanden mit diesen Anschauungen eine phantastische Geisterlehre und die Auffassung, daß die gegenwärtige Welt dem Satan, die zukünftige aber Christus gehöre. Den Satan sahen sie dabei als ein Geschöpf Gottes und als eine Wiederverkörperung Adams an. Sie praktizierten die Tauchtaufe und schrieben dem Wasser eine fast göttliche Kraft zu. Anfänglich waren sie rigoristisch, später wurden sie libertinistisch.[21]

Markioniten

Gnostiker von ganz besonderer Art sind die Markioniten. Bei ihnen finden sich zwar nicht die sonst in der Gnosis verbreitete phantastische Äonen- oder Engellehre und die schweifende Allegorese in der Auslegung der heiligen Schriften, wohl aber die Annahme nur bestimmter heiliger Schriften. Die Gruppierung geht zurück auf Markion, der, von seinem eigenen Vater, dem Bischof von Sinope, exkommuniziert, im Jahre 139 in der römischen Gemeinde zunächst freundlich aufgenommen, fünf Jahre später jedoch auch hier aus der Gemeinschaft der Kirche ausgeschlossen worden war. In seiner Lehre war er stark antijudaistisch. Das Alte Testament verwarf er völlig, vom Neuen Testament ließ er nur das Lukasevangelium ohne die beiden ersten Kapitel und die Paulus zugeschriebenen Briefe ohne den Hebräerbrief und die Pastoralbriefe gelten. Dem zürnenden, gerechten Schöpfergott der Juden, dem Demiurgos, stellte er den im Alten Testament noch, wie er sagte, unbekannten Gott der Liebe entgegen, der sich in Christus geoffenbart habe. Christus hat für Markion allerdings nur einen Scheinleib gehabt. In seinem Buch „Antithesen" behandelt er die angeblichen Gegensätze zwischen dem Alten und dem Neuen Testament und bringt eine nähere Begründung seiner Lehre. Die Sonderkirche, die Markion ins Leben gerufen hat, konnte sich noch jahrhundertelang behaupten. Für die Großkirche war sie eine nicht ungefährliche Gegengründung.[22]

---

21 J. Gründler I, (Anm. 6), 424.

22 B. Altaner, A. Stuiber, (Anm. 2), 106f.

Manichäer

Eine relativ bedeutungsvolle Weiterführung erlebte die altkirchliche Gnosis im Manichäismus, einer religiösen Bewegung, die zurückgeht auf Manes oder Mani, den Sohn eines vornehmen Persers, eines Anhängers der Mandäer. Im Jahre 215 n. Chr. geboren, war Mani im Jahre 276 hingerichtet worden. Sein Leben ist stark von Legenden umrankt. Immerhin hat er selbst mit großer Wahrscheinlichkeit auf verschiedenen Missionsreisen seine Lehre bis nach Indien und Turkestan getragen. Durch seine Anhänger gelangte sie noch zu seinen Lebzeiten nach Nordafrika und China.

Mani hatte ein außergewöhnlich starkes Selbstbewußtsein. Während er alle bisherigen Religionsstifter als seine Vorläufer betrachtete, verstand er sich als den Bringer der abschließenden göttlichen Offenbarung. Gleichzeitig bezeichnete er sich als Apostel Jesu oder als den von Jesus verheißenen Parakleten. Seine Schriften, die sieben Hauptwerke umfassen – zumeist sind sie verlorengegangen –, nannte er apostolische Schreiben.

Die Lehre Manis ist alles andere als originell und eigenständig. Synkretistisch schöpft sie aus dem altiranischen Parsismus, aus den Spekulationen der Gnosis und aus dem Lehrgut des Christentums. Sie verbindet den altpersischen Dualismus des Zarathustra mit gnostischen und christlichen Elementen. Immerhin hat kein Geringerer als Augustinus (†430) auf seinen verschlungenen Wegen zur Kirche eine Zeitlang Halt und Trost in dieser Lehre gefunden.

Mani deutet die Wirklichkeit radikal dualistisch. Er unterscheidet zwischen dem guten Lichtreich und dem bösen Reich der Finsternis. Er erklärt die Welt aus zwei Prinzipien, dem guten Prinzip des Lichtes und dem bösen Prinzip der Finsternis. Die Finsternis oder das Böse identifiziert er mit der Materie. Nach seiner Lehre stehen Gott und der Teufel auf einer Stufe. Er erklärt, es gebe zwei Götter, die einander gegenüberstünden, die einander entgegengesetzt seien, die aber den gleichen Rang hätten, der eine sei von einer unzählbaren Menge von lichtvollen Äonen umgeben, der andere friste sein Leben inmitten der Dämonenscharen. Aus dem hellen und dem dunklen Prinzip gehen nach Mani gute und böse Emanationen und Mischungen dieser verschiedenartigen Emanationen hervor. In der Erde, die der Finsterniswelt angehört, sind nach ihm Lichtelemente enthalten, wie etwa der Geist des Menschen und die Weltseele. Durch das Wirken Satans sind sie in die Körperwelt eingekerkert worden. Deshalb stehen im Menschen eine helle Lichtseele und eine dunkle Leibseele miteinander im Kampf. Zwar leugnet der Manichäismus die Sünde als freie und verantwortliche Verursachung des Bösen durch den Menschen, aber er geht davon aus, daß die Lichtseele des Menschen und die Weltseele, die in die

Körperwelt eingekerkert sind und dem Lichtreich angehören, der Befreiung bedürfen und die materielle Welt überwinden müssen.
Die Licht-Finsternis-Spekulation wird im Manichäismus in recht phantasievoller Weise auf die verschiedenen Gestalten des Alten, aber auch des Neuen Testamentes wie auf den Buddhismus und die Religion des Zarathustra angewandt.
Weil die Materie in der Sicht des Manichäismus böse ist, müssen sich die Auserwählten, die Gerechten, die Vollkommenen, die Jünger Manis im Vollsinn, des Fleisch- und Alkoholgenusses, des Eigentums, der körperlichen Arbeit und der Ehe enthalten. Dafür werden ihre Seelen nach dem Tod in das Lichtreich getragen, während ihre Leiber der Hölle verfallen, nachdem ihnen durch die Sonne und durch den Mond das in ihnen enthaltene Licht völlig entzogen worden ist.
Die Auserwählten, die Gerechten, die Vollkommenen, stellen die erste Klasse der Manichäer dar. Ihnen nachgeordnet ist die zweite, das sind die Zuhörer, jene, die zwar den Glauben haben, sich jedoch nicht imstande fühlen, die Askese in ihrer vollen Strenge durchzuführen. Ihnen obliegt es, die Auserwählten mit dem zum Leben Notwendigen zu versorgen und in der Welt möglichst wenig heimisch zu werden. Ihre Seelen werden nach dem Tod einem Reinigungsprozeß unterworfen, dem ein langes Umherirren in großer Angst vorausgeht.
Die Seelen der Nicht-Manichäer müssen nach dieser Lehre bis zum Ende der Welt, gequält von den Teufeln, umherwandern und werden dann schließlich für immer der Hölle überantwortet.
Über den Kult der Manichäer ist nicht viel bekannt, da er nur den Auserwählten offenstand und die Bücher darüber schweigen. Nur das wissen wir, daß der Manichäer viermal am Tage ein Gebet zu sprechen hatte, dem eine Waschung in fließendem Wasser vorausging. Der Beter warf sich dabei auf die Erde, nachdem er sich vorher der Sonne oder dem Mond oder, wenn sie nicht sichtbar waren, dem Norden zugewandt hatte. Das Hauptfest, die Erinnerung an die Hinrichtung Manis, wurde im März gefeiert.
Im Jahre 296 wurde der Manichäismus durch Kaiser Diokletian im römischen Reich verboten. Daher verschwand er langsam als religiöse Gruppierung. Nur in Mittel- und Ostasien existierte er noch bis ins 14. Jahrhundert. Im Abendland wirkte er aber weiter in einer Reihe von kleineren Bewegungen, die im folgenden vorgestellt werden. Diese blieben zusammen mit dem Judentum die eigentlichen Kontrahenten der Kirche, die einen verfolgt, die anderen bis zu einem gewissen Grad toleriert.[23]

---

23 A. Riedmann, Die Wahrheit über Gott und sein Werk, (Anm. 9), 142f.; J. Gründler II, (Anm. 6), 862-865.

Weiterführung der manichäischen Gnosis im Mittelalter

Priszillianisten

In Abhängigkeit vom Manichäismus entfaltete sich im 4. Jahrhundert der Priszillianismus als eine spezifische Form der Gnosis, die allerdings äußerst undurchsichtig ist und deren Wesen bis heute nicht ganz geklärt ist. Manche sind der Meinung, daß es sich bei dieser Gruppierung mitnichten um eine manichäische Sekte handelt, sondern einfach um eine der vielen gnostischen Gruppierungen, die sich in alter Zeit gebildet haben, oder lediglich um eine religiös-asketische Bewegung, unabhängig von der Gnosis.

Der Gründer dieser Gruppierung, Priszillian, zuletzt Bischof von Avila, geboren zwischen 335 und 345 n. Chr., war im Januar des Jahres 385 in Trier hingerichtet worden. Es war gegen ihn der Vorwurf erhoben worden, er habe magischen Praktiken gehuldigt und jene gnostischen Lehren vertreten, die bereits zur Zeit des Irenäus († ca. 202) in Südgallien Fuß gefaßt und dort noch lange weitergelebt hatten. Im einzelnen hatte man ihm eine modalistische Trinitätslehre, den gnostischen Dualismus, die neuplatonische Emanationslehre, manichäische Ideen, Wertschätzung der gnostisch-apokryphen Literatur, Mißachtung der Ehe, Leugnung der Auferstehung der Toten, Eintreten für ein asketisch verinnerlichtes Christentum und Protest gegen die innerkirchliche Verweltlichung, speziell bei den Bischöfen, vorgeworfen. Wegen seiner Sonderlehren war er zuvor durch verschiedene Synoden verurteilt worden. Die Anklage, die seine Hinrichtung zur Folge hatte, war durch ein kaiserliches Gericht erhoben worden und hatte auf „maleficium", „Teufelswerk", gelautet. Darauf stand allgemein die Todesstrafe. Zusammen mit ihm waren sechs Gefährten abgeurteilt worden. Von seinen Anhängern wurde Priszillian als Märtyrer gepriesen. Seine Hinrichtung ist von einer Reihe von führenden Vertretern der Kirche jener Zeit verurteilt worden, unter ihnen waren Martin von Tours († 397), Ambrosius von Mailand († 397) und Papst Siricius († 399), was freilich nicht heißt, daß sie die Lehren des Hingerichteten gebilligt hätten. Heute wissen wir, daß die Hinrichtung größtenteils politischer Berechnung und menschlicher Verfolgungssucht entsprungen ist.

Die Gedanken Priszillians wirkten nach seinem Tod weiter. Rasch breitete sich die priszillianische Bewegung in Nordspanien und Südfrankreich aus. Sie wurde zunehmend spiritualistisch, emanatistisch, dualistisch und rigoristisch, und ihre falschen Lehren setzten sich mehr und mehr durch. Im Jahre 414 hat Augustinus auf die Bitte des spanischen Klerikers Orosius hin mehrere antipriszillianische Schriften verfaßt.

Zuletzt verurteilte die Synode von Braga die Irrtümer des Priszillianismus, die sich inzwischen zu massiven Häresien entwickelt hatten, in 17 Anathematismen im Jahre 561 oder 563. Bald darauf erlosch die Bewegung. Allein die Ideen wirkten weiter in anderen gnostischen Gruppierungen.[24]

Bogumilen

In besonderem Glanz erstrahlte der Manichäismus im 9. Jahrhundert auf dem Balkan in der Sekte der Bogumilen, der Gottesfreunde. Im 8. Jahrhundert in Phrygien begründet durch den Priester Bogumil, stand sie in einem entschiedenen Gegensatz zur byzantinischen Kirche wie auch zum Staat, weshalb sie immer wieder verfolgt wurde. Dennoch hielt sie sich bis ins 14. Jahrhundert. Zuletzt war sie ein halbes Jahrhundert lang „Staatsreligion" in Bosnien, bis die Franziskaner dorthin kamen, um den König und das Volk zu bekehren. Seither sind die Franziskaner die entscheidenden Seelsorger dieses Landes. Auch heute noch.
Die Bogumilen hatten vom Manichäismus das dualistische Weltbild übernommen und waren demgemäß stark asketisch. Ihr Hauptziel war die allmähliche Vernichtung des Körpers, den sie als die Quelle der Sünden ansahen. Sie verwarfen den Fleischkonsum sowie den Weingenuß, und die Vollkommenen mußten auch auf die Ehe verzichten. Sie mißachteten alles Institutionelle in der Kirche wie auch im Staat. Sie lehnten den öffentlichen Gottesdienst ab und versammelten sich lediglich an einsamen Orten oder auch in den Häusern zum Gebet. Von den Sakramenten ließen sie nur die Taufe gelten.
Man zählt die Bogumilen zu den rigoristischen Gruppierungen der Gnosis. Dabei ist zu beachten, daß der Asketismus für die Bogumilen nicht heilshaft, nicht ein Element der Erlösung ist, sondern die Folge der Verachtung der Materie, ein Moment am Prozeß der Rückkehr zum Göttlichen. Die Bogumilen hielten die Schöpfung für ein Werk Satans, von dem sie sagten, er sei als der erstgeborene Sohn Gottes verworfen worden. In Christus sahen sie den zweitgeborenen Sohn Gottes. Sie lehrten, dieser habe in der Fülle der Zeit einen Scheinleib angenommen und den Satan, den erstgeborenen Sohn Gottes, besiegt und sei schließlich in den Schoß Gottes zurückgekehrt.[25]

---

24 A. Franzen, Art. Priszillianismus, in: Lexikon für Theologie und Kirche VIII, Freiburg ²1963, 769-771; J. Martin, Art. Priszillian, ebd., 768f.; B. Altaner, A. Stuiber, (Anm. 2), 374.

25 J. Gründler I, (Anm. 6), 206-208.

Paulizianer

Ein neues Aufleben gab es für den Manichäismus auch in der Sekte der Paulizianer, die sich vom 7. bis 13. Jahrhundert vor allem in Armenien ausbreitete. Die Paulizianer waren, wie auch die Bogumilen, ausgesprochen anti-institutionell. Sie verwarfen das Mönchtum, das Priestertum, den Bilder- und Reliquienkult und die Marienverehrung. Sie lehnten das Alte Testament und die petrinischen Briefe, später auch die Johannesbriefe, den Jakobusbrief und den Judasbrief ab. Ihr Gründer ist der syrische Diakon Konstantin, der ursprünglich Manichäer war. Seine Anhänger wurden Paulizianer genannt wegen ihrer Vorliebe für den Apostel Paulus. Da die Paulizianer immer wieder verfolgt wurden, schloß sich ein großer Teil von ihnen im 10. Jahrhundert den Bogumilen an und überlebte so bis ins späte Mittelalter, ein kleinerer Teil wandte sich dem Islam zu. Immerhin stießen noch im 13. Jahrhundert die Kreuzfahrer vereinzelt auf paulizianische Gemeinden.[26]

Katharer

Besonders wirksam wurde das manichäische Gedankengut in der Bewegung der Katharer. Sie gehen auf die bulgarischen Bogumilen zurück, deren Ideen sich seit dem 11. Jahrhundert über Bosnien und Dalmatien nach Oberitalien, Deutschland, England, Spanien und Holland und vor allem nach Frankreich hin ausbreiteten. Im Jahre 1119 wurde die Lehre der Katharer auf dem Konzil von Toulouse als häretisch verurteilt, und es wurden berühmte Prediger zu ihrer Bekämpfung eingesetzt. Später, am Beginn des 13. Jahrhunderts, kam es in der Auseinandersetzung mit den Katharern zu den sogenannten Albigenserkriegen (1209-1229). Damals flüchteten viele Katharer in die Pyrenäen, oder sie gingen nach Piemont, wo sie sich den Waldensern anschlossen.[27]
Wie die Manichäer unterschieden auch die Katharer zwei Klassen bei ihren Anhängern, die Vollkommenen und die Gläubigen. Die Vollkommenen mußten strengste Askese üben, da für sie jede Berührung mit der Welt als Sünde galt. Sie mußten sich der Ehe, des Eigentums und des Fleischgenusses enthalten. Die Gläubigen hingegen durften Eigentum besitzen, Fleisch essen und heiraten, mußten aber den Vollkommenen mit ihren Gaben zu Hilfe kommen.[28]

---

26 Ebd. II, 1100f.

27 S. unten S. 139f.

28 J. Gründler I, (Anm. 6), 787f.

Bei den Katharern gab es die merkwürdige Praxis der Endura. Darunter ist folgendes zu verstehen: Wegen der strengen Forderungen für das praktische Verhalten warteten viele mit ihrer Bitte um die Aufnahme in die Gemeinschaft bis zum Herannahen des Todes. Nachdem ihnen diese gewährt worden war, waren sie bemüht, möglichst schnell zu sterben, um nicht erneut dem Bösen zu verfallen. Das führte häufig dazu, daß sie entweder freiwillig auf jede Nahrung verzichteten oder daß ihnen dieser Verzicht auferlegt wurde. Manche Historiker sind der Meinung, daß durch die Endura mehr Katharer ums Leben gekommen sind als durch die Verfolgungen.[29]

Waldenser

Die Katharer standen in einer gewissen geistigen Nähe zu den Waldensern, einer Gruppierung, die sich von Petrus Waldes († um 1217), einem reichen Kaufmann aus Lyon, herleitet. In ihm war durch die intensive Beschäftigung mit dem Evangelium und mit dem Leben des heiligen Alexius die Sehnsucht nach einem Leben in Armut und in apostolischer Vollkommenheit geweckt worden. Deshalb trat er von 1176 an als Bußprediger auf, nachdem er seine Familie versorgt und sein übriges Vermögen verschenkt hatte. Schon bald schlossen sich ihm gleichgesinnte Männer und Frauen an, die sein Beispiel nachahmten und, arm und in apostolischer Tracht das Evangelium verkündend, mit ihm durch das Land zogen. Sie nannten sich die „Armen von Lyon“ oder die „Armen Christi“. Außenstehende bezeichneten sie auch als „Societas Valdesii“. Auf Straßen und Plätzen, in Häusern und Kirchen riefen sie die Menschen zur Buße auf. Glichen sie als eine asketische Gruppe von Laienpredigern in gewisser Weise den Jüngern des Franz von Assisi († 1226), so verlief ihre Geschichte jedoch wesentlich anders, da sie in ihrer Mission nicht das Einvernehmen mit der Kirche suchten.
Es blieb nämlich nicht aus, daß sie den Glauben verzerrten oder auch falsch darstellten und damit Ärgernis gaben. Das führte dazu, daß der Erzbischof von Lyon einschritt und ihnen die Predigt untersagte. Waldes wandte sich an den Papst und erschien auf dem III. Laterankonzil im Jahr 1179. Der Papst und das Konzil billigten das arme Leben der Waldenser und erlaubten ihnen die Sittenpredigt, sofern sie sich dabei strenger kirchlicher Aufsicht unterwarfen, untersagten ihnen jedoch ausdrücklich die Glaubenspredigt. Da die Waldenser sich nur für kurze Zeit daran hielten, wurde die Exkommunikation über sie verhängt, und sie wurden

29 H.-D. Leuenberger, (S. 24 Anm. 3), 90f.

aus Lyon vertrieben. Nach der Trennung von der Kirche breiteten sie sich aus in Südfrankreich, in Spanien und in der Lombardei und traten dabei immer mehr in Gegensatz zu den überlieferten Glaubenslehren, wenn sie nun bald die Sichtbarkeit der Kirche, das Fegfeuer, das Gebet für die Verstorbenen, den Ablaß, den Kriegsdienst und die Todesstrafe verwarfen und nur noch die Taufe, das Abendmahl und die Buße als Sakramente anerkannten. Dabei gerieten sie in wachsendem Maße unter den Einfluß der Katharer. Wie diese unterschieden sie dann zwischen den „Vollkommenen" und den „Gläubigen" oder „Freunden". Die Vollkommenen widmeten sich der Wanderpredigt und der Seelsorge oder der seelsorglichen Leitung ihrer Anhänger, also der Gläubigen oder der Freunde. Bei den Vollkommenen unterschied man Bischöfe, Priester und Diakone, die das dreifache Gelübde der Armut, der Ehelosigkeit und des Gehorsams ablegten. Sie wurden von Waldes selbst „ordiniert", der sich inzwischen „praelatus et pontifex omnium" nannte. Es gelang dem Gründer der Gemeinschaft jedoch nicht, seine Anhänger zusammenzuhalten. Schon bald zerfiel die Einheit, und es entstand ein französischer und ein italienischer Zweig. Während der französische Zweig bemüht war, die Verbindung mit der Kirche nicht zu verlieren, und zur Kirche zurückkehrte, die Sakramente wieder empfing und den Gottesdienst wieder besuchte, erstrebte der italienische Zweig nicht nur die Unabhängigkeit von der Kirche, sondern auch von Waldes und machte sich in immer stärkerem Maße Elemente der Gnosis zu eigen. Teilweise nahm man hier indes am Ende des 13. Jahrhunderts noch äußerlich am Kult der Kirche teil, um der Verfolgung zu entgehen.

In Böhmen verschmolzen die Waldenser mit den Hussiten, andernorts nahmen sie später die kalvinische Lehre an. Noch heute finden wir sie in den Alpentälern Savoyens und Piemonts. In Rom unterhalten sie eine theologische Fakultät. Eine neuere Statistik zählt 45 000 Anhänger, wovon 28 000 in Italien leben.[30]

Prädestinations-Baptisten

Eine späte Blüte erlebte der Manichäismus im 19. Jahrhundert, als sich eine Gruppe von Baptisten selbständig machte und sich die Bezeichnung Prädestinations-Baptisten zulegte. Sie konstituierte sich auf manichäischer und kalvinischer Grundlage. Das Unterscheidende wurde die Lehre von den „zwei Samen". Damit ist gemeint, daß den ersten Menschen,

---

30 A. Mens, Art. Waldenser, in: Lexikon für Theologie und Kirche X, Freiburg ^{2}1965, 933-935. – A. Molnár, Die Waldenser. Geschichte und europäisches Ausmaß einer Ketzerbewegung, Freiburg 1993.

Adam und Eva, bei ihrer Erschaffung ein guter Same eingepflanzt wurde, daß jedoch mit ihrer Sünde ein böser Same in sie eindrang, der Geist der Schlange oder des Teufels, der fortan durch den Strom des Lebens weitergegeben wurde und in jedem Menschen einen Widerstreit der beiden Samen bewirkt. Mit dieser Lehre verbindet sich die unbarmherzige Prädestinationslehre Kalvins, wenn die Meinung vertreten wird, daß manche Menschen mit dem guten Samen geboren werden und damit für das ewige Leben prädestiniert sind, während andere mit dem bösen geboren werden und deshalb für die ewige Verdammnis prädestiniert sind. Darin sieht man eine Bestimmung, die nicht beeinflußt werden kann, weshalb man die Überzeugung hegt, daß sich jede Form von Mission oder Katechese erübrigt.[31]

Über diese Gemeinschaften hinaus wirkten manichäische Gedanken weiter in den verschiedensten gnostischen Gruppierungen der Neuzeit, vor allem in der Theosophie und in der Anthroposophie.

Gnosis heute

Der italienische Gelehrte und Schriftsteller Umberto Eco stellte in seiner Rede zur Eröffnung der Frankfurter Buchmesse am 11. Oktober 1987 fest, für die Gnosis sei unter anderem kennzeichnend die Verachtung der Massen und die Hoffnung auf den Übermenschen. Deshalb schaffe sie auch Raum für eine totalitäre Politik. In der Tat ist die Gnosis in ihrem tiefsten Wesen totalitär. Die Verachtung der Massen entspricht ihrem Dualismus, die Hoffnung auf den Übermenschen entspricht ihrer Lehre von der Vergöttlichung des Menschen. Der totalitäre Anspruch begegnet uns in den verschiedenen Formen und Ausprägungen der Gnosis freilich mehr oder weniger unterschwellig. Nicht zuletzt stoßen wir auf ihn bei dem deutsch-amerikanischen Religionsphilosophen Hans Jonas, der im Jahre 1987 den Friedenspreis des deutschen Buchhandels erhalten hat. Jonas hat ausgezeichnete Arbeiten über die Gnosis veröffentlicht, aber er ist selbst nicht ganz frei von ihr geblieben. In seinem Hauptwerk „Das Prinzip Verantwortung" erklärt er, die Frage der Rettung des Menschen angesichts der immer neuen technischen Erfindungen sei eine Frage der Vernunft und eine Angelegenheit der Macht. Und er meint, die für die Menschheit notwendigen Verhaltensnormen ließen sich in einer sozialistischen Gesellschaft eher erzwingen als in einer kapitalistischen. Dabei müsse der Sozialismus allerdings sein Versprechen aufgeben, den großen

31 J. Gründler II, (Anm. 6), 1281f.

Glückszustand der Menschheit herbeizuführen. Was Jonas vorschwebt, ist eine Gruppe von erleuchteten und mächtigen Politikern, die der blinden Masse vorschreibt, was sie zu tun und zu lassen hat.
Die Aktualität der Gnosis im Christentum und in der Kirche kann heute nicht eindrucksvoller demonstriert werden als durch die Darstellung der Grundideen des französischen Jesuiten Teilhard de Chardin († 1955). Sein System muß als eine Form des Gnostizismus verstanden werden, die in gewisser Weise von exemplarischer Bedeutung ist. Nicht zu Unrecht wird er auch als Ahnherr der New Age-Bewegung betrachtet.[32]
Am 30. Juni 1962 erging ein Monitum der obersten Glaubensbehörde der Kirche – damals noch Heiliges Officium genannt –, das feststellte, „gewisse Werke des Paters Teilhard de Chardin" enthielten „derartige Doppeldeutigkeiten ... und darüber hinaus so schwere Irrtümer, daß sie die katholische Lehre" verletzten. Deshalb erhob das Dikasterium die Forderung, „die Geister – namentlich die junger Menschen – vor den in den Werken Pater Teilhard de Chardins und seiner Anhänger enthaltenen Gefahren zu schützen".[33] Dieses Urteil ist bis heute nicht aufgehoben worden.
Gnostisch sind bei Teilhard de Chardin die Spekulation nach innen unter Mißachtung der äußeren Wirklichkeit, die Verachtung der Logik und des logischen Argumentes, das Ineinander von Rationalität und Irrationalität, von Vernunft und Gefühl, wobei letztlich das Gefühl dominiert.
Teilhard de Chardin stellt zwar nicht die Inkarnation in Frage, aber er ersetzt den Christus der Evangelien durch den Omega-Christus. Sein Grundgedanke ist der kosmische Christus, der sich auf das Omega hin entwickelt. Das ist ein Gedanke, den er mitnichten der Offenbarung entlehnen kann. In der Apokalypse erklärt Christus demgegenüber: „Ich **bin** das Alpha und das Omega."[34] Gemäß den Schriften des Neuen Testamentes entwickelt sich Christus nicht erst zum Omega, er **ist** es. Er **ist** der vollendete Gottmensch, er wird es nicht. Zudem ist es völlig verfehlt, Christus als so etwas wie eine kosmische Idee zu begreifen, wohl aber ist der Kosmos durch ihn geschaffen. Der kosmische Christus, der sich entwickelt, das ist gnostische Spekulation.
Während Teilhard de Chardin den Christus der Evangelien durch den Omega-Christus ersetzt, ersetzt er den Gott des Alten und des Neuen Testamentes durch einen pantheistischen Gott, zumindest tendenziell. So schreibt er in einem Brief an Leontine Zanta: „Wie Sie schon wissen, sind

---

32 Vgl. unten S. 251. 287.

33 Vgl. L'Osservatore Romano vom 30. Juni 1962.

34 Apk 21,6 und 22,13.

mein Interesse und meine innere Beschäftigung vom Bemühen beherrscht, in mir selbst eine neue Religion (Sie können sie ein besseres Christentum nennen) aufzubauen und sie auszubreiten, in der der persönliche Gott aufhört, der große monolithische Herr früherer Zeiten zu sein, und zur Weltseele wird; unser religiöser und kultureller Stand verlangt danach."[35] Wenn demgegenüber Thomas Broch neuerdings nachdrücklich betont, Teilhard habe an einem transzendenten und personalen Gott festgehalten, der die Menschheit erlöst habe, wenngleich seine Abneigung gegenüber der historischen Gestalt Jesu von Nazareth nicht zu bestreiten sei,[36] so bleiben auf jeden Fall die Mißverständlichkeit und die Unklarheit dieses Gottesbildes und des Systems überhaupt, die eine solche Deutung möglich machen.

In dem evolutionären Welt- und Menschenbild Teilhards ist im Grunde kein Raum für die Freiheit, folglich auch nicht für das Böse. Den Gegensatz von Gut und Böse reduziert Teilhard auf bloße Stadien innerhalb der Evolution, auf bloße Grade der Perfektion. Auch das ist gnostisch. Darauf haben namhafte Kritiker wiederholt hingewiesen.[37] Immer wieder haben Esoteriker in der Vergangenheit und in der Gegenwart die Freiheit des Menschen negiert und damit viel Sympathie gefunden. Eine moralische Entlastung nimmt man dankbar entgegen. Aber der Preis, der dafür gezahlt wird, ist hoch. Mit der Freiheit verliert der Mensch seine Würde.

In Teilhards „Christogenese" haben die Erbsünde, die Erlösungsbedürftigkeit des Menschen und die Erlösung der Welt durch den Tod Christi am Kreuz keinen Platz. Christus ist im Grunde auch nicht mehr die Epiphanie Gottes, der Gottmensch, der den Menschen die Frohe Botschaft bringt und ihnen die Versöhnung und damit die Gemeinschaft mit Gott schenkt, er wird vielmehr zu einer unpersönlichen Kraft, zum Endpunkt eines kosmischen Evolutionsprozesses. An die Stelle der Umgestaltung in Christus tritt die menschliche Evolution, die sich über den Kopf des einzelnen hinweg, unabhängig von seiner freien Entscheidung, vollzieht. Für Teilhard ist der Schlüssel zum Menschen die Evolution, die planmäßig auf eine zunehmende Kompliziertheit des Menschen und auf eine stetige Entwicklung seines Bewußtseins ausgerichtet ist. Dabei räumt er ein, daß jede Stufe der Evolution (Stoff, Leben,

---

35 Zit. nach D. v. Hildebrand, Das trojanische Pferd in der Stadt Gottes, Regensburg 1968, 357.

36 Th. Broch, Teilhard de Chardin. Wegbereiter des New Age, Mainz/Stuttgart 1989, 155ff. 162ff.

37 D. v. Hildebrand, (Anm. 35), 217.

Geist) ihre eigene Gesetzmäßigkeit hat. Er meint, in der Gegenwart sei diese Evolution zwar zu höchster Kompliziertheit gelangt, das bezeuge das Bewußtsein des modernen Menschen, aber noch sei die Vollendung nicht erreicht. Diese soll das Universum schließlich im Zusammenwachsen der Menschheit im Punkt Omega erreichen. Das bedeutet, daß an die Stelle der Vollendung der Erlösung in der Auferstehung der Toten und der beseligenden Anschauung Gottes das Eintauchen des individuellen Bewußtseins in das allgemeine Bewußtsein einer Übermenschheit tritt.[38]

Für Teilhard entwickelt sich der Mensch zum Übermenschen. So kann er schreiben: „Die Entwicklung des Menschen hat also keineswegs schon ihren Höhepunkt erreicht ... sie befindet sich vielmehr in unserer Zeit in vollem Aufschwung. Und diese offenbar aus eigener Kraft aufrechterhaltene, ja sogar beschleunigte Bewegung auf ein Ultra-Menschsein hin scheint, zumindest in ihrem wesenhaften Kern, den üblichen Gefahren des Alterns nicht zu unterliegen, sofern ihr die Erde nur weiterhin die notwendigen Reserven aller Art zu Verfügung stellt."[39]

Der Fortschrittsglaube wird bei Teilhard zur Fortschrittsverehrung. 1941 nennt er die Menschen, die nicht an die Zukunft glauben, die wahren Feinde der Menschheit.[40]

Gerade der Glaube an den Fortschritt ist es auch, der das Denken Teilhards dem modernen Menschen sympathisch macht. Zwar begegnen manche dem Fortschrittsdenken mit Vorbehalten, aber nicht wenige warten doch darauf, endlich mit gutem Gewissen diesen Glauben bekennen zu dürfen.[41]

Mit dem Fortschrittsglauben verbindet sich bei Teilhard ein philosophischer Monismus oder Immanentismus. Auch diese Position teilt er mit den verschiedenen Formen der Gnosis und der Esoterik. An die Stelle der welttranszendenten Ewigkeit setzt er die geschichtliche Zukunft. In Verbindung damit stellt er die grundlegende Verschiedenheit von Geist und Materie in Frage. In einem Gespräch distanziert er sich von Augustinus († 430) mit den Worten: „Erwähnen Sie diesen unglückseligen Mann nicht; er hat alles dadurch verdorben, daß er das Übernatürliche eingeführt hat."[42]

---

38 Ebd., 217f.

39 P. Teilhard de Chardin, Die Entstehung des Menschen, München 1982, 119.

40 F. Heer, Offener Humanismus, Bern 1962, 189.

41 F. Vonessen, Mythos und Wahrheit. Bultmanns „Entmythologisierung" und die Philosophie der Mythologie, Einsiedeln 1964, 50f.

42 Vgl. D. v. Hildebrand, (Anm. 35), 339.

Dieser Monismus entspricht dem Weltgefühl des modernen Menschen in hohem Maße. Er ist in der Gegenwart sehr verbreitet, auch in der Theologie, sowohl in der Form des Supranaturalismus als auch in der Form des Naturalismus, wobei diese beiden Formen im Grunde nichts anderes sind als die berühmten zwei Seiten ein und derselben Medaille. Denn ob ich nun gleich bei der Behauptung beginne, daß es nur eine naturale Wirklichkeit gibt, oder ob ich zunächst beginne mit der Behauptung, alles sei übernatürlich, am Ende bin ich immer beim Naturalismus.

Der Monismus ist als Rationalismus von seinem Wesen her atheistisch, wobei freilich diese Folgerung oft nicht gezogen wird. Ich kann Gott entthronen, indem ich ihn möglichst weit wegrücke von der Welt, ich kann ihn aber auch entthronen, indem ich ihn möglichst nahe an die Welt heranrücke. Dezidiert erklärt Teilhard, der Glaube an Christus müsse zum Glauben an die Welt werden.[43]

Analog zur „Science-fiction“ kann man bei dem System Teilhards von einer „Theology-fiction“ sprechen. Jacques Maritain († 1973) schreibt: „Teilhards Theologie ist eine neue Art christlicher Gnosis, und wie alle Formen von Markion bis in unsere Tage ist sie eine ‚theology-fiction‘.“[44]

Auch der Philosoph Etienne Gilson († 1978) hat Teilhards gnostische Interpretation der christlichen Offenbarung nachdrücklich als Theologie-Fiktion bezeichnet.[45]

Wurde auch das Gedankengebäude Teilhards durch das kirchliche Lehramt als unkatholisch bezeichnet,[46] so ist gleichwohl der Einfluß dieses Denkens auf die westliche Theologie nicht gerade gering. Wir finden es in den verschiedenen theologischen Schulen der Gegenwart, nicht zuletzt auch in der Befreiungstheologie. Aber auch im profanen Bereich ist der Einfluß dieses Denkens nicht unerheblich.[47]

---

43 F. Heer, (Anm. 40), 187; vgl. F. Vonessen, (Anm. 41), 50f.

44 J. Maritain, Der Bauer von der Garonne, München 1969, 126.

45 D. v. Hildebrand, (Anm. 35), 217.

46 S. oben S. 142.

47 Vgl. auch G. Schiwy, Der Geist des Neuen Zeitalters. New-Age-Spiritualität und Christentum, München 1987, 101ff. und passim.

ESOTERIK INNERHALB DER KIRCHE

Da die Esoterik sich als Mystik versteht, zählt sie grundsätzlich alle Vertreter der christlichen Mystik zu den Ihren. Das ist jedoch nicht berechtigt. Zwar neigt die christliche Mystik bisweilen zur Esoterik, aber die Esoterik gehört nicht zum Wesen der christlichen Mystik. Indirekt wird das in der Esoterik zugegeben, wenn sie faktisch nur bestimmten Persönlichkeiten der Geschichte der christlichen Mystik ihr Interesse schenkt, nämlich solchen, bei denen sich zugegebenermaßen mehr oder weniger esoterische Züge entdecken lassen. Zu nennen sind hier vor allem Hildegard von Bingen († 1179) und Meister Eckhart († 1328) sowie eine Reihe von protestantischen Mystikern, wie Jakob Böhme († 1624),[1] Philipp Jakob Spener († 1705), der Begründer des Pietismus, Nikolaus Graf Zinzendorf († 1760), auf den die Herrnhuter Bewegung zurückgeht, Emmanuel Swedenborg († 1772) und Friedrich Christoph Ötinger († 1782).

Steht Meister Eckhart auch ganz im Strom der Überlieferung der Kirche – er ist stark von seinem Ordensbruder Thomas von Aquin († 1274) beeinflußt –, so ist er doch nicht frei von neuplatonischen Gedanken, die, wie festgestellt wurde, in der Esoterik eine große Rolle spielen,[2] weshalb auch mehrere seiner Sätze durch das Lehramt der Kirche verurteilt wurden. Es ist die pantheistische und die quietistische Akzentuierung seiner Mystik, die das Lehramt auf den Plan gerufen hat.[3]

Hildegard von Bingen, eine der größten Frauen der Geschichte, Gesprächspartnerin und Beraterin von Gelehrten, Fürsten, Königen, Bischöfen und Päpsten – ihre Zeitgenossen gaben ihr voll Bewunderung die Ehrennamen „Prophetissa teutonica" („deutsche Prophetin"), „Tischgenossin Gottes" und „Wunder des Jahrhunderts" –, verband ein enormes künstlerisches Empfinden mit erstaunlichen naturwissenschaftlichen und medizinischen Kenntnissen, die sie auf ihre mystischen Schauungen zurückführte. Ihre ungewöhnlichen Kenntnisse leitete sie her von einem inneren Licht, durch das sie sich von Gott, von der Urweisheit, belehrt wußte. Ihre Verbundenheit mit diesem Gott war von unauslotbarer Tiefe. Ihre Schrift „Scivias" vermittelt uns eine Ahnung davon.[4] Dabei zeichnete sie sich aus durch bedingungslose Kirchlichkeit,

---

1 S. oben S. 162f.

2 S. oben S. 119ff.

3 Vgl. H. Denzinger, A. Schönmetzer, (S. 39 Anm. 33), Nr. 950-980.

4 Vgl. Hildegard von Bingen, Scivias. Wisse die Wege, erkenne deinen eigenen Weg durch

ohne freilich ihre Augen vor den Schwächen und Schäden der Kirche in einer äußerst verworrenen Zeit zu verschließen. Sie predigte gegen die Katharer, die stark von esoterischen Gedanken bestimmt waren und eine Gegenkirche aufzubauen versuchten. In ihren Visionen und Auditionen belehrte sie die Menschen ihrer Zeit über die Geschichte des Heiles und ermahnte sie zu sittlicher Lebensführung. Sie wird in der Kirche als Heilige verehrt und hat auch als Mystikerin ausdrücklich die kirchliche Anerkennung gefunden.[5] Gleichwohl ist bei ihr eine Hinneigung zur Esoterik unverkennbar. Speziell ihre naturwissenschaftlichen und medizinischen Schriften sind nicht frei von magischen und gnostischen Gedanken. Wenn sie diese Schriften in ihrer Gesamtheit auf innere Schauungen zurückführt, erhalten sie damit nicht eine übernatürliche Wahrheitsgarantie. Zwar hat die Kirche die Echtheit der Mystik Hildegards anerkannt, aber nur im allgemeinen. Damit ist nicht gesagt, daß es bei ihr im einzelnen nicht Täuschungen und massive Irrtümer geben kann.

Esoterische Elemente sind bei Hildegard erkennbar in ihrem Weltbild, in dem die Beziehungen zwischen Makrokosmos und Mikrokosmos im Vordergrund stehen, und vor allem in ihrer Heilkunst, die damit nicht als solche in Frage gestellt werden soll. So verbindet sie etwa Formelworte, Segenssprüche und Gebetsformeln mit der Mischung und der Einnahme von Arzneien und hebt stark die kosmische Verflochtenheit von Gesundheit und Charakter hervor.[6] Einmal schreibt sie: „Wo in einem Haus oder an einem Platz Luftgeister ihren Spott zu treiben pflegen, dort verbrenne die Leber dieses Fisches [des Walfisches] über glühenden Kohlen, und sie ziehen sich zurück und können dort nicht länger bleiben wegen der Stärke des Geruches.“[7] Eine wichtige Rolle spielt bei Hildegard die Edelstein-Medizin, die auch als esoterisch zu qualifizieren ist.[8] Die Naturmedizin, die ein bedeutendes Prinzip ihrer Therapie ist, ist zwar nicht esoterisch,

---

die Welt und hin zu Gott. Nach dem Originaltext des illuminierten Rupertsberger Codex ins Deutsche übertragen. Hg. und mit einem Vorwort versehen von W. Storch, Aschaffenburg 1990.

5 Sie erhielt die kirchliche Anerkennung auf der Trierer Synode von 1148 durch Papst Eugen III.

6 G. Hertzka, Das Wunder der Hildegard-Medizin, Stein a. Rh. ²1979, 177f. 208. 129ff.

7 Ebd., 144; vgl. E. Breindl, Das große Gesundheitsbuch der heiligen Hildegard von Bingen. Leben und Wirken einer bedeutenden Frau des Glaubens, Aschaffenburg 1983, passim.

8 S. oben S. 85f. Vgl. G. Hertzka, W. Strehlow, Die Edelsteinmedizin der heiligen Hildegard, Freiburg ²1986, passim. Es ist bezeichnend, daß eine Reihe von Hildegard-Büchern im Hermann-Bauer-Verlag in Freiburg, einem ausgesprochen esoterischen Verlag, verlegt wird.

aber immerhin wird sie in allen Formen der Esoterik mit Nachdruck vertreten. Das gleiche gilt für die psychosomatische Akzentuierung ihrer Heilkunst.
Die Esoteriker betrachten auch den Dominikaner Albertus Magnus († 1280) und den Franziskaner Roger Bacon († 1294) als die Ihren. Während sie die Meinung vertreten, für Albertus Magnus habe die Esoterik nur am Rande seiner Forschungen gestanden – immerhin war er auch Anhänger der Edelstein-Medizin[9] –, sehen sie in Roger Bacon einen ausgesprochen esoterischen Forscher, einen Okkultisten und Alchemisten.[10] Es ist nicht zu bezweifeln: Esoterische Gedanken bestimmten diese und viele andere Theologen des Mittelalters, aber sie blieben letztlich peripher bei ihnen, weil sie der großen philosophischen und theologischen Tradition der Kirche widersprachen.
Weiter von der Kirche entfernten sich allerdings die obengenannten protestantischen Mystiker, was sich freilich nicht zuletzt aus dem anders gearteten Kirchenverständnis des reformatorischen Christentums erklärt. Teilweise wurden sie zu namhaften Vertretern der esoterischen Überlieferung, die sich ihrerseits in späterer Zeit immer wieder auf sie berufen kann.

---

9 H. Werner, (S. 49 Anm. 12), 21. 175.

10 H.-D. Leuenberger, (S. 24 Anm. 3), 95; H. Werner, (S. 49 Anm. 12), 70.

JÜDISCHE MYSTIK (KABBALA)

Ein bedeutendes esoterisches System ist die Kabbala, der Inbegriff der jüdischen Esoterik, der Geheimlehre des Judentums. Man hat die Kabbala als die Mutter der verschiedenen esoterischen Richtungen und Praktiken bezeichnet.[1] Die Anhänger der Kabbala sind der Meinung, die Kabbala öffne jeder Religion die Zukunft, den Erfolg und den Himmel, und wer immer diesen Schlüssel besitze, müsse ihn vor seinem Tod an einen Würdigen weitergeben, um nicht schwere Schuld auf sich zu laden. Der Einfluß der Kabbala auf die Esoterik ist bis heute nicht unerheblich. Innerhalb des Judentums hat sie in den Jahrhunderten immer wieder messianische Bewegungen hervorgerufen.

Dem Wort „Kabbala" oder „cábalo" liegt das hebräische Verbum „qabal" zugrunde, das soviel bedeutet wie empfangen. Man denkt dabei an die Aufnahme oder den Empfang Gottes oder einfach an die Aufnahme oder den Empfang der Überlieferung. Als Kabbala bezeichnet man die Geheimüberlieferung des Judentums seit dem 13. Jahrhundert. Bis dahin hatte man den Terminus „Kabbala" nur für die nichtmosaischen Schriften des Talmud verwandt als Parallelbegriff zur schriftlichen und mündlichen Thora. Die Kabbala wurde in den Jahrhunderten streng gehütet und nur mündlich weitergegeben, wenngleich sie möglicherweise in ihrem Kern schon zur Zeit Christi niedergeschrieben wurde, ohne daß das historisch wirksam geworden wäre. In Palästina entstanden, gelangte sie über Italien in die Provence, wo sie einen intensiven Entwicklungsprozeß durchmachte, bis sie nach Spanien kam. Hier erhielt sie um 1300 eine feste Form in der Schrift „Zohar". In dieser Gestalt ist sie bis heute die Grundlage des kabbalistischen Denkens geblieben. Zohar bedeutet soviel wie Lichtglanz. Jahrhundertelang war das Zentrum des Kabbala-Studiums in der Bergstadt Sfat (arab. Safed) in Palästina.

Seit der Vertreibung der Juden aus Spanien im Jahre 1492 verbreiteten sich die Lehren der Kabbala sehr schnell im ganzen Abendland und erfreuten sich wachsender Wertschätzung.

Die Kabbala soll ihre Wurzeln in der Zeit des babylonischen Exils, wenn nicht schon früher in der ägyptischen Zeit des Volkes Israel haben. Nicht zu leugnen ist, daß die Israeliten in Babylon mit der altbabylonischen Kultur und mit dem Parsismus bekannt wurden. Immerhin ist die Kabbala stark mit babylonischem und fernöstlichem Gedankengut durchsetzt.

---

1 K. Wolff, Der kabbalistische Baum, München 1989, 9.

Zunächst ist sie eine Lehre von der Entstehung des Kosmos und seinen Gesetzen, eine Kosmogonie. Diesen Teil der Kabbala pflegt man entsprechend dem ersten hebräischen Wort des Alten Testamentes „Bereschith" zu nennen. Sie ist aber auch eine Lehre von der Gottheit und ihrem Wesen und von der Art und Weise, wie die göttliche Offenbarung zum Menschen gelangt, eine Theologie. Diesen Teil bezeichnet man als „Merkaba". Das Wort „Merkaba" bedeutet soviel wie Wagen, Vehikel. Hier spielt es auf die Übermittlung der göttlichen Botschaft an. Bereschith und Merkaba bilden zusammen die theoretische Kabbala. Diese stellt sich allgemein pantheistisch-emanatistisch und dualistisch dar. Im Hinblick auf den Menschen vertritt sie die Lehre von der Seelenwanderung.
Wichtiger aber als die theoretische Kabbala ist für die Esoterik die praktische, der magische Teil der Kabbala. Über ihn sind keine schriftlichen Aufzeichnungen oder nur wenige vorhanden, derweil gerade er die abendländische Esoterik sehr stark beeinflußt hat. Er enthält eine Fülle von magischen Praktiken und Rezepten, Mittel zur Heilung von Krankheiten und Anweisungen für die Beschwörung der Geister. In ihm finden wir auch die magische Zahlenlehre, die Gematrie, die uns häufig in der Esoterik begegnet.[2]

---

2 H.-D. Leuenberger, (S. 24 Anm. 3), 166-169; K. Kaltenbrunner, (S. 42 Anm. 39), 47; B. Larson, I. Steigelmann, (S. 61 Anm. 55), 115; Weltalmanach des Übersinnlichen, (S. 97 Anm. 133), 186-188.

DER TEMPLERORDEN – EIN ESOTERISCHES IDEAL

Eng verbunden mit der esoterischen Überlieferung ist der mittelalterliche Ritterorden der Templer. Die neueren esoterischen Gruppierungen schauen begeistert auf die Wirksamkeit des Ordens im Orient und sehen in ihm einen Hort der hermetischen Weisheit und alter, geheimnisvoller Riten, das Ideal einer esoterischen Gruppierung. Wieweit das zu Recht geschieht, ist angesichts des geschichtlichen Dunkels, das die spätere Entwicklung des Ordens umgibt, schwer zu sagen.

Die Templer, der älteste geistliche Ritterorden, wurden begründet durch den Ritter Hugo von Payen († 1136). Dieser legte im Jahre 1119 zusammen mit sieben französischen Rittern die drei bekannten Ordensgelübde ab und verband damit das Gelöbnis, die Pilger, die damals in Scharen in das Heilige Land zogen, gegen die sarazenischen Wegelagerer und Räuber zu schützen. Die kleine Gemeinschaft ließ sich in Jerusalem nieder und nahm ihren Wohnsitz auf dem Areal des früheren Salomonischen Tempels. Deshalb nannte man sie die Tempelritter oder die Templer. Sie selbst bezeichneten sich als die „Arme Ritterschaft Christi vom salomonischen Tempel“. Ihre erste Aufgabe sollte es sein, die Pilger auf dem Weg ins Heilige Land zu begleiten und zu schützen, Einrichtungen zum Schutz der Wege und Straßen, die ins Heilige Land führten, aufzubauen und den Pilgern im Heiligen Land selbst beizustehen. 1128 erhielt der neue Orden eine von Bernhard von Clairvaux († 1153), dem Begründer des Zisterzienserordens, redigierte Regel. Als Ordenstracht übernahm er den weißen Mantel der Zisterzienser, der mit einem roten Kreuz versehen wurde. Im Jahre 1139 bestätigte der Papst die Regel und sprach den Templern das Privileg der Exemtion zu.

Der Orden wuchs schnell, die Idee zündete. Die Verbindung des Rittertums mit dem klösterlichen Leben sprach viele an. Nicht zuletzt war es die Autorität des heiligen Bernhard, die die neue geistliche Gemeinschaft empfahl. Die Ordensritter bewährten sich als Kerntruppe bei den Kämpfen der Christen um das Heilige Land und erwarben großen Ruhm im Kampf gegen die Mauren in Spanien. Im Jahre 1241 wirkten sie mit bei dem Sieg der christlichen Heere über die Mongolen in der historischen Schlacht auf der Walstatt bei Liegnitz.

Die Idee des Ordensrittertums machte Schule, es entstanden weitere geistliche Ritterorden, und der Johanniterorden und der Deutschorden, ursprünglich geistliche Genossenschaften im Dienst der Krankenpflege, gestalteten sich um nach dem Vorbild der Templer, der Johanniterorden 1137, der Deutschorden 1198.

Bei den Templern unterschied man drei Gruppen: die Ritter, die Ordenskapläne und die dienenden Brüder. Die Ritter bildeten die tragende Säule der Gemeinschaft. Sie waren stets von adeliger Geburt. Die Ordenskapläne hatten die geistlichen Funktionen in der Gemeinschaft zu verrichten. Die dienenden Brüder, bei denen man die Waffen- und die Handwerkerbrüder unterschied, trugen Sorge für die materiellen Bedürfnisse der Ritter und der Ordenskapläne.
Zu diesen drei Gruppen, den eigentlichen Mitgliedern des Ordens, kamen noch die Gemeinschaften der Affiliierten, die den Orden finanziell unterstützten. Zu ihnen gehörten auch weibliche Personen. Die Gemeinschaften der Affiliierten wurden mit vielen päpstlichen Privilegien ausgestattet und wuchsen sehr schnell, zumal der Orden in allen Bevölkerungskreisen große Sympathien fand. Das hatte zur Folge, daß er schnell reich wurde, was der Treue zu den ursprünglichen Idealen nicht unbedingt zugute kam.
Die oberste Leitung des Ordens lag in der Hand des von den Rittern gewählten Großmeisters, dessen Macht durch das Generalkapitel begrenzt wurde. Dieses wählte seinerseits die Großwürdenträger, die dem Großmeister zur Seite standen: den Seneschall, seinen Stellvertreter, den Marschall, den Vorsteher des Kriegswesens, den Komtur des Königreichs Jerusalem, der auch der Schatzmeister des Ordens war, den Komtur der Stadt Jerusalem, der für das Geleit der Pilger zum Jordan zu sorgen und die Kreuzreliquie zu behüten hatte, und endlich die Komture von Akkon, Tripolis, Antiochien und den einzelnen Ländern im Abendland. Die unterste Gliederung des Ordens waren die Kommenden, an deren Spitze jeweils ein Hauskomtur stand. Nach diesem Muster gestaltete sich auch der Aufbau der anderen Ritterorden.
In eine spezifische Krise gerieten die Ritterorden, als sie nach dem Fall von Akkon im Jahre 1291 ihre Wirkungs- und Arbeitsfelder verloren und gezwungen waren, in die Heimat zurückzukehren und sich neuen Aufgaben zuzuwenden. Sie wählten die Krankenpflege und die soziale Arbeit, wie es nahelag. So machten es auch die Templer. Ihr Haupttätigkeitsfeld wurde Frankreich, ihr Ursprungsland. Aber ihre Tage waren gezählt, denn auf Betreiben des französischen Königs Philipp der Schönen (1285-1314) wurde ihnen schon bald ein grauenvolles Ende bereitet. Man spricht in diesem Zusammenhang von der „Tragödie der Templer".
Philipp der Schöne, der nach seinen Auseinandersetzungen mit Papst Bonifatius VIII. das Papsttum in seine Gewalt gebracht hatte – im Jahre 1309 begann das unselige Exil von Avignon –, hatte es auf den Reichtum des Ordens abgesehen und wollte dessen militärische und politische Macht treffen. Deshalb ließ er am 13. Oktober des Jahres 1307 alle französischen Templer verhaften, ungefähr 2000 an der Zahl, unterwarf

sie strengen Verhören, unterstellte ihnen die verschiedensten Laster und erpreßte die entsprechenden Geständnisse. Damit wollte er Papst Clemens V. (1305-1314) veranlassen, den Orden aufzuheben. Dieser zögerte zunächst, folgte aber schließlich doch dem Drängen des Königs. Die Inquisition übernahm also die erpreßten Geständnisse und führte die Untersuchung fort. Sie erhob Anklage auf Häresie, Blasphemie und Unzucht, auf Götzenverehrung, Schändung des Kreuzes Christi und widernatürliche sexuelle Praktiken.
Bis heute ist nicht geklärt, wie weit wirkliche Mißstände bei den Templern vorhanden waren, ob und inwieweit die Vorwürfe gegen sie berechtigt waren. Es ist jedoch anzunehmen, daß die inneren Schwächen dieses Ordens zumindest nicht gravierender waren als die der anderen Orden. Fest steht, daß in Spanien die innere Disziplin des Ordens ausgesprochen gut war. Zudem haben die Geständnisse, mit denen man aufwartete, keinen Wirklichkeitswert, weil sie durch Folter und Angst vor der Folter erpreßt worden waren, was damals nicht außergewöhnlich war. Nicht wenige Templer haben später ihre Geständnisse widerrufen und dafür den Feuertod auf sich genommen. Es ist sicher, daß es Philipp nicht um das Evangelium und die Kirche ging. Seine Interessen waren wirtschaftlicher und politischer Natur. Das wußte der Papst. Deshalb trat er ihm zunächst entgegen und versuchte, die Templer zu retten, gab dann aber den Widerstand auf und ließ sich die Berechtigung der Vorwürfe einreden. Das geschah aus Schwäche und aus dem Bestreben, die Angelegenheit in der Hand zu behalten. Als er aber sah, wie brutal Philipp und seine Leute gegen die Templer vorgingen, und erkannte, daß die Inkriminierten die Geständnisse in sehr vielen Fällen widerriefen, wurde er wieder unschlüssig. Trotzdem ließ er den Orden unter massivem Druck am 23. März 1312 durch das Konzil von Vienne aufheben. Die Begründung lautete, der Orden habe sich anrüchig gemacht und sei unnütz geworden. Die Entscheidung, die Güter des Ordens den Johannitern zukommen zu lassen, kam nur teilweise zur Durchführung. Zum größten Teil nahmen sie die Fürsten an sich. Der letzte Großmeister, Jacques de Molay (* um 1245 in Burgund), wurde am 11. März 1314 in Paris verbrannt, nachdem er im Angesicht des Todes noch einmal feierlich die Unschuld des Ordens beteuert hatte.[1]

---

[1] H. Jedin (Hg.), Handbuch der Kirchengeschichte III/1, Freiburg 1966, 529f.; III/2, Freiburg 1968, 372-380; G. Schnürer, Art. Templer, in: Lexikon für Theologie und Kirche IX, Freiburg ^{1}1937, 1043-1047; V. Hofmann, Art. Templer, in: Lexikon für Theologie und Kirche IX, Freiburg ^{2}1964, 1361-1363. Vgl. auch J. Charpentier, Die Templer, München 1972, und A. Beck, Der Untergang der Templer. Der größte Justizmord des Mittelalters?, Freiburg 1992.

Die brutale Vernichtung des Templerordens fast zweihundert Jahre nach seiner Gründung ist ein trauriges Kapitel in der Geschichte des Abendlandes und der abendländischen Kirche. Das gilt selbst für den Fall, daß die Anklagen nicht erdichtet waren oder teilweise der Wirklichkeit entsprachen. Um gerecht zu urteilen, muß man solche Ereignisse jedoch aus der Geschichte heraus verstehen. Es ist nicht sachgemäß, geschichtliche Ereignisse von einem späteren Standort aus souverän zu disqualifizieren.

Die Esoteriker vertreten die Meinung, bei den Templern habe es esoterische Praktiken gegeben und diese seien der eigentliche Grund für die Aufhebung des Ordens gewesen. Es mag sein, daß die Esoterik einen wachsenden Einfluß auf den Orden ausgeübt hat, aber daß das der eigentliche Grund für seine Aufhebung gewesen ist, ist geschichtlich nicht nachzuweisen. Gemäß der esoterischen Überlieferung hat es im Templerorden einen inneren Kreis von ausgewählten Mitgliedern gegeben, in dem die Esoterik und der Okkultismus gepflegt wurden, und es gibt nicht wenige esoterische Gruppierungen, die ihr Gedankengut und ihre Bräuche mit Berufung auf die Templer legitimieren. Auf geschichtlichem Boden bewegt man sich damit jedoch nicht. Das gilt auch für die These, einige Tempelritter seien am Beginn des 14. Jahrhunderts nach England geflüchtet, wo ihre Gedanken Jahrhunderte hindurch im verborgenen weitergewirkt hätten, um dann im 18. Jahrhundert im Freimaurertum zu neuer Bedeutung aufzusteigen. Auf eine solche geschichtliche Verbindung mit den Templern berufen sich tatsächlich einige Richtungen der Freimaurerei in England und Schottland.[2]

Es ist bemerkenswert, daß die templerische Ordensidee in der Gegenwart auch außerhalb der Esoterik in der Gestalt der Gemeinschaft der christlichen Templer eine Neubelebung erfahren hat. Hier knüpft man an die Regel an, die der hl. Bernhard einst den Tempelrittern gegeben hat, und sucht in brüderlicher Gemeinschaft den Menschen auf ihrem Pilgerweg zu Gott und zur Ewigkeit beizustehen.[3]

---

2 H.-D. Leuenberger, (S. 24 Anm. 3), 82-89.

3 Vgl. Deutsche Tagespost vom 13. und vom 15. Februar 1992.

DER GRAL – MEHR ALS EIN NOSTALGISCHES SYMBOL

Mit der Ordensritter-Romantik verbindet sich der Mythos vom heiligen Gral. Der Gral steht in einem engen Zusammenhang mit dem Ideal der Ritterorden und ist für die verschiedenen esoterischen Gruppierungen so etwas wie ein nostalgisches Symbol, in das sie all ihre Sehnsüchte hineinprojizieren, er ist für sie der Inbegriff esoterischen Denkens und esoterischer Praxis. Sie bezeichnen den Gralsmythos als ein Medium, durch das reiches esoterisches Wissen in der Geschichte tradiert, durch das vor allem das esoterische Wissen der Templer und Katharer bewahrt worden sei. Im Grunde ist er eine spezifische Ausformung des uralten Traumes der Menschheit vom verlorenen Paradies.

Die Gralssage, in der sich kühne poetische Phantasien finden, in der große christliche Motive ins Märchenhafte gewendet werden, begegnet uns in den Grundzügen bereits in frühchristlicher Zeit. Im Laufe der Jahrhunderte wurde sie mehr und mehr mit wunderlichen und geheimnisvollen Elementen ausgestattet. Literarisch bearbeitet wurde sie in verschiedenen europäischen Ländern am Ende des 12. Jahrhunderts und im 13. Jahrhundert, in der großen Zeit der Templer. Mit dem Gral verband man die Vorstellung von einem goldenen Zeitalter, man schrieb ihm zu, er verleihe ewige Jugend und Glückseligkeit und spende immer neu Speise und Trank oder auch andere Güter, man brachte ihm gar göttliche Ehren entgegen.[1]

Die einen bringen den Terminus „Gral" in Verbindung mit dem hebräischen „goral", das soviel bedeutet wie Los, Losstein, Stimmstein, Landanteil, Schicksal oder einfach Stein. Dem entspricht die Vorstellung, daß der Gral ein geheimnisvoller Stein ist, mit dem man wundersame Dinge bewirken kann.[2] Die anderen leiten den Terminus von dem persischen „Ghr-âl" ab, womit zunächst ein farbenschimmernder Stein, dann aber auch ein Gefäß bezeichnet wird. In der letzteren Bedeutung begegnet uns auch das lateinische „gradalis" oder „garalis". Die Vorstellung, daß der Gral eine rätselhafte Schale oder ein außergewöhnliches Trinkgefäß ist, tritt in der Geschichte neben die Vorstellung von dem geheimnisvollen Stein.[3]

Die Gralssage wird uns in zwei Versionen überliefert: in der angelsächsi-

---

1 H. Rheinfelder, Art. Gral, in: Lexikon für Theologie und Kirche IV, Freiburg [1]1932, 639f.

2 K. Lokotsch, Etymologisches Wörterbuch der europäischen Wörter orientalischen Ursprungs, Heidelberg 1927, 731.

3 H. Rheinfelder, (Anm. 1), 639.

schen und in der kontinentalen Version. Im einen Fall ranken sich die Ereignisse um König Artus und die Tafelrunde der Ritter, im anderen Fall steht die Gestalt des Ritters Parzival im Mittelpunkt. In der einen Version ist der Gral der Kelch, aus dem Jesus beim letzten Abendmahl mit seinen Jüngern getrunken hat, in dem das Blut des auf Golgotha Gekreuzigten aufgefangen wurde und den Joseph von Arimathäa an sich genommen und an die Westküste Englands gebracht hat, wo er von einer Gemeinschaft von edlen Rittern gehütet wird, die durch ihn die Kraft zu humanem Wirken und zu einem glückseligen Leben empfangen. In der anderen Version ist er ein Stein, den Engel auf die Erde gebracht und in die Obhut einer Gemeinschaft von auserwählten Rittern gegeben haben, die in der Gralsburg auf dem Montsalvatsch in Persien ein frommes und friedvolles Leben führen. Gemäß dieser Version erscheint auf dem Gral von Zeit zu Zeit eine Schrift, der die Ritter entnehmen können, wo große Not auf sie wartet, die sie dann in der Kraft des Grals beheben. Wichtig ist dabei, daß ihre Mission geheim bleibt, daß niemand weiß, woher sie kommen, daß sie nicht als Ritter des heiligen Grals erkannt werden. Der Weg zur Gralsburg ist, wie es heißt, verborgen. Nur jene können ihn finden, die zum Dienst des Grals berufen und auserwählt sind. Viele zogen aus, um den Gral zu finden, und erst nach ungezählten Mühsalen kamen sie dorthin, wenn sie überhaupt je ihr Ziel erreichten. Die entscheidenden Tugenden, die den Weg dorthin eröffnen, sind Reinheit und Nächstenliebe, Demut und Tapferkeit.

In beiden Überlieferungsströmen wird der Gral in Not und Schwäche gezeigt. In der kontinentalen Überlieferung leidet der Gralskönig an einer unheilbaren Wunde und an unerträglichen Schmerzen, so daß er sein Amt nicht mehr versehen und der Gral seine Kraft nicht mehr entfalten kann. Erst wenn ein würdiger Nachfolger da ist, so die Verheißung, kann die Kraft des Grals sich neu entfalten. Als solcher tritt dann Parzival auf den Plan. In der angelsächsischen Überlieferung kann der König seine Aufgabe, dem Reich Frieden und Einheit zu bringen, nicht mehr erfüllen, weil die Ritter allzusehr in menschlichen Schwächen verstrickt sind. Deshalb läßt er sterbend sein Schwert in den Fluten des Meeres versinken in der Hoffnung, daß es einmal wieder auftauchen wird, wenn Menschen da sind, die mit größerer Hingabe ihre Pflichten erfüllen.

Die beiden Fassungen der Gralssage werden im Mittelalter zunehmend miteinander verknüpft. Heute fragt man, ob es sich ursprünglich überhaupt um zwei verschiedene Einheiten handelte.[4]

Indes geht es in beiden Formen des Mythos um einen geheimnisvollen

---

4 Ebd., 639f.

Orden im Dienst der Menschheit und ihrer geistigen Höherführung, wie die Esoteriker ihn idealerweise in den Templern erblicken. Durch den Gralsmythos erhält das Ordensrittertum bleibende Bedeutung für die Esoterik. Der Gralsmythos wird zu einem Wahrzeichen für edles Menschentum, für Freundschaft und Humanität, für mysteriöses Tun und verborgenes Wissen, für magische Weltdeutung und okkultes Ritual.

Am Ende des 19. Jahrhunderts entsteht der Gralorden als ein okkultistischer Geheimbund. 1890 von einem Deutschamerikaner namens P. Braun gegründet, wird er 1921 in Deutschland als „Neuer Gralorden“ reformiert und etabliert sich in Bad Schmiedeberg im Bezirk Halle. 1923 entsteht eine Abzweigung in Dresden, die sich zunächst als Gralshort Montsalvat und später als Gralsburggemeinschaft bezeichnet. Das Ziel des „Neuen Gralordens“ ist es, durch „harmonische Entwicklung der im Menschen tätig-wachen und schlummernden physischen und geistigen Kräfte seinen Mitgliedern das Innerste ihres Wesens“ zu eröffnen, um „sie so den heiligen Gral finden“ zu lehren.[5] Die Organisation und die Arbeit des Ordens stellen sich nach Art der Freimaurerei dar mit verschiedenen Graden und geheimem Brauchtum. Die Mitte der Gemeinschaft ist der Gralkelch.[6]

Bestimmt von der Gralsromantik ist auch die Internationale Gralsbewegung, die auf der Grundlage des Pantheismus christliche Aussagen mit Elementen der mittelalterlichen Gralssage verbindet, deren Zentrum seit den zwanziger Jahren die Gralssiedlung auf dem Vomperberg bei Schwaz in Tirol ist. Der Gründer der Gemeinschaft, der Kaufmann Oskar Ernst Bernhardt († 1941) aus Bischofswerda in Sachsen, hat seine phantastischen Spekulationen über das Weltall und seine Gesetzmäßigkeiten, über den Menschen, seine Stellung im Universum und seine Möglichkeiten, ins Paradies zurückzukehren, in seiner 1926 in München veröffentlichten Schrift „Im Licht der Wahrheit – Gralsbotschaft von Abd-ru-shin“ entfaltet.

Gegenwärtig wirbt die Gralsbruderschaft „Ordo Grali Aurei“, deren Zentrum sich in Bern befindet, um Mitglieder.[7] Sie bezeichnet sich als die „traditionsreichste Mysterienschule Europas“ und will ihre Mitglieder „in die hohe Kunst echten Menschentums und tragfähiger Menschen-

---

5 K. Algermissen, Art. Gralorden, in: Lexikon für Theologie und Kirche IV, Freiburg [1]1932, 641.

6 Ebd.

7 Die Kontaktadresse für die Schweiz lautet: Ordo Grali Aurei, Postfach 163, CH-9444 Diepoldsau, für Deutschland: O. G. A., Fichardstr. 82, D-60322 Frankfurt/M.

würde" einführen. Sie versteht sich als „die Nachfolgeorganisation der alten Gralsritterschaft, noch heute von initiierten Gralsrittern geleitet". An der Spitze steht der „Großmeister" Alram von Avalon, dessen Buch „Tränen der Sphinx" „über den geheimen Initiationsweg des Grals Auskunft gibt".[8]

Die Bruderschaft versteht sich als „Hüterin ewiger Weisheit und eines ursprünglichen geistigen Weltbildes". Das beginnende Wassermannzeitalter ist für sie ein Anlaß, die Geheimnisse der Esoterik „einem grösseren Kreis fortschrittlicher und aufgeschlossener Menschen zugängig zu machen". Sie „vermittelt das nötige Wissen, das zu einer gefestigten persönlichen Weltanschauung gebraucht wird". Sie ist „ein Weg zu innerer Freiheit, zu Frieden und besserem Menschentum". Sie will „ein sinnerfülltes, wertbewußtes und menschenwürdiges Leben" fördern und „gegen Aberglauben, Unwissenheit, Angst, Verunsicherung, Zwang und Armut" kämpfen. Das hindert sie allerdings nicht daran, für den Okkultismus zu werben, den sie offensichtlich nicht als Aberglauben versteht.[9]

Das Ziel der Bruderschaft ist es, an die Stelle der Desorientierung unserer Epoche Identität, innere Freiheit und eine stabile Wertordnung zu setzen, eine Alternative zu bieten zum Aussteigertum und zur Flucht in kulturfremde Denkmodelle einerseits und zu Apathie und Resignation andererseits. Dem „Import von Mystizismus aus fremden Kulturkreisen" sollen „die unschätzbaren Werte der abendländischen Mystik" gegenübergestellt werden. Durch „Selbsterkenntnis und vertieftes Verstehen der Umwelt" will sie zu innerer Freiheit führen, ohne „das eigene Selbst und die eigene europäische Identität" zu vergewaltigen. Sie will so eine lebenswerte und menschenwürdige Gesellschaft aufbauen und die persönliche Integrität der Mitglieder stärken.

Die Mitglieder der Bruderschaft sehen „im Sinne der Christusworte" in allen Menschen „Kinder Gottes und damit Brüder und Schwestern". Ihre Ideale sind wahres Menschentum, Freundschaft, soziale Gesinnung und Pflege der Wohltätigkeit. Sie treten ein für „die christliche esoterische Tradition", für „Geistes-, Glaubens- und Gewissensfreiheit". Da die Bruderschaft sich nicht als Religion oder als Religionsersatz versteht, können die Mitglieder „dem religiösen Bekenntnis entsprechend ihrer Geburt oder ihrer Wahl" folgen. Sie lernen, ihr Leben dem zu entziehen, was wir „blindes Schicksal" nennen, und es „kraft des eigenen Willens

---

8 Vgl. Brief an Verf. vom 12. 2. 1991.

9 Propyläen. Kurzinformation über den Orden vom Goldenen Gral. Im Auftrag der Großkomturei O. G. A. herausgegeben durch den Archivar.

und mit eigener Hand [zu] lenken", sie lernen, „durch Selbsterkenntnis den göttlichen Funken in sich zu erkennen und sich dem Ursprung ... [ihres] Seins zu nähern". Sehr groß wird im Programm der Bruderschaft die Freiheit geschrieben.

Als Quellen der Gralstradition werden die antike Mystik Ägyptens, der Essener und der Mysterien von Eleusis, die klassische Philosophie der Griechen, die von Platon, Aristoteles und Pythagoras ausgeht, das nordische Gibellinentum und ein „ursprüngliches Christentum" genannt.[10]

Im Lehrangebot dieser „Hohen Schule des Lebens" begegnet uns all das, was die Theorie und die Praxis der Esoterik ausmacht. Im einzelnen geht es dabei um „die Lehren von den Schwingungen und Wirkungsgesetzen der menschlichen Aura", um „systematisches Training von Intuition, Gedankenübertragung, Gedankenbeeinflussung, Körpermagnetismus", um „das Wesen der Lebenskraft und seine Beeinflussung", um „magnetisches Heilen, geistiges Heilen, Naturheilkunde, Erweiterung der fünf Sinne, Erwecken schlummernder geistiger Kräfte, Stärkung der Persönlichkeit, Entwicklung der schöpferischen Kräfte, Kommunion mit dem kosmischen Bewußtsein und damit Teilhaben am kosmischen Allgedächtnis (Akasha-Chronik)" und um „Gesetze, Wirkungsweise und Anwendungen der Kabbala, des Tarot, der Alchemie, der Magie reiner Spiritualität ...". Nicht zuletzt hat hier auch die Astrologie einen Ort.[11]

---

10 Informationsblatt über die Gralsbruderschaft. Herausgegeben von der Großkomturei O. G. A. Bern.

11 Propyläen. Kurzinformation, (Anm. 8).

PARACELSUS – ARZT UND WANDERPREDIGER

Die Esoteriker betonen, in der Zeit der Renaissance habe das Interesse für die Esoterik einen neuen Aufschwung genommen. Sie erklären, mit der Hinwendung zur Antike habe man in dieser Zeit auch die alte esoterische Geistes- und Weltlehre neu entdeckt, mit den zahlreichen Büchern der Antike, die man übersetzt habe, habe man auch eine Reihe von hermetischen Schriften übersetzt und mit dem neuen Geist sei – das habe auch die Reformation deutlich gemacht – eine Öffnung zum Esoterisch-Magischen hin erfolgt. Sie fügen hinzu, nun habe die Hermetik wieder mehr Eingang in das öffentliche Denken gefunden, weil man sich von der philosophischen Spekulation abgewandt und der Beobachtung des Naturgeschehens zugewandt habe.[1]
Einen paradigmatischen Denker und Esoteriker dieser Epoche sehen die Esoteriker in Theophrastus Bombastus von Hohenheim, der sich seit 1529 Paracelsus[2] (1493-1541) nannte, später aber auch die Namen Philippus Aureatus oder Eremita annahm. Im schweizerischen Einsiedeln geboren, hat er sein Grab in Salzburg gefunden. Paracelsus verstand sich als Arzt, Naturforscher, Schriftsteller, Theologe und Sozialreformer. Als eine seltsam schillernde Gestalt ist er in seinen Tagen weithin unverstanden und einsam geblieben. Er hat ein unstetes Leben geführt und auf seinen Reisen alle europäischen Länder kennengelernt. Eine Zeitlang hat er als Stadtarzt in Basel gewirkt und an der dortigen Universität medizinische Vorlesungen gehalten. Damals wurde er mit Erasmus von Rotterdam († 1536) bekannt.
Paracelsus gehört zu den umstrittensten Persönlichkeiten der Geschichte der Medizin. Es war sein Bestreben, die Medizin von Grund auf zu reformieren. Vor allem naturnah und von der Erfahrung bestimmt sollte sie sein. Man hat ihn einen Grenzgänger zwischen Magie und Wissenschaft genannt. Freunde und Feinde gruppierten sich um ihn. Während seine Gegner ihn als Quacksalber, Zauberer, Freigeist, Frauenfeind, Abenteurer, Rebell und Trunkenbold schmähten, waren seine Freunde fasziniert von seiner Genialität und Abgründigkeit. So ist es noch heute. Nach seinem Tode entstanden nicht wenige Legenden um ihn, Huldigungs- und Spottgedichte,

---

1 H.-D. Leuenberger, (S. 24 Anm. 3), 96f.

2 Den Namen entlehnte er dem römischen Mediziner Aulus Cornelius Celsus, der um die Zeitenwende lebte, von dem uns in dem achtbändigen Werk „De medicina“ eine umfangreiche Darstellung der griechischen Heilkunde überliefert ist. Ihm wollte er nacheifern.

Anekdoten und Sagen. Es gibt Romane über ihn, Opern, Theaterstücke und Filme.
Schon vor Beginn seines medizinischen Studiums hatte Paracelsus sich intensiv mit der Alchemie beschäftigt. Er bekennt, daß er auf seinen Reisen nicht nur bei Ärzten, sondern auch bei Schwarzkünstlern, Alchemisten und Okkultisten gelernt hat. Bemerkenswert ist sein Bemühen um die ganzheitliche Medizin, um die Berücksichtigung der seelischen Ursachen der Krankheiten.
Paracelsus hat nicht wenige Schriften verfaßt. Zu einem großen Teil wurden sie erst posthum veröffentlicht. Manches wurde bei ihm verfälscht, manches wurde ihm untergeschoben. In den meisten Fällen schrieb er in deutscher Sprache, wollte er sich doch der Allgemeinheit verständlich machen. Dennoch ist er nicht leicht zu verstehen. Sein Stil ist ebenso schwierig wie sein Charakter.
Wenn es heute auch Paracelsus-Gesellschaften, Paracelsus-Tagungen, Paracelsus-Kliniken, Paracelsus-Apotheken, Paracelsus-Medaillen und Paracelsus-Ringe gibt, Paracelsus blieb weihthin unbekannt. In der Schulmedizin spielt er heute keine Rolle mehr. Sein medizinisches Weltbild wird abgelehnt.
Um so größer ist seine Bedeutung für die Esoterik. Sie sieht in ihm einen der bedeutendsten Vermittler des esoterischen Wissens. Sie betont, er habe das ganzheitliche Denken gepflegt, sei aber gleichzeitig ein scharfer Beobachter der Natur gewesen, die er als die höchste Autorität bezeichnet habe. Die Natur und Gott seien für ihn eine Einheit gewesen. Kompromißlos habe er sich zu dem alten hermetischen Grundsatz „Wie oben, so unten“ bekannt. Er habe die Existenz von Naturgeistern bejaht und die Möglichkeit, mittels der Alchemie Gold herzustellen.[3]

---

[3] E. K. Roloff, Forscher und Freigeist, Reformer und Rebell, in: Rheinischer Merkur vom 20. September 1991; P. Jendryssek, Den Vorgang der Seele erkannt. Leben und Lehre des Wund- und Leibarztes Paracelsus, in: Deutsche Tagespost vom 24. September 1991; H. Lehmann, Arzt und Reformer zu Beginn der Neuzeit. Der vor fünfhundert Jahren geborene Paracelsus wies der Medizin neue Wege, in: Deutsche Tagespost vom 4. Februar 1993; H. D. Leuenberger, (S. 24 Anm. 3), 97-99; H. Werner, (S. 49 Anm. 12), 497. Vgl. J. Jacobi, Paracelsus – Arzt und Gottsucher an der Zeitenwende. Eine Auswahl aus seinem Werk. Mit einer Einführung von G. Wehr, Olten 1991; F. Goerk, Paracelsus – Arzt unserer Zeit. Leben, Werk und Wirkungsgeschichte des Theophrastus von Hohenheim, Einsiedeln 1992; U. Benzenhöfer (Hg.), Paracelsus, Darmstadt 1993.

JAKOB BÖHME – EINE FASZINIERENDE PERSÖNLICHKEIT

Wie Paracelsus ist auch Jakob Böhme, geboren im Jahre 1575, für die Esoterik von außerordentlicher Bedeutung, wenngleich in anderer Weise als Paracelsus. Die Kirchengeschichte bezeichnet Böhme als einen protestantischen Mystiker, die Philosophiegeschichte charakterisiert ihn als einen mystischen Theosophen. Immerhin verbindet er reformatorische Gläubigkeit mit profunder naturphilosophischer Spekulation. Zunächst Handwerker, wurde er bald Kaufmann und schließlich Philosoph. Als Philosoph ist er Autodidakt. Im Jahre 1612 übergab er der Öffentlichkeit das Buch „Morgenröte im Anfang", sein Erstlingswerk, das später den Titel „Aurora" erhielt. Es wurde zwar nur handschriftlich verbreitet, machte den Autor aber rasch bekannt. Gleichzeitig wurde es ihm zum Schicksal. Denn mit ihm erregte er den Widerspruch des lutherischen Rates seiner Heimatstadt Görlitz. Daraus gingen langwierige Auseinandersetzungen mit der kirchlichen Obrigkeit hervor, die fortdauerten bis zu seinem relativ frühen Tod im Alter von 49 Jahren. Diesen Auseinandersetzungen ist es zuzuschreiben, daß auch die weiteren Werke, die seit 1619 in rascher Folge erschienen, zunächst nur handschriftlich verfaßt werden und lediglich im Kreis der Freunde zirkulieren konnten.

Indem Böhme das Sein und das Wirken Gottes und die Gründung aller Dinge in Gott bedenkt, entfaltet er höchste spekulative Kraft und findet er packende Bilder und Worte, freilich mit stark esoterischem Einschlag. Als erster deutsch schreibender Philosoph erhält er schon zu seinen Lebzeiten den Ehrentitel „Philosophus teutonicus".

Er sieht den Menschen als das natürliche Buch Gottes an und führt alles, auch das Böse, auf Gott zurück. Er bezeichnet Gott als das Nichts und als den Ur- und Ungrund von allem. Gott ist für ihn der ewige Ungrund und zugleich der Nichtgrund und der Urgrund aller Gründe. Er ist weder gut noch böse und ohne alle Neigung, er ist ein ewiger Wille und ein ewiges Gemüt, ja, er ist der Ausgang von Wille und Gemüt. Er hat aber zwei Willen, einen zum Bösen und einen zum Guten. Gutes und Böses quellen somit aus Gott hervor, wenngleich sie in ihm eins sind, wie auch Ja und Nein in ihm eine Einheit bilden.

Für Böhme unterliegt nicht nur die Welt, sondern auch Gott dem Gesetz des Werdens. Wie alles Sein, so entfaltet sich nach ihm auch das göttliche Sein. Gott ist für ihn der Anfang des ewigen Werdens. Man wird an Hegel († 1831) erinnert, wenn man bei Böhme liest, Gott gebäre und

erkenne sich selbst von Ewigkeit her und gestalte damit die Welt, das andere seines Selbst.
Nicht weniger gnostisch als die Gotteslehre Böhmes ist seine mystische Anthropologie. Er erklärt, die Voraussetzung für das rechte Erkennen und Handeln des Menschen sei sein Sich-selbst-Lassen, und fügt hinzu, nur in der Gelassenheit könne der Mensch Gottes Wesenheit und Wirken erkennen; während er im Eigenwillen nur das einzelne erfasse, erfasse er in der Gelassenheit das Ganze, das Begehren und der Wille des Menschen müßten sich schweigend in den Willen des Urgrundes verlieren, um dort das Ganze zu finden und damit die volle Freiheit. Diese ist nach Böhme auf Erden jedoch nicht vollkommen zu erreichen, weil im Menschen stets die drei Prinzipien Adam, Christus und Satan gegeneinanderstehen.
Böhme schrieb nicht nur, er hatte auch Visionen, womit er großes Interesse bei nicht wenigen seiner Verehrer erregte. So ist es nicht verwunderlich, wenn um ihn die Gruppierung der Boehmisten oder Behmenisten entstand, die sich intensiv um die Propagierung seiner Gedanken bemühte.
Der Einfluß Böhmes war schon zu seinen Lebzeiten beträchtlich. Es entstanden Übersetzungen seiner Werke ins Lateinische, Holländische, Französische und Englische. Bei den evangelischen Gläubigen fand diese Form des Denkens, die in erster Linie vom Gemüt her bestimmt war, mehr Zuspruch als jenes der zünftigen Theologie, die inzwischen scholastisch geworden war.
Böhmes Ideen wirkten weiter bei den Quäkern und bei den Methodisten. Sein Denken setzte sich aber auch fort in der aktualistischen Ich-Lehre Fichtes († 1814), in der dialektischen Philosophie Hegels († 1831), in der Theosophie von Baaders († 1841) und in der philosophischen Untersuchung Schellings († 1854) über die menschliche Freiheit.[1]

---

1 A. Dyroff, Art. Jakob Böhme, in: Lexikon für Theologie und Kirche II, Freiburg ^{1}1931, 420f.; F. Maliske, Art. Jakob Böhme, in: Lexikon für Theologie und Kirche II, Freiburg ^{2}1958, 559f.

FRANZ VON BAADER – EIN BEGEISTERTER INTERPRET UND VEREHRER BÖHMES

Von der Mystik Böhmes fasziniert, sah Franz von Baader, geboren 1765 in München, seine entscheidende Aufgabe darin, die Gedanken seines großen Lehrmeisters in der Öffentlichkeit bekanntzumachen. Von Hause aus katholisch, war er jedoch bestenfalls am Rande der Kirche angesiedelt. Seine zahlreichen Schriften sind tiefsinnig, aber in der Form und in der Sprache dunkel und symbolreich, teilweise geradezu abstrus. Sie sind äußerlich planlos, innerlich jedoch geschlossen. Man hat von Baader nicht zu Unrecht als „Schwarmgeist auf dem Katheder" bezeichnet. Die Gesamtausgabe seiner Schriften umfaßt 16 Bände. Immerhin hat er einen starken Einfluß auf die Philosophie Hegels († 1831) und Schellings († 1854) ausgeübt.

Von Baader war zunächst Arzt, dann Philosoph und seit 1826 Professor für spekulative Dogmatik in München. Er wollte den Glaubenslehren der Kirche treu bleiben, aber durch seine theosophische Umdeutung von Dogmen, durch seinen Subjektivismus, durch die Weise, wie er das Verhältnis von Glauben und Wissen darstellte, und durch seine negative Wertung des Papsttums entfernte er sich mehr und mehr von der Kirche. Auf dem Sterbebett söhnte er sich jedoch mit ihr aus und widerrief seine Irrlehren. Er starb im Jahre 1841.

Von Baader war ein dezidierter Gegner des Rationalismus der Aufklärung, ohne zu merken, daß er ihm selber weitgehend verfallen war. Zumindest muß man ihn als Semi-Rationalisten einstufen, ordnete er doch die christlichen Glaubensgeheimnisse der Philosophie unter. Der entscheidende Gedanke ist für ihn der, daß das geschöpfliche Wissen Mitwissen mit Gott, Gabe aus dem göttlichen Urwissen ist. Stark betont er die Verwurzelung des Menschen seinem ganzen Sein, Leben, Denken und Wollen nach in Gott. Wie er erklärt, geht das Wissen aus dem Glauben hervor, wird der Glaube jedoch durch das Wissen entfaltet. Damit vermengt er den Glauben und das Wissen miteinander, macht er den Glauben zum Wissen und zerstört damit dessen Eigenart.

Nicht anders als bei Böhme und im Grunde bei allen Esoterikern gibt es auch in der Philosophie von Baaders starke pantheistische Akzente. Das wird etwa deutlich, wenn nach ihm der Mensch nicht denkt und sich so an Gott herantastet, sondern das Denken des Menschen in, mit und durch Gott erfolgt.

Von Baader hat eine Reihe von Werken theosophischer Autoren kom-

mentiert, vor allem die Werke von Jakob Böhme. Gern ließ er sich als „Boehmius redivivus“ titulieren.
Der esoterische Ansatz von Baaders wird vor allem deutlich, wenn er für eine Gewißheit plädiert, die auf Einweihung beruht, wenn er durch Versenkung zur Erleuchtung führen will, wenn er die ganzheitliche Wahrheit und die pure Begriffserkenntnis einander gegenüberstellt und wenn er sich als konsequenter Verfechter der Ökologie erweist.[1]

---

1 L. Baur, Art. Franz von Baader, in: Lexikon für Theologie und Kirche I, Freiburg [1]1930, 881f.; K. Hemmerle, Art. Franz von Baader, in: Lexikon für Theologie und Kirche I, Freiburg [2]1957, 1161f.

DIE ROSENKREUZER – EINE GEHEIMNISUMWITTERTE GRUPPIERUNG

Die esoterische Bruderschaft der Rosenkreuzer knüpft an die Tradition der Ritterorden an, wie sie diese idealerweise in den Templern repräsentiert sieht. Sie führt sich zurück auf die legendäre Gestalt des Christianus Rosencreutz, der zum Teil auch von den Rosenkreuzern nicht als eine geschichtliche Persönlichkeit angesehen wird. Christianus Rosencreutz soll im Nahen Osten, im Heiligen Land, in der Türkei, in Arabien und in Marokko die hermetischen Wissenschaften kennengelernt und das Gelernte in lateinischer Sprache in dem sogenannten Buch „M" niedergelegt haben. In Fez in Nordafrika, dem damaligen Zentrum islamischer Gelehrsamkeit und Kultur, sollen ihm die höchsten und geheimsten Lehren mitgeteilt worden sein, vor allem die Lehre von der Übereinstimmung und Harmonie des Menschen mit dem Kosmos.
Gemäß der Überlieferung der Rosenkreuzer hat Christianus Rosencreutz, geboren 1378, drei Schüler in die umfangreichen Schätze seines Wissens eingeweiht und ihnen den Auftrag erteilt, dieses Wissen später an die Mitglieder einer zu gründenden geheimen Bruderschaft weiterzugeben. Den drei Schülern haben sich, so die Überlieferung, zunächst noch fünf hinzugesellt. Sie haben sich eine Ordensregel gegeben, in der sie sich vor allem verpflichtet haben, Kranke ohne Entgelt zu heilen, sich stets äußerlich der Umgebung anzupassen und durch nichts aufzufallen, jährlich einmal zusammenzukommen und vor dem Tod einen Nachfolger im Orden zu bestellen. Das Erkennungszeichen des Ordens wurden die beiden Buchstaben „R" und „C".
Nach der offiziellen Lehre der Rosenkreuzer starb der Gründer im Jahre 1484 in Narbonne, ein Jahr nach der Geburt des Reformators Martin Luther, im Alter von 106 Jahren und wurde an einem geheimen Ort beigesetzt. Von diesem Zeitpunkt an hat die Bruderschaft, so die Überlieferung, 120 Jahre lang insgeheim existiert und gearbeitet, bevor sie an die Öffentlichkeit getreten ist. Durch Zufall hat man damals die Grabstätte der Gründer-Persönlichkeit entdeckt, ihren unversehrten Leichnam, ihre Schriften und eine Reihe von Symbolen und Figuren. Man holte lediglich die Schriften aus der Grabstätte heraus, um sie der Öffentlichkeit zugänglich zu machen, und versiegelte sie sodann. Soweit der legendäre Bericht.[1]

---

1 H.-D. Leuenberger, (S. 24 Anm. 3), 99-103; S. Gussmann, Christian Rosenkreuz. Urbild – Orden – Geheimnisse, Freiburg o. J. (im Selbstverlag erschienen), 13-17.

Das wichtigste Buch der Rosenkreuzer ist die 1614 in Kassel erschienene anonyme Schrift „Allgemeine und Generalreformation der ganzen weiten Welt, die Fama Fraternitatis“. Der Untertitel lautet „Gerücht der Brüderschaft des Hochlöblichen Ordens des Rosencreutz an alle Gelehrte und Häupter Europas“. Die Schrift, die mit der legendären Biographie des Gründers die idealisierte Geschichte der Rosenkreuzer darstellt, will eine Werbeschrift sein. Am Schluß lädt sie alle, die dessen würdig sind, dazu ein, sich der Gemeinschaft der Rosenkreuzer anzuschließen. Ihr Verfasser ist Johann Valentin Andreä († 1654), ein evangelischer Pfarrer aus dem württembergischen Herrenberg, dessen Lebensweg sich recht ungewöhnlich darstellt, der schon in jungen Jahren von der Alchemie fasziniert war, der mehrere europäische Länder bereist und eine Reihe von Sprachen gelernt hat. In der genannten Schrift projiziert er nicht wenige Einzelzüge seines eigenen Lebens auf den legendären Gründer der Rosenkreuzer-Bruderschaft.
Diesem Buch folgte bald ein zweites von dem gleichen Verfasser, die Schrift „Confessio Fraternitatis oder Bekenntnis der löblichen Bruderschaft des hochgeehrten Rosenkreuzes an die Gelehrten Europas geschrieben“,[2] die damals recht großes Aufsehen in Europa erregt und angeblich viele veranlaßt hat, sich um die Aufnahme bei den Rosenkreuzern zu bemühen. Allein sie fanden die geheimnisvolle Bruderschaft nicht, wie es heißt. Als sichtbare Organisation blieb sie im Verborgenen, wenn zu damaliger Zeit überhaupt schon eine Organisation vorhanden war. Immerhin wurden die Ideen, die in den beiden Büchern enthalten waren, ein Gegenstand heftigster Auseinandersetzungen.[3]
Eine dritte programmatische Schrift Andreäs ist die „Chymische Hochzeit Christiani Rosenkreuz“, die bekannteste Schrift der Rosenkreuzer. „Chymisch“ ist der alte Ausdruck für „chemisch“. Die Schrift hat den siebenstufigen seelisch-geistigen Weg des Titelhelden zum Inhalt, der von seinen Jüngern nachgeahmt werden kann und soll, und ist voll von seltsamen esoterischen Gedanken und Symbolen, wie sie uns immer wieder in der Geschichte der Esoterik begegnen.[4]
Wenn man von der legendären Selbstdarstellung der Rosenkreuzer absieht, erkennt man in ihnen eine esoterische Bruderschaft, die am Ende des 17. Jahrhunderts und im 18. Jahrhundert in verschiedenen europäischen Ländern in Form von Geheimbünden hervortrat, die humanitär-ethische und universalreformerische Ziele hatte. Mit ihrer esoterischen

---

2 Erschienen in Frankfurt im Jahre 1615.

3 H.-D. Leuenberger, (S. 24 Anm. 3), 99-103; vgl. S. Gussmann, (Anm. 1), 4-13.

4 Ebd., 19-57.

Lebensphilosophie stand sie in gewisser Weise den Freimaurern nahe, betonte ihnen gegenüber jedoch ihre Eigenständigkeit. Sie rekrutierte sich vornehmlich aus den Intellektuellen. Das einende Prinzip der rosenkreuzerischen Geheimbünde war die Erneuerung von Kirche, Staat und Gesellschaft durch eine Elite auf der Basis der Pansophie, der Kabbala, der Astrologie und der Traumdeutung. Auch der Verkehr mit den Geistern der Verstorbenen und die Herstellung von magischen Tinkturen hatten hier von Anfang an eine Heimat. Man wollte dem einzelnen helfen, seine verborgenen Fähigkeiten auszuschöpfen und so ein glücklicheres Leben zu führen. Dabei ging es vor allem um Meditation, Selbsterkenntnis und kosmische Harmonie. Nach außen schlossen die Rosenkreuzer sich ab durch eine strenge Geheimdisziplin, nach innen pflegten sie Geselligkeit und gegenseitige Hilfe. Dabei waren sie fasziniert von der Idee des Urchristentums, das sie sich als ideale Gemeinschaft vorstellten, die höchstes menschliches Glück verbürgte.

Als Grundlage ihres Lebens betrachten die Rosenkreuzer die fünf Geheimnisse der Heiterkeit, der Persönlichkeit, der Kunst, der Naturwissenschaft und der Offenheit. Die Interpretation dieser Geheimnisse erscheint im einzelnen freilich recht wirr und willkürlich.[5]

Die Rosenkreuzer sind stolz auf ihre Wirkungsgeschichte. In älterer Zeit verbinden sie diese vor allem mit Descartes († 1650), Lessing († 1781) und Goethe († 1832), in neuerer Zeit mit Umberto Eco.[6] Großen Einfluß haben sie auf Rudolf Steiner und die Anthroposophie[7] sowie auf die Orden „The Golden Dawn"[8] die „Fraternitas Saturni"[9] und den „Ordo Templi Orientis"[10] ausgeübt.

Im 18. Jahrhundert drangen die Rosenkreuzer teilweise in die Freimaurerei ein. Vor allem erhielten sie nun großen Einfluß am preußischen Hof. Im Jahre 1781 wurde König Friedrich Wilhelm II. Mitglied der Rosenkreuzer-Bruderschaft. Bald danach führten allerdings der politische Einfluß und das Anti-Freimaurer-Edikt des Kaisers Joseph II. zum Untergang der Rosenkreuzer. Allein schon einige Jahrzehnte später wurden sie zu neuem Leben erweckt. 1865 gründete der Engländer Robert Wentworth Little die „Societas Rosicruciana in Anglia" (SRIA),

---

5 Vgl. Alter Mystischer Orden vom Rosenkreuz. Informationen über den „Orden vom Rosenkreuz", 76532 Baden-Baden, Stolzenbergstr. 15.

6 S. Gussmann, (Anm. 1).

7 S. unten S. 213ff.

8 S. unten S. 170.

9 S. oben S. 68. 70.

10 S. oben S. 58. 67f. 70.

die rosenkreuzerische Gesellschaft von England. 1916 rief der Amerikaner Spencer Lewis den „Antiquus Mysticusque Ordo Rosae Crucis" (AMORC), den alten, mystischen Orden vom Rosenkreuz, ins Leben. Die deutsche Sektion dieser Gruppierung hat ihren Sitz zur Zeit in Baden-Baden. Auch in Frankreich wurden um die Jahrhundertwende rosenkreuzerische Gesellschaften gegründet. Nach dem 2. Weltkrieg entstand die Internationale Schule der Rosenkreuzergemeinschaft, das Lectorium Rosicrucianum (LR), in Haarlem in den Niederlanden mit einem Tempel und einem Verlag. Während weitere solcher Zentren in Hilversum in den Niederlanden und in Hannover und Calw in Deutschland entstanden, blieb das Hauptzentrum in Haarlem. Seit 1952 gibt es einen eigenen deutschen Zweig dieser Gruppierung mit mehreren tausend Mitgliedern. Das Lectorium Rosicrucianum ist eine Abspaltung der „Rosicrucian Fellowship", die ein Schüler von Rudolf Steiner 1908 in den Vereinigten Staaten von Nordamerika gegründet hat und die sich nach dem 2. Weltkrieg auch in Deutschland etabliert und in Darmstadt ein Zentrum errichtet hat.

Die Kirche wird von den Rosenkreuzern grundsätzlich abgelehnt. Die Lehren Christi, Buddhas, Laotses und verschiedener Gnostiker stehen für sie auf einer Stufe. Sie erklären, der Mensch sei durch fortwährende Reinkarnationen an die seit dem Sündenfall neben der Ordnung Gottes vorhandene verderbte Naturordnung und an deren bevorstehenden Untergang gefesselt und die Erlösung erfolge durch den sogenannten Transfigurismus, der von der „Universellen Bruderschaft" verkündet wird. Dieser Transfigurismus beinhaltet drei Stufen, nämlich die Ich-Zerbrechung, den Persönlichkeitswechsel durch Einsenkung des „Christusstrahls" und die Entwicklung der unsterblichen Persönlichkeit und des himmlischen Körpers durch Empfang der „kosmischen Christuskräfte" in den Tempeln der Rosenkreuzer.

Das Erkennungszeichen der Rosenkreuzer sind die Buchstaben „R" und „C", ihr Symbol das Kreuz und die Rosen. Letzteres hat man vielfach als Vermählung des Christentums mit der Antike gedeutet. Genau das ist weithin das erklärte Ziel der Rosenkreuzer. Andere sehen in der Rose ein Sinnbild der Auferstehung und verstehen sie in Verbindung mit dem Kreuz der Erlösung als ein christlich-esoterisches Symbol. Das Emblem der Rose begegnet uns übrigens auch immer wieder im Freimaurertum.[11]

---

11 K. Algermissen, Art. Rosenkreuzer, in: Lexikon für Theologie und Kirche IX, Freiburg ^{2}1964, 49f.; ders., Art. Rosenkreuzer, in: Lexikon für Theologie und Kirche VIII, Freiburg ^{1}1936, 994; H. Werner, (S. 49 Anm. 12), 563-567.

DER ORDEN „THE GOLDEN DAWN" – EIN HORT DER SCHWARZEN MAGIE UND ABARTIGER RITEN

Neben den Rosenkreuzern und in enger Verbindung mit ihnen entwikkelte sich am Beginn der Neuzeit der esoterische Orden „The Golden Dawn", der „Hermetische Orden der goldenen Morgenröte", zu einem Hort esoterischen Gedankenguts und esoterischer Praxis. Seine Entstehung liegt im dunkeln, nicht weniger als die Entstehung des Geheimbundes der Rosenkreuzer. Der Name „The Golden Dawn" erinnert an den Titel der ersten Schrift des „Philosophus teutonicus" Jakob Böhme: „Morgenröte im Anfang".[1] Seine Blüte erlebte der Orden im 19. Jahrhundert. Längere Zeit stand Rudolf Steiner[2] in enger Verbindung mit ihm. Aus ihm ist Aleister Crowley[3] hervorgegangen, der die Gruppierung allerdings in besonderer Weise ins Zwielicht gebracht und wohl auch ihren Untergang beschleunigt hat. Seit dem Ende des 19. Jahrhunderts geriet sie infolge von Rivalitäten, Intrigen und Machtansprüchen der leitenden Mitglieder fortschreitend in den Sog des Verfalls. 1937 wurde sie offiziell aufgelöst, nachdem zuvor fast das ganze Material der Gemeinschaft, ihr „Credo" und ihr Ritual, veröffentlicht worden war. Dank dieser Tatsache haben wir einen recht tiefen Einblick in die Theorie und in die Praxis dieser Gruppierung gewonnen. Wir wissen, daß hier unter anderem Astralreisen, die Schwarze Magie und die Sexualmagie gepflegt wurden, daß dabei das Bemühen im Vordergrund stand, Macht über die Dämonen zu gewinnen, und daß man die magischen Formeln, die man verwandte, der Kabbala entnommen hatte.[4]

---

1 S. oben S. 162.

2 S. unten S. 214.

3 S. unten S. 171f.

4 H.-D. Leuenberger, (S. 24 Anm. 3), 123-129; B. Larson, I. Steigelmann, (S. 61 Anm. 55), 110.

ALEISTER CROWLEY – SEXUALMAGIER UND SATANIST

Es gibt kaum einen Vertreter der Esoterik, der so umstritten ist wie der berühmt-berüchtigte Magier Aleister Crowley. Die einen bezeichnen ihn als den lasterhaftesten und verdorbensten Menschen, der je gelebt hat, die anderen sehen in ihm so etwas wie einen Abgott und ein Vorbild. Viele betrachten ihn als einen genialen Menschen, der angeblich den Schatz des magischen und des esoterischen Wissens in außergewöhnlicher Weise erweitert hat. Seit einigen Jahren tritt er immer mehr ins Blickfeld des Interesses. Für viele ist er heute der erste Einstieg in die Esoterik.[1] Bei ihm ist bereits das Punkertum vorgebildet. Auf ihn berufen sich die Satanisten. Von ihm hat sich Ron Hubbard, der Gründer der Scientology Church, inspirieren lassen.[2]

Geboren wurde Crowley in England im Jahre 1875. Seine Eltern, die dem Mittelstand angehörten und recht wohlhabend waren, hatten ihre religiöse Heimat bei den Plymouth-Brüdern, einer Erweckungsbewegung, die sich am Anfang des 19. Jahrhunderts an verschiedenen Orten Englands in Opposition zur verweltlichten Staatskirche konstituiert hatte. Die Crowleys gehörten zum Kern dieser Gemeinschaft. Der Vater stand in ihrem Dienst als Wanderprediger.

Aleister war ein schwieriges Kind. Wegen seiner Widerspenstigkeit und Aufsässigkeit hatte die Mutter ihm in Anspielung auf das Tier aus der Geheimen Offenbarung, das sich als Inbegriff des Bösen darstellt (Apk 13,11-18), den Namen „the beast“ gegeben. Schon bald war der Heranwachsende davon überzeugt, daß er dieses Tier wirklich sei, zumindest wollte er sich von ihm inspirieren und seinen Lebensweg bestimmen lassen. Kategorisch sagte er Gott den Kampf an und nahm sich vor, das Christentum durch die Religion des Thelema zu ersetzen.

Im Jahre 1898 wurde der Dreiundzwanzigjährige Mitglied des Ordens „The Golden Dawn“.[3] Dort erhielt er den Ordensnamen „Bruder Perdurabo“.[4] Wegen seiner Neigung zum Extrem und zur Exzessivität wurde er

---

1 H.-D. Leuenberger, (S. 24 Anm. 3), 129f.

2 Es gibt eine umfassende Biographie Crowleys, die den bezeichnenden Titel „Das Tier 666“ trägt. In deutscher Übersetzung ist das Werk im Sphinx-Verlag in Basel erschienen (J. Symonds, Aleister Crowley. Das Tier 666, Basel 1983; englische Ausgabe: The Great Beast: The Life of Aleister Crowley, Rey Publisher 1952; vgl. ders., Aleister Crowley – Man, Myth & Magic. An Illustrated Encyclopedia of the Supernatural, New York 1970).

3 Vgl. oben S. 170.

4 „Perdurabo“: zu deutsch „ich werde Ausdauer haben“.

jedoch bereits im Jahre 1901 wieder entlassen. Inzwischen war in ihm die Überzeugung gewachsen, er sei berufen, der Menschheit als neuer Messias das Heil zu bringen, wie er es sich vorstellte.
In den zwanziger Jahren war Crowley in England Vorsitzender des Ordo Templi Orientis, einer Gruppierung, die vor allem die Sexualmagie praktizierte.[5] Den zehn Graden dieser Gruppierung fügte er damals noch einen elften Grad hinzu: die Homosexualität. Nach seiner Vorstellung sollte die Homosexualität ein wichtiger Teil der rituellen Sexualmagie sein. Mit dem Ordo Templi Orientis scheint auch Ron Hubbard Jahre hindurch verbunden gewesen zu sein. Immerhin werden die Fertigkeiten der verschiedenen O.T.O.-Grade heute überall in den Scientology-Kursen gelehrt.[6]
Die Lasterhaftigkeit Crowleys ist unbeschreiblich. Über alle moralischen Normen setzte er sich hinweg. Er kannte nur sein eigenes Ich. Als ausgesprochener Narzißt war er von extremer Selbstüberschätzung. Gearbeitet hat er nie. Da er ein beträchtliches Vermögen von seinem Vater ererbt hatte, mußte er zu keiner Zeit seinen Lebensunterhalt selbst verdienen. Der eigentliche Inhalt seines Lebens waren Unzucht und sexuelle Perversionen. In seinem geschlechtlichen Begehren unersättlich, war er unfähig zu menschlicher Zuneigung. Dreimal scheiterte er bei dem Versuch, eine Ehe zu führen. Der Sexualität schrieb er magische Kräfte zu. Er betrachtete sie als den Inbegriff der Mystik und der Spiritualität. Von ihr erwartete er eine Steigerung des Menschseins, Selbsttranszendenz, Bewußtseinserweiterung und höchste Erleuchtung. Mehr und mehr verband er mit der Sexualmagie den Sadismus. Selbst Menschenopfer und Bestialität stellte er in den Dienst seiner „Mystik". In grenzenloser Brutalität schreckte er auch vor Mord nicht zurück. Die zeitgenössische Presse hat ihn nicht zu Unrecht als extrem abartig apostrophiert. Bedenkenlos benutzte er stets auch die Drogen und den Alkohol als Medien seiner „Mystik". Schon in jungen Jahren war er drogenabhängig geworden. Als Mitglied des Ordens „The Golden Dawn" hatte er sich dem Heroin zugewandt. Das Heroin, aber auch andere Drogen und vor allem der Alkohol wurden bald wichtiger für ihn als das tägliche Brot. Dabei lebte er ganz aus dem geheimen Wissen und dem geheimen Tun der Esoterik. Er behauptete, er sei eine Reinkarnation des Magiers Edward Kelly aus dem 16. Jahrhundert und des französischen Okkultisten Alfonse Louis Constant aus dem 19. Jahrhundert, der unter dem Namen

---

5 S. oben S. 58. 67ff. 70.

6 B. Larsen, I. Steigelmann, (S. 61 Anm. 55), 115.

Eliphas Levi bekannt geworden ist.[7] Die Anrufung von Geistern und die Wahrsagerei hielt er für wirklicher als alle Wissenschaft. Hartnäckig kämpfte er um die Anerkennung des Okkultismus in der Öffentlichkeit. Er sammelte auch Schüler um sich, vor allem junge Menschen, die er nicht selten in den Wahnsinn oder in den Selbstmord trieb. Wurden sie davor bewahrt, blieben sie ihm hörig. Wer sich ihm angeschlossen hatte, konnte sich nur schwerlich seinem Einfluß wieder entziehen und den Weg in ein normales Leben zurückfinden.

1920 gründete er in Cefalu auf Sizilien die „Abtei von Thelema"[8], die für einige Jahre ein bedeutendes Zentrum seiner Orgien wurde. Er und seine Anhänger, Männer und Frauen, wollten diese Institution als ein spirituelles Zentrum verstanden wissen. Sie lebten in ihr nach der Devise: Alles ist erlaubt! Jeder kann zu jeder Zeit tun und lassen, was er will! Eine Anspielung darauf ist der Begriff „Thelema", das griechische Wort für Wille oder Verlangen. Das Treiben Crowleys und seiner Anhänger in diesem „Kloster" ist beispiellos. Mit hemmungsloser Sexualität verbanden sie Brutalität und Bestialität bis hin zur Kriminalität. 1923 mußte Crowley mit seinem „Konvent" Italien verlassen. Er wurde des Landes verwiesen, weil man ihm vorgeworfen hatte, er habe bei seinen okkulten Ritualen Kinder geopfert. Zunächst ging er nun nach Berlin, um ein wenig später in England die Leitung eines okkulten Ordens zu übernehmen, der sich auf die „Gesetze von Thelema" berief und sich als „Argenteum Astrum" oder als „Orden der Großen Weißen Bruderschaft[9]" bezeichnete. Ein integrales Moment dieses Ordens war die Teufelsanbetung, wie sie uns bereits beim Ordo Templi Orientis begegnet ist.[10]

Crowley war auch schriftstellerisch tätig. In nicht wenigen Gedichten, Romanen und Essays hat er seine okkultistische Philosophie und seine okkultistischen, sexualmagischen und satanistischen Erfahrungen veröffentlicht. Das meiste davon ist ausgesprochen pornographisch.

Hervorgehoben seien die „Bekenntnisse" in zwei Büchern,[11] die Anleitung zur Magie in dem Buch „Magic in Theory and Practice"[12] und das Hauptwerk mit dem Titel „Book of Law", „Das Buch des Gesetzes", das allerdings gerade nicht dem Gesetz, sondern der absoluten Gesetzlosig-

---

7 J. Tibusek, (S. 19 Anm. 11), 29.

8 Crowley knüpft damit an den Roman Gargantua von François de Rabelais († 1553) an (vgl. H.-D. Leuenberger, [S. 24 Anm. 3], 134).

9 Vgl. unten S. 207.

10 S. oben S. 67f.

11 A. Crowley, Confessions – die Bekenntnisse I und II, Bergen 1986/87.

12 Deutsch: A. Crowley, Magick I und II, Bergen 1986/87.

keit und dem uneingeschränkten Narzißmus verpflichtet ist. Bei diesem Werk, das im Jahre 1904 erschienen ist, handelt es sich um eine Folge von Aphorismen, die auch von Esoterikern zuweilen als fragwürdig bezeichnet werden.[13] Crowley hingegen betrachtete diese Schrift als sein Credo, er nannte sie die Bibel des neuen Zeitalters, des Zeitalters des Gottes Horus, dessen Prophet er sein wollte.[14] Er behauptete, sie sei ihm von einem Geist namens Aiwass in Ägypten diktiert worden. Das Buch kennt nur ein einziges Gesetz: die Gesetzlosigkeit. Der Verfasser kleidet es in die Formel: „Tu, was du willst!“[15] Auf dem Weg dieser Anti-Moral will er zur Erleuchtung, zur kosmischen Erfahrung, zur Entgrenzung und zur Gottähnlichkeit gelangen. Die Gesetzlosigkeit ist für ihn eine Religion. Er nennt sie die „Religion des Thelema“. – Es ist nicht zu leugnen, daß diese „Religion“ in der Gegenwart weite Verbreitung gefunden hat und teilweise auch in das Christentum eingedrungen ist.

In seinem Buch „Magic in Theory and Practice“ enthüllt Crowley seine primitive Grausamkeit, wenn er schreibt: „Die stärkste spirituelle Wirkung geht von einem Opfer aus, das außergewöhnlich starke und reine Kraft besitzt. Ein männliches, noch vollkommen unschuldiges Kind mit voraussichtlicher hoher Intelligenz ist in jedem Fall das befriedigendste und geeignetste Opfer.“[16]

Eine Reihe von Crowley-Büchern wurde von dem 1949 in Berlin geborenen Fernsehmechaniker Michael Dietmar Eschner ins Deutsche übertragen. Eschner behauptet, er sei eine Reinkarnation Crowleys. Mit seiner Gründung „Thelema-Orden des Argenteum Astrum“ führt er in Schwarzen Messen, Ekeltests, Folterungen und abartigen Sexualpraktiken die Idee der „Abtei Thelema“ von Sizilien weiter, zunächst in Berlin, seit 1987 in der Lüneburger Heide, in Lüchow-Dannenberg. Mit seinen Gesinnungsgenossen, ungefähr siebzig an der Zahl, hat er sich das Leitmotiv Crowleys zu eigen gemacht: „Tu, was du willst.“ Verständlich, daß bereits in Berlin die Staatsanwaltschaft wegen verschiedener Verbrechen gegen ihn ermittelt und 1987 Anklage gegen ihn erhoben hat wegen Nötigung und körperlicher Mißhandlung. 1986 hatte das Berliner Ver-

---

13 H.-D. Leuenberger, (S. 24 Anm. 3), 130-133.

14 Horus oder Horos ist ein altägyptischer Gott. Man stellte sich ihn in Falkengestalt oder in Menschengestalt mit einem Falkenkopf vor. Schon früh wurde der Mythos des Horus mit dem Osiris-Mythos verbunden, wenn Horus als Sohn des Osiris und der Erde bezeichnet wurde.

15 A. Crowley, The Book of Law, Thelema Publications, King's Beach, Deutsch von M. Eschner, Bergen 1986. Zitat vgl. englische Ausgabe, S. 9.

16 A. Crowley, Magic in Theory and Practice, New York o. J., 95; vgl. B. Larson, I. Steigelmann, (S. 61 Anm. 55), 90.

waltungsgericht festgestellt: „Ziel des Ordens ist die Zerstörung der bisherigen Moralvorstellungen."[17]

Crowley blieb der Sexualmagie, den Drogen und seinem exzentrischen Lebensstil treu bis ins Alter. Die letzten Jahre seines Lebens verbrachte er in einer kleinen Pension in der Nähe von Hastings in England, verarmt und im ständigen Kampf um die nötige tägliche Dosis Heroin, alkoholkrank, geschlechtskrank und geistig umnachtet. Er starb im Jahre 1947. Noch heute und gerade heute wieder folgen Ungezählte seiner Lehre und seinem Beispiel. Durch ein ausschweifendes Leben wollen sie zur geistigen oder geistlichen Erkenntnis kommen, Heilung ihrer verletzten Persönlichkeit finden, ihr Menschsein steigern und zur Vereinigung mit dem Universum gelangen. Für Tausende und Abertausende ist Crowley ein Idol und mehr als das. Die Beatles bildeten ihn ab auf dem Cover ihres Albums „Sergeant Pepper", im Hardrock der Gegenwart wird er als Symbolfigur betrachtet,[18] und Anton La Vey[19] ließ sich in seiner Satanischen Bibel von ihm in wesentlichen Punkten inspirieren.[20]

Auch die zünftigen Esoteriker distanzieren sich nicht von ihm. Sie verstehen seine Aktivitäten als Mystik und bezeichnen ihn als einen zutiefst religiösen und spirituellen Menschen.[21] Trotz seiner Lasterhaftigkeit, seiner Abartigkeit und seines kriminellen Treibens wird Crowley in der Esoterik im allgemeinen als eine große Gestalt betrachtet, findet er in esoterischen Kreisen durchweg große Sympathien, wird er als genial veranlagter Mensch bezeichnet und als bedeutender Lehrer esoterischen Wissens verehrt.[22] Man ist überrascht, wenn man erfährt, trotz seines Satanismus und Paganismus oder gerade wegen dieser seiner Fragwürdigkeit sei er ein zutiefst religiöser und spiritueller Mensch gewesen.[23]

Die Gestalt des Aleister Crowley und ihre Beurteilung in der Esoterik machen die zerstörerische Tendenz und die Gefährlichkeit der esoterischen Systeme und ihrer Träger deutlich. Hat man sich ihnen einmal

---

17 J. Nyary, (S. 57 Anm. 34).

18 S. oben S. 75.

19 S. oben S. 69f.

20 Vgl. H. Baer, Satanismus, (S. 45 Anm. 44), 17-20; ders., Jugendgefährdung durch Okkultismus, (S. 16 Anm. 7), 487-495; B. Larson, I. Steigelmann, (S. 61 Anm. 55), 90-116; Weltalmanach des Übersinnlichen, (S. 96 Anm. 133), 278-280; H.-D. Leuenberger, (S. 24 Anm. 3), 129-134; J. Tibusek, (S. 19 Anm 11), 45f.

21 H.-D. Leuenberger, (S. 24 Anm. 3), 135. 138.

22 Ebd., 135.

23 Ebd., 138.

verschrieben, so gibt es nur schwerlich ein Zurück. Darin gleichen sie den Drogen, denen sie ohnehin große Sympathie schenken.
Crowley lebt weiter nicht nur in der Schwarzen Magie, im Satanismus, in der Sexualmagie und in der Drogenmystik, sondern auch und vor allem in jenem extremen Egoismus, der gegenwärtig das Verhalten einer wachsenden Zahl von Menschen bestimmt, der nicht selten geradezu pathologische Züge trägt, auf jeden Fall aber zur Beziehungsunfähigkeit breitester Kreise geführt hat. Die „Religion des Thelema" ist zu einem globalen Phänomen geworden: Man tut, was man will. Diese den Menschen deformierende Ichzentriertheit ist im Grunde ein Ausdruck des in der modernen Welt immer mehr um sich greifenden Nihilismus, der in das wachsende religiöse Vakuum einströmt.

EINFLUSSREICHE NEUERE ESOTERISCHE GRUPPIERUNGEN

DAS FREIMAURERTUM

Wie es sich darstellt

Schon früh fand die esoterische Überlieferung große Wertschätzung im Freimaurertum. Die Freimaurer haben heute zwar nicht mehr jene Bedeutung, die sie in der Vergangenheit hatten, gleichwohl sind sie in vielen Ländern noch recht einflußreich im kulturellen wie auch im gesellschaftlichen, wirtschaftlichen und politischen Leben.
Bis in die Gegenwart hinein sind die Freimaurer vom Schleier des Geheimnisses umgeben. Nicht zuletzt deshalb ist das Bild über sie oft verzerrt. Immer wieder hat man ihnen alle möglichen Untaten nachgesagt. In zahllosen Schmähschriften hat man sie der Gemeinschaft mit den Dämonen, des Teufelskultes und des Pansexualismus bezichtigt, man hat ihnen Ritualmorde zugeschrieben und ihnen unterstellt, sie erstrebten die Weltherrschaft der Magie. Geschichte gemacht hat vor allem die These von der politischen Verschwörung der Freimaurer auf Weltebene. Um solchen Verdächtigungen den Boden zu entziehen, plädieren heute viele Freimaurer für größere Transparenz, für mehr Öffentlichkeitsarbeit und für eine gewisse Lockerung der Arkandisziplin und der Schweigepflicht. Sie sind der Meinung, es müsse klargestellt werden, daß das eigentliche Ziel der Freimaurerei die Humanität sei, verbunden mit der sozialen Gesinnung und dem Einstehen für die Freiheitsrechte der Menschen. Allein diese Strategie wird nicht von allen Freimaurern geteilt. Es gibt nicht wenige, die darin so etwas sehen wie eine Verwässerung der reinen Lehre.[1]
Die Freimaurerei hat viele Gesichter. Der Philanthrop Henri Dunant († 1910), der Gründer des Roten Kreuzes, war Freimaurer, Freimaurer war aber auch der für die barbarische Zerstörung von Hiroshima und Nagasaki im Jahre 1945 verantwortliche US-Präsident Truman. In der Geschichte gibt es nicht wenige Prominente, die Freimaurer waren. So Gotthold Ephraim Lessing († 1781), Wolfgang Amadeus Mozart († 1791), Joseph Haydn († 1809), Johann Gottlieb Fichte († 1814), Matthias Claudius († 1815), Johann Wolfgang von Goethe († 1832), Samuel Christian Hahnemann († 1843)[2] und Franz Liszt († 1886), um nur einige zu nennen. In der jüngsten Vergangenheit waren Freimaurer die Politiker Gustav Stresemann († 1929), Sir Winston Churchill († 1965), Salvador Allende

---

1 M. Adler, Die antichristliche Revolution der Freimaurer, Jestetten 1974, 35; Der Spiegel vom 10. April 1963, 36ff.; J. Holtorf, Die verschwiegene Bruderschaft. Freimaurer-Logen: Legende und Wirklichkeit, München 1983, 79-81.

2 S. oben S. 82.

(† 1973) und Thomas Dehler († 1967). Freimaurer sind aber auch Richard Nixon, George Bush und viele andere führende Politiker der Gegenwart. Weil es jedem Freimaurer selbst überlassen ist, ob er sich in der Öffentlichkeit zum Freimaurertum bekennt, ist es leichter, Namen bereits verstorbener Freimaurer zu nennen als noch lebender. Immer wieder werden jedoch Persönlichkeiten des öffentlichen Lebens als Freimaurer apostrophiert, die fragwürdig, undurchschaubar oder destruktiv erscheinen, weil man die Freimaurer vielfach als obskur, unmoralisch und skrupellos ansieht.[3]
Faktisch sind die Namen der Freimaurer vielfach unbekannt, weil sich nur wenige als solche bekennen, unbekannt sind aber auch die Mitgliederzahlen der Logen, der örtlichen Gruppierungen der Freimaurer, weil die Großlogen häufig, besonders in den romanischen Ländern, keine oder nur ungenügende Mitgliederzahlen veröffentlichen. Für das Jahr 1959 hat man die Gesamtzahl der Freimaurer auf 8 Millionen in 135 Großlogen geschätzt, wovon etwa 6 Millionen den angelsächsischen Ländern angehören sollen. Zählt man noch die freimaurerähnlichen Organisationen hinzu, so kommt man auf eine Zahl von 12 Millionen. In Deutschland belief sich die Zahl der Freimaurer im Jahre 1959 auf rund 22 000.[4] 1983 wurde die Gesamtzahl der Freimaurer auf 6 Millionen geschätzt, die Zahl der Logen auf 40 000.[5] – Die Freimaurer sind entsprechend ihrer Genesis Männerbünde. Neuerdings gibt es jedoch auch gemischte Logen oder Logen nur für Frauen.

Geschichtliche Entfaltung

Die Heimat der Freimaurerei ist England. Dort organisierten sich seit 1175 die Steinmetzen, Bildhauer, Baumeister und Architekten, die die großen gotischen Kathedralen errichteten, nicht in örtlichen Zünften wie die übrigen Handwerker, sondern in religiösen Bruderschaften, die das ganze Land umfaßten. Das war notwendig, weil die Kathedralen nur an bestimmten Orten gebaut wurden, die Bauleute aber von überall her kamen und immer wieder woanders ihre Arbeit aufnehmen mußten. Die Bruderschaften gruppierten sich jeweils um die Arbeitsstätten, um die Bauhütten

---

3 J. Holtorf, (Anm. 1), 96f. 169-181; M. Adler, (Anm. 1), 10.

4 K. Algermissen, Art. Freimaurer, in: Lexikon für Theologie und Kirche IV, Freiburg ^{1}1932, 168f.; ders., Art. Freimaurer, in: Lexikon für Theologie und Kirche IV, Freiburg ^{2}1960, 344f.

5 J. Holtorf, (Anm. 1), 196. K. Baresch spricht im gleichen Jahr von etwa 7 Millionen (K. Baresch, Katholische Kirche und Freimaurerei. Ein brüderlicher Dialog 1968-1983, Wien 1983, 11).

oder Logen. Das englische Wort für Bauhütte ist „lodge“. In den Bauhütten wurde den Brüdern, den Fellows, gewerbliche und bautechnische, aber auch religiös-sittliche und soziale Belehrung erteilt. Mit dieser Belehrung verband man von jeher geheimnisvolle, symbolische Bräuche.
Von 1356 an bildeten sich eigene Steinmetz-Zünfte, die die Aufgabe der gewerblichen und bautechnischen Unterweisung übernahmen, während die Bruderschaften die religiös-sittliche und die soziale Unterweisung besorgten. In diese begann man seit 1455 auch Nicht-Bauhandwerker aufzunehmen. In der Zeit der Reformation wurden sie zwar aufgehoben, konstituierten sie aber schon bald aufs neue, nun nicht mehr religiös, sondern im Sinne der Geselligkeit, der feinen Bildung und der Erziehung. So entstand die „Society of Freemasons“. Von dieser Zeit an drangen mehr und mehr alchemistische und kabbalistische Ideen in das Freimaurertum ein, die zusammen mit dem überkommenen alten Brauchtum als kostbares Geheimnis gehütet und gepflegt wurden.
1650 trennten sich die Logen der „Society of Freemasons“ auch örtlich von den Bauhütten des Werkmaurertums. Sie wurden nun ein Bund von Intellektuellen und Adeligen, in dem der Hochadel die Führung übernahm. Schon bald waren die Logen ein Hort des Deismus, der sich, nicht zuletzt als Reaktion auf die konfessionellen Streitigkeiten am Beginn der Neuzeit, mehr und mehr in allen Bevölkerungsschichten ausbreitete. Als ein wichtiges Ziel betrachteten sie die Propagierung des Deismus und eines natürlichen Sittengesetzes, einer natürlichen Religion, in der alle Menschen übereinstimmen konnten, und eines humanen Ethos.[6] Die Freimaurer wurden so eine „Partei der anständigen Leute“, die jenseits aller religiösen Streitigkeiten eine dogmenlose, rein geistige Kirche schaffen wollten. In Irland gab es Logen, die dieses Ziel vor Augen hatten, bereits am Anfang des 17. Jahrhunderts, in Schottland schon am Ende des 16. Jahrhunderts. Mit dieser Zielsetzung trat das Freimaurertum jedoch notwendig in Gegensatz zum Christentum, vor allem zur katholischen Kirche, die weit stärker dogmatisch ausgerichtet war als die Gemeinschaften der Reformation, die kein Lehramt kannten und auf Grund des subjektiven Schriftprinzips weniger festgelegt waren.
Am 29. Juni 1717, just 200 Jahre nach dem Beginn der abendländischen Glaubensspaltung, schlossen sich die vier Londoner Logen zu einer Großloge unter der Leitung eines Großmeisters zusammen. Dieses Ereignis sieht man für gewöhnlich als das Gründungsdatum der modernen Freimaurerei an.[7] Damit war aus den mittelalterlichen Bauhütten die

6 Vgl. K. Baresch, (Anm. 5), 146 (Auszug aus den „Alten Pflichten“).

7 J. Holtorf, (Anm. 1), 13ff.; K. Algermissen, Art. Freimaurer, (Anm. 4), 167.

„symbolische und spekulative Maurerei" hervorgegangen und hatte eine feste Form gefunden, aus der Werkmaurerei war die Geistesmaurerei geworden, aus einer beruflich orientierten Gruppierung war eine starke Gemeinschaft entstanden, die Geselligkeit, Bruderhilfe und weltanschauliche Ideen pflegte. Zur Erinnerung an den Ursprung behielt man als Emblem die Abbildung der wichtigsten Werkzeuge der Bauhandwerker bei, das Winkelmaß und den Zirkel, bisweilen noch ergänzt durch das Senkblei. Aber auch Hammer, Kelle und Schurz behielten ihre symbolische Bedeutung in der neuen „spekulativen Maurerei". Ihr wichtigstes Buch wurde das Buch der Konstitutionen aus dem Jahre 1723 („The Constitutions of Freemasons"), auch die „Alten Pflichten" genannt, ein Buch, das neben den Pflichten der Mitglieder die Geschichte und die Verordnungen der Freimaurerei enthält.[8]

Anfänglich wurde die Freimaurerei in verschiedenen Ländern durch die staatliche Autorität verboten und durch die Kirche verurteilt. Das erschwerte zunächst ihre Ausbreitung. Als jedoch schon bald die staatlichen Verbote aufgehoben wurden,[9] entstanden in rascher Folge immer neue Logen trotz der Fortdauer der kirchlichen Verurteilung, und in wenigen Jahrzehnten war das Freimaurertum überall in den europäischen Ländern und in der Neuen Welt ein wichtiger gesellschaftlicher und kultureller Faktor geworden. Im 18. und 19. Jahrhundert gehörten die Freimaurer zu den maßgebenden Stützen der nationalen Bewegungen. Daher gehörten ihnen in dieser Zeit auch viele Kleriker an, in Europa, aber auch in Lateinamerika, trotz der grundsätzlich ablehnenden Haltung der Kirche.[10]

Die erste deutsche Loge wurde am 6. Dezember 1737 in Hamburg gegründet. Acht Monate danach wurde der junge Kronprinz Friedrich von Preußen, der spätere Friedrich II., in einer mitternächtlichen Zeremonie als 31. Mitglied darin aufgenommen. 1740 entstand die erste Loge in Berlin, die seit 1744 als Großloge besteht. 1770 konstituierte sich in Berlin die Großloge der Freimaurer von Deutschland. Später wurden daraus die Großloge „Alte Freie und Angenommene Maurer" (A. F. u. A. M.) und

---

8 Die Alten Pflichten von 1723, Hamburg 1972; vgl. J. Holtorf, (Anm. 1), 121.

9 Die staatliche Unterdrückung des Freimaurertums begegnet uns in der jüngsten Vergangenheit im nationalsozialistischen Deutschland (laut einer Notiz des Wochenblattes Rheinischer Merkur / Christ und Welt vom 5. Juni 1992 sind in der Zeit des Nationalsozialismus 60 Logenbrüder in Konzentrationslagern umgekommen) und im faschistischen Italien, grundsätzlich begegnet sie uns in den kommunistischen Diktaturen und in den islamischen Staaten.

10 M. Adler, (Anm. 1), 51-55; K. Algermissen, Art. Freimaurer, (Anm. 4), 344; K. Algermissen, Art. Freimaurer, (Anm. 4), 167; J. Holtorf, (Anm. 1), 13ff. 36; H. Werner, (S. 49 Anm. 12), 221; R. F. Esposito, Unter dem Schutz der Logen, in: 30 Tage in Kirche und Welt 1, 1991, Nr. 9, 51-53.

der „Christliche Freimaurerorden" (FO), der heute den Namen „Große Landesloge der Freimaurer von Deutschland" (GLLFvD) trägt, und einige kleinere Zusammenschlüsse von Freimaurerlogen, unter ihnen der „Großorient von Deutschland" und der „Droit Humain", der auch Frauen aufnimmt. Der Großteil der deutschen Logen hat sich heute in den „Vereinigten Großlogen von Deutschland – Bruderschaft deutscher Freimaurer" (VGLvD) zusammengeschlossen. In der Geschichte zählte die deutsche Freimaurerei nicht wenige zu den Ihren, die wohlklingende Namen tragen.[11] Seit 1990 werden in der früheren „DDR" immer neue Logen gegründet. Bis Ende 1992 soll sich ihre Zahl bereits auf 25 belaufen.[12]

Vielfach betrachtet man die weltweit recht zahlreichen Lions-Clubs und die Rotarier als freimaurerische Gruppierungen. Das ist jedoch nicht haltbar. Auch ihre angebliche Zusammenarbeit mit den Freimaurern wird schwerlich nachzuweisen sein.

Geistigkeit

In England hatten die Freimaurer stets enge Beziehungen zur Staatskirche und zum Königshaus. Überhaupt setzt die angelsächsische Freimaurerei sich durchweg aus den Bekennern der verschiedensten protestantischen Denominationen zusammen und fordert grundsätzlich den Glauben an Gott, den Weltbaumeister, und die Verwirklichung humaner ethischer Prinzipien. Sie praktiziert religiöse Toleranz, aber nicht eigentlich im christlichen Verständnis.[13] Die weltanschauliche Ausrichtung tritt hier im übrigen zurück gegenüber der Pflege der Geselligkeit und der Wohltätigkeit.

Ähnlich wie die angelsächsischen Logen stellen sich auch die deutschen und die skandinavischen dar. Auch sie sind eigentlich nicht antikirchlich. Sie vertreten vielmehr größtenteils ein dogmenloses Christentum oder gar einen mehr oder weniger orthodoxen Protestantismus, wenigstens offiziell. In Deutschland muß man unterscheiden zwischen den christlichen und den humanitären Logen. Die christlichen Logen sind zahlreicher als die humanitären, aber auch bei ihnen bleibt die Forderung nach dem Bekenntnis zum Christentum weithin formal. Während das Gottesbild in

11 M. Adler, (Anm. 1), 37. 48f. 54.

12 Rheinischer Merkur / Christ und Welt vom 5. Juni 1992. Im Vergleich dazu zählt man in der Schweiz im Jahre 1984 59 Freimaurerlogen mit 4 000 Mitgliedern (vgl. Neue Zürcher Zeitung vom 23./24. September 1984).

13 S. unten S. 200.

den angelsächsischen Logen deistisch akzentuiert ist, trägt es in den deutschen eher pantheistische Züge. Dabei wird, sofern man die Gottesfrage des näheren theologisch und philosophisch reflektiert, vielfach der Gedanke der Weltschöpfung abgelehnt und die Materie als ewig verstanden. Die Menschenseele wird als Geist vom Geiste Gottes betrachtet und als unsterblich angesehen, ohne daß man freilich mit ihrer individuellen Fortexistenz rechnet. Die deutschen Logen sind durchweg national gesinnt, zumeist jedoch unpolitisch. Sie pflegen vor allem die freimaurerische Philosophie.

Demgegenüber sind die Freimaurer in den romanischen Ländern stärker politisch und vor allem grundsätzlich religions- und christentumsfeindlich eingestellt. Sie wurden mehr und mehr zu Vorkämpfern der Freidenkerbewegung. Das gilt besonders für die französischen Logen des Großorients von Frankreich. In den romanischen Logen lebt der Geist des antichristlichen Agitators Voltaire († 1778) fort. Ihre Ziele sind eine Weltdemokratie und die Vernichtung der Kirche und des Papsttums. Bereits 1877 wurde in den romanischen Logen die alte freimaurerische Verpflichtung zum Glauben an den Weltbaumeister und die Unsterblichkeit der Seele abgeschafft, wurden Kruzifix und Bibel aus den Versammlungsräumen entfernt. Am 15. September 1952 erneuerten sie die Ablehnung des Bekenntnisses zu Gott.

Die Beseitigung der Verpflichtung zum Glauben an den Weltbaumeister und an die Unsterblichkeit der Seele in den romanischen Logen führte dazu, daß die Großlogen von Irland, Schottland, England und Kanada den Umgang mit dem Großorient von Frankreich abbrachen. Die deutsche Großloge hatte sich bereits 1871 von ihm distanziert. Abhängig von ihm blieb die Freimaurerei Italiens, Spaniens, Portugals, Belgiens, der Balkanstaaten, der Schweiz, der südamerikanischen Staaten und Mexikos. Für die Logen der Vereinigten Staaten gilt das nur zum Teil. Immerhin wird der Großorient von Frankreich im Weltfreimaurertum bis heute als irregulär angesehen, was freilich nicht bedeutet, daß man keinerlei Beziehungen zu ihm unterhält. Die Irregularität gilt allerdings nicht allgemein für die romanischen Logen oder für die vom Großorient von Frankreich abhängigen Logen. – Neben dem Großorient gibt es in Frankreich heute die unpolitische Großloge von Frankreich und die von England beeinflußte Unabhängige Großloge von Frankreich, die beide den Kurs des Großorients und der romanischen Logen nicht mittragen.[14]

---

14 K. Algermissen, Art. Freimaurer, (Anm. 4), 168-170; ders., Art. Freimaurer, (Anm. 4), 343-346; M. Adler, (Anm. 1), 100-104; J. Holtorf, (Anm. 1), 147; H. Neuer, Die Freimaurer – Religion der Mächtigen, Berneck/Schweiz 1991, 77-80.

Die Freimaurer verstehen sich ihrerseits als eine kosmopolitische Vereinigung, die das Ziel hat, den einzelnen sittlich zu veredeln. Sie wollen die Kräfte des Individuums stärken und für die Freiheit kämpfen und dadurch mithelfen, eine menschliche Welt zu bauen. In der Gemeinschaft brüderlich verbundener Menschen wollen sie durch das überlieferte Brauchtum spezifische ethische Überzeugungen und Wertvorstellungen, vor allem Humanität und Toleranz, vertiefen. Die rituellen Handlungen sollen dabei als symbolische Mittel eine Hilfe zur Verwirklichung dieser Werte sein.[15]

Ritual

In den letzten zweieinhalb Jahrhunderten ist das Schrifttum über die Freimaurerei äußerst umfangreich. Ganze Bibliotheken könnte man damit füllen.[16] Gleichwohl gibt es kaum eine weltanschauliche Gruppierung in unserer Gesellschaft, über die so wenig zuverlässige und allgemein bekannte Informationen vorliegen.[17] Das erklärt sich daraus, daß der Freimaurer nach wie vor einer strengen Arkandisziplin unterliegt, nicht nur nach außen, auch nach innen. Deshalb gibt es im freimaurerischen Schrifttum viele verhüllende und verschleiernde Wendungen, die dem Leser oft gar nicht bewußt werden.[18] Trotz der Geheimhaltungspflicht sind jedoch im Laufe der Zeit nicht wenige Informationen nach außen gedrungen oder durch Beobachtung bekannt geworden, die eigentlich nicht für die Öffentlichkeit bestimmt waren.

Ein bedeutendes Mittel im Dienste der Geheimhaltung, der Abschirmung gegenüber den Nicht-Eingeweihten, sind für die Freimaurer die Symbole und Zeichen. Gleichzeitig sind sie für sie ein Medium, das sie miteinander verbindet, vor allem auch da, wo sie durch die verschiedenen Sprachen getrennt sind.[19] Die Symbole und Zeichen sollen das letztlich Unsagbare zum Ausdruck bringen. Dabei ist ihre Interpretation dem einzelnen

---

15 K. Algermissen, Art. Freimaurer, (Anm. 4), 167; J. Holtorf, (Anm. 1), 196.

16 Bemerkenswert ist es allerdings, daß die Bücher über die Freimaurerei primär von den Freimaurern selbst gelesen werden.

17 Auf eine unübersehbare Zahl von Titeln verweist A. Mellor in seinem Buch „Unsere getrennten Brüder, die Freimaurer" (Graz 1985, 321ff.). Die Bibliographie von A. Wolfstieg umfaßt mehr als 50 000 Titel (A. Wolfstieg, Bibliographie der freimaurerischen Literatur, Leipzig, Burg und Hildesheim 1911, 1926 und 1964). Vgl. auch M. Adler, (Anm. 1), 35f. 170.

18 M. Adler, ebd., 64.

19 R. Appel, D. Möller, Was ist Freimaurerei?, Hamburg 1970, 37f.; M. Adler, (Anm. 1), 65f.

Maurer selber überlassen, der aber nicht darüber spricht. Der religiöse Disput ist ohnehin innerhalb der Loge strengstens untersagt.[20] Neben der Unbegreiflichkeit Gottes sollen die Symbole die ethische Zielsetzung der Gemeinschaft unterstreichen und ermöglichen sowie zur Humanität erziehen.

Um der Geheimhaltung des Rituals willen werden die Agenden, die das Brauchtum enthalten, nur an die Brüder ausgehändigt, zum Teil nur an solche, die höhere Grade haben. Der höchste Grad ist der 33.

Die Sprache der Symbole ist ein integrales Moment des Ritus der Freimaurer. In den Ritualhandlungen verbinden sich die Symbole mit dem Wort und erhalten dadurch einen sakramentsähnlichen Charakter. Sakramentale Riten der Kirche werden darin nachgeahmt, und es wird ihnen eine entsprechende Wirkung zugeschrieben. Zumindest erwecken sie den Anschein, als würde damit objektiv eine Verwandlung des Menschen bewirkt. Im übrigen sind im Ritual nicht wenige Elemente der alten Mysterienreligionen lebendig. Die Einrichtung eines modernen freimaurerischen Tempels unterscheidet sich beispielsweise in nichts von den alten Mithras-Tempeln. In den Ritualhandlungen erhält der Freimaurer stufenweise seine Initiation. Stets weiß er nur etwas über den Grad, in den er eingeweiht ist. Im allmählichen Aufstieg soll er ein neuer Mensch werden, neue Ideen, Überzeugungen, Wünsche und Ziele erlangen.

Die drei Grundrituale vermitteln dem Freimaurer den Lehrlingsgrad, den Gesellengrad und den Meistergrad. Diese Grade gelten bei allen Freimaurerlogen als verbindlich.[21]

Unverkennbar ist das esoterische Gedankengut schon bei der Initiation zum ersten Grad des Freimaurertums. Der um Aufnahme Bittende artikuliert sich mit folgenden Worten: „Ein armer Kandidat im Stande der Finsternis begehrt demütig, zu den Mysterien und Privilegien der Freimaurerei zugelassen zu werden.“ Dann wird ihm erklärt: „Licht und Dunkel, Leben und Tod sind nur scheinbar unerbittliche Gegensätze. Dem Eingeweihten werden sie als Teile eines größeren Ganzen erkennbar.“ In dieser Feststellung artikuliert sich die elementare esoterische

---

20 Vgl. Erklärung der Deutschen Bischofskonferenz zur Frage der Mitgliedschaft von Katholiken in der Freimaurerei, in: Pressedienst des Sekretariats der Deutschen Bischofskonferenz – Dokumentation 10/80 vom 12. Mai 1980, 12 (J. Holtorf, [Anm. 1], 121).

21 J. Stimpfle, Die katholische Kirche und die Freimaurerei. Die Dialogkommission hat die entscheidende Frage geklärt, in: Deutsche Tagespost vom 28./29. März 1986; Ch. Jacq, La Massoneria. Storia e iniziazione, Milano 1978, 58; Die Freimaurerei und das Christentum, in: Herder-Korrespondenz 7, 1952/53, 524.

Idee vom Gleichgewicht der Kräfte und dem in ihm verborgenen Geheimnis des Lebens.

Bei der Initiation zum Meistergrad heißt es: „Welche Tugenden muß ein wahrer Meister besitzen? Reinheit des Herzens, Wahrheit in Worten, Vorsicht in Handlungen, Unerschrockenheit bei unvermeidlichen Übeln und unermüdlichen Eifer, wenn es gilt, Gutes zu tun." In der Freimaurerei geht es wesentlich um die ethische Vervollkommnung. Sie wird geradezu verabsolutiert, allerdings losgelöst von der Gnade. Für den Freimaurer gibt es nur die Selbsterlösung. Immerhin: Die sittliche Veredelung des Menschen ist ein bedeutendes Moment der Freimaurerei, wenn auch ohne religiöse Motive und ohne die Hilfe der Gnade. Die Freimaurerei, speziell die reguläre, hat zahlreiche Vertreter mit einem hohen Ethos. Das humanitäre Wirken vieler Freimaurer ist höchst anerkennenswert.[22] Allein hier begegnet uns das Ethos des selbstbewußten Menschen. Aber nicht nur das. Diesem Ethos fehlt auch die Konsequenz. Bei aller Humanität zählen die Freimaurer etwa die Abtreibung ebenso zu den Menschenrechten wie das Recht auf Fortpflanzung.[23]

Superreligion

Im Ritual der Freimaurer ist immer wieder die Rede vom „Großen Baumeister aller Welten". Dieser spielt in der regulären Freimaurerei eine zentrale Rolle. Die Vorstellung von ihm ist zunächst deistisch gefärbt. Schaut man aber genauer hin, so erkennt man, daß er vielfach nicht einmal mehr persönliche Züge trägt, sondern sich eher als ein neutrales Es darstellt, unbestimmt und offen für jede Interpretation, so daß jeder seine eigene Gottesvorstellung darin einbringen kann, der Christ wie der Moslem, der Konfuzianer wie der Animist. Entscheidend ist dabei lediglich das religiöse Empfinden, das seinerseits im Grunde völlig beliebig sein kann.[24] So schwankt das Gottesbild zwischen der deistischen und der pantheistischen Gottesvorstellung. Aber weder ein deistischer noch ein pantheistischer Gott kann sich offenbaren.

---

22 J. Stimpfle, (Anm. 21); Erklärung der Deutschen Bischofskonferenz, (Anm. 20), 1-19 (J. Holtorf, (Anm. 1), 113-126); R. Appel, D. Möller, (Anm. 19), 37f.; K. Algermissen, Art. Freimaurerei, (Anm. 4), 170-172; Die Freimaurerei und das Christentum, (Anm. 21), 523.

23 These 13 der freimaurerischen „Thesen bis zum Jahr 2000" (Das deutsche Freimaurer-Magazin „humanität" 1980, Nr. 1). Vgl. J. Stimpfle, (Anm. 21).

24 Vgl. Erklärung der Deutschen Bischofskonferenz, (Anm. 20), 13f. (J. Holtorf, [Anm. 1], 122).

Auf der Grundlage des Deismus oder des Pantheismus und des Humanismus tritt man im Freimaurertum für eine Art Superreligion ein, die über allen Religionen und Konfessionen steht, für eine Religion des Humanismus, die das entscheidende Element einer besseren Welt sein soll, für eine Religion, die sich stark gnostisch und vor allem synkretistisch artikuliert.[25]

Die Idee der Welteinheitsreligion, der Zusammenfassung aller Religionen, wurde zum ersten Mal um 1650 durch Comenius, einen Bischof der Böhmischen Brüder, gefordert und propagiert. In der Freimaurerei fand sie begeisterte Aufnahme. In jenen Spielarten der Freimaurerei, die sich nicht dem Atheismus verschrieben haben, hat sie noch heute einen bedeutenden Stellenwert.[26]

Vielfach hat man gefragt, ob die Freimaurerei eine Religion oder nur ein ethisches System sei. Diese Frage wurde immer wieder, speziell seit dem II. Vatikanischen Konzil, erörtert. Die Freimaurer selbst lehnen die Bezeichnung „Religion" für ihren Bund ab. Plädieren sie auch unter Umständen für eine Welteinheitsreligion, so verstehen sie sich selbst jedoch nicht als Religion. Gern verwenden sie die Formel „Die Freimaurerei ist religiös, sie ist aber keine Religion".[27] Selbst diese Aussage relativieren sie noch einmal, wenn sie erklären, die Freimaurerei sei lediglich ein ethisches System. Trifft das zu, so ist der Dialog mit dem Christentum und mit der Kirche erheblich erleichtert. Indes scheint die Wirklichkeit anders zu sein. Denn das Freimaurertum erhebt den Anspruch, die einzig wahre Religion zu sein, der gemeinsame Nenner aller Religionen, wenn es im Buch der Konstitutionen von 1723 heißt, die Weltanschauung der Freimaurer sei jene Religion, in der alle übereinstimmten. Die Freimaurer vertreten damit eine allgemeine natürlich-ethische Vernunftreligion.[28] Dementsprechend erklären die Bischöfe der griechisch-orthodoxen Kirche auf ihrer Konferenz am 12. Oktober 1933: „Freimaurerei ist eine Mysterienreligion, sie ist vom christlichen Glauben völlig verschieden, ihm entgegengesetzt und fremd. Wie die Mysterienkulte, trotz scheinbarer Toleranz und Anerkennung fremder Götter, zum Synkretismus führen, das Vertrauen zu anderen Religionen untergraben und allmählich ins Wanken bringen, so ist die heutige Freimaurerei; sie möchte nach und nach alle Menschen umfassen und sittlich vervollkomm-

---

25 M. Adler, (Anm. 1), 91.

26 Vgl. J. Böni, Kirche heute und morgen. Quo vadis, Ecclesia? Eine Bestandsaufnahme, Trogen (Schweiz) 1973, 271.

27 R. Appel, D. Möller, (Anm. 19), 39.

28 Vgl. K. Algermissen, Art. Freimaurer, (Anm. 4), 346.

nen, das Erkennen der Wahrheit fördern und sich zu einer Art Über-Religion erheben, wobei sie auf alle anderen Religionen (die christliche nicht ausgenommen) als etwas Minderes herabsieht ...“[29]

Weltregierung

Mit der Idee der Welteinheitsreligion verbindet sich im Freimaurertum die Vorstellung von einer universalen, einheitlichen Weltregierung. Ist die Welteinheitsreligion das religiöse Ziel, so ist die einheitliche Weltregierung das politische Ziel der Freimaurer. Das Weltfreimaurertum träumt von einer universalen Weltregierung in einem universalen Welteinheitsstaat. Diese „Neue Weltordnung“ ist seit eh und je ein wichtiger Begriff im Vokabular der Freimaurerei. Bereits Christoph Martin Wieland († 1813) erklärt: „Der Freimaurer ist als solcher kein Bürger dieses oder jenes Staates, er ist ein Weltbürger.“[30] Es ist klar, daß ein solcher Welteinheitsstaat nur als Diktatur vorstellbar ist. Wie sollte er sonst funktionieren? Darin sieht man im Freimaurertum jedoch kein Problem. Das totalitäre Denken hat in der Esoterik, speziell in der Gnosis, eine lange Tradition, wenngleich es zunächst nicht hervortritt und sich oft hinter einem vordergründigen Freiheitspathos verbirgt.[31]
Die politische Zielsetzung des Freimaurertums wird allerdings teilweise bestritten. So bezeichnet etwa der Freimaurer E. Lennhoff die politische Weltherrschaft als Unterstellung und erklärt, es gehe der Freimaurerei nur um eine moralisch-sittliche Weltherrschaft, um eine humane Welt.[32] Offenkundig fehlt hier der Konsens. Entscheidend ist jedoch, welche Auffassung dominiert.

Ablehnung der Kirche und des Papsttums

Wo immer eine Gegnerstellung der Freimaurerei zum Christentum deutlich wird, da richtet sie sich in erster Linie gegen die katholische Kirche. Der Schweizer J. Böni, reformierter Pfarrer und Freimaurer, ehemals katholischer Priester, bemerkt in seinem Buch „Kirche heute und

---

29 M. Dierickx, Freimaurerei. Die große Unbekannte, Frankfurt 1968, 182; M. Adler, (Anm. 1), 94.

30 Zitat bei R. Appel, D. Möller, (Anm. 19), 56.

31 M. Adler, (Anm. 1), 67f.

32 E. Lennhoff, Die Freimaurerei, Stuttgart 1981 (Nachdruck der Ausgabe von 1929), 456.

morgen. Quo vadis, Ecclesia? Eine Bestandsaufnahme“[33] im Jahre 1973, die katholische Kirche stehe mit ihrem reaktionären Juridismus und mit ihrer absolutistischen hierarchischen Struktur völlig im Widerspruch zum Evangelium und könne daher nicht akzeptiert werden.[34] Deshalb müsse man den „progressiven Kräften in der römischen Kirche“ helfen, jenen, die die „Mängel und Schwächen der absolutistischen Papstkirche“ zugäben oder die sich als „Priester ... gegen das unevangelische Gesetz“ wehrten, das sie an den Zölibat binde.[35] Die katholische Kirche ist für Böni der Hort der Unfreiheit und der autoritären Bevormundung.[36] Dagegen stellt er das Konzept von der Welteinheitsreligion, die seiner Meinung nach mit der Einstellung der Mission und der gleichwertigen Partnerschaft der Religionen beginnt.[37] Der bedeutende schweizerische Freimaurer Quartier-la-Tente, protestantischer Pfarrer, langjähriger Staatsrat und Leiter des Departements für Unterricht und Kultur in der Schweiz, Großmeister der Schweizer Großloge „Alpina“, zeitweilig Leiter der freimaurerischen Weltgeschäftsstelle in Genf, erklärt 1917, weil die Versöhnung mit der Kirche nicht mehr möglich sei, könne es hier nur „einen Kampf ohne Gnade“ geben, „der mit dem Sieg der Wissenschaft und des Gewissens enden“ werde, denn der Maurer sei ein freier Mensch, der Katholik aber ein Sklave, „einer erzwungenen Disziplin des Geistes unterworfen“.[38]

Die Zeitschrift „Famiglia Cristiana“, die größte katholische Wochenzeitschrift Italiens, artikuliert im September des Jahres 1991 heftige Angriffe gegen die Freimaurerei und die sozialistischen Außenminister der Europäischen Gemeinschaft. Sie stellt fest, „mindestens fünf der sieben sozialistischen Außenminister der Europäischen Gemeinschaft“ seien Freimaurer und „den liberal-freimaurerischen Lobbys“, die sich gegenwärtig in Osteuropa stark entwickelten, seien das katholische Slowenien und das katholische Kroatien als unabhängige und souveräne Staaten nicht willkommen. Die Zeitschrift vertritt die Meinung, die Freimaurerlogen seien zur Zeit dabei, mit Hilfe der sozialistischen Parteien ehemalige Kommunisten auf ihre Seite zu ziehen und sie an die Sozialistische Internationale zu binden. Sie finanzierten in den früheren kommunistischen Staaten zahlreiche laikale Bewegungen, um so das Entstehen

---

33 J. Böni, (Anm. 26).

34 Ebd., 17.

35 Ebd., 19.

36 Ebd., 104ff.

37 Ebd., 249.

38 Zit. nach M. Adler, (Anm. 1), 168.

christlicher Parteien zu erschweren. Sie seien bemüht, durch Einsatz von Geld überall in Osteuropa die neu entstandenen Zeitungen unter Kontrolle zu bringen, und sie versuchten, den Niedergang des Kommunismus als Bestätigung ihrer eigenen Ziele auszugeben.[39]
Die italienische Zeitung „Unità“ berichtet am 6. Januar 1992 in einem Artikel von Antonio und Gianni Cipriani unter der Überschrift „Die ‚schwarze‘ Freimaurerei fällt im Osten ein“, Vertreter der italienischen Freimaurerei hätten in Zusammenarbeit mit dem amerikanischen Geheimdienst in den ehemals kommunistischen Ländern unter Ausnutzung des Chaos und der wirtschaftlichen Schwierigkeiten Geschäftsbeziehungen aufgebaut und Logen gegründet. Es handle sich dabei um Vertreter der sogenannten schwarzen Freimaurerei, die im Unterschied zu der europaorientierten Freimaurerei, den „Europeisti“, amerikafreundlich sei. Im übrigen seien die Bemühungen der US-amerikanischen Freimaurer um die Beeinflussung der Politik und der Wirtschaft in Osteuropa intensiv und die Freimaurerei stelle ohnehin den verborgenen Arm der Außenpolitik der westlichen Länder dar und ziele auf eine „neue parallele Weltordnung“. Die Zeitung weist dann darauf hin, daß die „schwarze“ Freimaurerei auch im jugoslawischen Bürgerkrieg nicht untätig gewesen sei und gegen eine Verständigung der orthodoxen Kirche Serbiens mit den Katholiken des Vielvölkerstaates gewirkt habe, was die Zurückhaltung der Öffentlichkeit angesichts der Rolle Serbiens in diesem Krieg und die Verzögerungen bei der Anerkennung Sloweniens und Kroatiens durch die Europäische Gemeinschaft erkläre. Es gehe den Freimaurern dabei weniger um die Religion als um die Reduzierung des Einflusses des Vatikans in Osteuropa, weshalb man auch auf seiten der Freimaurerei die Spannungen zwischen der katholischen Kirche und den orthodoxen Kirchen begrüßt habe, wie sie auf der Außerordentlichen Bischofssynode im Herbst 1991 hervorgetreten seien. Endlich behauptet die Zeitung, die Freimaurer stellten nicht nur den Waffen- und den Drogenhandel, sondern auch den Handel mit nuklearem Material in den Dienst ihrer Expansion.[40]
Hinsichtlich der politischen Aktivitäten der Freimaurer und hinsichtlich ihrer Stellung zum Christentum und zur Kirche muß man sich vor Vereinfachungen hüten. Die Freimaurerei artikuliert sich verschiedenar-

---

39 Vgl. Frankfurter Allgemeine Zeitung vom 27. September 1991.

40 Vgl. Frankfurter Allgemeine Zeitung vom 7. Januar 1992.

tig.[41] Auf jeden Fall wenden sich das Freimaurertum und der freimaurerische Humanismus von Anfang an gegen ein dogmatisches Christentum. Damit richtet sich die Abneigung des Freimaurertums in erster Linie auf das katholische Christentum.[42] Wenn heute die dogmatische Prägung der katholischen Kirche zurücktritt, verliert sie ihre Anstößigkeit in den Augen der Freimaurer und erleichtert damit eine Verständigung, allerdings um den Preis ihrer Identität. Immerhin wird es nicht schwer sein, auf den Ruinen der dogmatischen Glaubensüberzeugungen des Christentums die erhoffte Welteinheitsreligion aufzubauen.

Kirche und Freimaurertum

Wie die Kirche von Anfang an wenig Sympathien bei den Freimaurern fand, so hat sie sich ihrerseits immer wieder offiziell von ihnen distanziert. Kategorisch verurteilte Papst Clemens XII. die Freimaurerei in der Bulle „In eminenti apostolatus specula" vom 28. April 1738.[43] Ihr folgten weitere Verurteilungen. Insgesamt sind es an die zwölf hochoffizielle. Hinzu kommen 200 weitere päpstliche Interventionen.

Leo XIII. erklärt in seiner Enzyklika „Humanum genus" vom 20. April 1884,[44] die Freimaurer stünden im Bunde mit den Feinden Gottes, die offen und unverhohlen daran arbeiteten, die Kirche zu vernichten, sie leugneten jede göttliche Offenbarung, strebten die Trennung von Kirche und Staat an, förderten den religiösen Indifferentismus, die laizistische Erziehung, die Ehescheidung und den staatlichen Atheismus.[45]

Heute ist das Klima im ganzen günstiger geworden. Man neigt vielfach dazu, die Verurteilungen der Freimaurerei durch die Kirche lediglich auf die militant antikirchlichen Logen in den romanischen Ländern zu beziehen. Im Jahre 1969 schreibt die Herder-Korrespondenz: „Die Freimaurerei stellt heute keine Großmacht mehr dar, die der Kirche gefährlich werden könnte oder auch nur möchte. In ihrem überwiegenden Teil handelt es sich um eine tolerant gesinnte Gesellschaft, in der Geselligkeit und Clubleben eine ebenso große Rolle spielen wie weltan-

---

41 Vgl. G. Horst, Beide Gesichter der Freimaurerei. Die Krise in Jugoslawien und das schillernde Verhältnis des Vatikans zu den europäischen Logen, in: Deutsche Tagespost vom 1. Oktober 1991.

42 Vgl. oben S. 198f.

43 H. Denzinger, A. Schönmetzer, (S. 39 Anm. 33), Nr. 2511-2513.

44 Ebd., Nr. 3156-3158.

45 Ebd. Vgl. A. Reuter, Hg., Summa Pontificia. Lehren und Weisungen der Päpste durch zwei Jahrtausende II, Abensberg 1978, 516f.; M. Adler, (Anm. 1), 73f. 95.

schauliche Fragen und sittliche Verantwortung. Die alte Gegnerschaft entbehrt heute der Grundlage."[46] Viele sind der Meinung, daß die Auffassung, die Freimaurerei sei der eigentliche Widerpart des Christentums, nicht mehr zutrifft.[47] Andere halten dagegen, die liberale Führungsmacht der Weltfreimaurerei könne heute einfach nicht geleugnet werden und ihre ideologische Geschlossenheit bilde trotz der internen Auseinandersetzungen innerhalb der Großlogen nach wie vor eine starke Front gegen das Christentum, speziell gegen die katholische Kirche. Das sei in der Gegenwart nicht anders als in der Vergangenheit. Gewandelt hätten sich nur die Mittel und die Methoden. Nach wie vor suche man seine Ziele zu erreichen mit Hilfe der Hochfinanz, der hohen Politik und der Weltpresse. Dabei scheue man nicht einmal zurück vor einem unheiligen Pakt mit dem Marxismus.[48]

Die Logen selbst sind durchweg daran interessiert, zu einem Einvernehmen mit der Kirche zu kommen, auch die romanischen, derweil sich die Amtsträger der Kirche in der Regel distanziert verhalten. Die Freimaurer wissen, daß die römische Kirche die größte religiöse Gemeinschaft ist – sie umfaßt ungefähr ein Sechstel der Erdbevölkerung –, und sie sehen sie als eine bedeutende religiöse, moralische, kulturelle und politische Macht an.[49] Kürzlich noch unternahm der Großmeister der Loge vom Großen Orient in Italien, Guiliano di Bernardo, konkrete Versuche, Wege der Zusammenarbeit mit der Kirche zu finden. Er vertrat dabei die Meinung, man solle sich gemeinsam den großen Problemen der gegenwärtigen Welt zuwenden.[50] Die offiziellen Vertreter der Kirche sind zurückhaltend, weil sie fürchten, nicht zu erfahren, was sich hinter den verschlossenen Türen zuträgt, was dort wirklich geplant und gedacht wird.[51]

Im Sinne der Vereinbarkeit von Kirche und Freimaurertum und des Wandels der Freimaurerei engagieren sich vor allem der Pariser Rechtsgelehrte Alec Mellor[52], praktizierender Katholik[53] und Mitglied der Pariser

46 Gewandeltes Verhältnis zur Freimaurerei, in: Herder-Korrespondenz 23, 1969, 219.

47 K. Algermissen, Art. Freimaurer, (Anm. 4), 347f.

48 M. Adler, (Anm. 1), 84-86.

49 K. Baresch, (Anm. 5), 8.

50 Vgl. G. Horst, (Anm. 41).

51 Ebd.

52 Von A. Mellor gibt es in deutscher Sprache folgende Werke: Unsere getrennten Brüder, die Freimaurer, Graz 1964; Logen, Rituale, Hochgrade. Handbuch der Freimaurerei, Graz 1967 (Sonderdruck 1985); Die unbekannte Grundurkunde der christlichen Freimaurerei, Uetersen 1968. Vgl. auch M. Adler, (Anm. 1), 105f.

53 R. Appel, D. Möller, (Anm. 19), 105.

Loge „Esperance",[54] der holländische Jesuit M. Dierickx[55] und der deutsche Theologe Herbert Vorgrimler[56]. Vorgrimler meint, die Kirche habe zu lange ignoriert, „was ... das Freimaurertum werbend oder in herber Kritik zu sagen" gehabt habe.[57] Die Vereinbarkeit von Kirche und Freimaurertum findet im Jahre 1969 auch die Sympathie der Herder-Korrespondenz.[58] Man geht bei dieser Position davon aus, daß sich die Freimaurerei in ihrem Denken gewandelt habe und daß deshalb die wesentlichen Differenzen im Verhältnis zur Kirche überwunden seien, oder man erklärt, auch die katholische Kirche habe sich gewandelt oder müsse sich wandeln. In Wirklichkeit ist es jedoch so: Nicht die Freimaurerei hat sich gewandelt, sondern die Kirche. Weil der Adogmatismus der Freimaurer, der heute weithin den Zeitgeist bestimmt, immer mehr in die Kirche einströmt, wird der Gegensatz zwischen Freimaurertum und Kirche weniger erkennbar. Damit nähert sich nicht das Freimaurertum der Kirche, sondern die Kirche dem Freimaurertum.

Wenn die genannten Autoren die Meinung vertreten, Katholiken könnten bedenkenlos Freimaurer sein, so gehen sie damit weiter als die Freimaurer selbst, die eine Doppelmitgliedschaft in Kirche und Loge auf die drei untersten Grade beschränken, sie für die höheren Grade jedoch klar und unmißverständlich verneinen.[59]

Wie immer die Stellung der Freimaurer zu Kirche und Christentum sein mag, mit einem dogmatischen Christentum können sie sich niemals anfreunden, und die Idee einer Vernunftreligion als Welteinheitsreligion prägt zumindest weite Kreise von ihnen.

Mit der Ablehnung eines dogmatisch geprägten Christentums verbindet sich bei den Freimaurern der Vorwurf, die Kirche sei intolerant. Diese Intoleranz glaubt man darin zu erkennen, daß die Kirche den Anspruch erhebt, die Wahrheit zu verkünden, und ihre Verkündigung mit der absoluten Autorität Gottes verbindet. Aber auch das Freimaurertum verzichtet nicht auf den Anspruch der Wahrheit, nur ist die Wahrheit hier weniger konturiert und der Bereich des Beliebigen größer. Unverkennbar findet dieses Wahrheitsmodell allerdings in der gegenwärtigen Theologie bei nicht wenigen Theologen wachsende

---

54 Ebd.

55 Vgl. M. Dierickx, (Anm. 29).

56 R. Appel, H. Vorgrimler, Kirche und Freimaurerei im Dialog, Frankfurt 1975.

57 So schreibt Vorgrimler im Vorwort zu M. Dierickx, (Anm. 29), 5f.

58 Gewandeltes Verhältnis zur Freimaurerei, (Anm. 46), 218.

59 J. Stimpfle, (Anm. 21).

Zustimmung. Atmosphärisch wird es gespeist durch eine agnostizistische Grundstimmung, die heute das Denken vieler bestimmt.
Die nach wie vor bestehende Distanz zwischen Kirche und Freimaurertum hat die Deutsche Bischofskonferenz am 12. Mai 1980 in einer Erklärung zur Frage der Mitgliedschaft von Katholiken in den Freimaurerlogen bestätigt,[60] nachdem zuvor von 1974-1980 offizielle Gespräche zwischen Beauftragten der Deutschen Bischofskonferenz und der Vereinigten Großlogen von Deutschland stattgefunden hatten. Das Ziel dieser Gespräche war es gewesen, festzustellen, ob sich in der Freimaurerei ein Wandel vollzogen habe und die Mitgliedschaft von Katholiken nunmehr möglich geworden sei. Vorausgegangen waren diesen offiziellen Gesprächen zwischen 1968 und 1972 nichtoffizielle Gespräche, die ihren Niederschlag in der Lichtenauer Erklärung vom 5. Juli 1970 gefunden hatten, die indessen zu einem entgegengesetzten Ergebnis gekommen war. Bei der Vorbereitung der Lichtenauer Erklärung hatten sich auf katholischer Seite der Theologe Herbert Vorgrimler und Kardinal König, Erzbischof von Wien, hervorgetan.[61] Aber schon vor 1968 hatte es immer wieder inoffizielle Gespräche zwischen der Kirche und den Freimaurern gegeben. Deutsche Freimaurer hatten Gespräche mit Kardinal Bea geführt, Kölner Logen hatten über längere Zeit hin Kontakte mit den Dominikanern in Walberberg gepflegt, und Kardinal König hatte den Dialog mit den österreichischen Freimaurern aufgenommen.[62]
Am 18. Juli 1974 war ein Schreiben des Präfekten der Glaubenskongregation in Rom an die Deutsche Bischofskonferenz ergangen, das auf Grund einer Reihe von Eingaben und Prüfungen verschiedener Bischofskonferenzen die Gültigkeit des Canons 2335 des Codex Iuris Canonici von 1917, das Verbot der Mitgliedschaft von Katholiken in Logen, eingeschärft,[63] aber hinzugefügt hatte, daß die Strafe der Exkommunikation nur eintrete, wenn es sich um Vereinigungen handle, die wirklich gegen die Kirche arbeiteten.
Die Erklärung der Deutschen Bischofskonferenz von 1980, die später

60 Der Wortlaut der Erklärung in: Pressedienst des Sekretariats der Deutschen Bischofskonferenz, (Anm. 20); K. Baresch, (Anm. 5), 99-107.

61 Ebd., 40-74.

62 J. Holtorf, (Anm. 1), 104f. 158.

63 Canon 2335 hat folgenden Wortlaut: „Wer der Freimaurerei oder einer anderen Vereinigung dieser Art angehört, die gegen die Kirche oder die rechtmäßigen staatlichen Gewalten arbeitet, zieht sich ipso facto (automatisch) die Exkommunikation zu, deren Lossprechung dem Heiligen Stuhl in einfacher Weise vorbehalten ist." Das bedeutet, daß bereits die bloße Zugehörigkeit zu einer Loge die Exkommunikation zur Folge hat.

ausdrücklich von der Glaubenskongregation in Rom approbiert wurde, entschied, die Freimaurerei habe sich in ihrem Wesen nicht gewandelt, nach wie vor bestünden grundlegende und unüberbrückbare Gegensätze zwischen der katholischen Kirche und der Freimaurerei und die Zugehörigkeit von Katholiken zu dieser Bewegung sei nicht möglich, weil dadurch die Grundlagen der christlichen Existenz in Frage gestellt würden.[64] Damit entschied sie anders als die Lichtenauer Erklärung, wie bereits betont, anders aber auch als die Bischofskonferenzen von Skandinavien, von England und von den Niederlanden,[65] anders auch als die Evangelische Kirche in Deutschland, die im Jahre 1973 festgestellt hatte, gegen die Mitgliedschaft evangelischer Christen in der Freimaurerei könne kein Einwand erhoben werden und eine Doppelmitgliedschaft sei in das freie Ermessen des einzelnen gestellt.[66] An der Entscheidung der evangelischen Kirche übt die Erklärung der Deutschen Bischofskonferenz ausdrücklich Kritik mit dem Hinweis darauf, daß ihr mangelnde Einsicht in das Wesen und die Praxis des Freimaurertums zugrunde liege. Näherhin stellt sie fest, die evangelischen Vertreter hätten bei ihren Gesprächen weniger Einblick in Lehre und Praxis der Freimaurerei erhalten als die katholischen. Dann verweist sie konkretisierend auf die Selbsterlösungslehre im Freimaurertum, die allein schon eine zentrale Aussage des Christentums paralysiere.[67]

Unter anderem stellen die deutschen Bischöfe in ihrer Erklärung fest, es gebe zwar eine Reihe von Berührungspunkten zwischen der Kirche und der Freimaurerei, diese seien jedoch nicht hinreichend für eine positive Stellungnahme. Im einzelnen werden genannt: das humanitäre Anliegen, die Wohltätigkeit, das Symbolverständnis und die Wertschätzung des Symbols, die Integrität mancher Einzelpersönlichkeiten innerhalb der Freimaurerei, die immer wieder bekundete Bereitschaft zum gemeinsamen Kampf gegen die materialistische Ideologie und gegen die sich daraus ergebenden menschenfeindlichen Konsequenzen.[68] Mithin bekräftigt die Erklärung dezidiert die Unvereinbarkeit des Christentums mit dem Freimaurertum und stellt fest: „Die Frei-

---

64 Erklärung der Deutschen Bischofskonferenz, (Anm. 20), 1 (J. Holtorf, [Anm. 1], 111).

65 Ebd., 110.

66 Information der Evangelischen Zentralstelle für Weltanschauungsfragen 58/74, 19; vgl. Erklärung der Deutschen Bischofskonferenz, 18 (J. Holtorf, 125. 112).

67 Erklärung der Deutschen Bischofskonferenz, , 18 (J. Holtorf, 125).

68 Erklärung der Deutschen Bischofskonferenz, 4f. (J. Holtorf, 115f.); vgl. J. Stimpfle, (Anm. 21).

maurerei hat sich in ihrem Wesen nicht gewandelt. Eine Zugehörigkeit stellt die Grundlagen der christlichen Existenz in Frage."[69]
Die Freimaurer in Deutschland reagierten enttäuscht auf die Stellungnahme der Bischöfe. Sie bekräftigten ihre uneingeschränkte Toleranz und betonten, ein großer Teil ihrer Mitglieder bekenne sich ausdrücklich zum Christentum, und zwar in allen Ländern. Sehr unfreundlich war der Kommentar in den meisten Zeitungen. Man bemerkte, die Erklärung der Bischöfe habe die Freimaurerei nicht sachgemäß dargestellt, vor allem gehe sie fehl, wenn sie die Freimaurerei als Religionsgemeinschaft darstelle.[70]
Der Erklärung der Deutschen Bischofskonferenz folgte am 17. Februar 1981 eine Erklärung der römischen Glaubenskongregation, die ausdrücklich die Exkommunikation der Katholiken, die Mitglieder von Freimaurerlogen werden, bekräftigte.[71] Noch einmal war die Reaktion in der Öffentlichkeit äußerst negativ. Nicht ohne Bitterkeit meinte der katholische Theologe Herbert Vorgrimler, die Erklärung gehöre in „die Sammlung aberwitziger Bannflüche seit rund 150 Jahren" und die Kirche dürfe sich nicht wundern, „wenn sie angesichts solcher Erklärungen als Gesprächspartner nicht mehr ernst genommen" werde.[72]
Am 26. November 1983 trat der neue Codex Iuris Canonici in Kraft. Darin ist der alte Canon 2335, der ohne Einschränkung die Mitgliedschaft eines Katholiken in einer Loge mit der Exkommunikation belegt,[73] ein wenig modifiziert, wenn es nunmehr in Canon 1374 heißt: „Wer einer Gruppierung beitritt, die gegen die Kirche arbeitet, soll eine angemessene Strafe erhalten, wer aber eine solche Gruppierung unterstützt oder leitet, soll mit dem Interdikt bestraft werden." Es kommt hier das Wort „Freimaurer" nicht mehr vor, die Formulierung ist ungenauer, und es ist nicht mehr die Rede von der Exkommunikation. Daß jedoch das alte Freimaurerverbot in diesem Canon enthalten ist, geht aus einer entsprechenden Verlautbarung der Glaubenskongregation hervor, die am gleichen Tage ergangen ist, an dem der neue CIC in Kraft trat. Wörtlich heißt es darin mit Bezug auf die Stellungnahme der gleichen Instanz von 1981: „Unverändert besteht das negative Urteil der Kirche über die freimaurerischen Vereinigungen fort, weil deren Prinzipien als mit der Lehre der

---

69 Erklärung der Deutschen Bischofskonferenz, 9 (J. Holtorf, 118); vgl. J. Stimpfle, (Anm. 21)

70 J. Holtorf, (Anm. 1), 111. 113. 148ff.; K. Baresch, (Anm. 5), 107-109.

71 Acta Apostolicae Sedis 73, 1981, 240f.

72 Zit. nach J. Holtorf, (Anm. 1), 153.

73 Vgl. oben S. 194.

Kirche immer für unvereinbar gehalten wurden. Deshalb bleibt auch das kirchliche Beitrittsverbot zu denselben weiterhin bestehen. Gläubige, welche freimaurerischen Vereinigungen beitreten, leben im Stand der schweren Sünde und können die heilige Kommunion nicht empfangen."[74]
Die hier erörterten Aspekte der Freimaurer-Frage sind nicht immer gebührend berücksichtigt worden, auch innerkirchlich nicht.[75]
Ungeachtet der Erklärung der Deutschen Bischofskonferenz von 1980, der Erklärung der Glaubenskongregation von 1981 und der offiziellen Interpretation des Canons 1374 des neuen CIC durch die Glaubenskongregation von 1983 geht die Diskussion über das Verhältnis der Kirche zur Freimaurerei weiter. Dabei ist die Tendenz unverkennbar, die Unterschiede zu nivellieren. Das ist verständlich angesichts der Tatsache, daß der Relativismus der Freimaurer weithin das moderne Denken bestimmt und auch die Kirche nicht verschont.[76]
Die Befürworter der Vereinbarkeit von Kirche und Freimaurertum berufen sich gern auf die Erklärung des Zweiten Vatikanischen Konzils über die Religionsfreiheit. Diese wird jedoch mißdeutet, wenn man darin eine Aufgabe des Wahrheitsanspruchs der Kirche erkennen will. Ausdrücklich zitiert die Erklärung das Schriftwort Mk 16,16: „Wer glaubt und sich taufen läßt, wird selig werden, wer aber nicht glaubt, wird verdammt werden"[77]und konstatiert: „Gott selbst hat dem Menschengeschlecht Kenntnis gegeben von dem Weg, auf dem die Menschen, ihm dienend, in Christus erlöst und selig werden können. Diese einzige wahre Religion, so glauben wir, ist verwirklicht in der katholischen und apostolischen Kirche, die von Jesus, dem Herrn, den Auftrag erhalten hat, sie unter allen Menschen zu verbreiten."[78] Weiter heißt es dann: Deshalb sind alle „dazu verpflichtet, an der erkannten Wahrheit festzuhalten und ihr ganzes Leben nach den Forderungen der Wahrheit zu ordnen".[79] Bei ihrer Gewissensbildung müssen sie „die heilige und sichere Lehre der Kirche sorgfältig vor Augen haben. Denn nach dem Willen Christi ist die katholische Kirche die Lehrerin der Wahrheit; ihre Aufgabe ist es, die Wahrheit, die Christus ist, zu verkündigen und authentisch zu

---

74 Acta Apostolicae Sedis 76, 1984, 300; L'Osservatore Romano (Deutsche Ausgabe) vom 2. Dezember 1983; Deutsche Tagespost vom 2./3. Dezember 1983; J. Stimpfle, (Anm. 21).

75 Vgl. K. Baresch, (Anm. 5), 143-145.

76 J. Stimpfle, (Anm. 21).

77 Dignitatis humanae, Art. 11.

78 Ebd., Art. 1.

79 Ebd., Art. 2.

lehren, zugleich auch die Prinzipien der sittlichen Ordnung autoritativ zu erklären und zu bestätigen."[80]
Eine Wandlung der Freimaurerei ist nicht einsichtig zu machen. In den 1980 nach Abschluß der Gespräche zwischen den deutschen Bischöfen und der deutschen Freimaurerei veröffentlichten „Thesen bis zum Jahr 2000" verneint sie noch die objektive Geltung der geoffenbarten Wahrheit grundsätzlich und schließt jede geoffenbarte Wahrheit prinzipiell aus.[81]

Bedeutende Differenzen

Der entscheidende Gegensatz zwischen Kirche und Freimaurertum liegt in der Ablehnung der Offenbarung durch die Freimaurer, womit sich ein grundsätzliches Mißtrauen gegenüber der menschlichen Wahrheitserkenntnis verbindet. Darauf besteht die Erklärung der Deutschen Bischofskonferenz von 1980, und das mit Recht. Das „Internationale Freimaurer-Lexikon" schreibt: „Die Freimaurerei kann ... als eine Bewegung aufgefaßt werden, die relativistisch eingestellte Menschen zur Förderung des Humanitätsideals zusammenzufassen trachtet."[82] Nach Meinung der Freimaurer üben alle „Institutionen auf dogmatischer Grundlage ... Glaubenszwang aus", ist die katholische Kirche die bedeutendste unter diesen Institutionen.[83] Der Hochgrad-Freimaurer Oswald Wirth († 1943) schreibt: „Wer an ein unantastbares religiöses, philosophisches, wissenschaftliches oder politisches Credo glaubt, hat im Logentempel nichts verloren. Wenn er ihn dennoch betritt, dann als Eindringling ... Die Berufung zur Einweihung ist Sache jener schweifenden Geister, welche – nachdem sie den Schutz ihrer Schule oder ihrer Kirche verlassen haben – in der Dunkelheit umherirren, ohne ihr wahres Licht zu finden."[84] Der Relativismus ist hier so etwas wie ein Dogma, mit dem alle anderen Dogmen bekämpft werden.
Das Mißtrauen gegenüber der objektiven Wahrheitserkenntnis und die Leugnung der metaphysischen Tragfähigkeit der menschlichen Erkenntnis führen dazu, daß sich die Freimaurer der Philosophie Kants († 1804) verpflichtet fühlen. Über Immanuel Kant schreibt das internationale Freimaurer-Lexikon: „Kant ... wurde der ‚Alleszermalmer' genannt, da

---

80 Ebd., Art. 14.

81 Vgl. das deutsche Freimaurer-Magazin „humanität" 1980, Nr. 1.

82 E. Lennhoff, O. Posner, Internationales Freimaurerlexikon, München 1965, 1300f.

83 Ebd., 374.

84 Zitat bei A. Mellor, Logen, Rituale, Hochgrade, Graz 1985, 328.

er mit dem Dogmatismus der Theologie und zugleich der empirischen sowie rationalistischen Philosophie ins Gericht ging... Er verwarf die Theologie, die ‚Zauberlaterne der Hirngespinnste', ebenso wie auch die dogmatische Metaphysik, die über die Erfahrung hinausgeht... Die Auffassungen Kants bezüglich der Moral (Loslösung von religiöser Begründung) zeigen uns, daß er ‚seinem tiefsten Wesen nach Freimaurer war'."[85] Der Agnostizismus ist wohl die eigentliche Weltanschauung der Freimaurer.

Die Erklärung der Deutschen Bischofskonferenz von 1980 bemerkt, der Wahrheitsbegriff der Freimaurer, der das entscheidende Hindernis für eine Annäherung der Kirche an die Freimaurerei sei, sei weder von der natürlichen Theologie noch von der Offenbarungstheologie her annehmbar.[86] Indes widerlegt sich dieser Wahrheitsbegriff selbst, denn in jedem Akt des Urteils setzen wir die Wahrheit bereits voraus, selbst wenn wir urteilen, daß es keine Wahrheit gibt.

Die Möglichkeit objektiver Wahrheitserkenntnis ist die entscheidende Voraussetzung des Christentums. Christus nennt sich den Weg, die Wahrheit und das Leben,[87] und er will seinen Jüngern den Geist der Wahrheit senden.[88] Nach dem 1. Timotheusbrief bedeutet Christsein zur Erkenntnis der Wahrheit gelangen.[89] Demgegenüber wird der Widersacher Gottes, der Satan, der „Vater der Lüge" genannt.[90] Der Kampf Satans gegen Gott ist im Verständnis Jesu wesentlich ein Kampf gegen die Wahrheit, die ihrerseits das Fundament der christlichen Existenz ist, gerade auch dann, wenn sie unbequem ist oder zu Reue und Umkehr auffordert.[91]

Im übrigen ist die objektive Wahrheit das einzige Kriterium, mit dessen Hilfe man wohlwollende Beeinflussung von hinterhältiger Gehirnwäsche unterscheiden kann. Die Leugnung der Wahrheitserkenntnis führt konsequent zur gewissenlosen Manipulation des Menschen. Gibt es nämlich keine objektiven Maßstäbe, so kann es letzten Endes keine Kritik geben, so kann man sich nicht mehr wehren gegenüber den totalitären Ansprüchen derer, die im Besitz der Macht sind und die anderen unterdrücken.[92]

---

85 E. Lennhoff, O. Posner, (Anm. 82), 813f.

86 Erklärung der Deutschen Bischofskonferenz, (Anm. 20), 11f. (J. Holtorf, [Anm. 1], 120f.).

87 Jo 14,6.

88 Jo 14,16f.; 16,13.

89 1 Tim 2,4.

90 Jo 8,44.

91 J. Stimpfle, (Anm. 21).

92 H. Sachse, Technik und Verantwortung, Freiburg 1972, 23.

Aus dem Dogma des Relativismus resultiert der spezifische Toleranzbegriff der Freimaurer. Sie verstehen die Toleranz nicht als Duldsamkeit, die im Respekt vor der Würde des Menschen gründet, sondern als Indifferentismus. Das ist eine Toleranz, die aus der Relativierung der Wahrheit hervorgeht und die sich nicht auf den konkreten Menschen richtet, sondern auf die Ideen.[93] Sie gilt nicht dem Irrenden, sondern dem Irrtum. Ein solches Verständnis von Toleranz ist heute freilich weit verbreitet, auch innerkirchlich. Zuweilen führt das zu der grotesken Meinung, jede Form der Mission, die etwas anderes sei als Dialog, sei eine Verfehlung gegen die Menschenrechte. Dann bleibt vom Christentum letzten Endes nur noch das unbegreifliche Geheimnis des Göttlichen als der gemeinsame Nenner der Religionen. Alles übrige versteht man dann als Menschenwerk, als zeitbedingten Versuch, dieses unbegreifliche Geheimnis in eine Form zu bringen. Die einzelnen Glaubensaussagen sind dann nicht mehr und nicht weniger als die subjektive Erfahrung des unsagbaren Mysteriums der Transzendenz. Bei einer solchen Sicht läuft es auf das gleiche hinaus, ob man allen Religionen Offenbarungsqualität zuerkennt oder ob man sie alle als ein Produkt des menschlichen Geistes bezeichnet.

Wichtiger als die Wahrheit ist für den Freimaurer die absolute Selbstbestimmung des Menschen. Sie ist der eigentliche Hintergrund des Dogmas des Relativismus, mit dem alle anderen Dogmen bekämpft werden.

Wenn die Wahrheit als Leitprinzip preisgegeben wird, bleibt nur der Mensch selbst als Prinzip der Orientierung. Konsequenterweise wird das Wort des antiken Philosophen Protagoras († ca. 410 v. Chr.) „Der Mensch ist der Maßstab aller Dinge“ dann absolut verstanden, vor allem in sittlichen Fragen.[94] Nach Auffassung der Freimaurer äußert sich die besondere Würde des Menschen darin, daß er keinem anderen Gesetz gehorcht als dem, das er sich selber gibt.[95]

Eine unüberbrückbare Differenz zwischen der Freimaurerei und der katholischen Kirche entsteht aber auch aus der Idee der Selbsterlösung, wie sie schon im Ritual der Freimaurer zum Ausdruck kommt. Sie ist ein integrales Moment der freimaurerischen Anthropologie. Dem Freimaurertum sind die zentralen christlichen Begriffe der Sünde und der Vergebung fremd. Die Erlösung bedeutet ihm Vervollkommnung des Menschen durch Initiation und Erleuchtung. Auf diesen Punkt geht auch,

---

93 E. Lennhoff, O. Posner, (Anm. 82), 1301. Vgl. Erklärung der Deutschen Bischofskonferenz, (Anm. 20), 14f.

94 E. Lennhoff, O. Posner, (Anm. 82), 1300.

95 Ebd., 1025.

wie bereits erwähnt, die Erklärung der Deutschen Bischofskonferenz ein.[96] Die Idee der Selbsterlösung, die im Grunde zu allen esoterischen Gruppierungen gehört, findet in der Gegenwart verständlicherweise große Resonanz.

Die Loge beansprucht ihre Mitglieder total. Die sich aus dem Freimaurereid ergebenden Bindungen gehen jeder anderen Bindung vor. Der Freimaurer übereignet sich der Loge auf Leben und Tod.[97] Bereits hier sind vom christlichen Menschenbild her grundlegende Bedenken anzumelden.

Nicht zu bejahen ist auch der Anspruch der Freimaurer, eine vollkommenere Form der Deutung von Welt und Mensch zu bieten. Mit einem menschlichen Konstrukt will man die göttliche Offenbarung übertreffen, wie sie uns im Alten und Neuen Testament begegnet.

Unvereinbar mit dem Christentum sind endlich das immer wieder hervortretende magische Gedankengut im Freimaurertum und die Tendenz zu okkulten Praktiken. Teilweise hat das seinen Niederschlag auch im Ritual gefunden. Im Dialog fällt es weniger ins Gewicht, wohl deshalb, weil man sich weithin der Tragweite dieses Denkens und dieser Praxis nicht mehr recht bewußt ist.

All diese Unvereinbarkeiten betreffen die „gottgläubigen" Logen nicht weniger als die atheistischen. Sie haben ihr Fundament in Grundprinzipien, die allen Gruppierungen des Freimaurertums gemeinsam sind.[98] Sie können nicht den Dialog abschneiden, aber sie dürfen auch nicht überspielt werden.

Freimaurerei und Protestantismus

Gibt es auch offiziell keinerlei Spannungen zwischen den Freimaurern und den Protestanten,[99] so wurde die Unvereinbarkeit von Christentum und Freimaurertum von einzelnen Protestanten und protestantischen

---

96 Erklärung der Deutschen Bischofskonferenz, (Anm. 20), 15f. (J. Holtorf, [Anm. 1], 123f.). Vgl. oben S. 195.

97 Erklärung der Deutschen Bischofskonferenz, 16 (J. Holtorf, 124); vgl. Die Freimaurerei und das Christentum, (Anm. 21), 521.

98 Vgl. Erklärung der Deutschen Bischofskonferenz, 17 (J. Holtorf, 124f.).

99 F.-W. Haack gibt die sententia communis der reformatorischen Gemeinschaften wieder, wenn er feststellt, das Freimaurertum sei offen für die christliche Interpretation und daher durchaus mit dem Christentum vereinbar (F.-W. Haack, Freimaurer, München 1984, 55).

Gemeinden jedoch immer wieder zum Ausdruck gebracht.[100] Faktisch sind nicht wenige protestantische Geistliche Mitglieder von Logen, speziell im Bereich des Anglikanismus.[101] Das Freimaurerlexikon rechtfertigt diesen Tatbestand mit den Worten: „Die Freimaurerei ist eine der Bewegungen, die vom Ausgang des Mittelalters an als Reaktion gegen die Unbedingtheit der Kirchenlehre ... entstanden sind ... Auf religiösem Gebiet führte dies zum Protestantismus."[102] Im einzelnen stellt es fest: „Beide [Protestantismus und Freimaurertum] entspringen im letzten Grunde der gleichen geistigen Quelle, ,nämlich dem freien Gewissen und der frommen Innerlichkeit, der selbständigen Persönlichkeit, beiden gemeinsam ist die Tendenz der Ethisierung und der Säkularisation weiter Lebensgebiete, und beide sind in jenem höchsten Sinn liberal, daß sie der Gewissensentscheidung, in welcher sich der Gehorsam gegen die unmittelbar erlebte höchste Wirklichkeit kundgibt, Lebensrecht einräumen'."[103]

Indes kann auch der Protestantismus weder den Wahrheitsbegriff noch eine Reihe weiterer wesentlicher Elemente des Freimaurertums, wie die Ablehnung der Offenbarung, die Lehre von der Selbsterlösung, den personellen und sachlichen Absolutheitsanspruch, das magische Gedankengut und die okkulten Praktiken, bejahen. Daher schreibt der anglikanische Geistliche Walter Hannah in seinem Buch „Darkness Visible"[104]: „Keine Kirche, die die religiösen Lehren und Voraussetzungen der Freimaurerei ernstlich untersucht hat, hat es jemals unterlassen, sie zu verurteilen."[105] Das Buch war zu seiner Zeit ein großer Verkaufserfolg. In vier Monaten wurden drei Auflagen ausgeliefert. Der Verfasser beruft sich in seinen Darlegungen auf Ritualbücher, Kommentare, Einführungen und Zeitschriften der Freimaurer sowie auf Veröffentlichungen ehemaliger Logenmitglieder.[106] Ähnlich wie Hannah argumentiert der Anglikaner John Lawrence in seinem Buch „Freemasonry a Way of Salvation?". Er erklärt, die Tatsache, daß ein Bischof Freimaurer sei, rechtfertige das Freimaurertum noch nicht.[107] Zahlreiche Gründe für die Unvereinbarkeit von Logenzugehörigkeit und Christentum bringt auch

---

100 M. Dierickx, (Anm. 29), 182-184.

101 Die Freimaurerei und das Christentum, (Anm. 21), 522.

102 E. Lennhoff, O. Posner, (Anm. 82), 1300.

103 Ebd., 1258.

104 W. Hannah, Darkness Visible, London 1952.

105 Zit. nach Die Freimaurerei und das Christentum, (Anm. 21), 525.

106 Ebd., 521f.

107 J. Lawrence, Freemasonry a Way of Salvation?, Nottingham 1982, 23.

Stephen Knight in seinem Buch „The Brotherhood".[108] Im Jahre 1987 hat die Generalsynode der Kirche von England in York vor den Gefahren der Freimaurerei gewarnt. Mit 394 gegen 52 Stimmen hat sie eine Vorlage angenommen, die feststellt, einige Riten dieses Geheimbundes seien gotteslästerlich und mit der christlichen Lehre unvereinbar.[109] Es ist bezeichnend, wenn in der vorausgegangenen Diskussion sich eine Reihe von Synodalen gegen eine „Hexenjagd" verwahrt und betont hatte, die Kirche dürfe keinen „ungerechtfertigten Druck" auf christliche Freimaurer ausüben. Der Vorsitzende der Vereinigten Großloge des englischen Königreichs, Higham, selbst engagiertes Kirchenmitglied, soll sich seinerzeit „betrübt" gezeigt haben über diesen Synodenbeschluß.[110] Indirekt zugestanden werden die Gefahren des Freimaurertums auch, wenn hochgestellte Vertreter der anglikanischen Kirche immer wieder ihre Logenzugehörigkeit mit dem Hinweis rechtfertigen, daß sie durch ihre Mitgliedschaft einen kirchenfeindlichen Kurs der englischen Loge verhindern wollen.[111]

Es ist nicht sachgerecht, eine kritische Wertung der Freimaurerei von seiten des Christentums und der Kirche als hysterische Angst zu disqualifizieren und mit dem Hinweis auf die altbekannte Verschwörungstheorie und auf das Sündenbock-Denken zu relativieren. Eine solche Abwehr ist vage und hat keinen Erkenntniswert. Es geht hier nicht um Emotionen. Die in Frage stehenden konkreten Bedenken liegen auf einer anderen Ebene, wie im einzelnen deutlich geworden sein dürfte.

Erfolgreiche Mission

Die Freimaurerei hat heute an Macht verloren. Ihr Verhältnis zur Kirche ist im allgemeinen weniger feindselig als in der Vergangenheit. Gleichwohl ist davon auszugehen, daß sie bemüht ist, den Einfluß der Kirche auf das öffentliche Leben möglichst eng zu begrenzen und ihrem absoluten Wahrheitsanspruch entgegenzuwirken. Durch die Ausbreitung ihres Gedankengutes, die zum Teil mit großem Missionseifer erfolgt, tritt die Freimaurerei auf breiter Ebene in Konkurrenz zum Christentum und zur Kirche. Die Lehre von der Relativität der Wahrheit und von der Autonomie des Menschen, aber auch das esoterische Weltverständnis und

---

108 St. Knight, The Brotherhood, London 1984.

109 Frankfurter Allgemeine Zeitung vom 15. Juli 1987.

110 Ebd.

111 M. Adler, (Anm. 1), 103.

die Tendenz zum Okkulten treffen weithin auf offene Ohren oder bestimmen bereits das Denken vieler. Andere esoterische Gruppierungen verstärken die Mission des Freimaurertums. Nicht zuletzt profitiert sie von der inneren Schwäche der Kirche, der es gegenwärtig schwerfällt, sich zu artikulieren, ihr Ureigenes zu verkünden und glaubwürdig zu leben.

THEOSOPHIE

Gottesweisheit

Das Wort „Theosophie" ist zusammengesetzt aus den beiden griechischen Worten „theós" und „sophía"; „theós" bedeutet Gott, „sophía" Weisheit. Theosophie ist demnach ein Wissen von Gott, das Weisheit ist, während Theologie ein Wissen von Gott ist, das Wissenschaft ist. Im einen Fall ist das Wissen die Frucht der Erfahrung, im anderen Fall ist es die Frucht des Denkens. Die Theosophie erhebt den Anspruch, zu Gott und zur jenseitigen Welt vorzudringen nicht durch schlußfolgerndes Denken oder durch übernatürliche Offenbarung und Glauben, sondern durch Schauen. Dieses Schauen wird als unmittelbare erkenntnismäßige Durchdringung des Objektes verstanden, als eine Fähigkeit, die mit den natürlichen, mit den angeborenen und angelernten Erkenntniskräften des Menschen gegeben ist oder durch Erleuchtung geschenkt wird.[1] So wenig man in der Theosophie das Schauen als gnadenhaft und übernatürlich versteht, so wenig versteht man hier das Objekt des Schauens, Gott und die jenseitige Welt, als qualitativ jenseitig im Sinne des Alten und des Neuen Testamentes. Der Theosoph Franz Hartmann († 1912) erklärt die Theosophie als die „Selbsterkenntnis des Wahren, die Selbsterkenntnis Gottes im Menschen", als das „Offenbarwerden der Wahrheit im eigenen Inneren des Menschen, wobei der Mensch zum wahren Selbstbewußtsein der in ihm innewohnenden höheren Natur gelangt".[2]
Damit wird die Theosophie zu einem wichtigen Element der Esoterik, denn in allen Formen der Esoterik sucht man den Zugang zur „jenseitigen" Welt naturhaft und unmittelbar und versteht diese „jenseitige" Welt als die Kehrseite der naturalen Wirklichkeit. So ist es nicht überraschend, wenn man in der Theosophie vielfach schlichtweg den Gegenpol zur kirchlichen Religiosität des Christentums erblickt, das bestimmt ist von der übernatürlichen Offenbarung und ihrer Vermittlung.
Ist auch die Esoterik umfassender als die Theosophie – ihre Themen sind außer Gott und dem Jenseits die Materie, der Geist, der Mensch und die Existenz des Bösen –, so verdichtet sie sich jedoch immer wieder zur Theosophie. Das geschieht in der Regel in Zeiten großer Erschütterun-

---

1 A. Mager, Art. Theosophie, in: Lexikon für Theologie und Kirche X, Freiburg [1]1938, 86f.; H.-D. Leuenberger, (S. 24 Anm. 3), 173.

2 Zit. nach H.-D. Leuenberger, (S. 24 Anm. 3), 173.

gen, in den Spätzeiten der Kulturen oder wenn die Religion rationalistisch erstarrt.[3]

Vielfach unterscheidet man zwischen philosophischer und geheimwissenschaftlicher oder mediumistischer Theosophie. Bei der ersteren denkt man an den Pythagoreismus, den Philonismus, den Neuplatonismus und den Gnostizismus im Altertum, an die Lehren des Johannes Scotus Eriugena († um 877) und des Amalrich von Bena († um 1206) im Mittelalter und an die Philosophie Jakob Böhmes († 1624) und Franz von Baaders († 1841) in der Neuzeit. Bei der letzteren denkt man an die verschiedenen kultischen und magischen Einweihungen in Mysterien, die Wirkungsgeschichte des Hermes Trismegistos, die Katharer und Albigenser, die jüdische Kabbala und die Rosenkreuzer, an die Lehre Swedenborgs († 1772), die neuindische Theosophie und die Anthroposophie.[4]

Entfaltung im 19. Jahrhundert

In einem spezifischen Sinn spricht man von der Theosophie des 19. Jahrhunderts. Sie ist der mediumistischen Theosophie zuzurechnen. In diesem Jahrhundert wuchs die Theosophie zu einem System aus, wie das zuvor nicht der Fall gewesen ist, institutionalisierte sie sich in einer Reihe von theosophischen Gesellschaften, in denen die überkommene Theosophie vor allem mit Elementen der neuindischen Philosophie oder auch des Buddhismus angereichert wurde.

Die Entfaltung der Theosophie des 19. Jahrhunderts ist eng verbunden mit der Russin Helena Petrowna Blavatsky (1831-1891). Als Tochter eines russischen Obersten in der Ukraine geboren, ist sie viel herumgekommen. Sie hat ein seltsames und ungewöhnliches Leben geführt. Sie war Kunstreiterin in einem Zirkus, zählte zu den Mitkämpfern Garibaldis in Italien und reiste, als Matrose verkleidet, auf abenteuerliche Weise in die Türkei. Schon in jungen Jahren zeigte sie eine auffallende mediale Begabung, weshalb man wiederholt den Exorzismus über sie hatte sprechen lassen. Auf ihren vielen Reisen machte sie von sich reden durch ihre spiritistischen Praktiken. Schon bald bildete sich um ihre Person so etwas wie ein Mythos. Nach einer Tibetreise behauptete sie, körperlosen höheren Wesen begegnet zu sein, die sie Mahatmas nannte. Ihr spezielles Interesse erregte der Ferne Osten mit seinen religiösen Vorstellungen.

---

3 O. Simmel, Artikel Theosophie, in: Lexikon für Theologie und Kirche X, Freiburg ²1965, 95.

4 A. Mager, Art. Theosophie, (Anm. 1), 87.

Eine Zeitlang hat sie in Tibet gelebt, und in ihrem späteren Leben ist sie zum Buddhismus übergetreten (1880).
Im Jahre 1875 gründete sie in New York die „Theosophische Gesellschaft". Aus einem spiritistischen Zirkel hervorgegangen, verstand sich diese Gründung von Anfang an als esoterische Geheimgesellschaft. Sie trat zusammen unter dem anspruchsvollen Leitwort: „Keine Religion ist höher als die Wahrheit". Ein wichtiges Element dieser Gruppierung sollte neben dem fernöstlichen Denken der Spiritismus sein. Man wollte experimentelle Vergleiche anstellen zwischen dem Spiritismus und der Magie der Alten. Nach dem Willen der Gründerin sollte die „Theosophische Gesellschaft" sich um den „Wahrheitskern" und um das Gemeinsame in den Religionen sowie um die Erforschung und Nutzbarmachung der verborgenen okkulten und magischen Kräfte des Menschen bemühen. Sie hatte die Idee, eine neue Weltreligion zu schaffen, eine esoterische Religion, deren Fundament das verborgene Urwissen der Menschheit sowie die Harmonie mit den bereits entdeckten und noch nicht entdeckten Naturkräften sein sollten, eine grundsätzlich magisch akzentuierte Religion.
Mehr und mehr verschrieb sich die Gründerin der „Theosophischen Gesellschaft" dem fernöstlichen Denken und verlegte im Jahre 1882 den Sitz ihrer Gründung nach Indien, nach Adyar, einem südlichen Stadtteil von Madras, wo sie noch heute ihr Zentrum hat.
Helena Blavatsky hat eine Reihe von Büchern geschrieben, von denen die beiden wichtigsten die Titel „Die entschleierte Isis" (1877) und „Die Geheimlehre" (1888) tragen. Während in der erstgenannten Schrift die buddhistischen Einflüsse noch nicht so stark hervortreten, steht die letztere ganz im Banne des Buddhismus. In dem Buch „Die entschleierte Isis" beschäftigt sich die Autorin mit dem esoterischen Kern und der Existenz und Berechtigung okkulter Phänomene in den Religionen und in den Kulten. In dem Buch „Die Geheimlehre" behandelt sie in drei Bänden die „Kosmogenesis", die „Anthropogenesis" und die „Esoterik". So die Titel der einzelnen Bände. Sie entwickelt darin die Lehre von der Existenz einer „Großen Weißen Bruderschaft", der „Geistigen Hierarchie der Mahatmas", die als vollkommene Wesen, die dem Kreislauf der Wiedergeburten entronnen sind, aber aus Liebe zu den Menschen freiwillig immer neue Inkarnationen auf sich nehmen, vom Himalaya aus durch menschliche Werkzeuge die Welt lenken. Das Buch „Die Geheimlehre" zählt man heute zusammen mit der „Tabula Smaragdina"[5] zu den wichtigsten Säulen der Esoterik. Diese beiden Dokumente sollen das gesamte esoterische Denken des Westens im Kern enthalten.

---

5 S. oben S. 23f.

Helena Blavatsky führt ihr geheimes Wissen und ihre Schriften auf die „Mahatmas", die Meister aus dem Himalaya, zurück, die sie auch „Avatars" nannte. Von ihnen will sie durch Briefe instruiert worden sein, die angeblich aus dem Nichts aufgetaucht und in ihr Zimmer geflattert sind oder sich plötzlich in ihrem Schrank befunden haben.[6]

Nachfolgerin Blavatskys in der „Theosophischen Gesellschaft" wurde Annie Besant (1847-1933). Sie war sechzehn Jahre jünger als ihre Meisterin und überlebte diese um zweiundvierzig Jahre. Zunächst war sie mit einem anglikanischen Geistlichen verheiratet, von dem sie sich jedoch schon nach kurzer Zeit wieder trennte. Sie wurde Atheistin und Freidenkerin, engagierte sich politisch bei den Linksradikalen und lernte den neun Jahre jüngeren Schriftsteller George Bernard Shaw († 1950) kennen, dessen Geliebte sie wurde. Nach einigen Jahren zerbrach die Verbindung. Enttäuscht suchte sie dann Trost in der Theosophie. Das war im Jahre 1889. Als Helena Blavatsky zwei Jahre später starb, erhielt Anni Besant entscheidenden Einfluß in der „Theosophischen Gesellschaft". 1907 wurde sie deren Leiterin. Da ihre Vorliebe mehr dem Hinduismus als dem Buddhismus galt, kam es zu Spannungen und schließlich zur Spaltung, als sie 1913 einen dreizehnjährigen indischen Jungen adoptierte und ihn unter dem Namen Krishnamurti zum wiedergeborenen Christus und künftigen Weltheiland ausrief. Diese Spaltung war die Geburtsstunde der Anthroposophie[7], die, wie sich bald zeigen sollte, der Theosophie in gewisser Weise den Rang ablief. Der Einfluß der Theosophie als Organisation wurde nun gering, um so wirksamer blieb jedoch das theosophische Gedankengut.[8]

Die Spaltung von 1913 war nicht die erste. Die innere Uneinigkeit hatte die „Theosophische Gesellschaft" schon von Anfang an belastet. In der Zeit von 1875 bis 1913 war die „Theosophische Gesellschaft" in eine Fülle von kleinen Gruppen zerfallen.

Diese wachsende Zersplitterung war bereits der große Kummer der Gründerin gewesen. In ihrem Buch „Schlüssel zur Theosophie" hat sie diese resignierend kommentiert mit den Worten: „Jeder bisher gemachte Versuch, solche [theosophischen] Organisationen dauernd zu erhalten, endete mit einem Fehlschlag, denn sie verkümmerten früher oder später; hartgesottene Dogmen wurden eingeführt, und es wurden Sekten dar-

---

6 H. Reller, (S. 37 Anm. 26), 487; H.-D. Leuenberger, (S. 24 Anm. 3), 112-118; B. Larsen, I. Steigelmann, (S. 61 Anm. 55), 113f.; J. Tibusek, (S. 19 Anm. 11), 20f.

7 S. unten S. 213.

8 H.-D. Leuenberger, (S. 24 Anm. 3), 121-123.

aus."[9] Ähnlich schreibt Franz Hartmann,[10] der Begründer der „Internationalen Theosophischen Verbrüderung", im Jahre 1902: „Das Sektierertum war bisher auch das Schicksal aller theosophischen Organisationen, unter welchem Namen sie auch auftraten, vom Altertum bis zur Reformation, von den esoterischen Kulten der Inder, Ägypter und Griechen bis zu den Rosenkreuzern und Tempelrittern des Mittelalters und den ‚theosophischen Gesellschaften' unserer Zeit."[11]
Die Tendenz zur Uneinigkeit und zur Spaltung begegnet uns nicht nur in der Theosophie, sie ist ein Stigma aller esoterischen Gruppierungen. Der Subjektivismus und die irrationale Spekulation zerstören jede Einheit auf die Dauer.

Äußere Organisation heute

Einen Kult im eigentlichen Sinne gibt es in den verschiedenen theosophischen Gruppierungen nicht. Sie haben jedoch so etwas wie Andachten und Feierstunden, die durch Bilder, Musik und Rezitation von Texten einen gewissen Weihecharakter erhalten. Die theosophischen Gesellschaften legen ihren Mitgliedern nahe, als Theosophen in ihrer angestammten religiösen Gemeinschaft zu verbleiben und sich dort zu engagieren, obwohl sie grundsätzlich Dogmen und Bekenntnisse ablehnen. Das ist möglich, weil sie die Überzeugung hegen, daß sie es sind, die mit ihrem Wirklichkeitsverständnis den tieferen Wahrheitsgehalt aller Religionen und Konfessionen sichtbar machen und sie dadurch miteinander verbinden. Die Theosophie ist selbstbewußt. Sie beansprucht, „Wesen und Kern, Frucht und Ziel aller Religion zu sein"[12] und zu werden. Der Theosoph interpretiert demgemäß alle Dogmen und Bekenntnisse im Sinne der Theosophie und erhebt den Anspruch, auf diese Weise das ursprüngliche Christentum sichtbar zu machen. Faktisch ist es so, daß die Theosophen nur in seltenen Fällen ihre angestammte Religionsgemeinschaft oder Konfession verlassen.[13]
Die „Theosophische Gesellschaft in Deutschland" und die „Internationale Theosophische Verbrüderung" sowie die deutsche Sektion der „Theosophischen Gesellschaft Adyar" sind Vereine mit fester Mitglied-

---

9 Zit. nach H. Reller, (S. 37 Anm. 26), 488.

10 S. oben S. 205.

11 Zit. nach H. Reller, (S. 37 Anm. 26), 488.

12 Ebd., 499.

13 Ebd., 495.

schaft, die durch Freundeskreise erweitert werden. Ihre Arbeit besteht in Vortragstätigkeit, Schulungsabenden und publizistischen Aktivitäten, wobei die örtlichen Zirkel jeweils volle Selbständigkeit genießen. Die Vorträge sind öffentlich, die Schulungsabende nur für Mitglieder. Darüber hinaus wird das theosophische Gedankengut durch eine Reihe von Zeitschriften verbreitet, die jedermann beziehen kann.[14]
Die Zahl der Mitglieder ist in den theosophischen Gesellschaften nicht groß, um so größer aber ist die Breitenwirkung ihres Gedankenguts in den verschiedenen esoterischen Gruppierungen wie auch im Denken und Empfinden der Massen. In der Gegenwart wird es vor allem propagiert durch die missionarischen Aktivitäten der New-Age-Bewegung.
Im Jahre 1970 hatte die „Theosophische Gesellschaft in Deutschland" ungefähr 300 eingeschriebene Mitglieder. In einem eigenen Verlag gibt sie die Vierteljahreszeitschrift „Das höhere Leben" heraus. Die „Theosophische Gesellschaft Adyar" hatte 1970 17 örtliche Zweiggruppen mit weitaus weniger Mitgliedern als die „Theosophische Gesellschaft in Deutschland". Unter dem Titel „Adyar" gibt sie eine Zeitschrift in Österreich heraus. Von der „Internationalen Theosophischen Verbrüderung", die heute ihren Sitz in Remscheid hat, lag kein Material vor. Sie hat jedoch weniger Mitglieder als die beiden erstgenannten Gruppierungen.
In Europa gibt es heute insgesamt 21 nationale theosophische Gesellschaften, die föderalistisch zusammengefaßt sind in der „Theosophischen Gesellschaft in Europa" und ein „Internationales Theosophisches Zentrum" in Huizen in Holland unterhalten.[15]

Wichtige Inhalte

Die Lehre der Theosophie ist kompliziert, aber keineswegs originell. Für die Theosophen gibt es keinen Wesensunterschied zwischen Stoff und Geist. Der Kosmos entwickelt sich für sie in verschiedenen Perioden aus der ursprünglich geistigen Weltsubstanz. Er ist ewig, denn ein Universum folgt dem anderen. Er ist beseelt und durchgeistigt. Auf allen Ebenen hat er ein jeweils spezifisches Bewußtsein. Er ist die periodisch-zyklische Manifestation des unbekannten absoluten Seins, und mit allem, was in ihm enthalten ist, ist er eine Täuschung, weil er vergänglich

14 Ebd., 496.
15 Ebd., 496f.

und ständig in Veränderung begriffen ist. Er wird von innen nach außen bewegt, so die Meinung der Theosophen, wie jedes äußere Handeln durch innere Beweggründe bewegt wird.
In der Sicht der Theosophie hat alles Sein zwei Aspekte, den positiven, das Bewußtsein, und den negativen, die Substanz. Es wird als solches gestaltet durch die Urenergie, die auch Logos genannt wird, und ist grundsätzlich von der Polarität bestimmt.
Die Theosophie ist pantheistisch in ihrem Grundansatz. Für sie gibt es nur die eine Wirklichkeit, die zugleich göttlichen Charakter hat oder deren tragender Grund das Göttliche ist.
Für die Theosophie unterscheiden sich das Göttliche und das Menschliche nicht wesentlich voneinander. In ihnen äußert sich ein und dasselbe Prinzip auf verschiedenen Ebenen. Die menschliche Seele wird als ein Funke des Absoluten, der Überseele, angesehen. Der Mensch wird als ein Kosmos im Kleinen verstanden. Man unterscheidet bei ihm den grobstofflichen Leib, der außen und innen immer feinstofflicher wird, den Ätherleib, das Modell des physischen Körpers und den Träger der Lebenskraft – man spricht daher auch vom Energieleib oder vom Energiekörper –, den Astralleib, den Sitz des konkreten Denkens, und den Kausalleib, den Träger der Vernunft, des abstrakten Denkens und der menschlichen Seele. In den Kausalleib verlegt man die Individualität des Menschen.[16] Dem Menschen schreibt man die Fähigkeit zu, durch Schulung seiner Erkenntniskräfte alle Wesen in unmittelbarer Schau zu erkennen, vor allem Gott oder das Göttliche. Den Aufstieg des Menschen versteht man primär als einen Erkenntnisweg: Indem er sein wahres Ich erkennt, findet er die Erlösung, deren Ziel die vollendete Einswerdung mit der absoluten Weltsubstanz ist. Eine wichtige Rolle spielen dabei die Lehre vom Karma und von der Seelenwanderung sowie die Lehre, daß die Menschenseele ohne Anfang und ohne Ende ist.[17]
Die theosophische Ethik konzentriert sich auf Selbstlosigkeit und tätige Nächstenliebe, die ihrerseits allen Lebewesen gilt. Sie ist inspiriert nicht vom Liebesgebot Christi, sondern von dem allumfassenden Mitleid mit jeder Kreatur, wie es für das fernöstliche Denken charakteristisch ist. Konsequenterweise sieht der Theosoph das Ideal in der vegetarischen Lebensweise und im Pazifismus und setzt sich ein für eine allgemeine Weltverbrüderung.[18] Zusammen mit der Reinkarnationslehre ist die

---

16 Ebd., 490; H.-D. Leuenberger, (S. 24 Anm. 3), 119f.; A. Mager, Art. Theosophie, (Anm. 1), 87.

17 H. Reller, (S. 37 Anm. 26), 491. 499f.

18 Ebd., 494f.; A. Mager, Art. Theosophie, (Anm. 1), 87f.

theosophische Ethik für viele Theosophen die Mitte ihrer Überzeugungen. Oft beschränken sich darauf gar ihre Kenntnis der Theosophie und ihr theosophisches Bemühen.[19]

All diese Vorstellungen sind uns bereits in der Gnosis und in den verschiedenen esoterischen Systemen begegnet. Faszinierend sind sie indes für viele, die des Rationalismus und der kalten Rationalität der technischen Zivilisation überdrüssig geworden sind.

Wenn in der Theosophie der Anspruch erhoben wird, zu Gott und zur jenseitigen Welt vorzudringen durch Schauen, und Gott und die jenseitige Welt als die Kehrseite unserer Erfahrungswelt verstanden werden, so wird übersehen, daß es eine unmittelbare Gotteserkenntnis nicht gibt und daß Gott der ganz andere ist, der qualitativ Jenseitige. Das sagt uns die Vernunft, das sagt uns die jüdisch-christliche Offenbarung. Es gibt keine unmittelbare Gotteserkenntnis, weil Gott, der Ungeschaffene, der alle Dinge geschaffen hat und die Ursache von allem ist, notwendigerweise alles Geschaffene unendlich überragt. Die Schrift erklärt: Gott „wohnt in unzugänglichem Licht“ (1 Tim 6,16). Der geschaffene Intellekt des Menschen kann ihn daher nur erreichen durch ein Schlußverfahren, indem er von der Wirkung auf die Ursache schließt, oder durch die gläubige Annahme des Wortes Gottes, sofern Gott sich dem Menschen geoffenbart und diese Offenbarung mit Zeichen verbunden hat, die auf ihn verweisen.

Mit Hilfe der natürlichen Vernunft können wir die Existenz und einige grundlegende Eigenschaften Gottes erkennen. Um tiefer in sein Wesen und in die jenseitige Welt eindringen zu können, bedürfen wir der Offenbarung und des Glaubens als der Antwort auf die Offenbarung. Auch in der mystischen Begegnung mit Gott können wir nicht von dem Medium des Glaubens absehen. Diesen Tatbestand spricht Paulus an, wenn er im 1. Korintherbrief schreibt: „Jetzt schauen wir (Gott) im Spiegel, rätselhaft, dann aber werden wir (ihn) von Angesicht zu Angesicht schauen“ (1 Kor 13,12). Dem Pilgerstand entsprechen das dunkle Erkennen und das Glauben, „das Überzeugtsein von dem, was man nicht sehen kann“ (Hebr 11,1), das klare Erkennen und das Schauen hingegen sind dem Endzustand zugeordnet.

---

19 H. Reller, (S. 37 Anm. 26), 500f.

ANTHROPOSOPHIE

Von der Theosophie zur Anthroposophie

Die Anthroposophie ist aus der Theosophie hervorgegangen. Der Begründer der Anthroposophie, Rudolf Steiner (1861-1925), hatte zunächst seine geistige Heimat in der Theosophischen Gesellschaft der Helena Blavatsky, in der Adyar-Theosophie, gefunden, er hatte sich aber von ihr getrennt, weil er die immer stärker werdende Hinwendung dieser Gruppierung zum Hinduismus nicht mitmachen wollte und seine Sympathie für den Buddhismus dort kein Echo mehr fand.[1] Der Bruch erfolgte 1913. Zu diesem Zeitpunkt war Steiner Generalsekretär der deutschen Sektion der „Theosophischen Gesellschaft Adyar". 90% der deutschen Mitglieder folgten ihm bei seinem Austritt. An die Stelle der Theosophie setzte er die Anthroposophie. Nicht mehr Gott, sondern der Mensch sollte im Mittelpunkt des Erkennens stehen. Nicht das Wesen Gottes, sondern das Wesen des Menschen sollte nun ergründet werden. Echt esoterisch sollte das durch ein unmittelbares geheimnisvolles Schauen erfolgen, durch eine geheimnisvolle Erkenntniskraft, von der Steiner mit den Theosophen behauptete, daß sie in jedem Menschen schlummere und nur geweckt und geschult werden müsse.[2] Die Anthroposophie sollte Esoterik für das praktische Leben sein, sie sollte die Esoterik in das Alltagsleben integrieren. Deshalb gibt es kaum ein Gebiet in der westlichen Kultur und Gesellschaft, das Steiner nicht mit dem Geist der Anthroposophie zu durchdringen versuchte.[3]

Steiner brach mit dem esoterischen Prinzip der Geheimhaltung. Darin unterscheidet er sich von den Theosophen und den übrigen Esoterikern, nicht jedoch von den Vertretern der New-Age-Bewegung.[4] Er wollte das geheime Wissen allen zugänglich machen. Diesen Schritt begründete er mit der Feststellung: „Wir leben in der Zeit, die Öffentlichkeit will, wo irgendein Wissen auftritt. Und die Anschauung von der Geheimhaltung ist ein Anachronismus."[5] Einzig und allein gerechtfertigt ist es nach seiner Meinung, daß man den einzelnen stufenweise mit der Geist-Erkenntnis

---

1 S. oben S. 208.

2 H.-D. Leuenberger, (S. 24 Anm. 3), 174f.; A. Mager, Art. Anthroposophie, in: Lexikon für Theologie und Kirche I, Freiburg [1]1930, 481.

3 H.-D. Leuenberger, (S. 24 Anm. 3), 176.

4 S. unten S. 261.

5 R. Steiner, Mein Lebensgang, 1923-1925, Stuttgart 1975, 277.

vertraut macht.[6] Selbstbewußt stellt er fest, er habe gegenüber niemandem eine Verpflichtung zur Geheimhaltung, weil er nicht „alte Weisheit" angenommen, sondern sich seine Erkenntnisse durch die eigene Forschung angeeignet und die „alte Weisheit" gegebenenfalls erst nachher erkannt und geltend gemacht habe.[7] Das widerspricht zwar der Wirklichkeit, wie sich leicht an dem geistigen Werdegang Steiners und anhand der Quellen, die er in seinen Werken benutzt haben muß, zeigen läßt, aber er fand damit den Glauben seiner Anhänger.[8]

Steiner lehnte zwar die Geheimhaltungsdisziplin ab, dennoch hielt er öffentliche und nichtöffentliche Vorträge. Das erschien ihm angezeigt wegen der organischen Einführung in die Geist-Erkenntnis. Noch heute unterscheiden die Anthroposophen nichtöffentliche und öffentliche Vorträge.

Steiner ließ sich nicht nur von der neuindischen Philosophie und dem Buddhismus der Theosophischen Gesellschaft inspirieren. Von 1905 bis 1914 war er Mitglied des esoterischen Ordens der Orientalischen Templer (O.T.O.) gewesen. Dort hatte er die Schwarze Magie und die Sexualmagie kennengelernt.[9] Auch mit dem Orden „The Golden Dawn" („Die goldene Morgenröte"), der ähnlich geartet war, der ganz von geheimen Riten und esoterischen Praktiken, von Magie und Okkultismus bestimmt war, hat er einige Zeit hindurch Kontakt gehabt.[10] Die hier gesammelten Erfahrungen nahm er mit in die Anthroposophie.[11]

Nicht ohne Einfluß auf die Anthroposophie ist endlich der Idealismus, in dem Steiner als Student der Philosophie eine geistige Heimat gefunden hatte, jene philosophische Auffassung, „die das Geistige, die Ideen, die Vernunft für das eigentlich Wirkliche hält und die im Materiellen, Körperlichen, Leiblichen (nur) Erscheinungsformen des Geistes sieht".[12] Demgemäß sah er in den Gedanken nicht „Spiegelbilder einer Wirklichkeit, sondern diese Wirklichkeit selbst".[13]

---

6 Ebd.

7 Ebd.

8 V. Pierott, (S. 28 Anm. 6), 118f.

9 S. oben S. 58. 67f. 70. 172.

10 Vgl. oben S. 170.

11 H.-D. Leuenberger, (S. 24 Anm. 3), 174f.

12 T. Kögler, Anthroposophie und Waldorf-Pädagogik. Ansätze einer kritischen Analyse, Neuhausen-Stuttgart 1983, 9f.

13 W. Kugler, Rudolf Steiner und die Anthroposophie. Wege zu einem neuen Menschenbild, Köln ^{2}1979, 18.

Der Gründer

Rudolf Steiner wurde 1861 als Österreicher in Kroatien geboren. Dort arbeitete der Vater als Angestellter der österreichischen Eisenbahn. Die Eltern waren katholisch, und Rudolf wurde katholisch getauft. Dabei blieb es jedoch, eine religiöse Erziehung erhielt er nicht. Später bekennt er, nirgendwo habe er in seiner Kindheit und Jugend echte Frömmigkeit und Religiosität gefunden, auch nicht bei den Priestern, die ihm begegnet seien.[14] Sprachen ihn auch die religiöse Unterweisung und die Vertreter der Kirche nicht an, so fand er doch einen gewissen Zugang zur Liturgie. Er gesteht, die Feierlichkeit des Kultes der katholischen Kirche, die Riten und die lateinische Sprache hätten in seiner frühen Kindheit einen tiefen Eindruck auf ihn gemacht.[15]

Die Anthroposophen schreiben Steiner hohe Intelligenz, eine bemerkenswerte Allgemeinbildung, außergewöhnliche Sensitivität und umfassendes esoterisches Wissen zu. Sie sprechen von einer Genialität, die es angemessen erscheinen lasse, ihn auf eine Stufe mit Pythagoras und Paracelsus zu stellen.[16]

In jungen Jahren interessierte Steiner sich vor allem für die Naturwissenschaften und für die Philosophie. In der Philosophie war es in erster Linie Johann Gottlieb Fichte († 1814), der seine Aufmerksamkeit erregte, der Philosoph des subjektiven Idealismus, bei dem stets das Ethische im Vordergrund steht. Aber auch Immanuel Kant († 1804) und Friedrich Nietzsche († 1900) blieben nicht ohne Einfluß auf sein Denken. Im Jahre 1891 wurde er in Berlin mit der Dissertation „Die Grundfragen der Erkenntnistheorie mit besonderer Rücksicht auf Fichtes Wissenschaftslehre. Prolegomena zur Verständigung des philosophischen Bewußtseins mit sich selbst“ zum Doktor der Philosophie promoviert. Ein Jahr später erschien die Arbeit als Buch mit dem Titel „Wahrheit und Wissenschaft“.

Die entscheidende Frage des jungen Steiner war die nach den Voraussetzungen eines Erkennens, das für ihn „durch und für das Ich“ hervorzubringen war. Im Hinblick darauf hielt er alle von außen an den Menschen herangetragenen Anschauungen, Dogmen oder Glaubenssätze, auch alles theologische Reden über Gott, für sekundär. Er meinte, der Mensch müsse den Mut haben, „die Verantwortung für seine der eigenen Intuition

---

14 G. Wehr, Christusimpuls und Menschenbild. Rudolf Steiners Beitrag zur Erweiterung des Bewußtseins, Freiburg 1974, 24.

15 Ebd., 23-25.

16 H.-D. Leuenberger, (S. 24 Anm. 3), 173f.

zu verdankende Gottesvorstellung zu übernehmen".[17] Damit wandelte er bereits ganz in den Spuren der esoterischen Spekulation.
Aber auch dem Okkulten fühlte Steiner sich von jeher verbunden, schon in der Zeit der Kindheit. Stets spielte es eine bedeutende Rolle in seinem Leben. Die parapsychologischen Phänomene der außersinnlichen Wahrnehmung, das Hellsehen, die Telepathie und die Präkognition, sowie der Kontakt mit Verstorbenen faszinierten ihn seit eh und je, und von Kindesbeinen an hatte er außergewöhnliche mediale Fähigkeiten.
Als kleiner Junge sah er einmal die Gestalt seiner toten Tante, die durch Suizid aus dem Leben geschieden war. Dieses Erlebnis erwähnt er später, wenn er schreibt: „Die Frauensperson trat zur Tür herein, ging bis in die Mitte der Stube, machte Gebärden und sprach auch Worte, die etwa in der folgenden Weise wiedergegeben werden können: ‚Versuche jetzt und später, so viel du kannst, für mich zu tun.' Dann war sie noch eine Weile anwesend unter Gebärden, die nicht mehr aus der Seele verschwinden können, wenn man sie gesehen hat, ging zum Ofen hin und verschwand in den hinein."[18] Steiner will auch einem Freund an dessen Todestag in einer Vision begegnet sein. Von ähnlichen Erlebnissen spricht er wiederholt in seinen Schriften. Mit dem Geist der Tante und mit anderen Geistern will er zeitlebens in Verbindung gestanden haben.
Von den außergewöhnlichen Erlebnissen Steiners spricht auch Friedrich Rittelmeyer († 1938), der Biograph. Er schreibt, immer wieder seien diesem Verstorbene begegnet, er habe Schauungen gehabt und Gedanken lesen können und zu keiner Zeit hätten ihn die medialen Fähigkeiten verlassen.[19]
Steiner nennt sich selbst einen Okkultisten und Hellseher, grenzt sich jedoch ab gegenüber dem Spiritismus seiner Zeit. Er betont, seine Schauungen ereigneten sich nicht bei abgedämpftem Bewußtsein und dürften nicht mit Visionen und Ekstasen verwechselt werden.[20] In seiner Begabung sieht er keine besondere Fähigkeit. Er ist vielmehr der Meinung, jeder, der den Schulungsweg der Anthroposophie gegangen sei, habe die gleichen okkulten und hellseherischen Fähigkeiten. Er geht davon aus, daß jeder mit den Verstorbenen in Verbindung treten und

---

17 G. Wehr, (Anm. 14), 30f.

18 R. Steiner, Briefe I, Dornach 1955, 10.

19 F. Rittelmeyer, Meine Lebensbegegnung mit Rudolf Steiner, Stuttgart 1979, 45. 52. 57. 95f.

20 Steiner irrt allerdings, wenn er meint, Visionen und Ekstasen vollzögen sich bei abgedämpftem Bewußtsein. Im Gegenteil, sie setzen geradezu ein gesteigertes Bewußtsein voraus, das allerdings ganz eingeengt ist auf den Inhalt dessen, was hier erfahren wird (V. Pierott, [S. 28 Anm. 6], 96).

deren Leben nach dem Tod verfolgen kann.[21] Er betont, er habe aus seinen medialen Fähigkeiten etwas anderes gemacht, etwas Höheres, nämlich die Fähigkeit, mit wachem Bewußtsein in die geistige Welt zu schauen, aus der außersinnlichen Wahrnehmung habe er eine übersinnliche gemacht, die außersinnliche Wahrnehmung habe er zur Geist-Erkenntnis umgewandelt.[22]

Steiner distanziert sich als Anthroposoph ausdrücklich von jenem vulgären Spiritismus, der sich zu seiner Zeit ausbreitete und recht einflußreich war und mit dem er selber sich zuvor in der Theosophischen Gesellschaft intensiv beschäftigt hatte. In der Gestalt von Tischrücken und Geisterbeschwörung erregte dieser Spiritismus damals die Aufmerksamkeit vieler.[23] Wissenschaftlich erforscht wurde er seit dem Ende des vorigen Jahrhunderts in der Parapsychologie.[24] Wenn Steiner sich auch von diesem Spiritismus abwendet, so hält er jedoch fest an der Existenz der Geisterwelt und sieht in der Kontaktnahme mit ihr geradezu das Ziel des anthroposophischen Erkenntnisweges. Nicht nur die Geisterwelt ist für ihn real, den ganzen Kosmos hält er für beseelt.[25]

Das Wirken übersinnlicher Kräfte ist für ihn ebenso eine Tatsache wie das Wirken der physischen Naturkräfte. Bei der Eröffnung der ersten Waldorfschule in Stuttgart im Jahre 1919 ruft er aus: „Ich bitte Sie daher, diese einleitenden Worte aufzufassen als eine Art Gebet zu denjenigen Mächten, die imaginierend, inspirierend, intuierend hinter uns stehen sollen, indem wir diese Aufgabe übernehmen sollen."[26]

Die Anthroposophie will durch die Geist-Erkenntnis mit der unsichtbaren Welt der Geister in Kontakt treten. Demgemäß erklärt Steiner: „Anthroposophie ist ein Erkenntnisweg, der das Geistige im Menschen zum Geistigen im Weltall führen möchte."[27] Schon an diesem Punkt wird klar, daß die Anthroposophie zutiefst als eine religiöse Weltanschauung verstanden werden muß.[28]

Nach seinem Bruch mit der Theosophischen Gesellschaft im Jahre 1913

---

21 R. Steiner, Ein Weg zur Selbsterkenntnis des Menschen in acht Meditationen, Dornach 1918, Nachwort; ders., Die Geheimwissenschaft im Umriß (1909), Dornach 1972, 320.

22 V. Pierott, (S. 28 Anm. 6), 101. 113.

23 S. oben S. 100ff. und unten 237ff.

24 V. Pierott, (S. 28 Anm. 6), 95-97.

25 H. Günther, Waldorf-Pädagogik in der Kritik, in: Katholische Bildung 89, 1988, 229.

26 R. Steiner, Allgemeine Menschenkunde als Grundlage der Pädagogik. Erziehungskunst I, Dornach 1975, 17; vgl. T. Kögler, (Anm. 12), 12-14.

27 E. Gabert, Die Strafe in der Selbsterziehung und in der Erziehung des Kindes, Stuttgart [5]1979, 33; vgl. T. Kögler, (Anm. 12), 13.

28 T. Kögler, (Anm. 12), 13.

gründete Steiner die Anthroposophische Gesellschaft. Sie erhielt ihren Sitz in Stuttgart. Ihr geistiger Mittelpunkt wurde schon bald das Goetheanum, eine Kathedrale in Dornach bei Basel. In Dornach erscheint noch heute die anthroposophische Wochenschrift „Goetheanum“. Sie wird ergänzt durch die anthroposophische Monatsschrift „Die Drei“, die sich als Zeitschrift zur Erneuerung der Wissenschaft, der Kunst und des sozialen Lebens versteht und in Stuttgart verlegt wird.[29]

Im Jahre 1922 gründete Steiner zusammen mit Friedrich Rittelmeyer, seinem späteren Biographen, der in Nürnberg und Berlin als evangelischer Pfarrer tätig gewesen war, die Christengemeinschaft als überkonfessionelle Gemeinde von Auserwählten. In ihr sollte auf der Grundlage der Anthroposophie das Christentum mit der gegenwärtigen Geisteskultur verbunden werden, damit es für das moderne Leben wirksam werden könnte. Steiner sah in der Christengemeinschaft nicht so etwas wie eine kirchliche Vollendung der Anthroposophie, im Gegenteil, er betrachtete sie als eine Vorstufe für jene, die am Anfang der anthroposophischen Erkenntnis standen und noch nicht tiefer in die Anthroposophie eingedrungen waren.

Im Jahr der Gründung der Christengemeinschaft fiel das Goetheanum einem Brandanschlag zum Opfer. Im gleichen Jahr wurde ein Attentat auf Steiner verübt. Seine Anhänger vermuteten dahinter jene Kreise, die Erzberger und Rathenau ermordet hatten: Deutschnationale. Ein politisch motiviertes Attentat auf den angeblich unpolitischen Steiner ist zunächst überraschend. Man darf jedoch nicht übersehen, daß er faktisch seine politische Heimat in der Sozialdemokratie hatte. Ein Jahr später, 1923, wurde die Anthroposophische Gesellschaft umorganisiert, weil tiefgehende Meinungsverschiedenheiten den Bestand der Gemeinschaft bedrohten.

Am 1. Januar 1924 erkrankte Steiner, am 30. März des folgenden Jahres starb er. Wie es offiziell heißt, war sein Körper vergiftet. Manche vertreten die Meinung, daß dieser Zustand durch eine Tat von außen herbeigeführt worden sei.[30] Steiner wurde nach den Riten der Christengemeinschaft bestattet. Die Bestattungsfeier leitete Friedrich Rittelmeyer. In seiner Leichenrede nannte er den Verstorbenen einen „Gottesfreund und Menschheitsführer“. Er rief aus: Rudolf Steiner „hat uns die Welt wiederum so gezeigt, daß wir wissen: sie ist aus Gott hervorgegangen. Er

---

29 O. Simmel, Art. Anthroposophie, in: Lexikon für Theologie und Kirche I, Freiburg ²1957, 630.

30 V. Pierott, (S. 28 Anm. 6), 240f.; K. Algermissen, Art. Christengemeinschaft, in: Lexikon für Theologie und Kirche II, Freiburg ¹1931, 904; ders., Art. Christengemeinschaft, in: Lexikon für Theologie und Kirche II, Freiburg ²1958, 1097.

ist so gestorben, daß wir fühlen: Christus lebt in diesem Tode. Sein unsterblicher Geist möge in unseren Taten auferstehen. Wir wollen sie, so gut wir können, heiligen."[31]
Seit dem Jahre 1961 erscheint im Rudolf Steiner Verlag in Dornach die Gesamtausgabe der Werke Steiners. Sie unterscheidet Werke, Gesammelte Aufsätze und Veröffentlichungen aus dem Nachlaß. Den weitaus größten Teil bilden die Nachschriften öffentlicher und interner Vorträge des Meisters. Die bibliographische Übersicht von 1961 führt 354 Bände auf.[32]

Ein Weg für alle

Die Anthroposophie ist aufs engste mit der Gestalt ihres Gründers verbunden. Dessen Gedanken und Worte haben für die Anhänger die gleiche Normativität, wie sie die Bibel für die Christen hat.[33]
Die besondere Sympathie Steiners gilt den vorchristlichen Mysterienreligionen. Er erklärt, an den alten Mysterienstätten sei das geheime Wissen von Gott gehütet worden, der eingeweihte Mensch habe hier das Göttliche in sich selbst entdeckt und sich als ein Teil des Göttlichen erfahren, so daß er von diesem Urgrund her habe leben können, in geheimnisvollen Zeremonien sei hier die niedere, irdische Natur getötet und die höhere erweckt worden.[34]
Das eigentlich Wirkliche ist das Geistige, so erklärt Rudolf Steiner. Deshalb gehört nach seiner Meinung der Zugang zum Geistigen mit zum Wichtigsten im Leben. Diesen Zugang findet er durch die Erkenntnis, durch die Gnosis. Dabei denkt er nicht an eine Erkenntnis von außen her durch Beobachtung und Abstraktion, sondern von innen her, aus den Tiefen der Seele. Die Fähigkeit zu solchem intuitiven, unmittelbaren und erlebten Erkennen schreibt er jedem Menschen zu, aber nur anfanghaft, weshalb sie geschult und geübt werden muß. Deshalb ist der Anthroposoph gehalten, regelmäßig intensive Seelenübungen zu verrichten. Das denkende Erkennen muß bei ihm in die seelische Schulung übergehen. Die Seelenübungen bestehen vor allem in der Meditation, in der Konzentration und in der Zucht der Gedanken- und der Gefühlswelt. Hinzukommen muß das ernste sittliche Bemühen des Anthroposophen, die Fähigkeit in

---

31 Zit. nach G. Wachsmut, Rudolf Steiners Erdenleben und Wirken, Dornach 1951, 626; vgl. G. Wehr, (Anm. 14), 35.

32 Ebd., 14.

33 T. Kögler, (Anm. 12), 21.

34 K. Hutten, Seher, Grübler, Enthusiasten. Das Buch der traditionellen Sekten und religiösen Sonderbewegungen, Stuttgart [12]1982, 698ff.

sich auszubilden, zu einem höheren Bewußtsein, zum „reinen Denken", zum „freien Geistesleben" zu kommen und von Stufe zu Stufe in der Erkenntnis aufzusteigen.
Die Anthroposophie will über die Erkenntnispositionen der Naturwissenschaften, aber auch der religiösen Mystik hinausführen. Sie will auch jene Dimensionen einbeziehen, die sich den allgemeinen Untersuchungsmethoden entziehen, Dimensionen, die eine Erweiterung und Transformation des Bewußtseins zur Voraussetzung haben und zur Erkenntnis „höherer Welten" führen.[35]
Die höchste Stufe, die der Mensch nach Steiner erreichen kann, ist die Einweihung. Von ihr heißt es, daß sie nur von wenigen erreicht wird. Sie findet ihre Vollendung in der „Gottseligkeit", die ein Denken voraussetzt, das sich nicht mehr des menschlichen Gehirns als eines Werkzeugs bedient.
Durch seelische Schulung gelangt der Anthroposoph zur Geistunmittelbarkeit. Steiner bezeichnet die Anthroposophie von daher als Geist-Wissenschaft. Der anthroposophische Erkenntnisweg ist eine meditative Bewußtseinsschulung. Man gewinnt den Eindruck, daß das Meditieren und Denken hier zur Ausschaltung des Denkvermögens und des kontrollierenden Ich, zur Entpersönlichung und zur Verschmelzung mit dem Kosmos führen soll. Das würde die Anthroposophie mit der fernöstlichen Geistigkeit, aber auch mit einer breiten Strömung unseres modernen Empfindens verbinden, vom Christentum jedoch um so weiter entfernen.
Das entscheidende Mittel der Erkenntnis ist in der Anthroposophie nicht mehr das Denken, sondern das Fühlen. Steiner entwickelt diese seine Gefühlsphilosophie in seinem Buch „Die Philosophie der Freiheit" im Jahre 1894.[36]
Es ist das erklärte Anliegen Steiners, das Christentum zu korrigieren, weil es ihm in der überkommenen Form unannehmbar erscheint. Er ist der Meinung, daß es immer schon einige wenige gegeben habe, die das richtige Christus-Verständnis gehabt hätten, daß nunmehr aber die Zeit gekommen sei, daß unter seiner Führung alle auf den rechten Weg verwiesen würden, auf den Weg des „esoterischen" Christentums, das an die Stelle des „exoterischen" Christentums treten müsse. Das „esoterische" Christentum ist für Steiner nicht mehr durch Glaube, Bibel und Abendmahl bestimmt, sondern durch schauendes Wissen, fortschreitende Offenbarung und geistige Kommunion.

---

35 G. Wehr, (Anm. 14), 20. 18.

36 R. Steiner, Die Philosophie der Freiheit, Dornach [12]1962, 137-145.

Der Mensch und der Kosmos sind nach Auffassung Steiners und der Anthroposophie nicht durch Schöpfung entstanden, sondern durch eine Verdichtung des Geistes, woraus sich allmählich, in unendlich langen Zeiträumen der Mensch in seinem heutigen Zustand entwickelt hat. Die kosmische Entwicklung hat als Ausgangspunkt das rein Geistige, das zum Teil immer mehr in die Stofflichkeit übergegangen ist.
Außer dem Kosmos gibt es für die Anthroposophie eine Fülle von geistigen Wesenheiten, die göttliche Geistes- und Geisterwelt, die in einer stetigen Entwicklung begriffen ist. Gott selbst wird dabei nicht transzendent monotheistisch gedacht, sondern immanent pantheistisch. Wie Steiner lehrt, gibt es auch Geister, die sich der göttlichen Entwicklung widersetzen. Sie sind zwar göttliche Geistwesen, aber gewissermaßen zurückgebliebene. Für die Menschen werden sie zu bösen Wesenheiten, sofern sie bemüht sind, deren geistige Entwicklung zu verzögern. Im einzelnen nennt Steiner hier etwa Luzifer und Ahriman.[37]
Der Sündenfall ist von daher „eine Götterangelegenheit, in die der Mensch hineingerissen wurde, wie es die germanische Mythologie schildert".[38] Der Mensch konnte der Versuchung im Grunde gar nicht widerstehen. Der Sündenfall war, wie er hier verstanden wird, nicht ein Fall durch die Sünde, sondern ein Fall in die Sünde. Anders ausgedrückt: Die Ursünde liegt nach Steiner bei Luzifer, die Einzelsünde beim Menschen, wobei Sünde hier anders zu verstehen ist als in der christlichen Tradition – hat sie doch ihren Sitz im Intellekt, nicht im Willen.[39]
In der Anthroposophie lehrt man die Existenz einer Astral- und Ätherwelt, einer feinstofflichen Welt über der grobsinnlichen. Die feinstoffliche Welt ist eine aus Strahlen bestehende Substanz, die verschiedene Frequenzen oder Schwingungen aufweist. Je höher die Frequenz, um so höher die Qualität. Mit abnehmender Frequenz nähert sich die Strahlensubstanz mehr und mehr der grobstofflichen Welt. Mit wachsender Frequenz steigt die Vollkommenheit der Seinsebene.
Wie die Anthroposophie lehrt, müssen beim Menschen der Geist, die Seele und der Leib unterschieden werden. Der Geist wird als ewig angesehen, und er steht unter dem Gesetz der Wiederverkörperung. Ihm steht der vergängliche Leib gegenüber, der unter dem Gesetz der Vererbung steht. Zwischen beiden, zwischen dem Leib und dem Geist, steht die Seele, die die Wirkungen der Taten aus dem früheren Leben, das Karma, bewahrt, die bewirkt, daß der Geist entsprechend dem früheren

---

37 T. Kögler, (Anm. 12), 13f.; O. Simmel, Art. Anthroposophie, (Anm. 29), 631.

38 A. Schütze, Das Rätsel des Bösen (Fischer-Taschenbuch), Stuttgart 1982, 61.

39 Ebd., 61f.

Leben wiedergeboren wird.[40] Rudolf Steiner schreibt: „Ewig ist der Geist; Geburt und Tod walten nach den Gesetzen der physischen Welt in der Körperlichkeit; beide führt die Seele immer wieder zusammen, indem sie aus den Taten das Schicksal webt."[41]

Man kann den Menschen in der Sicht der Anthroposophie aber auch als aus vier Wesensgliedern zusammengesetzt bestimmen, dem physischen Leib, dem Ätherleib, dem Astralleib und dem Ich oder dem Geist, wobei diesen Wesensgliedern die Möglichkeit zugeschrieben wird, jeweils für sich zu bestehen. In dieser Zusammensetzung soll der Mensch das Produkt einer Entwicklung sein, nicht nur in seiner Phylogenese, auch in seiner individuellen Ontogenese. Der Anklang an die Anthropologie der Theosophie ist hier unverkennbar.[42]

Der physische Leib, so erklärt man im einzelnen, lenkt das Wollen und die unbewußten Antriebe. Er ist sichtbar, nicht sichtbar aber sind der Ätherleib, der Astralleib und der Geist. Der Ätherleib umgibt und durchdringt den physischen Leib und ermöglicht das Fühlen. Er wird auch Pflanzenleib genannt, weil er das vegetative Leben besorgt. Der Astralleib ist die Seele. Er bringt das Denken und das Bewußtsein hervor. Der Geist, das Ich, die eigentliche Mitte des Menschen, bewirkt endlich das harmonische Zueinander der einzelnen Wesensglieder. Das Ich ist demnach mit drei Leibern verbunden. Selbst ist es jedoch unabhängig von der Leibesorganisation des Menschen. Es ist der göttliche Teil im Menschen. Von daher wird es verständlich, wenn die Anthroposophie dem Eindringen in die Tiefen des eigenen Selbst für die Erkenntnis des Übersinnlichen eine solche Bedeutung beimißt. Denn je tiefer der Mensch in sein Inneres eindringt, um so näher kommt er an das Göttliche heran.

Weil der Mensch göttlich ist ebenso wie der Kosmos, ist er auch prinzipiell gut. So lehrt die Anthroposophie. Das, was wir das Böse nennen, ist nach Steiner nichts anderes als das Gute am falschen Platz, ähnlich wie für den Chemiker der Schmutz Materie am verkehrten Ort ist. Das Böse ist also an sich gut, aber es wirkt hemmend und zerstörend, sofern es nicht in dem ihm gemäßen Zusammenhang steht. Am rechten Ort ist es gut, so wie das Gift in der richtigen Dosierung und in der Hand des kundigen Arztes ein Heilmittel ist. Demgemäß geht die Erziehung in der Anthroposophie stets davon aus, daß die schlechte Tat

---

40 T. Kögler, (Anm. 12), 23f.

41 Zit. nach W. Kugler, (Anm. 13), 63; vgl. R. Steiner, Theosophie. Einführung in die übersinnliche Welterkenntnis und Menschenbestimmung (1904), Dornach 1973, 87f.

42 Vgl. oben S. 211.

eigentlich nicht gewollt ist. Diese Sicht des Menschen macht den grenzenlosen Optimismus der Waldorf-Pädagogik verständlich.[43]
Als böse bezeichnet Steiner die Hingabe an das materielle Gesetz der Erde und an eine materialistische Lebensauffassung. Böse sind für ihn der irdisch ausgerichtete Intellekt, die verstandesmäßige Beschäftigung mit dem Materiellen, eine einseitig mathematische Weltbetrachtung, die Lähmung der Erkenntnis des „geistig-qualitativen Weltinhaltes“ und die Behinderung einer „das Weltganze berücksichtigenden Denkungsart“.[44] Steiner spricht hier von der Erdsucht. Böse ist für ihn aber auch die Erdflucht, das egoistische Erlösungsverlangen und die Flucht in eine Schein-Geistigkeit oder in die Rauschhaftigkeit. Um dieser doppelten Versuchung zu widerstehen, der Versuchung der Erdsucht und der Erdflucht, sollen die Anthroposophen einerseits das Geistige, das Mystisch-Meditative, die Kunst und die Religion pflegen, andererseits die Wissenschaft, die Medizin und die Erziehung. Im einen Fall geht es um die Beschäftigung mit dem Geistigen, im anderen um die Hinwendung zur Welt, um diese zu durchgeistigen.[45]
An die Stelle der Erlösung tritt in der Anthroposophie der Weg der Selbstvervollkommnung durch Erkenntnis und Vergeistigung, der seinerseits unter dem unerbittlichen Joch von Karma und Reinkarnation steht. Dabei gilt, daß der Mensch sich alles selber verdankt. Der zentrale christliche Begriff der Gnade ist in der Anthroposophie unbekannt.[46]
Demgemäß ist die Ethik rein ichbezogen. Für die Anthroposophie gibt es keine letzte transzendente personale Instanz, keine Verantwortung vor Gott, nur eine Verantwortung vor dem eigenen Ich und dem Entwicklungsgesetz. Sie kennt auch nicht so etwas wie Liebe zu Gott oder gar Liebe Gottes zum Menschen. Auch die Nächstenliebe im christlichen Verständnis hat hier keinen Ort. Wenn von der Liebe die Rede ist, so ist damit nur eine humanitäre Liebe gemeint. Sie ist nicht in der Gottesliebe verankert und geht aus jenem allgemeinen Mitleid mit der Kreatur hervor, wie es im fernöstlichen Denken seine klassische Gestalt gefunden hat.[47]
Ein Gericht und Verantwortung vor Gott sowie eine Ethik aus der Motivation der personalen Liebe heraus lehnt Steiner ab. Die christliche Ethik hält er für eine Angst- und Strafethik. Er lehrt eine Ethik, die der Mensch ganz und gar aus sich selbst entwickelt, und zwar im Hinblick auf

---

43 A. Schütze, (Anm. 38), 18; E. Gabert, (Anm. 27), 105. 23; T. Kögler, (Anm. 12), 27.

44 A. Schütze, (Anm. 38), 41.

45 T. Kögler, (Anm. 12), 13-15; O. Simmel, Anthroposophie, (Anm. 29), 631.

46 A. Schütze, (Anm. 38), 18.

47 V. Pierott, (S. 28 Anm. 6), 204-208.

die Unterscheidung von Gut und Böse wie auch im Hinblick auf die Motive, die Antriebe zum Handeln, und die Kraft zum Durchhalten. Steiner schreibt: „Der Esoteriker [der Anthroposoph] tut das Gute nicht, weil er für gut befunden werden soll, sondern weil er nach und nach erkennt, daß das Gute allein die Evolution vorwärtsbringt, das Böse dagegen und das Unkluge und das Häßliche dieser Evolution Hindernisse in den Weg legen.“[48]

Während die Theosophen sagen: Gut ist, was die Evolution fördert, erklärt Steiner: Das Gute fördert die Evolution, darum soll man es tun. Dabei lehrt er auch eine gewisse Unterstützung durch die übersinnliche Welt, er spricht von den Hierarchien der geistigen Welt, die in das Leben des einzelnen Menschen hineinwirken, im Guten wie im Bösen, die bemüht sind, die Entwicklung der Menschheit zu fördern oder zu verhindern, aber diese Hilfe kann man nicht als Gnade im christlichen Verständnis bezeichnen. Sie geht nicht von Gott aus, sie ist kein übernatürlicher Beistand, und das Entscheidende hat dabei der Mensch selber zu leisten.[49]

An die Stelle der Unsterblichkeit der Seele und der Auferstehung der Toten tritt in der Anthroposophie die Wiedergeburt, die Wiederverkörperung, die stets in einem kausalgesetzlichen Zusammenhang mit dem früheren Leben steht. Sie gibt dem Menschen die Möglichkeit, sich immer weiter emporzuentwickeln. Sie wird jeweils bestimmt durch das Karma des vorausgehenden Lebens.[50] Das Karma ist so etwas wie ein unausweichliches Schicksal, das über dem Leben des Menschen waltet. Da der Mensch es jedoch selber schafft durch seine Taten, hat er die Möglichkeit, aktiv an diesem seinem Schicksal mitzuarbeiten. Durch gutes Karma erbringt er die Voraussetzung für eine höhere Form der Wiedergeburt. Durch gute Taten kann er aber auch böse Taten seines augenblicklichen Lebens ausgleichen.[51]

Wie Steiner lehrt, hält sich der Mensch nach seinem Tod zunächst eine gewisse Zeit in der geistigen Welt auf, entwickelt sich dort weiter und steigt höher und entschließt sich endlich zu einer neuen Inkarnation. Der Abstieg erfolgt dann wiederum in Stufen, auf denen das in der geistigen Welt Erlebte und Erkannte sukzessive gelöscht wird. Nach Steiner ist der

---

48 R. Steiner, Anweisungen für eine esoterische Schulung (1905/1908), Dornach 1969, 21; vgl. ders., Die Philosophie der Freiheit, (Anm. 36), 206.

49 V. Pierott, (S. 28 Anm. 6), 204f.

50 W. Kugler, (Anm. 13), 65.

51 O. Simmel, Art. Anthroposophie, (Anm. 29), 631; A. Mager, Art. Anthroposophie, (Anm. 2), 481; E. Gabert, (Anm. 27), 33; T. Kögler, (Anm. 12), 16f.

Zwischenraum zwischen zwei Inkarnationen nicht gerade gering. Er betont, die Reinkarnation erfolge in der Regel in dem jeweils anderen Geschlecht, weil die Erlebnisse des Menschen je nach Geschlecht verschieden seien.[52]
Steiner ist davon überzeugt, daß auch Christus die Lehre von der Seelenwanderung vertreten hat und daß sie ein wesentliches Moment des Christentums ist. Er erklärt, der Jüngling von Naim habe später eine Wiedergeburt in Mani, dem Gründer des Manichäismus, erfahren[53] und mit Lazarus habe sich bei seiner Auferweckung das Ich Johannes' des Täufers verbunden und er sei zu Johannes, dem Presbyter von Ephesus, dem Verfasser der Johanneischen Schriften des Neuen Testamentes, geworden.[54]
Steiner konkretisierte seine Lehre von der Seelenwanderung immer wieder. So behauptet er etwa von Friedrich Nietzsche († 1900), dieser sei in seinem früheren Leben ein Franziskanermönch gewesen. Steiner war der Meinung, er könne einem Menschen ansehen, wer er in seinem früheren Leben gewesen sei.[55]
Nach Steiner leitet Christus ein besonderes Stadium in der Menschheitsentwicklung ein. In seinem Astralleib ist er als der erhabene Sonnengeist auf die Erde gekommen und hat den Menschen gezeigt, wie sie sich aus dem Sinnlichen ins Geistige erheben können. Er hat viele Vor-Inkarnationen und Nach-Inkarnationen erlebt, wie Steiner betont. Die Vor-Inkarnationen sucht Steiner vor allem im Umkreis der Mysterienreligionen. Damit relativiert er das Auftreten Jesu. Mit dem Stifter des Christentums relativiert er aber auch das Christentum als solches. In der Tat versteht er es nur als eine Stufe der Menschheitsentwicklung.
Als der „hohe Sonnengeist" begleitet Christus nach der Lehre der Anthroposophie das Menschengeschlecht seit den Urzeiten. Schon immer war er der Menschheit in Liebe verbunden. In den Jahrtausenden kam er ihr immer näher und ließ sein Licht in die Dunkelheit der Welt einstrahlen. Das geschah vor allem in den verschiedenen vorchristlichen Religionen, in denen Menschen mit seherischen Qualitäten die Stationen der Sphärenwanderung des Christus auf die Erde auffangen konnten.[56]

---

52 V. Pierott, (S. 28 Anm. 6), 192-194.

53 S. oben S. 134f.

54 R. Steiner, Das Johannes-Evangelium im Verhältnis zu den anderen drei Evangelien, insbesondere dem Lukas-Evangelium (1909), Dornach 1975, 23. 175ff. 277; vgl. V. Pierott, (S. 28 Anm. 6), 195ff.; K. Hutten, (Anm. 34), 701.

55 H. Günther, (Anm. 25), 228.

56 T. Kögler, (Anm. 12), 29.

Wie Steiner lehrt, hat Christus sich als der Sonnengeist in dem Menschen Jesus von Nazareth inkarniert. Diese Inkarnation erfolgte jedoch nicht bei seiner Empfängnis oder bei seiner Geburt, sondern später, und zwar nach und nach, wie sich ja überhaupt das Menschsein in der Lehre der Anthroposophie sukzessive entwickelt.[57]
Im Anschluß an die beiden Stammbäume Jesu, die bei Lukas[58] und Matthäus[59] überliefert sind, spricht man in der Anthroposophie von zwei Jesusknaben, dem nathanischen des Lukas-Evangeliums und dem salomonischen des Matthäus-Evangeliums. Lukas führt das Geschlecht Josephs auf Nathan, den priesterlichen Nachkommen Davids, zurück, Matthäus auf Salomon, den königlichen Nachkommen Davids. Der nathanische Jesusknabe wird als der Nazareth-Jesus apostrophiert, der salomonische als der Bethlehem-Jesus. Während die beiden Jesusknaben ihren physischen Leib von ihren gleichnamigen Eltern hatten, wohnte im nathanischen Jesusknaben als Ätherleib die Adam-Individualität, d. h. der noch unschuldige Teil Adams, der diesem nach dem Sündenfall weggenommen worden war, und der Astralleib des Buddha, in dem salomonischen Jesusknaben hingegen die Individualität des Zarathustra. Als der salomonische Jesusknabe zwölf Jahre alt war, starb er. Seine Zarathustra-Individualität ging auf den nathanischen Jesusknaben über, und sein Ätherleib wurde in die ewige Welt entrückt. Das Zarathustra-Ich verließ den nathanischen Jesus jedoch bei dessen Taufe im Jordan und vereinigte sich wieder mit dem entrückten Ätherleib des salomonischen Jesus, um immer neu in einen physischen Leib einzuziehen und so die christliche Geistesströmung zu lenken. In Jesus von Nazareth, dem nathanischen Jesus, inkarnierten demgemäß nacheinander der Ätherleib des unschuldigen Teils des Adam, der Astralleib des Buddha und das Ich des Zarathustra. Das Ich des Zarathustra verließ ihn aber, wie gesagt, bei der Taufe im 30. Lebensjahr, um zum salomonischen Jesus zurückzukehren und dem Christus-Ich, dem Sonnengeist, Platz zu machen. Dieses bedeutende Ereignis wird bei den Anthroposophen alljährlich am 6. Januar gefeiert.[60] – Die Wirrnis solcher Spekulation muß jeden unvoreingenommenen Leser skeptisch machen.
Die Christusgestalt wird allein von dem Modell der Initiation oder der Einweihung her verstanden, wie sie uns in den Mysterienreligionen

57 S. oben S. 222 und unten S. 231f.

58 Lk 3,23-38.

59 Mt 1,1-16.

60 T. Kögler, (Anm. 12), 29f.; K. Hutten, (Anm. 34), 698-703; V. Pierott, (S. 28 Anm. 6), 195ff.

begegnet. Das Christusgeheimnis ist demnach nicht die Erfüllung der alttestamentlichen Weissagungen, sondern der antiken Mysterienkulte. Der entscheidende Sinn des Golgotha-Ereignisses ist dann der, daß der Mensch durch das Kreuzesgeschehen die Kraft findet, die „Erdsucht" zu überwinden, um so das Böse in sich in Gutes zu verwandeln und für sein Karma fruchtbar zu machen. Der entscheidende ethische Appell lautet in der Anthroposophie: „Überwinde die Erdsucht, überwinde die Erdflucht, und erwecke in dir durch den Aufblick zum Christus die Kraft zum Sieg über Tod und Teufel."[61] Die Anthroposophie spricht hier von dem Christus-Impuls, der nicht nur Bedeutung hat für den einzelnen, sondern auch für die Menschheit insgesamt. Er muß in die Welt hineingetragen werden, damit sie „durchchristet" wird.[62]

Gerade die Christusauffassung Steiners zeigt die Verstiegenheiten, in denen sich die Spekulation der Anthroposophie verliert. Sie stellt einen völligen Bruch mit der christlichen Glaubenstradition dar und erweist sich als willkürlich. Kein Geringerer als der jüdische Theologe Schalom Ben-Chorin, der sich intensiv mit der Jesusgestalt beschäftigt hat, weist den Umgang Steiners mit der Jesus-Überlieferung kategorisch zurück und sieht darin eine Sünde wider den Heiligen Geist.[63]

Man kann die Anthroposophie auf vier Grundprinzipien zurückführen, die ganz dem Empfinden und der Erwartung des modernen Menschen entsprechen und daher auch den Erfolg dieser Weltanschauung in der Gegenwart erklären. Sie bestehen in dem pantheistischen Gottesbild, in der Betonung der Erfahrung und der Intuition, verbunden mit dem Mißtrauen gegenüber dem rationalen Denken, in der Meditation als der entscheidenden Methode der Wahrheitsfindung und in dem individualistischen Weg zum Heil unter Ablehnung alles Lehrhaften und Dogmatischen, also in dem konsequenten Subjektivismus.

Ein pantheistischer Gott ist unverbindlich. Das macht ihn attraktiv. Der Pantheismus relativiert die Unterscheidung von Gut und Böse und vergöttlicht den Menschen.

Die Betonung der Erfahrung hat einen guten Klang angesichts eines sich ausbreitenden Irrationalismus. Steiner richtet sich zwar nicht gegen das Denken allgemein, wohl aber gegen das logische Denken und gegen die Abstraktion. Das Denken, das er pflegt, präsentiert sich als intuitives, unmittelbar erlebtes Erkennen, als „Gefühlsdenken".[64] In den Schriften

---

61 A. Schütze, (Anm. 38), 59.

62 T. Kögler, (Anm. 12), 31-33.

63 Sch. Ben-Chorin, Bruder Jesus. Der Nazarener in jüdischer Sicht, München 1977, 10.

64 S. oben S. 220.

Steiners ist viel die Rede von „Gefühl hervorrufen", „Empfindungen haben", „Fühlen des Christus-Impulses".[65] Das aber spricht die Menschen in der Gegenwart an. Bezeichnend ist der inflationäre Gebrauch des Wortes Erfahrung in den verschiedenen Bereichen des modernen Lebens, nicht zuletzt auch in den verschiedenen Disziplinen der Theologie.
Auch das Wort Meditation ruft spontan positive Assoziationen hervor. Von ihr erwarten viele eine tiefere Wahrheit, die nicht mehr auf den Begriff gebracht werden kann, die sich in Symbolen und Mythen artikuliert oder einfach in der inneren Erfahrung.
In ganz besonderer Weise kommt endlich der individualistische Heilsweg dem modernen Menschen entgegen, der Subjektivismus, der sich darin ausprägt, die Ablehnung des Objektiv-Verbindlichen und des von außen an den Menschen herantretenden moralischen Gebotes. Der autonome Mensch ist fasziniert von dem Gedanken der Selbsterlösung.[66]

Strukturen

Der organisatorische und geistige Mittelpunkt der Anthroposophie ist in Dornach bei Basel. Von hier aus erfolgt die zentrale Leitung der einzelnen Landesgesellschaften. Hier gibt es die „Hochschule für Geisteswissenschaften" mit ihren verschiedenen Sektionen, die die gesamte pädagogische, soziale, naturwissenschaftliche und künstlerische Tätigkeit der Anthroposophen inspiriert.
In Deutschland befindet sich ein anthroposophisches Zentrum in Stuttgart und ein weiteres in Freiburg i. Br. In Stuttgart ist der Sitz der „Anthroposophischen Gesellschaft in Deutschland", in Freiburg ist das „Mitteleuropäische Studienwerk". Letzteres besteht aus folgenden Sektionen: Arbeitsgemeinschaft für freie Menschenbildung, Arbeitsgemeinschaft für Sozial-Therapeutische Hilfswerke und Verein zur Förderung der Pädagogik Dr. Rudolf Steiners.

Wirken nach außen hin

Es gibt nicht sehr viele Anthroposophen im strengen Sinne. Nach dem Stand von 1978 zählt die Anthroposophische Gesellschaft in Deutschland etwa 20 000 Mitglieder. Ihr Einfluß ist jedoch weitaus größer, als es diese

65 R. Steiner, Christus im Verhältnis zu Luzifer und Ahriman. Die Dreifache Wesensgestaltung des Menschen, Dornach ^{2}1968, 15f. 22.

66 T. Kögler, (Anm. 12), 18-21.

Zahl vermuten läßt. Angesprochen werden von der Anthroposophie vor allem Intellektuelle und Künstler.
Werbung im eigentlichen Sinne gibt es bei den Anthroposophen nicht, sie erfolgt faktisch unter der Hand, als Nebeneffekt der anthroposophischen Tätigkeit im pädagogischen und im medizinischen, im sozialen und im künstlerischen Bereich. Die erzieherische Arbeit der Anthroposophen wird in den Waldorfschulen geleistet, die zu weit mehr als 50% von Kindern aus nichtanthroposophischen Elternhäusern besucht werden. Die Waldorf-Pädagogik beginnt in der Regel bereits in den Kindergärten, die häufig mit den Waldorfschulen verbunden sind.[67] Es gibt nicht wenige anthroposophische Ärzte und anthroposophisch orientierte Kliniken sowie heilpädagogische und sozialtherapeutische Heime – an die 100 heilpädagogische und sozialtherapeutische Heime allein in Deutschland, insgesamt weit mehr als 300[68] –, die durch ihre Heilerfolge großes Ansehen erworben haben und gern aufgesucht werden. Vielfältig sind endlich die künstlerischen Aktivitäten der Anthroposophen. Es gibt Malschulen, Musikseminare und Schulen für Sprachgestaltung. Die Anthroposophie hat einen eigenen Stil der Architektur, des sprachlichen Vortrags und der tänzerischen Bewegung. Das Ideal ist dabei wie auch sonst das Natürliche und das, was als natürlich angesehen wird. In der Architektur dominieren runde Bauformen, erdhafte Farben und naturhafte Produkte. Das Kunstverständnis der Anthroposophie wird in den Waldorfschulen sowie durch praktisch-künstlerische Kurse vermittelt, die von den Waldorfschulen veranstaltet werden und allen Interessierten offenstehen. Von den Waldorfschulen werden auch die verschiedensten anthroposophischen Themen in öffentlichen Vorträgen angeboten. Die erste Begegnung mit der Anthroposophie ist für viele Außenstehende das eindrucksvolle soziale Engagement der Anthroposophen.
Neben den genannten Institutionen der Anthroposophie gibt es Sanatorien, Altenheime, Bankinstitute, landwirtschaftliche Unternehmungen, Jugendseminare, Bildungshäuser, Begegnungsstätten und Arbeitszentren. Dabei ist zu beachten, daß die einzelnen anthroposophischen Institutionen autonom und für ihre Arbeit jeweils selbst verantwortlich sind.

---

67 Vgl. unten S. 230ff.

68 Stand: Januar 1992 (vgl. Verzeichnis der anthroposophischen Einrichtungen für Heilpädagogik und Sozial-Therapie, herausgegeben vom Sekretariat der Konferenz für Heilpädagogik und Sozialtherapie, Brosiweg 9, CH-4143 Dornach). Zu diesen Einrichtungen kommen noch die entsprechenden Ausbildungsstätten für Heilpädagogen, Sozialtherapeuten und Lehrer an heilpädagogischen Schulen, acht allein in Deutschland (vgl. ebd.).

Im Dienste des anthroposophischen Schrifttums stehen die Verlage „Freies Geistesleben“ in Stuttgart und „Die Kommenden“ in Freiburg sowie in Dornach die Verlage „Rudolf Steiner Verlag“ und „Rudolf Steiner Nachlaßverwaltung“.[69]
Seit einigen Jahren gibt es in Herdecke an der Ruhr eine anthroposophisch orientierte Universität, die nicht wenig zur Ausbreitung des anthroposophischen Gedankengutes beitragen dürfte.
Einen Kult kennt die Anthroposophie nicht. Kultähnlichen Charakter haben aber die eurhythmischen Feierstunden, die regelmäßig stattfindenden Aufführungen der „Oberuferer Weihnachtsspiele“ und die Faustinszenierungen am Goetheanum in Dornach.
Die anthroposophischen Gesellschaften verlangen von ihren Mitgliedern keinen Kirchenaustritt, obwohl diese faktisch in vielen Fällen der Christengemeinschaft beitreten, womit naturgemäß ein Kirchenaustritt verbunden ist.[70]

Waldorf-Pädagogik

Große Breitenwirkung entfaltet die Anthroposophie durch die Pädagogik, die sie in den Waldorfschulen und in den Waldorfkindergärten praktiziert. Die erste Waldorfschule wurde im Jahre 1919 durch Rudolf Steiner in Zusammenarbeit mit dem Fabrikanten Molt, dem Inhaber der Waldorf-Astoria-Zigarettenfabrik in Stuttgart, für die Kinder der in dieser Firma Beschäftigten errichtet.
In den letzten zwei Jahrzehnten ist die Zahl der Waldorfschulen kräftig gewachsen. Nach dem Stand von Februar 1992 zählt man in der Bundesrepublik Deutschland 144 solcher Schulen, in den anderen europäischen Ländern 430, in den außereuropäischen Ländern 146. Die vier Länder mit der größten Zahl von Waldorfschulen sind Deutschland (144), die USA (79), die Niederlande (95) und die Schweiz (36). Die Ausbildung der Lehrer der Waldorfschulen erfolgt in 37 Vollzeit-Ausbildungsstätten – neun davon sind in Deutschland – und in nicht wenigen berufsbegleitenden Seminaren, die von den Waldorfschulen durchgeführt werden.[71]
Größer noch als die Zahl der Waldorfschulen ist die Zahl der Waldorfkindergärten. Insgesamt belief sie sich im September 1991 auf 859. In Deutschland gab es zu diesem Zeitpunkt allein 323 Waldorfkindergärten,

69 H. Reller, (S. 37 Anm. 26), 524.

70 Ebd., 523f.; O. Simmel, Art. Anthroposophie, (Anm. 29), 630f.

71 Verzeichnis des Bundes der Freien Waldorfschulen e. V. Stuttgart. Stand: Februar 1992.

zehn davon in Stuttgart, wobei nach Deutschland die USA mit 85, die Niederlande mit 76 und die Schweiz mit 68 Waldorfkindergärten an der Spitze lagen. Die Ausbildung der Kindergärtnerinnen erfolgte damals in 30 Seminaren, wovon sich allein zehn in Deutschland befinden.[72] Von 1000 Schülern besuchen in Deutschland beinahe 15 eine Waldorfschule. Und der Andrang ist groß. Die Zahl der Anmeldungen übersteigt die Kapazität. Ständig entstehen neue Waldorfschulen, gegenwärtig vor allem in Ostdeutschland.[73]

Die Waldorfschulen wollen keine Weltanschauungsschulen sein, sie wollen die Schüler nicht zu Anthroposophen machen. Die persönliche Freiheit der Schüler wird geachtet. Der Unterricht erfolgt im „Respekt vor der menschlichen Individualität". Man ist bemüht, den Schülern das Material zur Verfügung zu stellen, „das sie befähigt, selbst Stellung zu nehmen".[74] Dennoch gilt, daß in der Waldorf-Pädagogik die Geist-Wissenschaft, die Wissenschaft vom Geist, zur lebendigen Erziehungstat werden soll, wie es Rudolf Steiner ausdrückt.[75] An den Waldorfschulen und in der Waldorf-Pädagogik ist die anthroposophische Weltanschauung, speziell die anthroposophische Erkenntnislehre, faktisch ein sich durchhaltendes Prinzip. Das bedeutet konkret, daß man davon ausgeht, daß die eigentliche und wahre Welt eine übersinnliche Geisterwelt ist, daß die mythischen Vorstellungen über die Entstehung des Kosmos, das pantheistische Gottesbild, die phantastische Anthropologie, die Idee von der Selbsterlösung des Menschen, die seltsamen Lehren vom Karma und von der Reinkarnation und die abstruse Christologie, wie sie der Anthroposophie zu eigen sind, die Grundlage des Unterrichts und der Pädagogik sind. Damit sind die Waldorfschulen nolens volens Bekenntnisschulen. Wird auch an ihnen evangelischer und katholischer Religionsunterricht erteilt, durch die Dominanz der Grundlehren Steiners ist eine unterschwellige Beeinflussung unvermeidbar.

Die Waldorf-Pädagogik baut auf der anthroposophischen Lehre von den vier Wesensgliedern des Menschen auf, die nach und nach geboren werden. Nach anthroposophischer Auffassung vollzieht sich die Menschwerdung des Menschen allmählich und schrittweise, kann die Pädagogik

---

72 Die Zahlen beziehen sich auf den Stand von September 1991 (vgl. Verzeichnis der Internationalen Vereinigung der Waldorfkindergärten e. V. in Stuttgart).

73 T. Kögler, (Anm. 12), 17; Frankfurter Allgemeine Zeitung vom 28. Juni 1991.

74 F. Carlgren, Erziehung in Freiheit. Die Pädagogik Rudolf Steiners. Berichte aus der Internationalen Waldorfschulbewegung, Frankfurt a. M. 1981, 154.

75 H. R. Niederhäuser, Freie Schule aus freiem Geistesleben. Ideal und Erfahrung, Stuttgart 1974, 35; Vom Lehrplan der Freien Waldorfschule, bearbeitet von C. v. Heydebrand, Stuttgart 1978, 14.

nur dann sachgemäß auf das jeweilige Lebensalter einwirken, wenn sie die vier Entwicklungsschritte der individuellen Menschwerdung des Menschen kennt und beachtet. Der Ätherleib wird, so lehrt man, etwa im 7. Lebensjahr geboren. Bis dahin ist der Erzieher gehalten, durch sein handelndes Vorbild auf das Kind einzuwirken, kommt es doch dem physischen Leib zu, das Wollen und die unbewußten Antriebe zu lenken. Bis zum Beginn der Pubertät im 14. Lebensjahr ist dann der Ätherleib maßgebend. Auf ihn muß der Erzieher einwirken, indem er das Fühlen und das Gedächtnis durch Vorbilder zu beeinflussen sucht. Mit der Geburt des Astralleibes am Beginn der Pubertät erhält der Mensch die Fähigkeit zum Urteilen und zum abstrakten Denken. In diesem Zeitabschnitt obliegt es dem Erzieher, den Heranwachsenden durch Ideale zu beflügeln und sich selber als glaubwürdig darzustellen. Um das 21. Lebensjahr wird endlich das Ich im Menschen geboren, der Geist. Damit beginnt das voll verantwortliche Erwachsenenalter. An die Stelle der Fremderziehung kann nun die Selbsterziehung treten.

Weil nach Auffassung der Anthroposophie die Individualentwicklung bei allen in gleicher Weise erfolgt,[76] deshalb ist die Waldorfschule stets eine Einheitsschule, eine Gesamtschule, deshalb ist es hier in der Regel auch nicht nötig, daß ein Kind eine Klasse wiederholt, was nicht wenigen Eltern sehr angenehm ist.[77]

Jede Waldorfschule ist autonom, und an den Waldorfschulen gibt es keine Vorgesetzten. Jeder Lehrer ist sein eigener Vorgesetzter. Die Freiheit ist ein bedeutender Faktor auch der Erziehung. Intensiv wendet sich der Lehrer dem einzelnen Kind zu. Immer neu bereitet er sich durch Meditation darauf vor. Die Anthroposophie vertritt eine Pädagogik vom Kind aus. Rudolf Steiner verlangt vom Lehrer große Opferbereitschaft und unsägliche Geduld. Er verpflichtet ihn, seine Erziehungsaufgabe gar als Gottesdienst zu verstehen. Auch dieser Tatbestand fördert die Wertschätzung der Waldorfschulen in der Öffentlichkeit.[78]

Das stark hervortretende Erziehungsprinzip der Freiheit ist zu begrüßen. Allein die Freiheit ist anspruchsvoll, und es muß der rechte Gebrauch von ihr gemacht werden. Nicht selten dürften Lehrer wie Schüler dabei überfordert sein. Auch die Zuwendung zum Kind ist zu würdigen. Sie muß jedoch von sachgemäßen Prinzipien bestimmt sein. Angesichts der anthroposophischen Lehren, von denen man hier ausgeht und die man hier vermittelt, kann dem Kind dabei kaum echte Hilfe zuteil werden.

---

76 H. R. Niederhäuser, (Anm. 75), 22.

77 T. Kögler, (Anm. 12), 23ff.; G. Wehr, (Anm. 14), 41.

78 T. Kögler, (Anm. 12), 38f.

In den Waldorfschulen gibt es keine Notenzeugnisse, nur Wortgutachten. Im Mittelpunkt des Unterrichtes stehen der freie Lehrervortrag und die Verarbeitung und Wiedergabe des Gehörten durch den Schüler. Dabei kommen das intensive Bemühen des Schülers und die selbständige Erarbeitung des Wissens zu kurz.
Häufig werden in den Waldorfschulen religiöse Feste gefeiert und biblische Texte gelesen. Es werden aber auch okkultistische Texte verwendet. Vor allem werden die biblischen Texte nicht anders qualifiziert als Märchen und Sagen. Darin wird eine Relativierung des Christentums erkennbar und eine Beeinflussung des Kindes im Geiste der Anthroposophie.
Ein bevorzugtes Erziehungselement der Waldorf-Pädagogik ist die Meditation. Im Unterricht der Waldorfschulen werden die verschiedensten Meditationstechniken gelehrt, die zur Geist-Erkenntnis und zur Kommunikation mit dem Geisterreich führen sollen. Die Geisterwelt und die universale Beseelung des Kosmos sind selbstverständliche Voraussetzungen der Waldorf-Pädagogik, die ganz im Kontext der Anthroposophie steht und deshalb nicht als neutral zu qualifizieren ist.
Geradezu verhängnisvoll ist die schematische Einteilung der Schüler an den Waldorfschulen und die darauf aufbauende Erziehung. So unterscheidet man Sanguiniker, Phlegmatiker, Choleriker, Melancholiker, wässerige Menschen, mineralisierende Menschen, Luftmenschen, Wärmemenschen usw. und leitet daraus weitgehende Folgerungen ab. Das geht bis zu den Krankheiten, vor denen man sich schützen muß, den Speisen, die man essen darf, und den kosmischen Wesenheiten, mit denen man okkulten Umgang zu pflegen hat.[79]
Ein besonderes Merkmal der Waldorfschulen ist die Verbindung der theoretischen Ausbildung mit einer handwerklichen. Das wird im allgemeinen als sehr positiv angesehen. Es fragt sich jedoch, ob das nicht auf Kosten der theoretischen Ausbildung geht. Tatsache ist, daß die Waldorfschulen nur geringes Interesse an der Mathematik und an den naturwissenschaftlichen Fächern haben, ganz abgesehen davon, daß die Inhalte, die in den naturwissenschaftlichen Fächern vermittelt werden, weithin die Wirklichkeit verfehlen. Es muß zu denken geben, daß sich nur wenige Absolventen von Waldorfschulen den naturwissenschaftlichen und den technischen Berufen zuwenden. Bevorzugt werden von ihnen die pädagogischen und die sozialen Berufe, erstaunlicherweise nicht die künstlerischen. Auffallend, aber nicht überraschend ist es, daß man bei einer verhältnismäßig großen Zahl von ehemaligen Waldorf-Schülern einen

---

79 Ebd., 43f.; H. Günther, (Anm. 25), 229f.

sozialen Abstieg, konstitutionelle Unzufriedenheit und eine unausgewogene Hochschätzung des eigenen Ich beobachtet hat.[80]
Einen bedeutenden Platz nimmt in der Waldorf-Pädagogik das künstlerische Element ein. Das gilt für alle Unterrichtsfächer. Ein besonderer Ausdruck dafür ist die Eurhythmie, die geradezu im Mittelpunkt der Waldorf-Pädagogik steht. Sie ist verpflichtend für alle Schüler. Rudolf Steiner hat sie selbst entwickelt. Es handelt sich dabei um Tänze, zu denen gesprochen und musiziert wird. Die Eurhythmie will durch die Bewegung des menschlichen Körpers Sprache und Musik im Raum zum Ausdruck bringen, sie will getanzte Meditation sein. Durch die Eurhythmie soll der Mensch mit den Rhythmen und Formen des Kosmos und mit der übersinnlichen Welt eins werden und motorisch und psychisch beruhigt werden. Die Eurhythmie hat einen ausgesprochen religiösen Charakter. Sie knüpft an die vorchristlichen Mysterientänze an, an die dionysischen Tempeltänze, die nur Eingeweihten mitgeteilt werden durften, und entwickelt sie weiter. Steiner will mit der Eurhythmie die alte Tempel-Tanzkunst erneuern. Er versteht sie als Nachahmung der Gebärden der Geister, die, wie er betont, jeweils individuell gestaltet sind.[81] – Von Gebärden der Geister zu sprechen, das offenbart eine naive oder mythische Daseinsinterpretation und übersieht das „totaliter aliter" der jenseitigen Welt.
Man wirbt für die Waldorf-Pädagogik mit dem Attribut „ganzheitlich". Die Wirklichkeit ist jedoch die, daß das Kind eingeengt und einseitig beeinflußt wird.[82]
Was die Waldorfschulen und die Waldorf-Pädagogik heute sehr attraktiv macht, das sind das Fehlen des sogenannten Leistungsdrucks, das angstfreie Lernen, die Hervorhebung des Erlebnismomentes und die Zurückdrängung des Rationalen im Unterricht, die musisch-künstlerisch betonte Erziehung, das Eingehen auf das einzelne Kind, das Bemühen um die Schwachen und das hohe Engagement der Lehrer. Der Preis dafür ist jedoch die Anthroposophie als geistiger Hintergrund und als Unterrichtsprinzip, eine einseitige Formung der Schüler in charakterlicher wie auch in geistiger Hinsicht und das geringere Maß an Kenntnissen auf seiten der Schüler, weshalb sie weder für das Leben noch für die weitere berufliche Ausbildung und für den Wettbewerb mit den anderen Auszubildenden gerüstet sind. Vor allem ist nicht zu übersehen, daß durch die anthroposophische Erziehung, die alle Bereiche durchwirkt, eine indirekte Hinfüh-

---

80 Ebd., 234f.

81 H. Schimmel, Der Tanz im Wandel der Zeiten und die neue Kunst der Eurhythmie, Hannoversch Münden ^{4}1981, 43. 46; T. Kögler, (Anm. 12), 48-51.

82 H. Günther, (Anm. 25), 229f.

rung zur Anthroposophie erfolgt, auch wenn man bewußt von Missionsbemühungen absieht und entschlossen ist, die menschliche Individualität zu respektieren.[83]

Unvereinbar mit der Botschaft der Kirche

An die Stelle der übernatürlichen Offenbarung und des Glaubens tritt in der Anthroposophie die Erkenntnis, die Gnosis, und das Übernatürliche, das ganz andere, wird zum Übersinnlichen, zur Kehrseite der naturalen Wirklichkeit. Rudolf Steiner polemisiert gegen den christlichen Offenbarungsbegriff. Eine übernatürliche Offenbarung ist seiner Meinung nach überflüssig, da der Mensch die höheren Welten aus sich selbst heraus erreichen kann, da ihm in der Geistesforschung alle Erkenntnisse unmittelbar zugänglich sind, da er alles hat, wenn er nur den Blick auf sein Inneres richtet.[84] An die Stelle des Glaubens an das Handeln Gottes zum Heil des Menschen und an die von Gott geoffenbarten übernatürlichen Realitäten tritt so die Erkenntnis, die Gnosis, die dem Menschen Lebenshilfe gibt. Das bedeutet, daß Offenbarung und Glaube, Grundkategorien des Christentums, ihren Sinn verloren haben und daß der für das Christentum zentrale Begriff der Heilsgeschichte gegenstandslos geworden ist.[85] Von daher ist es konsequent, wenn Christus in der Anthroposophie auf eine Stufe gestellt wird mit Buddha, Zarathustra, Fichte und Goethe.

Die Anthroposophie hat christliche Züge, aber sie verfremdet das Christentum von der Wurzel her. Mit einem christlichen Vokabular verbindet sie mythische und pantheistische Vorstellungen. Die Mystik der Anthroposophie ist nichts anderes als Naturmystik. Das Christusbild ist ein reines Konstrukt. Das Menschenbild ist Spekulation, es widerspricht jeder vernünftigen Beobachtung und ist mit der Offenbarung nicht vereinbar. Die pädagogischen Konsequenzen, die aus dem falschen Menschenbild gezogen werden, führen notwendig zu grundlegenden Fehlern in der Erziehung und zu gravierenden Nachteilen für die Betroffenen. Die Anthroposophie tritt in einen unüberbrückbaren Gegensatz zum Christentum durch das dezidierte Bekenntnis zur Reinkarnationslehre.

Dennoch ist nicht zu verkennen, daß nicht wenige Gedanken der

---

83 Vgl. T. Kögler, (Anm. 12), 53-58.

84 R. Steiner, Mein Lebensgang, Dornach 1962, 363; vgl. G. Wehr, (Anm. 14), 32f.; T. Kögler, (Anm. 12), 35f.

85 Vgl. ebd., 35f.

Anthroposophie, die eigentlich unvereinbar sind mit dem Christentum, heute vielfach in der Verkündigung und in der Theologie vertreten werden. Vor allem ist hier an die Verkürzung der Christusgestalt auf einen Lehrer der Menschheit und einen Künder verborgener Weisheit zu erinnern.

Wenn die Anthroposophie sich heute als recht anziehend erweist, so ist das nicht zuletzt bedingt durch die pantheistisch gefärbte Gottesvorstellung. Der Pantheismus hat schon immer eine starke Faszination ausgeübt, speziell auf Intellektuelle. Das gilt besonders in der Gegenwart, da das institutionalisierte Christentum immer weniger Überzeugungskraft entfaltet.

Die Anthroposophie wendet sich gegen den Materialismus, aber die Antwort ist nicht überzeugend. Auch der Idealismus ist im Grunde gottlos, nicht anders als der Materialismus. Die Gottlosigkeit des Idealismus ist jedoch subtiler als jene des Materialismus. Im Materialismus ist sie unverhüllt, im Idealismus verbirgt sie sich hinter einem humanistischen Pantheismus. Darum ist es schwerer, die idealistische Form des Atheismus zu entlarven. Nach wie vor gilt, was Schopenhauer († 1860) geistvoll im Blick auf Hegel († 1831) festgestellt hat: daß der Pantheismus nichts anderes ist als ein Weg, Gott „auf anständige Weise zu beseitigen".[86]

Steiner bemüht die Wissenschaft für seinen Anspruch und beeindruckt damit viele. Er denkt allerdings nicht an die „materialistisch verseuchte Wissenschaft" – so nennt er die etablierten Wissenschaften –, sondern begründet eine eigene Wissenschaft, die er dann als die Wissenschaft schlechthin proklamiert, nämlich die Anthroposophie als Wissenschaft vom Geist des Menschen und von seinen Erkenntnissen über die geistige Welt. Er erklärt, allein diese Wissenschaft sei in der Lage, die Welt zu retten.

Das Auserwählungsbewußtsein Steiners und seiner Anhänger ist groß. Sie sind davon überzeugt, daß sie allein das wahre Wissen um den Menschen und um das Schicksal des Menschen besitzen und daß ihnen die Zukunft gehört. Die Selbstsicherheit und Überlegenheit der Anthroposophen sind das Spiegelbild der Selbstsicherheit und Überlegenheit ihres Meisters. – Aber man kann sich nicht mit Berufung auf persönliche Überzeugungen und auf tiefere Einsicht der argumentativen Rechtfertigung seiner Positionen entziehen.

Die Grundgedanken der Anthroposophie finden heute wachsende Resonanz in der Öffentlichkeit. Sie wirken weiter vor allem in der New Age-Bewegung, wo sie mehr Menschen erreichen als je zuvor.

---

86 A. Schopenhauer, Sämtliche Werke, hg. von M. Frischeisen-Köhler, Bd. VII, Berlin 1921, 297.

SPIRITISMUS ALS RELIGION

Experimentieren mit dem Jenseits

Der Wunsch, mit dem Jenseits zu experimentieren und sich außergewöhnliche Einsichten und Kräfte zunutze zu machen, ist in der Gegenwart sehr verbreitet.[1] Innerkirchlich zeigt sich das in der wachsenden Leichtgläubigkeit gegenüber immer neuen Wallfahrtsorten und angeblichen Marienerscheinungen, außerkirchlich in der zunehmenden Hinwendung zum Spiritismus. Dabei verläßt man sich angesichts außergewöhnlicher Vorgänge in Unkenntnis dessen, was natürlicherweise möglich ist, und ohne die zahlreichen parapsychologischen oder paranormalen Phänomene in Rechnung zu ziehen, die heute – jedenfalls bis zu einem gewissen Grad – wissenschaftlich erforscht sind, lediglich auf den persönlichen Eindruck und auf das persönliche Erlebnis und führt die außergewöhnlichen Vorgänge auf jenseitige Mächte zurück. Wenn man dem entgegenhält, daß die hier in Frage stehenden Erscheinungen gar nicht so außergewöhnlich sind, daß sie sich sehr gut natürlich erklären lassen und nicht selten im natürlichen Kontext beobachtet worden sind, daß es nicht nötig ist, dafür überirdische Geister zu bemühen, wird man als oberflächlicher Rationalist angesehen, der nicht in der Lage ist, tiefer in die Wirklichkeit einzudringen.

Man muß unterscheiden zwischen einem Spiritismus im Dienst der Wahrsagerei, der Heilung von Krankheiten und der metaphysischen Neugier oder der empirischen Jenseitsforschung und einem Spiritismus, der zu einer Weltanschauung oder gar zu einer Religion geworden ist.[2] In diesem Fall spricht man gern auch vom Spiritualismus. Um ihn geht es hier.

Eine „vernünftige" Religion

War der Spiritismus auch schon immer mehr oder weniger religiös akzentuiert,[3] als religiöse Gemeinschaft im eigentlichen Sinne gibt es ihn erst in neuerer Zeit. Als solcher hat er seinen Ursprung im 19. Jahrhundert. Damals wurde eine Reihe von sensationellen Spukphänomenen bekannt. Unter dem Eindruck dieser Phänomene wandten sich nicht

---

1 S. oben S. 100ff.

2 S. oben S. 100.

3 Vgl. ebd.

wenige angesehene Persönlichkeiten vom Atheismus ab, wenngleich es nicht an Kritikern fehlte, die hier von Sinnestäuschungen und Betrug sprachen. Es entstanden in kurzer Zeit zahlreiche spiritistische Zirkel, die sich mit religiöser Inbrunst dem Spiritismus zuwandten, und regionale und überregionale spiritistische Vereinigungen, zunächst in den Vereinigten Staaten von Nordamerika und in England, dann aber in vielen anderen Ländern. Schwerpunktmäßig verbreiteten sie sich in den Vereinigten Staaten von Nordamerika, in England, Island, Brasilien, Vietnam und Japan. Ein Teil von ihnen schloß sich in der „International Spiritualist Federation" zusammen und veranstaltete immer wieder Weltkongresse.

In einer gewissen Frontstellung zu diesen Vereinigungen entstanden gegen Ende des 19. Jahrhunderts verschiedene Gesellschaften, die sich der wissenschaftlichen Erforschung der spiritistischen Phänomene zuwandten. In ihnen schlossen sich Chemiker, Physiker und Psychologen zusammen. Aus ihrer Arbeit erwuchs die wissenschaftliche Parapsychologie oder Paranormologie, die heute bereits an einer Reihe von Universitäten vertreten ist. Das entscheidende Ergebnis dieser Forschungen ist die Erkenntnis, daß das herkömmliche naturwissenschaftliche Weltbild einer tiefgreifenden Korrektur bedarf, daß die Reichweite des menschlichen Geistes größer ist, als man das bisher angenommen hat, daß die Kräfte des Unbewußten umfassender sind und daß das Verhältnis von Geist und Materie und von Raum, Zeit und Kausalität ein wenig anders ist, als man sich das vorgestellt hat. Man entwickelte zwei Erklärungsmodelle, das animistische und das spiritistische Erklärungsmodell. Im ersteren Fall suchte man die Erklärung beim Menschen und bei seinen unbewußten Fähigkeiten, im letzteren bei den Geistern. Dominant ist bis heute das animistische Erklärungsmodell, das die größere Plausibilität für sich beanspruchen kann und nicht mit den philosophischen und theologischen Problemen des spiritistischen Erklärungsmodells belastet ist, wenngleich in einzelnen Fällen die animistische Erklärung in Bedrängnis kommen kann.

Das entscheidende Moment der spiritistischen Religion ist das Sprechen mit verstorbenen Angehörigen und mit prominenten jenseitigen Geistern durch die Vermittlung von Medien. Das Jenseits, mit dem man in Kontakt tritt, stellt man sich dabei – echt esoterisch – als ein anderes Diesseits vor, als eine feinstoffliche Welt, in die die grobstoffliche Materie, die materielle Welt, eingebettet ist. Die grobstoffliche Materie, die das Wesen der sichtbaren Welt ausmacht, wird als verdichtete Strahlung aufgefaßt, als eine Depravierung der unsichtbaren, der feinstofflichen Welt, denn auch diese wird als eine aus Strahlen bestehende Substanz aufgefaßt, wobei die einzelnen Strahlensubstanzen jeweils verschiedene Frequenzen aufweisen. Durch die Frequenzen wird die Qualität der feinstofflichen Welt bestimmt. Das heißt: Je geringer die Strahlenfrequenz ist, um so näher kommt die feinstoffliche Welt an die grobstoffliche heran – qualitativ, nicht räumlich –, und je höher die Frequenz, um so vollkommener ist die Strahlensubstanz. Mit der Erhöhung der Frequenz steigen auch die Vollkommenheit und Schönheit der jeweiligen Seinsebene. Aber das Jenseits reicht mitten in die Erdenwelt hinein und unterscheidet sich von dieser nicht wesentlich.

Beim Menschen stellt man in dieser Weltsicht neben den physischen Leib einen Astralleib, der aus feinstofflicher Substanz besteht und Glieder, Empfindungsfähigkeit und Sinnesorgane hat, nicht anders als der physische Leib, aber nicht dem Schicksal des Erkrankens, des Alterns und des Sterbens unterworfen ist. Ihm schreibt man die Fähigkeit zu, die Astral- und Ätherwelt auf der jeweiligen Schwingungsfrequenz wahrzunehmen. Ihn betrachtet man als das eigentliche Gehäuse des Geistes, der von Gott aus einer unzerstörbaren Substanz geschaffen worden ist, der gut ist und dessen Aufgabe es ist, durch Erkenntnis zur Vollendung zu gelangen. Vom Geist sagt man, daß er immer wieder auf die Erde zurückkehren und ein neues menschliches Leben führen muß, um reif zu werden für den weiteren Aufstieg, daß jedes Erdenleben dieses Geistes eine Station auf dem Weg zu seiner Vollendung ist, daß die Bindungen an das Materielle ihn in seiner Vervollkommnung hemmen, weshalb er sich mehr und mehr von diesen Bindungen befreien muß, und daß er vor allem das Gebot der Nächstenliebe zu erfüllen hat. Die Nächstenliebe ist in dieser Religion der entscheidende Maßstab, von dem her alle anderen Religionen und alle Konfessionen beurteilt werden. Als völlig gleichgültig sieht man dabei die Glaubensunterschiede an, weshalb man jeden Streit um sie für absolut töricht hält.[4]

Den Fortschritt und Aufstieg zur Vollkommenheit kann nach dieser Lehre der Geist nur durch eigene Leistung erreichen. Dem entspricht ein deistisches Gottesbild, in dem Gott völlig hinter seine Schöpfung zurücktritt, in dem er seine Regierungsfunktion an die Gesetze abgetreten hat, die er seiner Schöpfung gegeben hat. Eine innere Beziehung des Menschen zu Gott, Gottes Hilfe auf dem Weg zur Vollkommenheit und Verantwortung vor diesem Gott, zentrale Aussagen des Christentums, das gibt es hier nicht.

Ein bedeutendes Moment dieser Religion ist die Verharmlosung des Todes. Der Tod ist hier nichts anderes als ein Übergang von der irdischen Bühne auf eine andere. Er ist kein besonderer Einschnitt, lediglich ein

---

[4] Diese Anthropologie erinnert an die Lehre von den vier Wesensbestandteilen des Menschen in der Anthroposophie (vgl. oben S. 222f. und S. 231).

neuer Daseinsabschnitt. Nach dem Tod betritt der Geist die jenseitige Welt, bekleidet mit dem Astralleib. Dieser Übergang verläuft ohne Komplikationen, vorausgesetzt daß der Mensch in seinem Erdenleben an ein Fortleben geglaubt hat. Ist das nicht der Fall, dann gibt es Komplikationen, die aber wiederum auch nicht besonders tragisch sind, weil sie letzten Endes doch immer gut ausgehen. Nach dem Tod findet man sich also wieder in der Astralwelt, die ähnlich geartet ist wie die irdische Welt. Man spricht in der Religion des Spiritismus zwar auch von einer Hölle, diese wird aber nicht als ein Ort ewiger Verdammnis, sondern als eine Art Fegfeuer, als eine zeitlich begrenzte Läuterung, aufgefaßt. Der Mensch wird nach dem Tod in eine Daseinsebene versetzt, die seinem auf Erden erreichten Entwicklungsstand entspricht, je nach der Frequenz, die der geistige Fortschritt oder Rückschritt dem Astralleib im Erdenleben verliehen hat. Jede höhere Sphäre übertrifft die niedere an landschaftlicher Pracht, an Reichtum und Freude. Die Läuterung des Geistes erfolgt entweder durch neue Inkarnationen oder durch den allmählichen Aufstieg in immer höhere Sphären. Wenn der Geist völlig geläutert ist, sei es durch die Inkarnationen, sei es durch den Aufstieg in der Astralwelt, so kann er auch noch den Astralleib ablegen, um endgültig in jene Sphäre zu kommen, die seine Frequenz hat.[5]

Ein attraktives Glaubensbekenntnis

Das spiritistische Weltbild ist äußerst sympathisch, denn es ist ihm eine gewisse Plausibilität zu eigen, man erhält in ihm vermeintlich experimentelle Beweise für das Jenseits, es ist äußerst optimistisch im Hinblick auf das Endschicksal des Menschen – es gibt keine ewige Hölle – und stellt eine große Hilfe dar für die Überwindung der Todesangst. Zudem ist das „Credo" des Spiritismus einfach. Es bekennt sich zu Gott, zur unsterblichen Seele, zur Unzerstörbarkeit des Lebens und zur Entfaltung der unsterblichen Seele, es führt alles, was mit dem Menschen geschieht, auf seine eigenen Gedanken und Taten zurück und sieht den Zweck allen Lebens in der Erlangung des höheren Bewußtseins. Was das Vorwärtskommen des Menschen hemmt, sind drei Dinge: die mangelnde Wahrhaftigkeit, der Haß und die Verweigerung, sein Antlitz dem göttlichen Gericht zuzuwenden.
Es ist aufschlußreich, daß nicht nur einfache Menschen dieser Religion

---

5 H. Reller, (S. 37 Anm. 26), 560-574; H.-J. Becker, Spiritismus, Parapsychologie, in: Unsere Seelsorge 36, 1986, Heft 10, S. 13-16.

zuneigen, sondern daß ihr auch anerkannte Gelehrte immer wieder ihre Autorität geliehen haben und noch leihen.[6]
Es handelt sich beim Spiritismus um eine natürliche Religion. Weithin entspricht sie den Erwartungen und Bedürfnissen des Menschen. Sie stellt keine hohen Anforderungen an ihn und negiert die Ursünde. Sie erscheint logisch und vernünftig und wird mit „Erfahrungsbeweisen" untermauert.

Schwache Konturen

Die Masse der Anhänger der spiritistischen Religion ist nicht organisiert. Sie versorgt sich mit der spiritistischen Literatur und nimmt teil an Gesprächskreisen und Séancen. Es gibt allerdings auch gemeindeähnliche Zusammenschlüsse, die eigene Gottesdienste mit medialen Predigten und Kulthandlungen veranstalten, häufiger in den USA und in England, seltener im deutschen Sprachgebiet. In den USA gibt es einen Zusammenschluß spiritistischer Kirchen, die „Federation of Spiritual Churches and Associations". In England zählt man rund 900 spiritistische Gemeinden. Zu den wenigen Gründungen dieser Art im deutschen Sprachraum gehören die „Geistige Loge Zürich", die „Christlich-spiritualistische Gemeinschaft" in Köln und die „Urchristliche Kirche" in Fischbach bei Kaiserslautern. Diese gemeindeähnlichen Gebilde sind allerdings zu unterscheiden von den spiritistischen Vereinigungen und Gesellschaften, die durchweg nur wenige Mitglieder haben und ihre Veranstaltungen mehr oder weniger privat abhalten.[7]

Im Urteil der Kirche

Im Spiritismus werden zentrale Aussagen des Christentums wie Sünde, Gnade, Vergebung, Erlösung und Auferstehung ausdrücklich zurückgewiesen und als gegenstandslos betrachtet. Man sieht darin menschliche Ideen und beruft sich dabei auf Kundgaben der Geister. Von den Geistern will man auch erfahren haben, daß es in der jenseitigen Welt keine verschiedenen Religionen oder Konfessionen gibt. Verwunderlich sind allerdings die mangelnden Kenntnisse der Geister hinsichtlich der Inhalte der Heiligen Schrift und des christlichen Glaubens, verwunderlich ist das niedrige Niveau ihrer kritischen Einwände gegen das Christentum.

---

6 Ebd., 13f.

7 H. Reller, (S. 37 Anm. 26), 569-571.

Allgemein gilt, daß die Botschaften primitiv und die Mitteilungen banal sind.[8]

Die Spiritisten sind Gläubige, die von einer Voraussetzung ausgehen, die erst bewiesen werden muß. Sie wissen, daß die außergewöhnlichen Phänomene, die sie hervorbringen und mit denen sie experimentieren, von jenseitigen Geistern verursacht sind, derweil die seriöse Wissenschaft die hier relevanten Phänomene in der Regel animistisch erklärt, vom Unbewußten des Menschen her. Es ist bezeichnend, daß man bei den in Frage stehenden Phänomenen stets eines Mediums bedarf, einer sensiblen Person, die die außergewöhnlichen Vorgänge bewirkt. Wir wissen heute, daß es im Unbewußten des Menschen viele verborgene Energien und Kräfte gibt, die unser tägliches Tun und Lassen beeinflussen, durchweg mehr als unser Bewußtsein. Bei bestimmten Personen, die wir Medien nennen, können nun in der Tiefenschicht rätselhafte Prozesse in Gang gesetzt werden. Sie sprengen unser gängiges physikalisches Weltbild, gehören aber doch ganz dieser unserer natürlichen Wirklichkeit an. Das bedeutet, daß hier nicht die jenseitige Welt, wie immer man sie sich vorstellt, tätig wird, sondern die diesseitige Welt außergewöhnliche Möglichkeiten aktiviert.

Der Spiritismus kann sich deshalb in solchem Maße ausbreiten, weil die Eschatologie im Christentum stark vernachlässigt wird, weil das Christentum sich nur schwerlich artikulieren kann in der Gegenwart und sich weithin wenig überzeugend darstellt. Es müßte das Fortleben nach dem Tod, das zu den Grundaussagen aller Religionen gehört, im Christentum nachdrücklicher verkündet werden.[9]

---

8 H.-J. Becker, (Anm. 5), 15f.

9 Vgl. auch H. Reller, (S. 37 Anm. 26), 574.

NEW AGE – EIN BRENNPUNKT DER ESOTERIK DER GEGENWART

Das Phänomen

Das New Age ist das Zeitalter des Wassermanns. Es tritt an die Stelle des Zeitalters der Fische. Der geistige Hintergrund einer solchen Geschichtsphilosophie ist die altorientalische Astrologie. Bei aller Verschiedenheit der genaueren Datierung des Beginns des neuen Zeitalters sind sich die Autoren darin einig, daß es am Ende des 20. Jahrhunderts, des 2. Jahrtausends, beginnt.

Bereits die Vertreter der 1875 in New York gegründeten Theosophischen Gesellschaft verstanden sich als Pioniere des Wassermannzeitalters.[1] Popularisiert wurde es im Jahre 1908 durch das sog. Wassermann-Evangelium des Amerikaners Levi H. Dowling († 1911).[2] Als New Age (Neues Zeitalter) wurde es zum ersten Mal bezeichnet von Alice Bailey († 1949).[3] Alice Bailey war von 1915 bis 1920 Mitglied der Theosophischen Gesellschaft der Helena Blavatsky gewesen und hatte dann eine eigene theosophische Organisation gegründet, die „Arkanschule", ein Zentrum zur Heranbildung einer esoterischen Elite, aus der wiederum eine Reihe von recht einflußreichen Organisationen hervorgegangen ist.[4] Sie hat in ihren Schriften bereits Anweisungen gegeben über die Errichtung einer neuen Weltordnung, über den Aufbau eines Welteinheitsstaates mit einer Welteinheitsreligion und über den Gebrauch des Regenbogens als eines Erkennungszeichens des neuen Zeitalters. Ja, sie hat auch schon eine Strategie der Ausbreitung des New Age-Gedankengutes

---

1 R. Schulze, Die Kulturbedeutung der Theosophischen Bewegung im 20. Jahrhundert, Lorch 1905, 12f.

2 Der genaue Titel lautet: „The Aquarian Age Gospel of Jesus, the Christ of the Piscean Age". Es handelt sich bei diesem Werk um ein äußerst merkwürdiges gnostisches Konstrukt, das keinen echten Erkenntniswert hat (vgl. H. Hemminger, [S. 19 Anm. 11], 77f. 80; M. Introvigne, Il capello del mago, [S. 25 Anm. 4], 95f.).

3 E. Gruber, S. Fassberg, (S. 10 Anm. 1), 152. Die Anbindung des New Age an den romantischen Idealismus des 19. Jahrhunderts, wie sie M. Fuß nahelegt (M. Fuß, New Age: Supermarkt alternativer Spiritualität, in: Internationale katholische Zeitschrift „Communio" 20, 1991, 151f.; mit Hinweis auf M. Mueller-Senftenberg, Die Erfüllung des Neuen Zeitalters, Leipzig 1929), scheint der Sache nicht ganz gerecht zu werden.

4 E. Gruber, S. Fassberg, (S. 10 Anm. 1), 152; G. Schiwy, (S. 145 Anm. 47), 11f.; J. Tibusek, (S. 19 Anm. 11), 26ff.

entwickelt.[5] Damit erweist sie sich als frühe Vorläuferin der New Age-Bewegung, die erst seit den achtziger Jahren dieses Jahrhunderts hervortritt, sich seither jedoch sehr rasch als zukunftsträchtige esoterische Bewegung profiliert hat. Es ist bezeichnend, daß sich der Terminus „New Age“ noch nicht in dem 1982 erschienenen Ergänzungsband des Großen Brockhaus findet.

Wie Fritjof Capra,[6] Professor für theoretische Physik in Berkeley in den Vereinigten Staaten von Nordamerika, ein bedeutender Vorkämpfer und Prophet des New Age, Autor des Buches „Wendezeit“,[7] das man als Kultbuch des New Age bezeichnet hat, im Jahre 1988 mitteilt, hat man in den USA inzwischen die primär individuell geprägte New Age-Bewegung ergänzt durch die Einbeziehung der sozialen und der politischen Komponente, des Engagements für die Welt, und das New Age so zum „Light Age“ oder zum „Solarzeitalter“ weiterentwickelt. Viele sehen im „Light Age“ oder im „Solarzeitalter“ aber auch eine noch stärkere Hinwendung der New Age-Bewegung zur Theosophie.[8]

In der Ausbreitung des New Age-Denkens begegnet uns eine neue Mythologisierungswelle, ein geistiger Rückschritt, wie man ihn noch vor wenigen Jahren nicht für möglich gehalten hat. An die Stelle eines extremen Rationalismus tritt ein ebenso extremer Irrationalismus. Der Materialismus der neueren Zeit schlägt um in einen neuen Spiritualismus, der nicht weniger irrational ist als der alte Materialismus.[9]

Die Bücher der New Age-Bewegung erregen gegenwärtig breites Interesse. Seit der Frankfurter Buchmesse im Jahre 1983 treten sie immer mehr

---

5 A. Bailey, Jüngerschaft im Neuen Zeitalter, 2 Bde., Genf 1974f.; dies., Esoterische Astrologie, Genf 1970; dies., Die Wiederkunft Christi, Genf 1954; dies., Arkanschule. Die neue Gruppe der Weltdiener, Genf o. J.; dies., Lucis Trust. Die neue Weltreligion, Genf o. J. Vgl. die Information „New Age“: „The Lucifer Publishing Co.“, in: Concepte, Zeitschrift für ethische Orientierung (Köln) 27, 1991, Heft 11/12, S. 16. – 1922 begründete Alice Bailey zur Verbreitung ihrer Schriften die „Lucifer Publishing Company“, aus der ein Jahr später die „Lucis Publishing Company“, heute ein Teil des „Lucis Trust“ (seit 1937), wurde, die ihrerseits mit den verschiedensten Organisationen im politischen und gesellschaftlichen Bereich in Verbindung steht. Seit 1962 werden die Ideen Baileys durch die „Findhorn Community“ oder „Findhorn Foundation“ in Schottland propagiert (H. E. Miers, [S. 60 Anm. 51], 261; vgl. J. Tibusek, [S. 19 Anm. 11], 29).

6 Capra war ursprünglich katholisch und fand nach seiner Abkehr von der Kirche den Weg zum New Age über den fernöstlichen Pantheismus.

7 F. Capra, Wendezeit. Bausteine für ein Weltbild, München 1983.

8 Vgl. Interview „Wandel nach der Wendezeit“, in: Esotera 1, 1988, 20-25, bes. 23; J. Tibusek, (S. 19 Anm. 11), 15f.; B. Haneke, K. Huttner, (S. 26 Anm. 5), 102.

9 R. König, (S. 45 Anm. 44), 11.

hervor.[10] Mit Nachdruck empfiehlt das New Age an die 200 Neuerscheinungen der Frankfurter Buchmesse von 1992, unter ihnen die Bücher „Giordano Bruno“ von Eugen Drewermann und „Schilfgras statt Atom“ von Franz Alt.[11]
Besonders zu erwähnen sind hier die „Time-Life-Books“, die man auch in deutscher Sprache erwerben kann. Sie bieten „einen Blick in die faszinierende Welt der rätselhaften Phänomene“ und empfehlen ihren Lesern die Entdeckung der „Macht geheimnisvoller Kräfte“. Sie bieten eine „Mystische Reise in die 6. Dimension“, einen „Ausflug in die 4. Dimension“, „Seelenreisen“, „Zeugnisse für ein Leben nach dem Tod“, „Begegnungen mit den Außerirdischen“, „Geheimnisse des Unbekannten“, Informationen über den Spiritismus und die Astrologie, über „Ufos“ und „rätselhafte Wesen“, über „Geist und Materie“. Wer sich für diese Bücher interessiert, erhält als Dank einen vergoldeten „glückbringenden Yin-Yang-Anhänger“.[12]
Das New Age meldet sich nicht nur in Büchern zu Wort, auch in Zeitungen und Zeitschriften. Die erste deutsche New Age-Zeitung trägt den Namen „Die Neue Zeitung“. Das wichtigste Sprachrohr des New Age ist die Zeitschrift „Magazin 2000“. Das ist ein Organ, das sich als „Magazin für neues Bewußtsein“ definiert. Ende 1992 erscheint es bereits in einer Auflage von 30 000. Ständiger Mitarbeiter ist laut Impressum der Schriftsteller Rudolf Bahro. Bis 1988 wurde auch der Fernsehjournalist Franz Alt darin aufgeführt. Zur Seite treten diesem Organ die Zeitschriften „Sphinx“, „Esotera“, „Trendwende“ und „Radar für Trends“. Die Zeitschrift „Trendwende“ findet große Beachtung in den Chefetagen der Industrie, ebenso die von dem Management-Trainer Gerd Gerken herausgegebene Zeitschrift „Radar für Trends“.[13] Auch die Zeitschrift „Die andere Realität“, die herausgegeben wird von der Akademie für Esoterik e. V. in Gladbeck in Westfalen, die Experimente mit der jenseitigen Welt propagiert, und die Zeitschrift „Mescalito“, die durch das Wormser Zentrum „Indianisches Netzwerk“ verantwortet wird, das sich auf Magie, Schamanismus und Hexenkult spezialisiert hat, gehören hierher.[14]

---

10 J. Tibusek, (S. 19 Anm. 11), 6.

11 Vgl. Magazin 2000. Magazin für Neues Bewußtsein, 15. Jg., Dezember 1992/Januar 1993, Nr. 91, S. 66ff.

12 Vgl. Prospekt von: Time-Life-Books B. V., Ottho Heldringstraat 5, 1066 AZ Amsterdam, Niederlande (für Deutschland: Time-Life-Bücher, Postfach, 4150 Krefeld 500).

13 R. König, (S. 45 Anm. 44), 63f. 73; vgl. J. Tibusek, (S. 19 Anm. 11), 17.

14 Vgl. J. Tibusek, (S. 19 Anm. 11), 16. 52, und Prospekte. Die Zeitschrift „Die andere Realität“, die sich als Zeitung versteht, aber eher als Zeitschrift zu bezeichnen ist – sie erscheint sechsmal im Jahr –, hat nach eigenen Angaben eine Auflage von 20000 und eine

Die New Age-Institution „Esoterik Urlaub 2001", neuerdings „Forum 3000", präsentiert Esoterik-Urlaub in Form von „spirituellen Pilgerfahrten zu heiligen Orten und Lehrern" mit dem Besuch von „Kraftorte(n) in Ägypten, England, Indien, Mexiko, der USA und Rußlands" (sic) unter Leitung „prominenter und kompetenter Esoteriker", Reisen, auf denen man „Gleichgesinnte und Weggefährten" finden und intensive esoterische Schulung erhalten kann.[15] – Bildungsreisen sind heute allgemein ein bedeutendes Mittel zur Propagierung des esoterischen Gedankenguts. Damit wird in geschickter Weise die Situation des Unterwegsseins ausgenutzt, um neues Denken und Verhalten einzuüben.

In der Zeit vom 13. bis 16. Juni 1991 wurde in der elsässischen Stadt Mülhausen, der „erste(n) New Age-Stadt", die „Erste Europäische Versammlung" im Zeichen des New Age abgehalten mit dem Thema „Der Mensch – Die Natur – Das Geistliche". Im Mittelpunkt der Nonstopveranstaltungen standen ein „Grosses Schauspiel des Friedens" und eine „Grosse Eucharistie", abgehalten „vom Templerorden Frankreichs".[16]

Vom 1. bis 3. Mai 1992 war im Düsseldorfer Hilton-Hotel der „Mammut-Kongreß" „Leben nach dem Tod", der es sich zur Aufgabe gemacht hatte, den aktuellen Stand der Jenseitsforschung verständlich und lebensnah darzustellen, durch Menschen mit übersinnlichen Fähigkeiten die Kontaktaufnahme mit der jenseitigen Welt zu demonstrieren und Botschaften von Verstorbenen zu empfangen und weiterzugeben. Einen Höhepunkt bildeten „die Botschaften C. G. Jungs" († 1961), die durch das Medium Mirabelle Coudris vorgetragen wurden.[17]

Vom 17. bis 19. Oktober 1992 fand in Düsseldorf eine „UFO / New Age-Konferenz der Superlative" statt mit der Großveranstaltung „Dialog mit dem Universum: Zwischen Himmel und Erde", auf der es um die „Heilung der Erde", „den nächsten Schritt in der Evolution des Menschen", „die Erlangung kosmischen Bewußtseins", „die Kommunikation mit anderen kosmischen Menschheiten" und die „Kontaktaufnahme mit außerirdischen Intelligenzen" ging. Das „Programm der Superlative" umfaßte „Workshops – Konzerte – Meditationen – Filme – Demos – Kontakte – Live – Spaß – Neues Bewußtsein". Verantwortlich für den Kongreß zeichnete die Firma Latz Management Consultants GmbH

---

internationale Leserschaft (Die andere Realität. Wissenschaftliche Zeitung über parapsychologische/esoterische Erkenntnisse 10, 1992, Ausgabe 1, S. 1).

15 Vgl. Werbeprospekt.

16 Vgl. Basler Zeitung vom 8. Juni 1991.

17 Vgl. Prospekt. Eine besondere Attraktion des Kongresses war das Singen einer Reihe von berühmten verstorbenen Sängern mit den Stimmbändern des finnischen Mediums Aulikki Plaami.

(Postfach 15 02 63, D-40047 Düsseldorf 1) in Zusammenarbeit mit der Zeitschrift „Magazin 2000“ (Verlag M. Hesemann, München) und der Institution ETCON – International Network for Extraterrestrial Contact. Der Kongreß zählte 680 Dauerteilnehmer und bei Einzelveranstaltungen teilweise bis zu 850 Teilnehmer. Es sprachen 36 Referenten aus elf Ländern, unter ihnen der Bestseller-Autor Erich von Däniken. Als prominentester Redner war der Elsässer Robert Muller,[18] jahrzehntelang engster Mitarbeiter der Generalsekretäre der Vereinten Nationen und eine Zeitlang stellvertretender Generalsekretär, heute Präsident der UN-Friedensuniversität in Costa Rica, angekündigt worden, er hatte sich jedoch entschuldigt und nur mit einem schriftlichen Beitrag aufgewartet.[19]

Im April 1993 veranstaltete das „Esoterische Zentrum Etora Lanzarote“, eine von Deutschen geleitete New Age-Institution, über zwei Wochen hin den Kongreß „Management 2001 – Der Mensch im Mittelpunkt“. Der Hauptredner dieser Zusammenkunft war der Fernsehjournalist Franz Alt.[20]

In der Zeit vom 21. bis 23. Mai 1994 war in Düsseldorf der „Mammut-Kongreß Geistige Heilungen“, der das menschliche Bewußtsein unter die Lupe genommen hat. Er war organisiert worden von der Akademie für Esoterik in Gladbeck in Westfalen.[21]

Das neue Zeitalter soll das Zeitalter der Mystik und der Spiritualität, der vollkommenen Harmonie der Menschen untereinander und mit dem Kosmos und des Denkens in kosmischen Zusammenhängen sein. Es soll zu einer ungeahnten Höherentwicklung des Menschen und der Menschheit führen, wodurch alles Negative überwunden und das Glück aller ermöglicht wird. In diesem Sinne ist der Terminus „Evolution“ so etwas wie ein Schlüsselwort im New Age.[22] Durch gelebte Esoterik will man den „erfolgreichen Weg zu einem angstfreien, glücklichen Leben gehen“.[23]

Der englische Physiker und Psychologe Peter Russell, einer der Vordenker des New Age, schreibt: „In unseren Händen ruht die evolutionäre

---

18 S. unten S. 285.

19 Vgl. Werbeprospekte und Magazin 2000. Magazin für Neues Bewußtsein, 15. Jg., Dezember 1992/Januar 1993, Nr. 91, S. 2 und 16ff.

20 Focus 17, 1993, 113ff.

21 Ebd., S. 4.

22 M. v. Ow, Nicht nur eine sanfte Herausforderung für die Kirchen. Über die subtile Gefährdung ungefestigter Christen durch die „New Age“-Bewegung, in: Deutsche Tagespost vom 5. Januar 1991; R. König, (S. 45 Anm. 44), 16.

23 Die andere Realität. Wissenschaftliche Zeitung über parapsychologische/esoterische Erkenntnisse 10, 1992, Ausgabe 1, S. 10.

Zukunft. Ob wir wollen oder nicht, wir sind jetzt die Sachwalter des Evolutionsprozesses auf Erden."[24] Das sind große Worte, aber sie kommen an, weil sie irgendwie dem Empfinden und der Erwartung vieler entsprechen, primär oder sekundär.
Was mit dem New Age gemeint ist, wird eindrucksvoll in dem Musical „Hair" dargestellt, das bereits im Jahre 1968 das neue Zeitalter in einer musikalischen Show vor eine größere Öffentlichkeit getragen hat. Über Jahre hin wurde es immer wieder aufgeführt und vom Publikum mit großer Begeisterung aufgenommen. Da heißt es in dem Song „Aquarius" („Wassermann"):

> „Harmonie und Recht und Klarheit!
> Sympathie und Licht und Wahrheit!
> Niemand wird die Freiheit knebeln,
> niemand mehr den Geist umnebeln.
> Mystik wird uns Einsicht schenken,
> und der Mensch lernt wieder denken
> dank dem Wassermann."[25]

In dem Musical wird die Abschaffung der Familie, der Gesellschaft, der Regierung und der Heimat gefeiert. Es wird der hoffnungslose Zustand unseres Planeten angeprangert. Beklagt werden die Umweltverschmutzung und der Krieg. Die überkommenen Werte werden in Frage gestellt. Der christliche Glaube wird abgelehnt, ja, lächerlich gemacht. Vergangenheit und Gegenwart werden mit einem negativen Vorzeichen versehen. Bei den Zuschauern, die in das Spiel einbezogen werden, wird das Gefühl der absoluten Leere und Ausweglosigkeit hervorgerufen, und es wird ihnen suggeriert, daß es angesichts dieser desolaten Situation eine Zukunft nur noch im Zeichen des New Age gibt, das dann als ein Weg zur Vergöttlichung des Menschen angepriesen wird.
In gefälligen und ansprechenden Melodien wird den Zuschauern das neue Denken und Empfinden vermittelt, irrational, emotional und unter Umgehung jeder bewußten Stellungnahme. Es wird zur Einkehr nach innen aufgerufen, zum Abenteuer der Selbstfindung. Durch eine gesteuerte Einbildungs- und Vorstellungswelt, durch rhythmische Musik und leidenschaftlichen Kraftaufwand werden den Zuschauern indische Geistigkeit, Drogen und Seelenwanderung in werbender Weise nahegebracht, und sie werden zur Vereinigung mit dem angeblich göttlichen

---

24 P. Russell, Die erwachende Erde. Unser nächster Evolutionssprung, München 1984, 247.

25 Zit. nach H.-J. Ruppert, New Age, Wiesbaden 1985, 16; vgl. R. König, (S. 45 Anm. 44), 16f.

Universum geführt. Auf dem Weg über Träume, Visionen, mystische Offenbarungen und Sterndeutung, über okkulte und magische Praktiken sollen sie in das Land Utopia gelangen, das ein perfektes politisches und soziales System bringen soll.
Um die Ideen des Stückes näher an die Zuschauer heranzuführen, springen die Darsteller von der Bühne herunter und mischen sich unter das Publikum. Sie singen und tanzen inmitten der Zuschauer und fordern sie auf, in ihre Lieder einzustimmen. Das tun sie und geraten dabei immer wieder förmlich in Ekstase.
Im Hinblick auf die Religion und die Moral hat das Stück eine verheerende Wirkung sowohl durch die Inhalte als auch durch die Intensität der Darstellung.[26]
Immerfort begegnet uns im New Age-Denken das gleiche Argumentationsmuster: Die Menschheit ist am Ende und dem Untergang geweiht, es sei denn, sie entschließt sich zur Bewußtseinsveränderung im Sinne des New Age. Das ist die einzige Rettung in dieser Lage, denn das Bewußtsein bestimmt das Sein, es ist die entscheidende Wirklichkeit.[27] Angesichts des unmittelbar bevorstehenden Zusammenbruchs gibt es Rettung nur noch durch die Weltsicht des New Age, die ihrerseits die völlige Negation des Bestehenden zur Voraussetzung hat.[28]
Das New Age versteht sich als Postmoderne. Tatsächlich vereinigt es in sich die verschiedenen Konkretionen des modernen Denkens, den Marxismus wie den Positivismus, den Naturalismus wie den Hedonismus. Sofern es den Anspruch erhebt, die ganze Wirklichkeit zu erklären, muß es als Religion verstanden werden, als Religion allerdings ohne jeden Transzendenzbezug, denn an die Stelle der Transzendenz treten das Übersinnliche, die Tiefe des Seins und die Zukunft.
Die New Age-Bewegung hat ihren Ausgang in Kalifornien genommen. Von dort aus hat sie sich in den Vereinigten Staaten ausgebreitet, um in wenigen Jahren die übrigen Länder, vor allem der sogenannten ersten Welt, zu überfluten. Ihre Vorläufer sind in den sechziger und siebziger Jahren die Beatles, die Hippies, die Blumenkinder und die Vertreter der Flower-Power-Bewegung, die damals – nicht anders als heute die

---

26 R. König, (S. 45 Anm. 44), 16f.; H.-J. Ruppert, New Age, (Anm. 25), 16; W. Schmidt, E. Flöther, C. Matrisciana, New Age. Die Macht von morgen, Neuhausen/Stuttgart ^{2}1987, 43-49.

27 Damit rechtfertigt man das magische Weltbild und sieht in den magischen Praktiken eine immer neue Rechtfertigung der Macht des Bewußtseins. An die Stelle der technischen Machbarkeit tritt hier die magische Machbarkeit. Vgl. auch H. Hemminger, (S. 19 Anm. 11), 21.

28 L. v. Padberg, New Age und Feminismus. Die neue Spiritualität, Asslar 1987, 62.

Anhänger der New Age-Bewegung – in einer Art von sozialer Romantik schwärmerisch eine bessere Welt erträumten und erhofften.[29]
Auch die neuen Jugendreligionen, wie die Bhagwan-Bewegung, die Hare Krishna- und die Mun-Sekte, die Gruppierung um die Transzendentale Meditation und die Sekte der Kinder Gottes, kann man als Vorformen oder gar als Teile der New Age-Bewegung verstehen. Immerhin werden sie durch die New Age-Bewegung äußerst positiv gewertet.[30] Gemeinsam mit der New Age-Bewegung sind ihnen die inflationäre Verwendung des Wortes „neu", der Irrationalismus, die Hinwendung zum Okkultismus und Spiritismus und die Überzeugung, daß sie allein die Welt vor dem Untergang bewahren können.
Nicht ganz falsch ist die Behauptung, die New Age-Bewegung sei eine Weiterführung der kritischen Frankfurter Schule der sechziger Jahre und der politischen Utopie im Zeichen von Marx († 1883), Mao († 1976) und Che Guevara († 1967). Immerhin sind die entscheidenden Anliegen des Marxismus auch wichtige Momente des New Age: die Revolte gegen das Bestehende, die optimistische Hoffnung auf eine bessere, auf eine heile Welt, die Identifikation von Religion und Politik, der politische Messianismus, die Utopie einer Welt ohne Leid und Elend, die Hoffnung auf die Überwindung einer angeblich repressiven Gesellschaft, der Gedanke der Selbsterlösung und die Faszination der Idee vom neuen Menschen. Es ist auch bezeichnend, daß Ernst Bloch († 1977) und Herbert Marcuse († 1979), die Ahnherren der Achtundsechziger-Bewegung, in der New Age-Bewegung höchstes Ansehen genießen. Zudem ist das New Age-Denken heute gerade bei denen verbreitet, die damals dem Neo-Marxismus huldigten. Viele von ihnen wanderten ab ins New Age oder in die neuen Jugendreligionen. Im New Age geht es allerdings nicht wie im Neo-Marxismus von gestern um eine Revolution auf der Straße, sondern um eine sanfte Revolution des Bewußtseins. In diesem Sinne arbeitet man subversiv „gegen den Widerstand rigider Normen, gesellschaftspolitischer oder wissenschaftlicher Orthodoxie",[31] gegen die „festgefahrenen, hierarchischen, inhumanen und zerstörerischen Strukturen bürokrati-

---

29 H.-J. Ruppert. Die New Age-Bewegung und ihre Wurzeln, in: Bibel und Kirche 44, 1989, 4; R. König, (S. 45 Anm. 44), 97; R. Goetz, Spirituelle Gemeinschaften. Ein Wegweiser für das Neue Zeitalter, Katzenelnbogen ^{2}1985, 81 und passim.

30 J. Tibusek, (S. 19 Anm. 11), 10.

31 E. Gruber, S. Fassberg, (S. 10 Anm. 1), 123.

scher und materialistischer Gesellschaften", betreibt man eine „Verschwörung"[32] für die „neuen Werte."[33]
Der Begriff „New Age" ist ein Sammelbegriff, hinter dem sich recht unterschiedliche Organisationen und vielfältige Bewegungen und Vereinigungen verbergen. Sie realisieren die Eigenart des New Age nicht in gleichem Maße und in gleicher Weise, kommen aber darin überein, daß sie irrational sind, sich als Alternative im spirituellen Bereich verstehen und ein ganzheitliches Wirklichkeitsverständnis vertreten, was immer man darunter im einzelnen auch verstehen mag.[34] Einen konkreten Ausdruck findet das New Age-Denken vor allem in drei populären Bewegungen: in der Ökologie-Bewegung, in der Friedensbewegung und in der Frauenbewegung.
Die New Age-Bewegung muß gesehen werden im Kontext eines neuen religiösen Aufbruchs, eines neuen Interesses an religiösen Fragen und eines neuen Irrationalismus, der religiös sein will, aber gleichzeitig nicht nur das Christentum, sondern jede dogmatische Festlegung schärfstens ablehnt. Fritjof Capra erklärt selbstbewußt, im neuen Zeitalter werde das Christentum in seiner Gesamtheit verschwinden.[35]
Wichtige Autoren sind für die New Age-Bewegung Helena Blavatsky († 1891),[36] Rudolf Steiner († 1925),[37] Alice Bailey († 1949)[38] und Aleister Crowley († 1947)[39]. Eng verbunden fühlt sich die New Age-Bewegung aber auch mit Friedrich Nietzsche († 1900), mit Ernst Bloch († 1977) und mit dem französischen Jesuiten Teilhard de Chardin († 1955)[40].
Große Sympathie bringt man darüber hinaus in der New Age-Bewegung dem Schweizer Psychiater Carl Gustav Jung († 1961) entgegen. Es sind vor allem seine Gedanken über das kollektive Unbewußte und die Archetypen, die das Interesse der New Age-Spekulation erregen, aber

32 Ebd., 122.

33 Ebd., 123.

34 P. Russell, (Anm. 24), 187f.; H. Hemminger, (S. 19 Anm. 11), 17.

35 F. Capra, Wendezeit, (Anm. 7), 22. Capra versucht eine Neuinterpretation des Christentums im Geiste des New Age. Vgl. B. Grom, Besprechung des Werkes „F. Capra, D. Steindl, F. Rast, Wendezeit im Christentum. Perspektiven für eine aufgeklärte Theologie. Mit Beitr. von Thomas Matus, München 1991", in: Stimmen der Zeit 117 (Bd. 210), 1991, 214f.

36 S. oben S. 206ff.

37 S. oben S. 213ff.

38 S. oben S. 243f.

39 S. oben S. 171ff.

40 S. oben S. 142ff.; vgl. W. Schmidt, E. Flöther, C. Matrisciana, (Anm. 26), 28.

nicht nur sie. Jung hat schon früh in seinen Werken den Gedanken von einem Wechsel der Zeitalter aufgegriffen. Und die Esoterik hat seit eh und je sein besonderes Interesse erregt, nicht nur in der Gestalt des geheimen Wissens, sondern auch in der Gestalt des geheimen Tuns. Colin Wilson hat ihn in seinem Buch „Herr der Unterwelt. Carl Gustav Jung und das 20. Jahrhundert“[41] phantasiereich den „ersten Guru des Westens“ genannt.[42] Wenn heute in breiten Schichten das Interesse an der Person Jungs und an seinem Werk erwacht, wird man das im Zusammenhang mit dem wachsenden Einfluß des New Age-Gedankengutes sehen müssen, auch wenn das nicht immer bewußt ist.[43]
Ein wesentlicher Bestandteil des „neuen Bewußtseins“ sind die okkulten Schriften des 1925 in Lima geborenen Carlos Castaneda.[44] Er ist so etwas wie eine Kultfigur des New Age geworden. Seit 1951 lebt er in den Vereinigten Staaten. In seinen Büchern beschreibt er unter anderem seine sich über Jahre hinziehenden Experimente mit verschiedenen Arten von Drogen und seine okkultistische Lehrzeit im Dienst der Bewußtseinserweiterung.[45]
Ein immer wieder verwendetes Symbol des New Age ist der bunt schillernde Regenbogen, im Alten Testament das Zeichen des Bundes zwischen Gott und der Erde nach der Sintflut.[46] Im New Age nimmt er jene Stelle ein, die im Christentum das Kreuz innehat. Wir finden ihn auf vielen Veröffentlichungen, auf werbenden Postern und auf Gebrauchsgegenständen. Die einen sagen, er solle die Brücke des einzelnen Menschen zur Menschheit und zur Integration mit den kosmischen Energien symbolisieren, die anderen erklären ihn als Zeichen für die Entwicklung des Menschen zum Übermenschen, für die man sich einsetzt und die man ersehnt. Wieder andere sehen in ihm ein Symbol des Friedens, den das New Age der Welt bringen will.
Ein weiteres Symbol des neuen Zeitalters ist ein endloses, ineinander

41 C. Wilson, Herr der Unterwelt. Carl Gustav Jung und das 20. Jahrhundert. Aus dem Englischen von J. Vieregge, München 1987.

42 Wilson zeichnet Jung als einen introvertierten und lyrischen Romantiker, der zwar den Anspruch erhoben habe, Wissenschaftler zu sein, es aber nicht gewesen sei, und der sein Leben lang vom Interesse am Okkulten geradezu besessen gewesen sei. Mag die Darstellung Wilsons auch ein wenig forsch sein, ganz falsch ist sie nicht (vgl. Rezension von W. Köhler, in: Frankfurter Allgemeine Zeitung vom 3. September 1987).

43 R. König, (S. 45 Anm. 44), 16.

44 Andere lassen ihn in São Paulo in Brasilien im Jahre 1935 geboren sein (Weltalmanach des Übersinnlichen, [S. 97 Anm. 133], 273-275). Carlos Castaneda ist ein Pseudonym.

45 Ebd. Vgl. unten S. 261.

46 Gen 9,12-16.

verflochtenes Band. Es will ein Hinweis auf die Vernetzung des Lebens sein. Wir finden es häufig im Zusammenhang mit Publikationen des New Age. Es schmückt auch das Titelblatt der ersten deutschen New Age-Zeitung, der „Neuen Zeitung“.[47]
Als Kulttiere betrachtet das New Age den Delphin, der bereits in alter Zeit wegen seiner angeblich hohen Intelligenz bewundert wurde und religiöse Verehrung gefunden hat, und den Walfisch; auch ihm hat man schon immer eine außergewöhnliche Intelligenz zugeschrieben.
Die New Age-Bewegung zieht nicht nur junge Menschen in ihren Bann. Alle Altersstufen spricht sie an, vor allem die mittleren. Nicht selten findet sie Unterstützung bei jenen, die Schlüsselstellungen in der Gesellschaft innehaben, in der Politik, in der Wirtschaft, in der Wissenschaft oder im kulturellen Leben.
Zum Teil rekrutieren sich die Anhänger des New Age aus der Alternativszene – das ist richtig –, aber nur zum Teil. Das Establishment und die Alternativszene reichen sich hier die Hand. Wir finden das neue Denken in den Chefetagen der Industrieunternehmen ebenso wie bei den Entscheidungsträgern in der Wissenschaft, in der Politik und in der Kultur. Immer mehr Menschen sind fasziniert von dem „neuen Paradigma“ und von seinen erfolgversprechenden Strategien, vor allem die Intellektuellen. Das esoterische Gedankengut findet hier allgemeine Zustimmung wie nie zuvor. Das führt beispielsweise dazu, daß in wachsendem Maß Astrologen in die Entscheidungsprozesse von Wirtschaftsunternehmen einbezogen werden, wenn es etwa um den günstigsten Zeitpunkt für Investitionen geht. Es gibt heute bereits eine „esoterische Börsenberatung“, die auf astrologischer Basis die Empfehlungen für den Verkauf und den Ankauf von Aktien errechnet. Mehr und mehr setzen Unternehmensberater auf bessere Menschenkenntnis durch die Vermittlung von esoterischen Lehren. Durch New Age-Management-Training hofft man, größere Effizienz des Managements zu erreichen. Meditation als Führungsinstrumentarium, Selbsttranszendenz, Atemübungen und Versenkungsübungen für Mitarbeiter sind in der Industrie nichts Außergewöhnliches mehr.[48]
In der New Age-Bewegung engagiert sich eine nicht geringe Zahl von

---

47 Vgl. R. König, (S. 45 Anm. 44), 63f.

48 Frankfurter Allgemeine Zeitung vom 17. Februar 1987; vgl. R. König, (S. 45 Anm. 44), 27. 75; J. Tibusek, (S. 19 Anm. 11), 60-62; G. Gerken, Der neue Manager, Freiburg 1986, 59. 77; G. Ammelburg, Die Unternehmenszukunft. Strukturen und Führungsstil im Wandel zum 3. Jahrtausend, Freiburg 1985, 142. 212. – Für Schulungen im Stil des New Age dient u. a. das Kreative Haus in Worpswede, das mit renommierten Firmen zusammenarbeitet (vgl. R. Hinrichs, „Tu was du willst, soll das ganze Gesetz sein“. Die

angesehenen Gelehrten. Besonders zahlreich sind unter ihnen die Naturwissenschaftler. Der Physiker Fritjof Capra stellt fest, die moderne Kosmologie und die Quantenphysik konvergierten in erstaunlicher Weise mit den uralten Überlieferungen des Hinduismus und der esoterischen Mystik. Der Biochemiker und Genetiker Erwin Chargaff beruft sich in seinem Buch „Unbegreifliches Geheimnis“[49] in seiner Wissenschafts- und Zivilisationskritik auf Esoteriker wie Böhme († 1624), Blake († 1827) und Novalis († 1801). Erich Jantsch verwendet in dem Buch „Die Selbstorganisation des Universums“[50] die Lehren Buddhas und Laotses und die Schriften des Hermes Trismegistos. Bioenergetiker und Psychotherapeuten setzen sich ein für die Geheimlehren des chinesischen Taoismus und der jüdischen Kabbala. Der deutsche Physiker Carl Friedrich von Weizsäcker bekennt sich enthusiastisch zur esoterischen Spiritualität Indiens und erklärt, am Grab von Shri Ramana Maharshi habe er eine initiatische Entrückung erfahren.[51] Er meint, die Christen hätten Jesus fälschlicherweise um seiner Göttlichkeit willen eine einzigartige Stellung gegeben und in ein unnahbares Jenseits abgeschoben, damit hätten sie aber sein genuines Anliegen verfälscht, denn Jesus habe nichts anderes sein wollen als ein göttlicher Meister unter vielen göttlichen Meistern, man dürfe ihn nicht verabsolutieren, verbindlich könne er immer nur für den einzelnen sein.[52]

Den Umfang der New Age-Bewegung schätzt man insgesamt auf 70 000 Gruppen mit 500000 Mitgliedern allein in Deutschland. Über diesen Rahmen hinaus wirkt das Ideengut des New Age in vielen Institutionen und Organisationen, nicht zuletzt auch in der Kirche und in der Theologie. Das geschieht bewußt oder unbewußt. Auf Weltebene hat die New Age-Bewegung Gestalt angenommen in zahlreichen Unternehmungen, die die ganze Erde mit ihrem Netzwerk überzogen haben. Das New Age-Denken ist geleitet von der Überzeugung, daß wir an der Wende zu einem neuen Zeitalter stehen, es ist bestimmt von der Macht des

---

„New Age“-Bewegung: Grundgedanken und Ziele, in: Concepte. Zeitschrift für ethische Orientierung 27, 1991, Heft 11/12, S. 7).

49 Stuttgart 1980.

50 München 1979.

51 C. F. v. Weizsäcker, Der Garten des Menschlichen, München/Wien 1977, 595; vgl. G.-K. Kaltenbrunner, (S. 42 Anm. 39), 8f.

52 C. F. v. Weizsäcker, (Anm. 51), 503; vgl. R. George, Der New-Age-Mystizismus von Carl Friedrich von Weizsäcker, in: P. Beyerhaus, L. v. Padberg (Hg.), Eine Welt – eine Religion? Die synkretistische Bedrohung unseres Glaubens im Zeichen des New Age, Asslar 1988, 143-150.

Bewußtseins und propagiert eine stetige kosmische Höherentwicklung. Es will dem einzelnen helfen, den Menschen, den Kosmos und schließlich Gott oder das, was es dafür hält, in einer neuen Art zu erkennen.[53]

Eine bessere Welt

Das New Age huldigt einem unbegrenzten Fortschrittsglauben. Auf dem Weg der Evolution erhofft es eine fortschreitende Höherführung der Menschheit und des Kosmos. Im einzelnen vertritt es eine vierfache Evolution, eine Evolution der Natur, eine persönliche, eine gesellschaftliche und eine kosmische Evolution. Nicht nur die Erde und die Menschheit entwickeln sich demnach immer höher, sondern der gesamte Kosmos ist in dieser Weltsicht von dem Gesetz der Entwicklung bestimmt. Man spricht hier von galaktischen Superorganismen, die sich ihrer selbst bewußt sind, die schließlich beginnen, auch untereinander zu kommunizieren und zu interagieren, um die Endstufe der Evolution herbeizuführen, den universalen Superorganismus.

Das bewußte Universum ist einer der Lieblingsgedanken des New Age. Das New Age betrachtet das Universum als eine eigenständige, belebte, sich selbst bewußte Wesenheit. Es wird geleitet von der Überzeugung, daß die Ausbreitung des New Age-Gedankengutes die Evolution auf allen Ebenen vorantreibt, daß das New Age-Gedankengut die Welt und den Menschen in umfassender Weise vervollkommnet, auch auf der Ebene des Bewußtseins, und daß es das Universum endlich zu jener höchsten Form der Einheit führt, in der es sich in letzter Vollendung als göttlich manifestiert. Damit haben die Dinge, die vom Göttlichen ausgehen, im Göttlichen wieder ihr Ziel gefunden.[54]

Man projiziert in dieser Philosophie alle Hoffnung, Sehnsucht und Erwartung auf das neue Zeitalter.[55] Man sagt etwa: Das neue Zeitalter, das sich unaufhaltsam entfalten wird, dessen Entfaltung der Mensch aber beschleunigen kann und muß, ist unendlich besser als das alte. Es wird letztlich alle Probleme lösen und einen paradiesischen Zustand herbeifüh-

---

53 G. Schütz, (S. 128 Anm. 12); vgl. auch H. Hemminger, (S. 19 Anm. 11), 74f.

54 P. Russell, (Anm. 24), 257; R. König, (S. 45 Anm. 44), 61-63. 135f. F. Capra nennt das Universum ein „dynamisches Gewebe zusammenhängender Vorgänge“ (F. Capra, Der kosmische Reigen – Physik und östliche Mystik – ein zeitgemäßes Weltbild, Bern [2]1978, 286), in dem es „keine fundamentalen Gesetze“ gebe (ebd., 287).

55 R. König, (S. 45 Anm. 44), 11.

ren. Dieser Optimismus hat zwar vor der Vernunft keinen Bestand, dennoch spricht er viele an.[56]
Das New-Age-Denken findet Anklang, weil es Frieden und Glück und eine heile Welt verheißt. Diese Verheißung beruht jedoch nicht auf einer Analyse der gegenwärtigen Situation, sondern auf utopischen Hoffnungen und auf willkürlichen Konstruktionen, die man als neue Synthesen deklariert. Der Gegenwart überdrüssig, wendet man sich der Vergangenheit zu, flieht vor der Realität und setzt seine Hoffnung auf die „gute, alte Zeit".[57] Gleichzeitig erwartet man alles von der Zukunft und überrollt das „No-future-Gefühl", das heute weite Kreise beherrscht, speziell im Hinblick auf den technischen Fortschritt, mit einem unbegrenzten Optimismus. Dabei will man durch die Naturwissenschaften zu je neuen mystischen und transzendenten Erfahrungen kommen und die Menschheit ihrer Vergöttlichung entgegenführen.[58]

Tragende Säulen

Die New Age-Bewegung ruht auf zwei tragenden Säulen: auf dem wissenschaftstheoretischen Ansatz und dem esoterisch-astrologischen. Beide Ansätze haben das gleiche Ziel, nämlich das Denken in kosmischen Zusammenhängen und die Förderung und Praktizierung der Mystik, wie man Mystik in der Esoterik versteht. Dadurch sollen die Menschen zur vollkommenen Harmonie untereinander und mit dem Kosmos gelangen, zur Geist-Erkenntnis und zum Denken in kosmischen Zusammenhängen. Das Ziel der beiden Ansätze ist das gleiche, die Wege sind verschieden.
Das New Age will Wissenschaft sein. Die New Ager rechtfertigen ihre Lehren mit dem Anspruch, wissenschaftliche Erkenntnisse vorzutragen. Sie berufen sich auf die neuesten Ergebnisse der Naturwissenschaften, speziell der Atomphysik. Damit erklären sie das neue Denken, das der mystischen Weltsicht die Grundlage bieten soll, zur Wissenschaft schlechthin. Indes haben die Esoteriker stets die Wissenschaft für ihre Behauptungen bemüht. Was sie jedoch als wissenschaftliche Erkenntnis bezeichnen, ist nichts anderes als Spekulation und Konstruktion.[59]
Den wissenschaftstheoretischen Ansatz charakterisiert man im New Age-

---

56 Ebd., 77f. 61-63.

57 Vgl. A. Meyhöfer, Im großen Netzwerk, in: Frankfurter Allgemeine Zeitung vom 21. Oktober 1987.

58 Ebd.; vgl. R. König, (S. 45 Anm. 44), 23f.

59 Ebd., 12-20. 26. 99; G. Geisler (Hg.), New Age – Zeugnisse der Zeitenwende, Freiburg 1984, 30; H. Hemminger, (S. 19 Anm. 11) 19. 25.

Denken des näheren als Systemschau des Lebens und der Welt. Darin wird die Wirklichkeit als ein Geflecht vielfältiger Abhängigkeiten und Beeinflussungsmöglichkeiten beschrieben und ein vernetztes ganzheitliches Denken in Sinnzusammenhängen gefordert, ein Denken in „vernetzten Systemen", eine „ganzheitliche", „holistische" Betrachtung der Wirklichkeit, die an die Stelle des herkömmlichen Denkens in Kausalzusammenhängen zu treten hat.[60]

Fritjof Capra schreibt: „Die Systemschau betrachtet die Welt im Hinblick auf Zusammenhänge und Integration. Systeme sind integrierte Ganzheiten, deren Eigenschaften sich nicht auf die kleineren Einheiten reduzieren lassen. Statt auf Grundbausteine und Grundsubstanzen konzentriert sich die Systemlehre auf grundlegende Organisationsprinzipien."[61]

Die wichtigsten Elemente des neuen Denkens, der Systemschau des Lebens, sind 1. die innere Abhängigkeit aller Dinge voneinander, 2. die Organisation des Universums in offenen, dynamischen Systemen, die die Fähigkeit zur evolutionären Höherentwicklung haben, 3. die sich aus dem allseitig verknüpften Universum ergebende Forderung eines Bewußtseins, in dem sich der einzelne mit dem Ganzen verbunden fühlt, 4. das Einssein des Menschen mit dem Universum als Nahtstelle zwischen Wissenschaft und Mystik und 5. die sich daraus ergebende Grundforderung, global zu denken und lokal zu handeln. Nach Capra lautet die Grunddevise: „Denke global – handle lokal."[62] Wie er nachdrücklich betont, sind die wichtigsten Probleme heute globaler Natur.[63]

Im New Age will man synthetisch denken und dabei alle bisherigen Erkenntnisse aufnehmen, bewerten und je nach ihrem Stellenwert in ein System höherer Ordnung einfügen und transformieren. Auf diese Weise will man die Zersplitterung, den Dogmenstreit, die engen Schulenbildungen, die Rechthaberei und das Besserwissen des Fische-Zeitalters, wie es heißt, überwinden. Das ist möglich, so sagt man, weil das neue Denken die Zusammenhänge sehen lehrt und die Aufhebung aller Gegensätze bringt, die für das alte Zeitalter bestimmend waren, der Gegensätze des Wahren und des Unwahren, des Guten und des Bösen, des Göttlichen und des Menschlichen, der Gegensätze von Himmel und Erde, Seele und Leib, Gefühl und Verstand, Innerlichkeit und Äußerlichkeit. Als Wurzel allen Übels betrachtet das New Age den cartesianischen Dualismus, die

60 R. König, (S. 45 Anm. 44), 12-14.

61 F. Capra, Wendezeit, (Anm. 7), 294.

62 Ebd., 441.

63 Ebd., 440.

Subjekt-Objekt-Spaltung.[64] Darin sieht es, wie der 1949 geborene amerikanische Human- und Naturwissenschaftler Ken Wilber, einer der führenden Denker der New Age-Bewegung, nachdrücklich betont, das Produkt nur mentaler Vorgänge, eine Illusion.[65] Er schreibt: „Erfahrung der Wirklichkeit bedeutet ..., daß die Wahrnehmung und die Wirklichkeit ein und dasselbe sind."[66] Dabei spricht er von einer „Erfahrung des Universums durch das Universum", von einem „Sich-selbst-Innesein des Universums".[67] Nach der Lehre des New Age führt die Dynamik der Selbstorganisation des gesamten Kosmos [68] zu einer neuen Welt, zu einer letzten großen Harmonie, „in der Geist und Materie, Mensch und Natur, Subjekt und Objekt miteinander verbunden sein werden, in der alles mit allem eins sein wird",[69] in der auch der Schein der Trennung überwunden sein wird. Der Mensch, der ein Fragment des kosmischen Bewußtseins ist – und alles, was ist, ist für das New Age-Denken Bewußtsein, damit aber göttlich –, hat demnach die Aufgabe, das individuelle Ich zu überwinden und sich mit dem allgemeinen kosmischen Bewußtsein zu vereinen, um so seine Göttlichkeit zur Vollendung zu bringen, die für ihn immer neu erfahrbar und verfügbar wird im esoterischen Wissen, in spirituellen Techniken und in okkulten Praktiken.[70]

Man geht im New Age-Denken davon aus, daß die Außenwelt nicht so ist, wie wir sie wahrnehmen, daß vielmehr alle Dinge miteinander verbunden und vereinigt sind und sich gegenseitig durchdringen. Man spricht von dem Modell der impliziten Ordnung, das an die Stelle des cartesianischen Modells zu treten hat. Damit verbindet man die Behauptung der Paradoxie der Wirklichkeit.[71]

Mit der Leugnung der Wirklichkeit der Außenwelt werden im New Age alle Erkenntnisse des bisherigen abendländischen Denkens in Frage gestellt bis hin zur Gültigkeit des Widerspruchsprinzips. Dabei werden

---

64 Ebd., 51ff. u. 107ff. Vgl. G. Geisler, (Anm. 59), 48; R. König, (S. 45 Anm. 44), 26-29.

65 K. Wilber, Psychologia perennis und das Spektrum des Bewußtseins, in: R. N. Walsh, F. Vaughan (Hg.), Psychologie in der Wende. Grundlagen, Methoden und Ziele der transpersonalen Psychologie. Eine Einführung in die Psychologie des Neuen Bewußtseins, Bern 1985, 87.

66 K. Wilber, Zwei Weisen des Erkennens, in: R. N. Walsh, F. Vaughan, (Anm. 65), 274.

67 Ebd.

68 F. Capra, Wendezeit, (Anm. 7), 324; vgl. E. Jantsch, Die Selbstorganisation des Universums, München 1979.

69 B. Haneke, K. Huttner, (S. 26 Anm. 5), 95.

70 Ebd., 94f.

71 D. Bohm, R. Weber, Implizite und explizite Ordnung: Zwei Aspekte des Universums, in: K. Wilber (Hg.), Das holographische Weltbild, Bern 1986, 71ff.

die Widersprüche zu scheinbaren Widersprüchen erklärt, zu Aspekten der einen Wahrheit.[72] Erhardt Hanefeld, ein namhafter Vertreter des New Age, schreibt: „Das synthetische Bewußtsein ist imstande, verschiedenste scheinbar unterschiedliche, widersprüchliche oder sogar gegensätzliche Ansichten auf einer höheren Stufe zusammenzufügen."[73]

Fritjof Capra betont die Wesensverwandtschaft zwischen dem Ich und dem Universum und greift damit die uralte Überzeugung der Esoterik von der Einheit von Geist und Materie, von der Einheit allen Seins auf.[74] Die Materie ist eine Illusion in diesem Denken, ein Spielplatz des reinen Geistes, und die tatsächliche Wirklichkeit ist geistiger Natur. Das entscheidende Ethos des Menschen ist demgemäß das Einswerden mit dem Kosmos, das Zurückfinden zum Ausgangspunkt.[75]

Gerade die Idee vom Ende aller Antagonismen findet große Sympathie, entspricht sie doch einer tiefen Sehnsucht des Menschen. Mehr denn je fasziniert sie in der Gegenwart angesichts der Tatsache, daß die Menschheit mehr und mehr auseinanderfällt und sich entzweit, daß die Konflikte unter den Völkern und innerhalb der Völker immer zahlreicher werden, im öffentlichen wie im privaten Bereich, zumal wenn keine hohen ethischen Forderungen damit verbunden sind.[76]

Der alte Denkrahmen, das alte Paradigma, das bestimmt ist durch das analytische Denken, durch eine mechanistische Naturwissenschaft und durch patriarchalische Verhaltensweisen, so die Auffassung des New Age, muß überwunden werden durch das synthetische Denken, durch das Denken in geheimnisvollen Analogien und Entsprechungen, durch eine intuitive ganzheitliche Sicht der Wirklichkeit, in der magische Vorstellungen, das Symbol und der Mythos höchste Wertschätzung erfahren.

Das neue Denken soll die bestehenden Gegensätze und Unterschiede ausgleichen und zu einem neuen Ganzen vereinigen. Es soll Konflikte

---

72 Ebd. Der Gedanke der Überwindung der Gegensätze, der Vereinbarung des Unvereinbaren, faktisch der Absage an die Vernunft, findet sich auch bei dem Jesuiten H. M. Enomiya-Lasalle (vgl. H. M. Enomiya-Lasalle, Wohin geht der Mensch?, Zürich 1981, 87ff., bes. 129 u. 134). Im Denken der Gegenwart entfaltet dieser Gedanke eine immer größere Plausibilität. Was ihn empfiehlt, ist nicht zuletzt die Tatsache, daß er mit dem Anspruch der größeren Weite des Geistes einhergeht.

73 E. Hanefeld, New Age – was ist das eigentlich? Die wesentlichen Merkmale des Lebens im Wassermann-Zeitalter, in: Esotera 2, 1980, 142.

74 Vgl. H.-J. Ruppert, New Age, (Anm. 25), 70.

75 W. Schmidt, E. Flöther, C. Matrisciana, (Anm. 26), 11f.

76 Vgl. G. Danneels, (S. 34 Anm. 18), 38.

und Probleme lösen, die das „alte Paradigma" nicht lösen konnte, und die Menschen auf eine höhere Stufe des Seins führen.[77]

Das synthetische Denken ist, wie die Theoretiker des New Age betonen, wirklichkeitsgemäßer als das analytische, weil das Universum holographisch strukturiert ist. Unter Holographie versteht man in der modernen Physik eine wellenoptische Technik der Bildspeicherung und der Bildwiedergabe mit Hilfe des Laserstrahls, die die Reproduktion des gesamten aufgenommenen Objektes durch die Beleuchtung eines jeden Teiles der fotografischen Aufnahme ermöglicht.[78] In dem Phänomen der Holographie nun sehen die Theoretiker des New Age eine naturwissenschaftliche Bestätigung ihrer überkommenen esoterischen Weltsicht, nach der das Ganze stets in jedem seiner Teile enthalten ist. – Allein eine Analogie kann hier nicht als Beweis gelten.

Mit der Polemik gegen das analytische Denken liegt man ganz im Trend der Zeit. Sie ist jedoch töricht. Zwar scheint das synthetische Denken zunächst mehr erfassen zu können, aber was so erfaßt wird, bedarf der Zergliederung, um in seiner Tiefe begriffen zu werden. Darüber hinaus ist es immer nur auf dem Weg der Zergliederung zu vermitteln.

Die zweite tragende Säule des New Age, der esoterisch-magische Hintergrund, ist das, was man im New Age als Mystik bezeichnet: der Okkultismus. Es gibt kaum ein Wort, das soviel im Munde geführt wird bei den New Agern wie der Terminus „Mystik". Sie erheben den Anspruch, eine Synthese aller mystischen Erscheinungen der verschiedenen Religionen und Epochen zu erbringen, um sie in den Dienst des Bewußtseinswandels zu stellen. Die Weltraumfahrt nach außen wollen sie durch die Weltraumfahrt nach innen ersetzen und damit ein alternatives Programm bieten. Davon erwarten sie Einsicht in eine tiefere Wirklichkeit, neue Kenntnisse und Heilkräfte. Darum wenden sie sich der Welt des Mythos, der alten Religionen und der Mysterienkulte zu, pflegen sie die magischen Praktiken, wie sie die esoterischen Gruppierungen in den Jahrhunderten lebendig erhalten haben. Das geschieht jedoch wiederum im Zeichen der Wissenschaft. Kategorisch behauptet man, Wissenschaft und Mystik seien im New Age keine Gegensätze mehr, der Okkultismus werde immer wissenschaftlicher und die Physik immer okkulter.[79] Man erhofft so die Wiedervereinigung östlich-asiatischer Mystik und westlich-wissenschaftlicher Rationaliät, östlicher Metaphysik und westlicher Mystik.[80]

---

77 R. König, (S. 45 Anm. 44), 19f.

78 E. Gruber, S. Fassberg, (S. 10 Anm. 1), 59.

79 Im New Age wird die Physik als der Prototyp der Wissenschaft angesehen.

80 H.-J. Ruppert, New Age, (Anm. 25), 23; R. König, (S. 45 Anm. 44), 73ff.

Im New Age stehen neben den Wissenschaftlern, die sich mit dem neuen Bewußtsein theoretisch befassen, die Meister, die es praktisch verwirklichen oder verwirklicht haben. Ihnen wird die größere Bedeutung beigemessen, denn das Denken steht für den New Ager im Dienst der Mystik. In den Meistern sieht er lebendige Zeugnisse für die Übermacht des Bewußtseins und des Geistes. Er denkt dabei an Sufi-Meister und Zen-Meister, an Medizinmänner, Geistheiler und Gurus, an den Dalai Lama und all jene, die in irgendeiner Form über geheimnisvolle Kräfte und Einsichten verfügen.

Bewußt knüpft man im New Age an die esoterischen Traditionen der Rosenkreuzer, der Theosophen und der Anthroposophen an. Große Sympathien finden aber auch die fernöstlichen Religionen und deren Methoden zur Entspannung und Versenkung. Man will nicht eng sein. Überall sucht man sich inspirieren zu lassen, um Wege zur Transzendenz oder – besser – zum Übersinnlichen zu finden, um den Bewußtseinswandel im Sinne des New Age möglichst wirksam zu forcieren, um zur Einheit mit sich selbst, mit der Natur und mit dem Kosmos, um zur Vereinigung mit dem „Geist des Universums“[81] oder mit jenen „Wesen höherer Intelligenz“ zu gelangen, die es einfach „nicht zulassen, daß die Erde in die Irre geht“.[82] Das New Age ist synkretistisch. Von überall her holt es sein Denken und Tun, am wenigstens allerdings vom Christentum her.

Im New Age soll das Okkulte seine Geheimnishaftigkeit verlieren, alle sollen aus ihm heraus ihr Leben gestalten. Große Bedeutung wird in diesem Sinne den Schriften des Peruaners Carlos Castaneda beigemessen, der bereits als Kultfigur des New Age apostrophiert wurde,[83] aber auch den Schriften des Deutschen Michael Ende, von dessen literarischem Schaffen im Dienst der Esoterik ebenfalls die Rede war.[84] Entsprechend dem Wissenschaftsanspruch werden die okkulten Praktiken dann allerdings nicht selten als wissenschaftlich erprobte Gehirntechnologie erklärt.[85]

---

81 G. Trevelyan, Eine Vision des Wassermannzeitalters. Gesetze und Hintergründe des New Age, München ^{3}1986, 113.

82 Ebd.; H.-J. Ruppert, New Age, (Anm. 25), 23. 78ff.; R. König, (S. 45 Anm. 44), 27-30. 73ff.; G. Geisler, (Anm. 59), 65.

83 Vgl. oben S. 252.

84 Vgl. oben S. 44f.

85 Diesem Anliegen weiß sich die von Marilyn Ferguson herausgegebene Zweimonatszeitschrift „Brain/Mind Bulletin“ verpflichtet, die in 42 Ländern vertrieben wird. Man spricht von einer neuen Phrenologie, deren wissenschaftliche Qualifikation jedoch mit vielen Fragezeichen versehen werden muß (vgl. W. S. Nicklis, „New Age“ zwischen

Im New Age ist die sichtbare Welt durchwirkt von guten und bösen Geistern. Damit kehrt man zum Animismus der primitiven Kulturen zurück, verbindet ihn allerdings in seltsamer Weise mit dem neuzeitlichen Evolutionismus. Die Geister spielen im New Age eine zentrale Rolle. Man spricht von den spirituellen Hierarchien und dem spirituellen Universum. Die Interaktion zwischen Geistwesen und Menschen begegnet uns in allen Formen des New Age.[86] Kontakte mit den Geistern, das Geist-Diktat und auch die Geistheilung sind besonders beliebte Themen der New Age-Zeitschriften.
Einen spezifischen Weg zur Kommunikation mit höheren Welten und eine bedeutende Chance für die Menschheit als solche sieht man in der New Age-Bewegung in der Beschäftigung mit den Ufos, mit jenen rätselhaften Flugobjekten („Unidentified Flying Objects"), in denen Außerirdische angeblich unsere Erde besuchen, was man mit sensationellen Filmaufnahmen und „authentischen" Fotografien nachzuweisen sucht. Vielfach geht man davon aus, daß die Außerirdischen schon immer die Erde in Ufos besucht haben, oder man versteht gar die Menschheit als gentechnisches Experimentierfeld dieser fremden Planetenbewohner. Zuweilen behauptet man gar, die Götter der antiken Religionen seien nichts anderes als solche Astronauten gewesen.
Im Kontext der Kommunikation mit der Geisterwelt erregen auch die Marienerscheinungen der neueren Zeit das Interesse des New Age. Dabei stellt man allerdings völlig unkritisch die von der Kirche anerkannten neben die nicht anerkannten und bringt den letzteren gar noch größeres Interesse entgegen als den ersteren.[87]
Eine bedeutende Rolle spielt im Spiritismus des New Age das Geist-Diktat in der Gestalt des Spirit-Channeling. Die Einweihung in das New-Age-Denken erfolgt zunächst von außen her durch einen menschlichen Führer, aber je weiter der Kandidat fortschreitet, um so mehr macht der äußere Führer der Führung von innen her Platz. Der Kandidat folgt dann der Stimme, die er in seinem Innern vernimmt. Marilyn Ferguson schreibt: „Auf der dritten Stufe, jener der Integration, leben wir mitten in dem Geheimnis. Obwohl es bevorzugte Lehrer oder Methoden geben mag, vertraut der Mensch einem inneren ‚Guru'."[88] Wie in der Gruppen-

---

Ratlosigkeit und Fortschrittsglaube. Zur Anatomie neuerer Lebensreformbewegungen, in: Katholische Bildung 83, 1992, 284f.).

86 F.-W. Haack, Europas neue Religion, (S. 77 Anm. 99), 56.

87 Magazin 2000. Magazin für Neues Bewußtsein, 15. Jg., Dezember 1992/Januar 1993, Nr. 91, S. 4 u. 47ff.; vgl. E. v. Däniken, Erinnerung an die Zukunft, Düsseldorf 1968, passim, und H. Werner, (S. 49 Anm. 12), 703f.

88 M. Ferguson, Die sanfte Verschwörung, Basel ^{2}1982, 104.

dynamik, die auch im New Age eine wichtige Rolle spielt, der einzelne seine Persönlichkeit an die Gruppe verliert, so verliert bei dieser inneren Führung der Geführte sein Ich an ein anderes Ich – er nennt es sein wahres Ich – und wird dessen Werkzeug oder Medium. Er wird zum Kanal des Geistes oder der Geister. Das Spirit-Channeling wird zuweilen als eine Art freiwilliger Besessenheit verstanden, weil der Mensch sich hier gewissermaßen als Mittel, als Medium, zur Verwirklichung von Plänen aus dem Jenseits verfügbar macht oder machen soll. Erst wenn er sich als Wesen von Verstand und Wille aufgibt, kann die geistige Welt durch ihn hindurch wirken. So die Überzeugung.[89]
In der Zeitschrift „Die andere Realität“ stellt sich das erfolgreiche „Channeling-Medium“ Beate Bock aus Berlin in einem ausführlichen Interview vor und wirbt für gechannelte Meditationsmusik.[90] In den Vereinigten Staaten von Nordamerika wurde die Idee des Spirit-Channeling in spektakulärer Weise popularisiert durch die Schauspielerin Shirley MacLaine, die inzwischen zu einem Idol des New Age geworden ist, deren Bücher viele Millionen begeisterter Leser gefunden haben.[91]
Wie die New Age-Werbung betont, gibt es bereits eine Flut von gechannelten Publikationen, wodurch das sogenannte jenseitige Gedankengut in die Menschheit einfließt.[92]
Im Spirit-Channeling des New Age setzt sich die Tradition der Theosophie des 19. Jahrhunderts fort. Anders als damals steht heute allerdings eine bedeutende wirtschaftliche Potenz dahinter und vor allem das dezidierte Wohlwollen der Massenmedien. Für Helena Blavatsky war der Kontakt mit der Geisterwelt etwas Alltägliches.[93] Das gilt aber auch für die Theosophin Alice Bailey, eine namhafte Vorläuferin des New Age in unserem Jahrhundert.[94]
Der Okkultismus des New Age zeigt sich nicht nur in spiritistischen

---

89 Vgl. G. Trevelyan, Eine Vision des Wassermann-Zeitalters, (Anm. 81), passim; ders., Unternehmen Erlösung. Hoffnung für die Menschheit, Freiburg 1983, 103; M. Introvigne, Il capello del mago, (S. 25 Anm. 4), 91ff.; M. Hesemann, Jeder von uns ist ein Kanal zum Kosmos, in: Magazin 2000, Mai 1988, 25; J. Tibusek, (S. 19 Anm. 11), 14f. 57f.

90 Die andere Realität. Wissenschaftliche Zeitung über parapsychologische/esoterische Erkenntnisse 10, 1992, Ausgabe 1, S. 13f. 6.

91 M. Introvigne, Il capello del mago, (S. 25 Anm. 4), 109; H. Werner, (S. 49 Anm. 12), 396.

92 Vgl. Werbeprospekte.

93 Vgl. oben S. 207f.

94 Sie behauptet, ein Großteil ihrer Bücher sei ihr von ihrem „Meister“, dem Tibeter Dhjwal Khul, eingegeben worden (B. Creme, Transmission. A Meditation for the New Age, London ²1985, 91). S. oben S. 243f.

Praktiken, sondern auch in den verschiedenen Formen der Mantik, im Kartenlegen und in der intensiven Beschäftigung mit der Astrologie, in der Verwendung der alten Zauberbücher, in der Hexenbeschwörung und im Satanskult.[95] Ein bedeutendes Moment der New Age-Mystik ist die Astrologie. Die Zeitschrift „Sphinx" bringt regelmäßig Artikel über astrologische Zukunftsdeutung und verwandte Themen. Nicht anders ist es in der Zeitschrift „Esotera".

Wenn heute die Beschäftigung mit den verschiedenen Formen des Okkultismus weithin allgemeine Billigung findet, so ist das nicht ohne den wachsenden Einfluß des New Age zu erklären.

Bedeutende Elemente

Im New Age erhält das Denken eine andere Richtung. Die Wirklichkeit wird nicht mehr begriffen, sondern innerlich erfühlt und gespürt. Das Wassermann-Zeitalter ist das Zeitalter des erleuchteten Menschen, des Supermenschen, des Menschen mit einem Überbewußtsein. Der Mensch lernt in ihm, sein Schicksal selbst in die Hand zu nehmen. Der überlieferte Gott hat in ihm alle Bedeutung verloren. Das einzige, was noch zählt, ist der Mensch. Er findet die Erlösung durch seine Erkenntnis, durch sein Wissen, durch die Entfaltung seiner geistigen Fähigkeiten, kurz, indem er sich von den Mächten und Kräften der alten Welt befreit. Hat der überlieferte Gott hier auch alle Bedeutung verloren, so doch nicht das unpersönlich verstandene Göttliche. Die Vereinigung mit ihm ist programmatisch das Ziel aller geistigen Bemühungen.[96]

Im New Age begegnet der Mensch indes nicht Gott, sondern immer nur sich selbst. Er wird eingeladen zum Entdeckungsabenteuer seiner selbst.[97] Die Heilung und das Heil findet er in der Selbsterfahrung.

Einer der Schlüsselbegriffe der New Age-Bewegung ist der Begriff der Selbstverwirklichung. Die Selbstverwirklichung soll erreicht werden durch Bewußtseinserweiterung, Steigerung der intuitiven Fähigkeiten und undogmatische, erfahrungsbetonte Spiritualität. Sie wird eingeübt in Kursen für Selbstentfaltung und geistiges Training. Dabei ist immer

---

95 Vgl. Welt am Sonntag vom 21. Februar 1988.

96 R. König, (S. 45 Anm. 44), 19f.; W. Schmidt, E. Flöther, C. Matrisciana, (Anm. 26), 50ff.; J. Schumacher, Die New Age-Bewegung als Anfrage an das Christentum, in: Christliches ABC heute und morgen, Heft 3, 1989, Stichwort Psychologie, 67.

97 H. Bürkle, Zur Unterscheidung der Geister, in: ders., Hrsg., New Age – Kritische Anfragen an eine verlockende Bewegung, Düsseldorf 1988, 108.

wieder die Rede von positivem Denken, von positiver Imagination, von innerer Heilung und vor allem von der Notwendigkeit und von der Kunst, sich selbst zu lieben. Man wird aufgefordert, sein Selbst zu suchen, Nachsicht gegen sich selbst zu üben und Selbsterkenntnis, Selbstvertrauen, Selbsthilfe, Selbstheilung und Selbstbedeutung zu lernen.[98] Das Ich und das persönliche Wohlbefinden des einzelnen stehen im Mittelpunkt.[99] Von der Ichsuche und Ichfindung erwartet man die persönliche Veränderung, die Grundlage der umfassenden gesellschaftlichen Veränderung. Von dem neuen Bewußtsein des einzelnen erträumt man eine umfassende Veränderung aller Verhältnisse. Es geht dabei nicht um eine Reformation oder um eine Revolution, so sagt man, sondern um eine Transformation.[100] Sie soll die Überwindung der gegenwärtigen Krise bringen und der Menschheit Zukunft geben angesichts der zahllosen inneren und äußeren Bedrohungen. – Aber wie will man eine Krise überwinden und die Zukunft sichern ohne nüchterne Rationalität?
Bei der Transformation bedarf es nicht der persönlichen Anstrengung. Der einzelne braucht sich nur den kosmischen Kräften des neuen Zeitalters zu öffnen, dann fällt ihm die Umgestaltung gewissermaßen in den Schoß. Speziell das Okkulte soll ihm die Anstrengung des Denkens und Lernens ersparen. Bewährte Hilfen sind aber auch autogenes Training, Entspannungsübungen, Hyperventilation (übermäßige Atmung), Programme für positives Denken, psychedelische Musik, Hypnose, Yoga, Jogging, Meditation und Drogen. Fast alle Autoren des New Age sehen in psychedelischen Drogen, in LSD und Meskalin, Haschisch und Kokain, geeignete Instrumente der Transformation, der Bewußtseinserweiterung, der spirituellen Erfahrung und der Vereinigung mit dem kollektiven Unbewußten.[101] Eine äußerst bedeutsame Droge im Dienst der Transformation ist neben den gängigen Drogen die Droge Sex,[102] wovon noch des näheren die Rede sein soll.[103]
In der Wertschätzung der Drogen durch das New Age dürfte der eigentliche Grund für die permissive Haltung gegenüber dem Drogenge-

98 W. Schmidt, E. Flöther, C. Matriscinia, (Anm. 26), 53.

99 G. Danneels, (S. 34 Anm. 18), 48.

100 M. Ferguson, (Anm. 88), 99ff.; G. Schütz, (S. 128 Anm. 12); J. Schumacher, Die New Age-Bewegung als Anfrage an das Christentum, (Anm. 96), 66.

101 M. Ferguson, (Anm. 88), 100ff.; G. Trevelyan, Eine Vision des Wassermann-Zeitalters, (Anm. 81), 92; R. König, (S. 45 Anm. 44), 54-56; G. Schütz, (S. 128 Anm. 12); J. Tibusek, (S. 19 Anm. 11), 36.

102 R. König, (S. 45 Anm. 44), 135f. 91f.; vgl. T. Golas, Der Erleuchtung ist es egal, wie du sie erlangst, Basel 1981.

103 Vgl. unten S. 274ff.

brauch liegen, wie sie in der Gegenwart die öffentliche Meinung und auch die Politik beherrscht. Die Gefährlichkeit der Drogen wird heruntergespielt, und man fordert eine weniger restriktive Gesetzgebung. Die wachsende Zahl der Drogenabhängigen sowie die aus der Drogenabhängigkeit resultierende physische und psychische Selbstzerstörung werden dabei nicht beachtet. Zwar fordern die New-Age-Autoren nicht die völlige Freigabe der Drogen, und sie verzichten hier nicht auf jede gesetzliche Kontrolle, aber sie bejahen die Drogen grundsätzlich und schreiben ihnen gar eine positive Bedeutung zu.[104]
Die Tendenz, das eigene Ich in den Mittelpunkt zu stellen und den persönlichen Gott zu einem Es zu depotenzieren und ihn damit zu marginalisieren, ist gegenwärtig auch spürbar wirksam in der Verkündigung der Kirche und – vielleicht noch mehr – in der Theologie. Hier liegen auch die entscheidenden New Age-Akzente von Eugen Drewermann, der mit seiner „theologisierenden Psychologie", „die ganz auf die Subjektivität des Menschen (die ‚archetypischen Wahrheiten seiner Seele') fixiert ist", eine große Anhängerschaft gefunden hat.[105] Wichtiger als die Frage: „Was ist das?" erscheint vielen die Frage: „Was bedeutet das für mich?", „Was macht das mit mir?" Das christlich verstandene Heil setzt jedoch nicht beim eigenen Ich an, sondern bei Gott, bei der Hingabe an Gott und an den Nächsten.
In seiner Fortschrittseuphorie stellt das New Age alle überkommenen Werte in Frage, damit auch die Grundwerte unserer Gesellschaft. Konsequent relativiert oder liquidiert es die bisher gültigen ethischen Normen. An ihre Stelle setzt es ein völlig neues System von „allgemein verbindlichen und global angewandten Normen und Werten",[106] deren Inbegriff die Natur ist, die Natur, wie man sie hier versteht, deren Unversehrtheit als der höchste Wert betrachtet wird.[107] Die Ethik des Wassermann-Zeitalters ist vor allem ökologische Ethik.[108] In der Verbundenheit mit der Natur soll der Mensch innere und äußere Harmonie finden, denn Einheit

---

104 Vgl. Frankfurter Allgemeine Zeitung vom 5. Juni 1992. Im November 1991 fand im Vatikan eine Konferenz über Drogen und Alkoholismus statt, an der 2000 Experten, Politiker, Mediziner, Wirtschaftsfachleute, Theologen und Therapeuten, teilnahmen, auf der nachdrücklich betont wurde, daß die Drogenabhängigkeit und der Alkoholismus gegen das Leben gerichtet seien, daß der Mensch nicht das Recht habe, auf diese Weise sich selbst zu schädigen und auf seine persönliche Würde zu verzichten (vgl. Deutsche Tagespost vom 28. November 1991).

105 B. Haneke, K. Huttner, (S. 26 Anm. 5), 14f.

106 R. König, (S. 45 Anm. 44), 88.

107 P. Russell, (Anm. 24), 252; vgl. R. König, (S. 45 Anm. 44), 135.

108 Vgl. G. Geisler, (Anm. 59), 70.

mit der Natur bedeutet hier letztlich Einheit mit dem Göttlichen. Die Spiritualität des Gleichklangs mit der Natur wird von Capra in seinem Buch „Wendezeit" geradezu hymnisch besungen.[109] Die Natur ist von daher wichtiger als der Mensch, und ihre Ansprüche rangieren vor den Ansprüchen des Menschen. Sie ist das Ganze, der Mensch ist nur ein Teil davon, so sagt man. Die Ökologie wird hier gewissermaßen zur Religion.[110] Damit entfernt man sich jedoch weit von dem biblischen Gedanken, daß der Mensch die Krone der Schöpfung ist.

Noch weiter entfernt man sich von der Anthropologie der Bibel, wenn man dem Menschen des Wassermann-Zeitalters unbegrenzte Freiheit zuerkennt. Der neue Mensch ist demnach frei von den Geboten Gottes, er ist autonom und mündig, er ist sich selber Gesetz, freilich im Rahmen der ökologischen Ethik. Er hat ein Recht auf Lustgewinn. Sein Leben ist genußorientiert und soll es sein. An die Stelle der Freiheit für den Nächsten, wie sie das Christentum lehrt, tritt für den neuen Menschen die Freiheit vom Nächsten. Analog dazu tritt für ihn an die Stelle der christlichen Freiheit für Gott die Freiheit von Gott, wenn der personale Gott zum unpersönlichen Göttlichen verflüchtigt wird.[111]

Das New Age ist unbegrenzt permissiv und radikal hedonistisch. Weithin verwirklicht sich in ihm Crowleys „Religion des Thelema", in der man nach dem Grundsatz handelt: „Tu, was du willst" oder „Gut ist, was gefällt".[112] Die Idee der Selbstverwirklichung wird so zum Narzißmus, zu einer Fehlhaltung, die sich in der Gegenwart unverkennbar ausbreitet, besonders bei jungen Menschen.[113]

Mit dem Prinzip, daß der Mensch sich selber Gesetz ist, erweist sich die Ethik des New Age als extrem subjektivistisch. Der Subjektivismus ist ohnehin ein Grundelement des New Age-Denkens und des esoterischen Denkens überhaupt. Jeder Form von Objektivität begegnet man hier mit größtem Mißtrauen. Mit dem Subjektivismus stellt sich jedoch immer die Beliebigkeit ein. – Es ist nicht zu verkennen: Der Subjektivismus und die Beliebigkeit bestimmen heute das Denken vieler.

Indes ist die Anthropologie des New Age kollektivistisch. Sie verkennt die Individualnatur des Menschen. Gewiß geht es im New Age um die Entdeckung des Selbst, um die Selbstfindung des einzelnen, um die Selbstverwirklichung, aber das Individuum steht dabei ganz im

---

109 Vgl. R. König, (S. 45 Anm. 44), 40ff.

110 Ebd., 40-42. 88; G. Geisler, (Anm. 59), 70.

111 Vgl. G. Schütz, (S. 128 Anm. 12).

112 Vgl. oben S. 174.

113 Vgl. B. Haneke, K. Huttner, (S. 26 Anm. 5), 103.

Dienst des Kollektivs. Die persönliche Transformation ist vollends auf die gesellschaftliche und die kosmische Transformation hin ausgerichtet.
Der konkrete Mensch hat in der Anthropologie des New Age keinen besonderen Wert, schon deswegen, weil sein Leben nicht einmalig ist, weil er ja nach seinem Tod aufs neue geboren wird. Zudem stehen am Ende nicht das individuelle Überleben des Menschen und die Gemeinschaft mit Gott, sondern die Auslöschung der Individualität und das Aufgehen des einzelnen im Göttlichen. Die Menschheit als solche ist im New Age wichtiger als der einzelne, der einzelne zählt nicht, erst recht nicht der schwache, der noch ungeborene und der alte Mensch.
Der Einzelmensch erhält seine Sinnbestimmung im kollektiven Weiterleben der Menschheit und wird damit zu einem Spielball evolutionärer Prinzipien. Er verliert sich im Dienst an der „kosmischen Evolution“ und der „Transformation des Kosmos“.[114] Das Individuum hat hier keinen besonderen Wert, wenngleich das oft verbaliter bestritten wird. Es ist bezeichnend, daß die Verwerflichkeit der Abtreibung im New-Age-Denken nicht erkannt wird.[115]
Dem Menschen, der als solcher keinen Eigenwert hat und im Kollektiv untergeht, ist notwendigerweise echte Gemeinschaft verwehrt. In der Tat führt das New Age den Menschen in die Beziehungslosigkeit und damit in die Einsamkeit, nicht zuletzt auch deswegen, weil es ihn in seiner pantheistischen Grundhaltung zu einem Teil des Göttlichen macht. – Die Anthropologie des neuen Denkens erweist sich zutiefst als inhuman.
Von der Einzigartigkeit und Einmaligkeit des einzelnen Menschen, wie sie nach jüdisch-christlicher Offenbarung in der Gottebenbildlichkeit des Menschen verankert ist, ist im New Age keine Rede. Damit verliert das Hauptgebot des Christentums, die Gottes- und Nächstenliebe, seine letzte Begründung.
Im New Age ist kein Raum für die Idee der Erlösung im christlichen Verständnis. Erlösung kann es in diesem Denken nur geben als Verwirklichung der eigenen Möglichkeiten, als Selbsterlösung. Der Mensch ist gut. Das Böse ist bedingt durch die fehlende Erleuchtung. Die Sünde ist Unwissenheit. Sie ist zu überwinden durch Einweihung und durch psychologische Techniken. Sünde im eigentlichen Sinne kann es für den Menschen schon deswegen nicht geben, weil er ja in seinem tiefsten Selbst

114 R. König, (S. 45 Anm. 44), 83.

115 Ebd., 40-42. 88; C. Spretnak, Die Grünen, München 1985, 339; J. Schumacher, Die New Age-Bewegung als Anfrage an das Christentum, (Anm. 96), 68.

mit Gott zusammenfällt; dieses sein tiefstes Selbst zu suchen, das ist seine eigentliche Aufgabe.[116]
Weil das New Age kein Verständnis für die christliche Wirklichkeit der Erlösung hat, deshalb ist Jesus hier nicht der Erlöser, sondern einer von vielen Erleuchteten, deshalb gelten hier nur sein Vorbild und seine Lehre. Mit Unverständnis begegnet man seinem Leiden und seinem Tod, damit aber auch dem Leiden des Menschen. Als Religion des Kreuzes wird das Christentum kategorisch abgelehnt. Das Kreuz hat im New Age keinen Platz. Im Leiden vermögen die New Ager keinen Sinn zu erkennen. Vor ihm verschließen sie die Augen. Sie erhoffen und erstreben eine schmerzfreie Welt und sind der Meinung, daß sie das Paradies auf Erden herbeiführen werden. Diesem utopischen Ziel dürfen sich keine moralischen Bedenken entgegenstellen, weshalb für das New Age Eugenik, Menschenzüchtung, Abtreibung und Euthanasie wichtige Elemente der Menschheitsbeglückung sind.[117]
Das New Age hat kein Verständnis für die Erlösung, deshalb ist ihm auch der Begriff der Gnade ein Fremdwort. Der Mensch braucht keine Hilfe von oben, erst recht kein göttliches Leben als ungeschuldete Gabe.

Ein neues Lebensgefühl

Dem neuen Weltzeitalter entspricht ein neues Lebensgefühl. Dieses schlägt sich nieder in neuen Essens-, Kleidungs- und Sportgewohnheiten. Die neue Art, zu denken und zu fühlen, wirkt sich im Grunde in allen Lebensbereichen aus.
So gilt für den New Ager, daß die Kleidung weit und bequem sein und flattern muß, daß bei ihrer Herstellung natürliche Materialien verwendet worden sein müssen. Als Vegetarier schwört er auf pflanzliche Vollkosternährung. Er ist der Meinung, daß der Mensch das ist, was er ißt. Er setzt seine Hoffnung auf die New Age-Nouvelle-Cuisine, deren Rezepte in der Zeitschrift „Esotera“ fortlaufend veröffentlicht werden. Als Sportler widmet sich der New Ager besonders dem Jogging.
Eine wichtige Bedeutung hat für das New Age die Musik. Sie spielt eine

---

116 Bezeichnend ist der Autoaufkleber „Ich war so lange Atheist, bis ich entdeckte, daß ich selbst Gott bin“ (vgl. B. Haneke, K. Huttner, [S. 26 Anm. 5], 103).

117 M. Thürkauf, New Age und die moderne Naturwissenschaft. Die neue Gefahr für den christlichen Glauben, Leutesdorf 1990, 18; G. Danneels, (S. 34 Anm. 18), 58. G. Gerken schreibt in der von ihm herausgegebenen Zeitschrift „Radar für Trends“ (November 1987, 82): „Die Light Ager sind deutliche Befürworter der Gen-Manipulation und des Einsatzes der Eugenik, d. h. der Menschenzucht im Sinne einer kollektiven Verbesserung des Gen-Materials ...“

große Rolle im Hinblick auf die Transformation. Der New Ager bevorzugt vielfach die Klassik. In Ludwig van Beethoven († 1827) sieht er einen Vorläufer des New Age, weil dieser in seiner Musik angeblich den Kosmos in seiner Ganzheit zum Ausdruck gebracht hat. Es gibt aber auch eine eigene New Age-Musik. Sie stellt sich vorwiegend als elektronische Musik dar oder als Musik, die auf nur wenigen Instrumenten gespielt wird. In ihr verbindet sich die europäische Musik mit primitiven ethnischen – vor allem asiatischen – musikalischen Klängen und moderner Technik zu einer Musikform, die planetaren Charakter hat. So jedenfalls der Anspruch. Ein wichtiges Element der New Age-Musik sind die Obertöne, also die in einem Einzelton mitschwingenden höheren Töne. In diesem Element sieht man so etwas wie eine Anwendung des integrativen und holistischen Grundprinzips des New Age. Nicht zuletzt gehören zum New Age aber auch die harten Rhythmen der Rockmusik als Vehikel des okkulten Gedankenguts.[118]

Ein beachtliches Element des New Age-Denkens und der New Age-Praxis ist die ganzheitliche Medizin. In Anknüpfung an die esoterische Überlieferung etabliert sie sich im Gegensatz zur naturwissenschaftlichen Medizin, verzichtet dabei aber auf jeden wissenschaftlichen Beweis. Sie verachtet die laborchemische und apparativ-diagnostische Untersuchung der Krankheiten und interessiert sich nicht für die krankhaften Befunde, sondern lediglich für das subjektive Gefühl und für das Wohlbefinden des Patienten. Dabei setzt sie auf die sanften Heilmethoden und auf die psychosomatische Heilung. Sie geht davon aus, daß der kranke Mensch als eine Leib-Seele-Einheit betrachtet und behandelt werden muß, und versteht alle Krankheiten als Hinweis auf eine gestörte Harmonie von Geist, Körper und Kosmos. Es geht ihr dabei um die Lebensenergie, die angeblich den ganzen Kosmos durchströmt und belebt und für das Wohlbefinden des Menschen, der ein Teil des Kosmos ist, von eminenter Bedeutung ist.

Gerade durch die ganzheitliche Medizin werden nicht wenige für das New Age gewonnen. In der Not der Krankheit sind die Menschen bereit, jede Verhaltensänderung auf sich zu nehmen, wenn ihnen Versprechungen gemacht werden, und sie sind dankbar, wenn ihnen die verlorene Gesundheit wiedergeschenkt wird.

Unter dem Einfluß der New Age-Medizin stehen die „Gesellschaft für

---

118 E. Gruber, S. Fassberg, (S. 10 Anm. 1), 95f. 150; Botschaft des Internationalen Bekenntniskongresses, der vom 12. bis 16. September 1987 in Zürich stattfand (P. Beyerhaus, L. v. Padberg, (Anm. 52), 274); R. König, (S. 45 Anm. 44), 126; J. Tibusek, (S. 19 Anm. 11), 67; J. Schumacher, Die New Age-Bewegung als Anfrage an das Christentum, (Anm. 96), 69f.

Transpersonale Psychologie“ und die „Dynamische Psychiatrie“, Richtungen der Psychologie und der Psychiatrie, die bei der Behandlung von psychischen Erkrankungen völlig neue Wege beschreiten.
Große Wertschätzung erfahren in der New Age-Medizin die Irisdiagnose, die Fußreflexzonendiagnose, die Akupunktur und die Homöopathie, aber auch das Yoga, die Handauflegung, die Meditation und das Atemtraining. Darüber hinaus kann man hier alle Heilmethoden unterbringen, wenn sie nur nicht der Schulmedizin angehören.
Die ganzheitliche Medizin des New Age setzt ihr Vertrauen auf Fasten, Heilkräuter, Entspannung und Konzentration, auf die Einhaltung bestimmter Ernährungsrichtlinien und auf eine ausgewählte Ernährung. Sie schwört auf die Naturheilkunde. Aber für die Heilung des kranken Körpers und der kranken Seele setzt sie auch Drogen ein, unter Umständen harte Drogen. Speziell befürwortet sie den Gebrauch von Drogen in der Psychiatrie und in der Psychotherapie. Ja, hier setzt sie sogar auch die Parapsychologie ein.[119]
Sehr verführerisch ist das Todesverständnis der New Ager. Sie bezeichnen den Tod nämlich als ein sehr angenehmes und äußerst positives Erleben. Dabei berufen sie sich auf die Ärztin Elisabeth Kübler-Ross und den Arzt Raymond Moody, die Aufsehen erregt haben durch ihre Beschäftigung mit klinisch Toten, die durch medizinische Wiederbelebung reanimiert wurden, die auf Befragung hin erklärt haben, sie hätten in ihrem „Tod“ nur überwältigende Gefühle der Liebe und des Verständnisses, der Wärme und des strahlenden Lichtes erfahren.[120] Daran halten sich die New Ager und wenden sich scharf gegen jene ganz anders gearteten Untersuchungen, wie sie etwa der amerikanische Herzspezialist Maurice Rawlings gemacht haben will.[121]
Die Behauptung, das Sterben sei schön, durchzieht die ganze New Age-Literatur und ist ein wichtiges Kennzeichen der Geistigkeit des New Age.[122]

---

119 Das Buch der ganzheitlichen Gesundheit, hrsg. v. Berkeley Holistic Health Center, München 1985, 142. 233ff. 271ff.; R. König, (S. 45 Anm. 44), 44ff. 92.

120 R. A. Moody, Leben nach dem Tod. Die Erforschung einer ungeklärten Erfahrung, Reinbek b. Hamburg 1977, passim; ders., Nachgedanken über das Leben nach dem Tod, Reinbek b. Hamburg 1978, passim; E. Kübler-Ross, Über den Tod und das Leben danach, Melsbach ^{7}1987, passim.

121 M. S. Rawlings, Jenseits der Todeslinie. Neue klare Hinweise auf die Existenz von Himmel und Hölle, Baden/Schweiz ^{3}1987, 9; vgl. E. Meckelburg, Sterben ist anders, in: Esotera Nr. 1, 1986, 36-41; J. Tibusek, (S. 19 Anm. 11), 55f.

122 E. Kübler-Ross, in: Das Buch der ganzheitlichen Gesundheit, (Anm. 119), 519; dies., Über den Tod und das Leben danach, (Anm. 120), 23ff. Die Todesdeutung von E. Kübler-Ross gipfelt in der Feststellung: „Der Tod ist nur ein Übergang in eine andere

Auch hier tritt das New Age in einen unversöhnlichen Gegensatz zum Christentum. Die Lehre vom schönen Tod widerspricht der christlichen Todesauffassung, offenkundig aber auch der Realität.
Im Zusammenhang mit der Lehre vom Tod steht die Lehre von der Reinkarnation, die noch einmal die unerbittliche Realität des Todes herunterspielt. Sie wird im New Age mit besonderer Hartnäckigkeit vertreten. Damit verbindet sich scharfe Kritik an der christlichen Lehre von der Endgültigkeit des Todes und vom richtenden Gott.[123]
Für das New Age gibt es nach dem Tod kein Gericht, kein Fegfeuer und keine ewige Verdammnis. Alle gelangen im Tod in einen Zustand des vollkommenen Glücks und der vollkommenen Zufriedenheit. Elisabeth Kübler-Ross nennt Gott die bedingungslose Liebe.[124] Wohl räumt man in Verbindung mit der Lehre von der Seelenwanderung oder von dem Durchleben immer neuer spiritueller Existenzen auf je höheren Seinsstufen eine gewisse Läuterung ein, eine Art Selbstgericht, aber am Ende finden alle ohne Ausnahme ihre Vollendung in der Vereinigung mit den spirituellen Kräften des Kosmos und mit dem Göttlichen schlechthin.[125]
Zur Bestätigung seines Todesverständnisses verweist das New Age auf die Kontakte mit den Verstorbenen, deren Pflege ein wichtiges Element der New Age-Mystik ist.
Im New Age nimmt man dem Tod seinen Schrecken, indem man ihn in seiner Realität nicht ernst nimmt. Wenn man die Wirklichkeit des Todes verfälscht, hilft man dem Menschen nicht, ihn recht zu bestehen. Mit einer illusionären Todesdeutung wiegt man den Menschen in falscher Sicherheit. Die Experimente von Kübler-Ross und Moody, auf die man sich beruft, sind wertlos angesichts der Tatsache, daß der klinische Tod das Wesen des Todes nicht berührt und die angeblichen Erlebnisse sich leicht erklären lassen als Autosuggestion oder als Fremdsuggestion oder als Wirkungen des Unbewußten, ganz zu schweigen von entgegengesetzten experimentellen Ergebnissen, die nicht zur Kenntnis genommen werden.[126]
Allein die sanfte Eschatologie des New Age spricht viele Menschen an. Die Tendenz, das Gericht und die Entscheidungssituation des Menschen

---

Form eines anderen Lebens auf einer anderen Frequenz" und „Der Moment des Todes ist ein ganz einmaliges, schönes, befreiendes Erlebnis, das man erlebt ohne Angst und Nöte" (E. Kübler-Ross, Über den Tod und das Leben danach, [Anm. 120], 5). Vgl auch R. König, (S. 45 Anm. 44), 37-39. 86. 131; J. Tibusek, (S. 19 Anm. 11), 55.

123 G. Trevelyan, Eine Vision des Wassermann-Zeitalters, (Anm. 81), 66f.

124 E. Kübler-Ross, Über den Tod und das Leben danach, (Anm. 120), 19.

125 R. König, (S. 45 Anm. 44), 37-39; J. Tibusek, (S. 19 Anm. 11), 54-57.

126 Vgl. R. König, (S. 45 Anm. 44), 38f. 86f.

zu verharmlosen, ist heute auch im Christentum und in der Kirche wirksam, in der Theologie wie auch in der Verkündigung.
Ein bedeutendes Element des New Age ist auch der Feminismus. Vielfach wird er als Haupttriebfeder und zugleich als Ausdruck der gesellschaftlichen Transformation im neuen Zeitalter angesehen. Im New Age gilt alles Männliche als negativ, alles Weibliche als positiv, ist alles Positive weiblich und alles Negative männlich. Das Männliche wird als grundlegendes Übel verstanden und gedeutet. Aus dieser Einstellung heraus betrachtet und bewertet man die Geschichte und die Gegenwart. Vielfach empfiehlt oder fordert man in diesem Kontext, das Christentum durch den Mythos von Gaia, der Mutter Erde, zu ersetzen, und erklärt, die Verehrung der weiblichen Gottheiten gehe ohnehin der Verehrung der männlichen voraus.
Im New Age steht das Attribut „patriarchalisch“ für dualistisch, das Attribut „feminin“ für holistisch. Man stellt fest, wie das nun zu Ende gehende Zeitalter der Fische durch das konfliktträchtige männliche Prinzip bestimmt sei, das zudem noch lebens- und erosfeindlich sei, so sei das Zeitalter des Wassermanns durch das ausgleichende und sanfte weibliche Prinzip bestimmt, das sich als ausgesprochen lebens- und erosbejahend erweise. Letzteres müsse allenthalben etabliert werden, in den Technologien, in der Medizin, in der Politik, in der gesellschaftlichen Kommunikation, in den Medien und in allen Bereichen der Kultur. Nur dann könne die Menschheit überleben. Es gelte, eine feministische Spiritualität zu propagieren und die Gesellschaft zu feminisieren. Nur so gebe es Zukunft für die Menschheit.[127]
Das neue Zeitalter will das „weibliche Prinzip“ zu entscheidender Geltung bringen. Es propagiert die Überlegenheit des weiblichen Geschlechtes. In einer gewissen Spannung zu dieser Strategie stehen allerdings das gleichzeitige Eintreten für die Aufhebung der gegebenen Geschlechtsunterschiede und die Propagierung des androgynen Ideals. Denn trotz seiner Begeisterung für das Weibliche und trotz seiner Verachtung für das Männliche verfolgt das New Age, nicht ganz konsequent, das Ideal des androgynen, des männlich-weiblichen, des doppelgeschlechtlichen Menschen.[128] Allein der androgyne Mensch ist für das New Age-Denken das wirksame Symbol der

---

[127] F. Capra, Wendezeit, (Anm. 7), 36. 44. 469; E. Sorge, Religion und Frau. Weibliche Spiritualität im Christentum, Stuttgart ^{3}1987, 37; L. v. Padberg, New Age und Feminismus, (Anm. 28), 22ff. 64f. 94.

[128] Ebd., 82.

Ganzheit, der Synthese und der Verbindung mit dem Kosmos, der Überwindung aller Dualismen und Antagonismen.[129]
Marilyn Ferguson schreibt dem Feminismus eine Vorreiterrolle zu auf dem Weg in das Gelobte Land des New Age.[130] Wie Fritjof Capra betont, ist die Frauenemanzipation im New Age ein entscheidendes Thema. Er erinnert daran, daß Frauen bei der Propagierung des New Age-Gedankens oft die Hauptrolle spielen, beim Aufbau von New Age-Netzwerken und New Age-Vereinigungen.[131] Dem korrespondiert die allgemein gehaltene Forderung von Charlene Spretnak, Frauen müßten gleichberechtigt an allen Ritualen beteiligt werden, als Pfarrerinnen, als Rabbis und Priesterinnen, die Sprache der Predigten und Übersetzungen müsse die Frauen mit einschließen und die Gottheit müsse auch weiblich verstanden werden.[132]
Vom Feminismus erwartet man im New Age alles, er ist so etwas wie ein Universalrezept. Man erwartet von ihm die totale Veränderung aller sozialen Strukturen, die radikale Humanisierung der Menschheit, die Wiederversöhnung des Menschen mit der Erde[133] und die Überwindung der Spannung zwischen der Transzendenz und der Immanenz.[134]
Mit dem Prinzip des Feminismus wendet sich das New Age-Denken dezidiert gegen die Familie. In ihr sieht es eine patriarchalische Institution, die durch neue Formen des Zusammenlebens ersetzt werden muß. In Verbindung damit fordert es absolute sexuelle Freizügigkeit. Alles, was familienstabilisierend ist, bezeichnet es als repressiv. In absoluter sexueller Selbstbestimmung soll die Frau ihre Selbstverwirklichung finden. Es wird die Monogamie abgelehnt und die Meinung vertreten, auch Frauen seien „biologisch [nicht] für einen einzigen Partner, für eine monogame Ehestruktur ... gebaut".[135]

---

129 Ebd., 63f. Unter diesem Aspekt sieht man bereits Nikolaus von Cues († 1464) und auch Georg Friedrich Wilhelm Hegel († 1831) als Vorläufer des New Age an (ebd., 119. 123).

130 M. Ferguson, (Anm. 88), 266; L. v. Padberg, New Age und Feminismus, (Anm. 28), 42f.

131 M. Ferguson, (Anm. 88), 14 (Vorwort v. F. Capra); vgl. R. König, (S. 45 Anm. 44), 51f.

132 Ch. Spretnak, Die Grünen, (Anm. 115), 339.

133 R. Radford Ruether, Frauenbefreiung und Wiederversöhnung mit der Erde, in: E. Moltmann-Wendel, Hrsg., Frauenbefreiung. Biblische und theologische Argumente (Gesellschaft und Theologie, Systematische Beiträge 12), München ^{3}1982, 201f.

134 E. Sorge, (Anm. 127), 37.

135 M. J. Sherfey, Die Potenz der Frau, Köln 1974, 218f.; J. Menschik, Feminismus. Geschichte, Theorie, Praxis, Köln ^{2}1979, 55ff. 211ff. 225ff.; E. Borneman, Das Patriarchat. Ursprung und Zukunft unseres Gesellschaftssystems, Frankfurt/M. 1975, 537; P. Kelly, Um Hoffnung kämpfen. Gewaltfrei in eine grüne Zukunft, Bornheim-Merten 1983, 173; vgl. L. v. Padberg, New Age und Feminismus, (Anm. 28), 23f.; ders., Der Feminismus: Historische Entwicklung – ideologische Hintergründe – kulturrevo-

Um der Selbstverwirklichung der Frau willen[136] kämpft man im New Age auch für die Freigabe der Abtreibung. Die Frau muß vom „Gebärzwang" befreit werden und von einer „von den Männern als Herrschaftsinstrument eingesetzten Sexualität". Erst wenn sie ihre sexuellen Bedürfnisse ohne jede entgegenstehende Norm ausleben kann, ist sie wirklich emanzipiert, befreit.[137] Im Kampf für eine neue Gesellschaft tritt man für eine grundsätzliche Neubewertung der Sexualität ein. Im Protest gegen jede Form von Fremdbestimmung im Bereich der Sexualität und im selbstbewußten Ausleben von Alternativen sucht man nach neuen sexuellen Interaktionsmustern, unter denen man der Homosexualität einen besonderen Stellenwert einräumt, nicht nur der weiblichen, auch der männlichen.[138]

Bewußt stellt man sich gegen die Sexualethik des Zeitalters der Fische, die man als patriarchalisch, repressiv und familienstabilisierend brandmarkt. Als Alternative verkündet man absolute Normfreiheit in der Sexualität, ungehemmte sexuelle Ausschweifung mit Einschluß aller nur denkbaren Perversitäten. Man vertritt die Meinung, in diesem Bereich dürfe es keinen Vorbehalt oder keine Restriktion geben, die Sexualität müsse immer neue experimentelle und existentielle Formen annehmen, im Wassermann-Zeitalter könne sie ohne jegliche ethische Verantwortlichkeit ausgelebt werden. Sie wird zu einem wichtigen Medium im Dienst der Erlangung des richtigen Bewußtseins. Die derzeitige Sex-Szene kann in der Sicht des New Age nur ein Anfang sein, denn das Wassermann-Zeitalter hat eben erst begonnen, sich zu entfalten.[139]

---

lutionäre Ziele, in: P. Beyerhaus, Hrsg., Frauen im theologischen Aufstand. Eine Orientierungshilfe zur „Feministischen Theologie", Neuhausen/Stuttgart 1983, 79-83.

136 Es sei darauf hingewiesen, daß der Begriff der Selbstverwirklichung, dem im New Age-Denken wie im Feminismus und in vielen anderen Bereichen des modernen Lebens eine Schlüsselstellung zukommt, dem Marxismus entlehnt ist und im Marxismus der Gegenbegriff zum Begriff der Selbstentfremdung ist. Selbstverwirklichung bedeutet in diesem Sinne sein wahres Menschsein bewahren oder erwerben (K. Marx, Nationalökonomie und Philosophie, in: K. Marx, Die Frühschriften, hrsg. v. S. Landshut [Kröners Taschenausgabe 209], Stuttgart 1953, 281). Daraus wird dann in einem weniger nuancierten Verständnis das Bestreben, ganz nach seinem persönlichen Geschmack, entsprechend den jeweiligen Wünschen und Neigungen zu leben (W. Bienert, Faszinierender Marxismus – heute, Neuhausen/Stuttgart 1984, 44f.).

137 L. v. Padberg, New Age und Feminismus, (Anm. 28), 77.

138 H. Schenk, Die feministische Herausforderung. 150 Jahre Frauenbewegung in Deutschland (Beck'sche Schwarze Reihe 213), München ^{2}1981, 127-129; vgl. L. v. Padberg, New Age und Feminismus, (Anm. 28), 77-80.

139 R. König, (S. 45 Anm. 44), 94f. 136; L. v. Padberg, New Age und Feminismus, (Anm. 28), 21ff.; J. Schumacher, Die New Age-Bewegung als Anfrage an das Christentum, (Anm. 96), 72f.

Die Konsequenzen einer normfreien Sexualität, wie die Ausbreitung der Aids-Krankheit,[140] seelische Schäden, die Isolierung der Menschen, die Zerstörung der Menschenwürde und die Unterminierung des gesellschaftlichen Lebens, werden hier nicht zur Kenntnis genommen. Der Protest gegen die Wirklichkeit und ihre Negierung ist ein Strukturelement jeder Form der Esoterik.[141]
Wo die Sexualität eskaliert und gar mystisch verklärt wird, da ist ihre Fruchtbarkeit verständlicherweise verpönt. Wo die sexuellen Kräfte ohne jede Verantwortung aktiviert werden, da müssen die Folgen beseitigt werden, und zwar mit allen Mitteln, da ist der menschliche Fötus so etwas wie ein Unfall, nicht mehr und nicht weniger.
Die Gedankenwelt des New Age ist weithin identisch mit jener der Grünen. Das ist der eigentliche Grund dafür, daß die Partei der Grünen schnell zu einer weltweiten politischen Kraft geworden ist. Die New Age-Bewegung betrachtet die Grünen als ihre Vorhut im Bereich der Politik. Fritjof Capra stellt anerkennend fest, die grüne Politik sei die Politik des Paradigmas, und erklärt: Wir brauchen „eine globale grüne Politik – mit anderen Worten: die Übertragung grüner Perspektiven auf den ganzen Planeten und die gesamte Menschheitsfamilie".[142] In den bundesdeutschen Grünen sieht er „die machtvollste Manifestation" der New Age-„Kultur".[143]

Eine Welt – eine Religion

Das neue Zeitalter des Friedens und der Harmonie soll der Menschheit das allgemeine Glück bringen, einen neuen Menschen und einen neuen Geist, somit auch eine neue Politik und eine neue Religion. Das Zeitalter der Fische, ein Zeitalter der Angst und der Kriege, der Spannungen und der Unterdrückung, wird dann in idealer Weise und endgültig überwunden sein. Ein wesentliches Element des neuen Zeitalters ist die politische und die religiöse Einigung der Welt. Sie ist das Ergebnis der Ausbreitung

140 Wie der Leiter des französischen Zentrums der Weltgesundheitsorganisation in Straßburg, Brunet, im Oktober 1992 mitteilte, ist die Zahl der registrierten Aidskranken in Europa im ersten Halbjahr 1992 im Vergleich zum Vorjahreszeitraum um 28% gestiegen, wobei zu berücksichtigen ist, daß die Zahl der wirklich neu Infizierten weit höher liegt (vgl. Frankfurter Allgemeine Zeitung vom 22. Oktober 1992).

141 Vgl. R. König, (S. 45 Anm. 44), 94f.

142 Vorwort zu Ch. Spretnak, Die Grünen, (Anm. 115), 10f.

143 F. Capra, Die Bedeutung der Grünen für die Welt, in: Ch. Spretnak, Nicht links, nicht rechts, sondern vorne: Die Grünen. Die Studie einer amerikanischen Aktivistin über DIE GRÜNEN und ein Bericht über grüne Politik in den USA (Goldmann Taschenbuch 14008), München 1985, 9.

der New Age-Spiritualität. Aus ihr soll die allgemeine, für die ganze Menschheit verbindliche New Age-Religion hervorgehen, die ihrerseits im Zusammenhang mit einer universalen Weltzivilisation und einer zentralen Weltregierung in einem einzigen religiös-politisch-wirtschaftlichen System im Dienst der Weltgemeinschaft der Völker und aller Menschen den Zustand paradiesischer Ureinheit und Glückseligkeit herbeiführen soll. In diesem Paradies hat der einzelne alles, nur eines hat er nicht: die Freiheit. Sie ist der Preis der allgemeinen Glückseligkeit, denn diese politisch und religiös geeinte Welt ist notwendig eine total verwaltete Welt, in der alles geregelt wird und alle Bereiche der menschlichen Gesellschaft kontrolliert werden, in der die Macht in den Händen weniger liegt. Man sagt, der Weg zu dieser vollkommenen Welt führe über das rechte Denken, das durch die Transformation des Bewußtseins erreicht werde, räumt allerdings ein, daß das allein nicht hinreiche, daß es zur Erreichung des Endziels noch einer Technik der Macht bedürfe. Das Paradies, der erwartete Zustand universaler Harmonie und des allgemeinen Glücks, geht also auf Kosten der Freiheit. Dennoch findet der Appell an die Sehnsucht der Menschen nach der „einen Welt", nach einer Weltgemeinschaft aus allen Rassen, Kulturen und Religionen großen Anklang, speziell angesichts der Angst vieler vor den Bedrohungen des modernen Lebens, angesichts eines allgemeinen Krisenbewußtseins.[144]
Das Totalitätsdenken des New Age wird hier zum totalitären Denken. Auch darin unterscheidet sich das New Age nicht von den verschiedensten Systemen der Esoterik. Wo immer das Charisma und die spontane Erfahrung über die Vernunft gestellt und Spiritualität und Politik in eins gesetzt werden, da verliert der Mensch seine Freiheit. Anschauliche Beispiele dafür sind der Nationalsozialismus und der Kommunismus. Wenn der politische Messianismus zum Zuge kommt, führt er die Menschen notwendig in die Versklavung.[145]
Die New-Age-Bewegung erhebt im Grunde einen Absolutheitsanspruch, den sie mit letzter Unnachgiebigkeit und Intoleranz gegenüber den Andersdenkenden durchsetzen wird, wenn sie die Möglichkeit dazu hat. So wenig das New Age den Anspruch rechtfertigen kann, rational zu sein, so wenig kann es den Anspruch der Freiheitlichkeit rechtfertigen. Bei

---

144 Vgl. Botschaft des Internationalen Bekenntniskongresses von 1987 in Zürich (P. Beyerhaus, L. v. Padberg, (Anm. 52), 271f.); W. Schmidt, E. Flöther, C. Matrisciana, (Anm. 26), 12; J. Schumacher, Die New Age-Bewegung als Anfrage an das Christentum, (Anm. 96), 73.

145 C. Cumbey, Die sanfte Verführung. Hintergrund und Gefahren der New Age-Bewegung, Asslar ^{6}1987, 114ff.; K. Berger, New Age – Irrweg oder Ausweg?, Asslar ^{2}1987, 120f.; vgl. auch G. Schiwy, (S. 145 Anm. 47), 88f.

näherem Hinsehen erweist es sich nicht nur als irrational, sondern auch als unfreiheitlich.[146]
Auch in diesem Punkt ist das New Age-Denken schon in weiten Bereichen unserer Gesellschaft wirksam geworden. Unsere Zeit gebärdet sich zwar äußerst tolerant, ist es im Grunde jedoch mitnichten, sie gibt sich zwar freiheitlich, übt jedoch in wachsendem Maße Zwang aus, was allerdings im allgemeinen nicht erkannt wird. Man geriert sich originell und selbständig, unterliegt dabei jedoch einer Vereinheitlichung des Denkens, des Empfindens, des Verhaltens und des Handelns, wie es das bisher in der Geistesgeschichte der Menschheit nicht gegeben hat, schon deswegen nicht, weil jenes totale Kommunikationsnetz fehlte, das in der Gegenwart zu größter Perfektion ausgebaut worden ist. Alles ist genormt in dieser Gesellschaft, und die Normierung schreitet voran, sie vermittelt aber gleichzeitig die Illusion, jedem einzelnen ein unendliches Maß an Selbstbestimmung zu überlassen.
Im New Age wird die die innere Einheit und die prinzipielle Gleichwertigkeit aller Religionen behauptet. Das ist ein Gedanke, der uns immer wieder in den esoterischen Systemen begegnet. Die einzelnen Religionen sind in dieser Sicht nichts anderes als Versuche, die eine Wahrheit zu begreifen. Welche Religion der einzelne wählt, das ist demnach nicht eine Frage der Überzeugung, sondern der persönlichen Vorliebe oder des persönlichen Lebensstils. Deshalb kann man die Religionen auch durchaus miteinander vermischen. Das New Age versteht sich selbst als die Zusammenfassung und Vollendung aller Religionen und geht davon aus, daß die Welteinheitsreligion im Grunde in der New Age-Spiritualität bereits vorhanden ist. Daher verwendet es auch bewußt religiöse Termini aus den verschiedenen Religionen.
Der Gedanke einer neuen Religion, einer ganzheitlichen Weltreligion der Zukunft, einer Religion für alle, wurde in neuerer Zeit des öfteren artikuliert, besonders nachdrücklich von Carl Gustav Jung († 1961), der für das New Age eine gewichtige Autorität darstellt. Er denkt dabei an eine Weiterentwicklung des zeitgenössischen Christentums. Er meint, für diese Religion sei das Neue Testament so etwas wie eine Präfiguration, eine Wegbereitung, und er fügt hinzu, diese Religion werde monistisch sein und in ihr werde nur die Autorität des einzelnen gelten, in ihr werde es „keinen normativen Text, kein normatives Zeugnis und keine normative Offenbarung, keine zentrale Gestalt, kein zentrales Symbol und kein

146 R. König, (S. 45 Anm. 44), 99f.; Botschaft des Internationalen Bekenntniskongresses von 1987 in Zürich (P. Beyerhaus, L. v. Padberg, [Anm. 52], 275f.); J. Schumacher, Die New Age-Bewegung als Anfrage an das Christentum, (Anm. 96), 73f.

zentrales Bekenntnis" geben, erst recht „keine zentralisierte Kirchengewalt".[147] Er räumt allerdings ein, daß es noch Jahrhunderte dauern werde, bis diese ideale Religion Wirklichkeit werde.[148]

Der Gedanke der Gleichwertigkeit der Religionen und die Hoffnung auf eine Welteinheitsreligion finden heute ein starkes Echo in den verschiedenen christlichen Gruppierungen, auch in der katholischen Kirche. Man spricht häufiger von dem Anteil, den alle Religionen an der universalen, die ganze Menschheit durchdringenden Heilsoffenbarung haben, und betrachtet die Religionen als „latente Kirche" (Paul Tillich) und ihre Anhänger als „anonyme Christen" (Karl Rahner).[149]

Wenn Eugen Drewermann einer Welteinheitsreligion das Wort redet, so ist er nur einer von vielen. Zu dieser Religion bekennt er sich in der Tat, wenn es für ihn nur eine einzige Religion des Herzens gibt, die sich – mehr oder weniger geglückt – in den äußeren Religionen darstellt, wenn die Tiefe der eigenen Seele, die Selbstfindung, die Selbstverwirklichung und die Ich-Stärkung wichtiger sind für ihn als die metaphysischen Aussagen der Religionen. Sein im Jahre 1992 erschienenes Buch „Der Weg des Herzens" kommentierend, erklärt er, es komme weniger auf die Form der Religion an als auf die Weise, wie sie gelebt werde.[150] Im Kontext der Relativierung der Religionen steht auch das „Friedenskonzil" von Seoul, das im Herbst 1990 stattgefunden hat. Einer seiner Initiatoren, der Physiker Carl Friedrich von Weizsäcker,[151] sah darin eine Vorstufe für ein späteres „Konzil" der Weltreligionen. Nicht ganz frei von diesem Geist war endlich die ökumenische Versammlung „Friede in Gerechtigkeit", die in der Pfingstwoche des Jahre 1989 in Basel abgehalten worden ist. Es ist bezeichnend, daß damals kein Geringerer als Carl Friedrich von Weizsäcker den Abschlußvortrag gehalten hat.

Vielfach verbindet man mit dem Gedanken der Welteinheitsreligion die Erwartung eines „Weltlehrers", eines neuen Christus, der das ersehnte irdische Weltreich, die neue politische Weltordnung, herbeiführen soll. Im Anschluß an buddhistische Vorstellungen wird er auch Maitreya genannt. Zur Rechtfertigung dieser Erwartung beruft man sich darauf,

---

147 M. Stein, (S. 50 Anm. 16), 267.

148 Ebd., 264f.

149 Vgl. Botschaft des Internationalen Bekenntniskongresses von 1987 in Zürich (P. Beyerhaus, L. v. Padberg, [Anm. 52], 272f.).

150 Publik-Forum vom 25. September 1992. Vgl. G. L. Müller, Den Sohn Gottes erklärt er zum Mythos. Zu einem Buch Drewermanns über das Matthäusevangelium, in: Deutsche Tagespost vom 4. April 1992; K. Berger, Zum Ketzer reicht es nicht. Eugen Drewermanns Matthäuskommentar, in: Frankfurter Allgemeine Zeitung vom 14. April 1992.

151 S. oben S. 254.

daß in vielen Religionen im Zusammenhang mit einem neuen Zeitalter eine große religiöse Führergestalt erwartet wird. Faktisch ist der „Weltlehrer“ so etwas wie eine Parodie auf den wiederkehrenden Christus. Man wird dabei an das 13. Kapitel der Apokalypse erinnert, das im Bild von dem Tier aus dem Meer und dem Tier von der Erde die antichristliche Gewalt des Heidenstaates beschreibt.[152]
Die synkretistische Welteinheitsreligion des New Age hat zum Ziel die Vergottung des Menschen, der aus eigener Kraft über sich selbst hinauswachsen soll. Einen persönlichen Gott lehnt sie ab. Ihr Gottesbild ist pantheistisch, panentheistisch – zumindest in der Tendenz. Gott ist für sie wesenhaft identisch mit der Schöpfung, sofern die Dinge aus ihm hervorgegangen sind und er die Wirklichkeit eines jeden Dings ist.[153]
In der Welteinheitsreligion ist, wie auch sonst im New Age, keine feste und übergreifende Institution erkennbar. Eine solche ist auch gar nicht erwünscht. Das New Age betrachtet jede Institution, besonders im Kontext der Religion, mit größtem Mißtrauen. Es gibt zwar wesentliche Prinzipien in dieser Religion für alle, aber keine Dogmatik. Sie distanziert sich zudem vom Glauben, indem sie behauptet, alle Inhalte, die sie bekennt, seien einsehbar und beweisbar. In ihr gibt es endlich kein Gebet, und ihr Ziel ist nicht die liebende Gemeinschaft mit Gott, sondern die Identifizierung, die Verschmelzung mit ihm.
Die Welteinheitsreligion ist eine Religion, aus der das Übernatürliche verbannt ist, und sie verbindet sich mit einer Moral, die rein pelagianisch ist entsprechend der Selbsterlösungslehre, die ein genuines Moment aller Formen der Esoterik ist. Sie ist eine Diesseitsreligion im Dienst des starken Menschen und seiner Höherführung. Im Vordergrund steht dabei jedoch nicht das Individuum, sondern das Kollektiv. Im Grunde ist sie eher fernöstlich denn christlich akzentuiert.[154]

Missionarisches Wirken

Wer die persönliche Transformation im New Age erreicht hat, ist bemüht, die Gesellschaft zu transformieren. Jene, die ihr Denken im Sinne des „neuen Paradigmas“ verändert haben, setzen sich in allen

---

152 B. Creme, Maitreya Christus und die Meister der Weisheit, Göttingen 1986; vgl. R. König, (S. 45 Anm. 44), 99f. 33; P. Beyerhaus, L. v. Padberg, (Anm. 52), 244; J. Tibusek, (S. 19 Anm. 11), 18. 33; J. Schumacher, Die New Age-Bewegung als Anfrage an das Christentum, (Anm. 96), 73f.

153 C. Cumbey, (Anm. 145), 165; vgl. R. Hinrichs, (Anm. 48), 12.

154 L. Gassmann, New Age, Bad Liebenzell 1987, 12f.

Bereichen des Lebens für die Verwirklichung des New Age-Gedankens ein. Marylin Ferguson nennt sie die „Verschwörer im Zeichen des Wassermanns".[155] Sie bilden „Netzwerke", um mit ihrer Hilfe auf mannigfachen Wegen die Transformation weiterzutragen. Diese Netzwerke schließen Menschen und Einrichtungen zusammen, die das neue Bewußtsein erworben haben. Miteinander verbunden, bilden sie zusammen ein einziges großes Netzwerk. Marilyn Ferguson beschreibt die Ausbreitung des New Age-Denkens mit folgenden Worten: „Ein führerloses, aber dennoch kraftvolles Netzwerk arbeitet, um in dieser Welt eine radikale Veränderung herbeizuführen ... Dieses Netzwerk ist die sanfte Verschwörung im Zeichen des Wassermanns. Eine Verschwörung ohne politische Doktrin. Ohne Manifest. Aktive Verschwörer stellen verschiedene unbequeme Fragen und fordern somit das Establishment von innen her heraus."[156] Die Netzwerke unterstützen den einzelnen und geben ihm das Gefühl, nicht allein zu sein. Von außen her werden sie vielfach nicht einmal als das erkannt, was sie sind. Immerhin sind sie ein wesentliches Instrument zur Transformation der Gesellschaft. Sie verbinden Individuen und Gruppen, ohne ihnen ihre essentielle Autonomie zu nehmen. Sie wollen eine zeitgemäße Alternative zu den „Bürokratien und Hierarchien"[157]sein. Sie sind dezentral angelegt und nicht hierarchisch organisiert. In ihnen werden die Entscheidungen jeweils von den Mitgliedern gemeinsam getroffen. Sie sind kommunikativ und kooperativ. Trotz verschiedener Prägung arbeiten sie einmütig zusammen an dem großen Ziel der Transformation der Gesellschaft.[158]
Im Blick auf die Netzwerke schreibt Marilyn Ferguson: „Verstärkt durch die elektronischen Kommunikationsmittel, befreit von den alten Beschränkungen von Familie und Kultur, stellt das Netzwerk das Gegenmittel für die Entfremdung dar. Es entwickelt genug Kraft, um die Gesellschaft zu erneuern. Es bietet dem einzelnen emotionale, intellektuelle, spirituelle und wirtschaftliche Unterstützung. Es ist ein unsichtbares Heim, ein mächtiges Mittel, um den Kurs der Institutionen, besonders der Regierung, zu ändern ..."[159] Ein Netzwerk bilden in diesem Verständnis „Kernzellen, die trotz möglichst weiter Verbreitung untereinander in ständiger Verbindung stehen und so gleichsam einen Staat im

---

155 M. Ferguson, (Anm. 88), 25.

156 Ebd.

157 E. Gruber, S. Fassberg, (S. 10 Anm. 1), 88.

158 Ebd., 89f.

159 M. Ferguson, (Anm. 88), 289.

Staate bilden".[160] Gern vergleicht man die Netzwerke mit dem menschlichen Nervensystem oder mit dem Gehirn des Menschen. Die entscheidende Aufgabe, die man ihnen zuschreibt, ist die Neuverteilung der Macht.

In den Methoden, derer man sich in den Netzwerken bedient, ist man nicht zimperlich. Man ist der Meinung, daß das große Ziel jeden Einsatz rechtfertigt. Man betätigt sich in Umweltschutzgruppen und arbeitet mit Boykotten, Tauschhandel und Großeinkauf.[161]

In den letzten Jahren haben sich in der westlichen Welt nicht wenige New Age-Institutionen gebildet, die ihrerseits in der Art von Netzwerken miteinander verbunden sind und sich im Dienst der weltweiten Transformation wissen.

Das Gehirn aller New-Age-Institutionen ist der sogenannte Lucis-Trust (früher „The Lucifer Publishing Company").[162] Diese Institution ist durch die Zentrale für Public Informations der UNO anerkannt und bei deren Versammlungen in Genf und in New York vertreten. In den USA genießt sie Steuerfreiheit.

Wichtige Instrumente der Propaganda des New Age sind Institutionen, die Seminare und Schulungen durchführen, oft in Verbindung mit Bildungsreisen. In nahezu allen größeren Städten sind diese Institutionen bereits vertreten. Dort werden die verschiedensten Themen des New Age-Bewußtseins behandelt, ohne daß die New Age-Bewegung dabei hervortritt. Gegenwärtig stehen allein in Deutschland über 3000 solcher Organisationen und Zentren zur Verfügung. In der Werbung werden wohlklingende Namen eingesetzt, und auch hier nimmt das New Age die Autorität der Wissenschaft in Anspruch. Vielfach erfolgt die Werbung durch Zeitungsannoncen, in denen die Erforschung der eigenen Seele, ein Seelentrip für ein Wochenende, die Steigerung der Lebenskraft und der Gesundheit und die größere Effizienz der Arbeit angepriesen werden. Man bietet Liebesfähigkeit, Entspannung und Selbstfindung an, verspricht Konzentration, Kommunikationsfähigkeit, Selbstwertgefühl, Kraft durch positives Denken, mehr Erfolg mit weniger Arbeit, faszinierende Ausstrahlung, berufliche Karriere und Heilung von seelischen und körperlichen Krankheiten. Ohne besondere Anstrengung soll der Angesprochene ein neues Bewußtsein und eine neue Identität erhalten. Solche

160 L. v. Padberg, New Age und Feminismus, (Anm. 28), 48.

161 M. Ferguson, (Anm. 88), 249ff.; vgl. R. König, (S. 45 Anm. 44), 19-21. 57f.; J. Tibusek, (S. 19 Anm. 11), 15f.

162 Diese Organisation geht zurück auf Alice Bailey (siehe oben S. 243f.).

Verheißungen sind werbewirksam, dem kritischen Beobachter erweisen sie sich jedoch als „Falschmünzerei".[163]

Zur indirekten Verbreitung des Ideengutes des New Age bedient man sich der verschiedenartigsten Bildungsveranstaltungen. Man erteilt Nachhilfe-Unterricht an Schulen und Universitäten, veranstaltet Management-Seminare und organisiert internationale wissenschaftliche Kongresse. Man sucht Regierungsstellen und Parteien zu unterwandern, gründet Parteien und Firmen, Zeitungen und Fernsehanstalten und produziert Filme.

Das neue Denken bringt man zur Geltung im Fernsehen, im Hörsaal, im Klassenzimmer, im Film, in der Kunst, in Druckerzeugnissen, in wissenschaftlichen Zeitschriften, in Liedern, in Regierungsdokumenten, in der Verwaltungspolitik und in der Gesetzgebung.[164] Man verbreitet die Ideen der Transformation in Büchern über Gesundheit, Sport, Diät, Selbstverteidigung, Streß, zwischenmenschliche Beziehungen, Selbstvervollkommnung und Geschäftsmanagement. Das alles geschieht, ohne daß man mit offenen Karten spielt. Und viele wirken mit bei der Ausbreitung des New-Age-Denkens, ohne es zu ahnen.

Ein bedeutender Faktor der geistigen Expansion des New Age ist die Literatur, die sich in einer unübersehbaren Fülle den verschiedensten Themen aus der Sicht und im Geist des New Age zuwendet. Vertraulich arbeitet man dabei zusammen mit den neuen Jugendreligionen und deren Unterorganisationen.[165]

Im Sphinx-Verlag in Basel erscheint ein Kalender mit dem Namen „Netzwerk", er unterrichtet über die New Age-Aktivitäten der verschiedensten Gruppen. Das Nachschlagewerk „Connexions New Age" nennt in seiner Ausgabe von 1987 2000 Kontakt-Adressen allein im deutschsprachigen Raum, 1750 in der Bundesrepublik Deutschland, ohne Anspruch auf Vollständigkeit zu erheben, und 100 Kursorte, an denen Schulungen im Sinne des New Age durchgeführt werden. Das Angebot reicht von Reinkarnationstherapie bis zu Einführungen in die Astrologie, in das Kartenlegen, in das Pendeln, in die Runenmagie, in die Ufologie und in den Hexenkult. Da die verschiedenen Einrichtungen des New Age in Netzwerken miteinander in Verbindung stehen, können die weltweiten Aktivitäten leicht koordiniert werden. Man schätzt, daß im deutschen

---

163 W. Schmidt, E. Flöther, C. Matrisciana, (Anm. 26), 13f.; R. König, (S. 45 Anm. 44), 57-60; vgl. auch die Information „New Age": „The Lucifer Publishing Co.", (Anm. 5), S. 16.

164 Wie Marilyn Ferguson betont, ist die Propaganda besonders erfolgreich im Erziehungswesen, auch im kirchlichen Bereich (M. Ferguson, [Anm. 88], 72).

165 W. Schmidt, E. Flöther, C. Matrisciana, (Anm. 26), 19-21.

Sprachraum bereits an die 20 000 Personen ausschließlich vom New Age leben.[166]

In weitem Umfang benutzt man die modernen Kommunikationsmittel und sieht sie geradezu als providentiell an. Bewußt setzt man die elektronischen und audiovisuellen Medien sowie die elektronische Datenverarbeitung und den Datenaustausch ein. Programmatisch nimmt man die Möglichkeiten der hochentwickelten Kommunikationstechnik für die Transformation der Gesellschaft und ihre Hinführung zur Welteinheitsreligion und zum Welteinheitsstaat in Dienst. Die Vordenker des New Age betrachten die modernen Kommunikationsmittel als Instrumente eines sich entwickelnden globalen Gehirns und damit eines globalen Menschheitsbewußtseins.[167]

Zentren der Ausbreitung des Gedankengutes des New Age sind in Europa das Teilhard Centre in London und das Institut für Planetarische Synthese in Genf. Zahlreiche weitere Organisationen treten ihnen zur Seite.[168] Das Institut für Planetarische Synthese in Genf stützt sich vor allem auf die Schriften von Alice Bailey und möchte „ein Netzwerk ... schaffen, das alle menschlichen Beziehungen umfaßt".[169] Es hat den Plan, eine „Universität für Planetarische Synthese" zu gründen.[170] Nach eigenen Aussagen arbeitet es mit der Theosophischen Gesellschaft und mit der Anthroposophischen Gesellschaft, aber auch mit der Weltgesundheitsorganisation und mit der UNESCO zusammen.[171] In Deutschland werden die Interessen des Instituts für Planetarische Synthese vor allem von der „Merkurschule" in Solingen wahrgenommen.[172]

Die älteste New-Age-Institution ist die Findhorn Foundation in Schottland,[173] für viele die Wiege des neuen Zeitalters.[174] Seit 1962 propagiert sie die Ideen von Alice Bailey. Im Jahre 1980 zählte sie bereits an die 200 Mitglieder.[175] Bekannt wurde sie durch den New Age-Vordenker David

---

166 R. König, (S. 45 Anm. 44), 57-60. 97f.; J. Tibusek, (S. 19 Anm. 11), 43-46; K. Ledergerber, P. Bieri, Was geht New Age die Christen an? Brücken zum gegenseitigen Verständnis (Herder Taschenbuch 1542), Freiburg 1988, 18.

167 R. König, (S. 45 Anm. 44), 133.

168 Ebd., 60. 133.

169 Institut für Planetarische Synthese, Präambel; J. Tibusek, (S. 19 Anm. 11), 31.

170 Ebd.

171 Ebd.

172 Ebd.

173 Die genauen Adressen der verschiedenen Institutionen bei R. König, (S. 45 Anm. 44), 133.

174 E. Gruber, S. Fassberg, (S. 10 Anm. 1), 41.

175 K. Ledergerber, P. Bieri, (Anm. 166), 14.

Spangler und seine „Offenbarungen".[176] Wichtige Elemente sind hier die innere Einheit mit der Natur, der Umgang mit der Geisterwelt und die Idee der Einheit der Religionen. Als Kriterium für die Richtigkeit dieses Weges gilt die Überfülle des Wachstums in den Findhorn-Gärten.[177] Im deutschsprachigen Raum werden die Ideale dieser spezifisch geprägten New Age-Institution vertreten durch den Greuth Hof bei Kimrathshofen im Allgäu, die Sonnenbogen-Gemeinschaft im Kleinwalsertal, den eingetragenen Verein „Mutter Erde" bei Altenkirchen im Westerwald und den Lebensgarten in Steyerberg bei Nienburg a. d. Weser.[178]
Auf internationaler Ebene gibt es verschiedene New Age-Institutionen, die Verbindungen zur UNO und zu deren Unterorganisationen haben und einen nicht geringen Einfluß auf die Politik, die Wissenschaft und die Erziehung in der ganzen Welt ausüben. Davon berichtet die Zeitschrift „Esotera".[179]
Der schon erwähnte UNO-Politiker Robert Muller[180] ist Vorstandsmitglied der Bailey-Organisation „Planetary Citizens",[181] eines Zusammenschlusses von etwa 300 verschiedenen New Age-Gruppierungen. Am Aufbau dieser Organisation waren unter anderen der verstorbene UN-Generalsekretär U Thant und der Gründer des „Club of Rome", Aurelio Peccei, beteiligt.[182] Muller ist Ehrenmitglied der „United Human Foundation" (UNH), einer weiteren einflußreichen New Age-Institution.[183] Wie er ausdrücklich bekennt, hat er seine Aufgaben in der UNO stets im

---

176 D. Spangler, New Age – Die Geburt eines Neuen Zeitalters, Frankfurt a. M. 1978. S. unten S. 285.

177 Die Gemeinschaft von Findhorn widmet sich vorrangig dem Anbau von Gemüse und führt die dabei erzielten ungewöhnlichen Erfolge auf Naturgeister, wie Devas, Elfen und Faunen zurück.

178 J. Tibusek, (S. 19 Anm. 11), 29. 35; R. Hinrichs, (Anm. 48), 7; vgl. G. Trevelyan, (Anm. 81), 146; M. Ferguson, (Anm. 88), 488-495; Th. Roszak, Das unvollendete Tier. Eine neue Stufe in der Entwicklung der Menschheit, Reinbek 1985, 42; K. Ledergerber, P. Bieri, (Anm. 166), 28.

179 Esotera Nr. 1, 1986; vgl. R. König, (S. 45 Anm. 44), 133.

180 S. oben S. 247.

181 Vorstandsmitglied dieser Organisation ist auch der prominente New Age-Vertreter David Spangler, der einige Jahre Direktor der Findhorn-Community war und mit dem für die New Age-Bewegung sehr bedeutsamen Werk „New Age – Die Geburt eines Neuen Zeitalters. Die Findhorn-Community" (Frankfurt a. M. 1978) hervorgetreten ist. Vgl. oben S. 284.

182 J. Tibusek, (S. 19 Anm. 11), 29-31.

183 Ebd., 39.

Geist des New Age verrichtet.[184] Er träumt von einer „spirituellen Weltdemokratie".[185] Dabei setzt er große Hoffnungen auf eine Ökumene der Religionen unter Führung der UNO. Die Vereinten Nationen sollen seiner Meinung nach am Ende so etwas sein wie der „Leib Christi".[186]
Im Einflußbereich des New Age stehen Institutionen wie die Existentialpsychologische Bildungs- und Begegnungsstätte des Grafen Dürckheim in Todtmoos im Schwarzwald, das Wassermann-Zentrum in Schwäbisch Hall, das ökumenische Zentrum für Meditation und Begegnung Neu-Mühle im Saarland,[187] das Esoterische Bildungszentrum in Hürth bei Köln, die Allgemeine Gesellschaft für Natur, Integration und Menschwerdung e. V., Frankfurt, auch Frankfurter Ring genannt, und das Forum International in Freiburg, um nur einige in Deutschland zu nennen. Sie alle haben einen weiten Aktionsradius und bilden immer wieder Ableger.[188]
Es ist bemerkenswert, daß die Aktivitäten des New Age von den öffentlichen Medien weitgehend unterstützt werden, bewußt oder unbewußt, und damit Millionen von Menschen erreichen.
Es gehört zur Eigenart der New-Age-Bewegung, daß die Propagierung des New Age-Gedankens nicht lautstark erfolgt, sondern mehr unterschwellig, im Sinne einer „Verschwörung".[189] Das neue Denken wird unmerklich in die Öffentlichkeit lanciert. Die Verbreitungsstrategie des New Age-Denkens wird so zu einer weltweiten Verschwörung. Weil das weibliche Prinzip dabei dominiert, spricht man von einer sanften Verschwörung.[190] Kritisch hat H. A. Pestalozzi sie mit dem Blick auf die Inhalte, die dabei vermittelt werden, als „sanfte Verblödung"[191] bezeichnet.

---

184 R. Muller, Die Neuerschaffung der Welt. Auf dem Weg zu einer globalen Spiritualität, München 1985, 238-240; vgl. G. Schiwy, (S. 145 Anm. 47), 86-88; J. Tibusek, (S. 19 Anm. 11), 39. 63.

185 R. Muller, (Anm. 184), 31.

186 Ebd., 195; vgl. J. Tibusek, (S. 19 Anm. 11), 63.

187 Gemeint ist hier die Ökumene der Religionen. Das Zentrum wurde begründet von Freunden des Grafen Dürckheim und des Jesuiten Hugo Enomyia-Lasalle (vgl. J. Tibusek, [S. 19 Anm. 11], 50).

188 Ebd., 43-53. In Abhängigkeit von der Begegnungsstätte in Todtmoos steht, wie J. Tibusek mitteilt, der Benediktshof in Münster in Westfalen unter der Leitung des Benediktiners Ludolf Hüsing (ebd., 49).

189 Vgl. M. Ferguson, (Anm. 88), passim.

190 Vgl. ebd.

191 H. A. Pestalozzi, Die sanfte Verblödung. Gegen falsche New Age-Heilslehren und ihre Überbringer. Ein Pamphlet, Düsseldorf ^{3}1986.

Zwar erfolgt die Propagierung des New Age-Denkens unter den Augen der Öffentlichkeit, faktisch wird sie jedoch kaum wahrgenommen.[192] Wie sehr man latent und im Stillen gearbeitet hat, beweist die Tatsache, daß erst relativ wenige von der Existenz und von den Zielen der New Age-Bewegung wissen, obwohl deren Gedankengut immerhin seit mehr als einem Jahrzehnt verbreitet wird und in der Öffentlichkeit nicht geringen Einfluß ausübt.[193]

Würdigung

Die New-Age-Bewegung ist durchweg darum bemüht, die Gunst des Christentums und der Kirche zu gewinnen oder sich mit ihnen zu verbünden und ihre Unterstützung zu finden. Man hat wohl erkannt, daß das Christentum und die Kirche noch immer ein bedeutender gesellschaftlicher Faktor sind und daß man im Verein mit ihnen seine Ziele schneller erreichen kann.[194] Als Verbindungsglied betrachtet man dabei vielfach den Jesuiten Teilhard de Chardin († 1955), der, in gewisser Weise eine Kultfigur des New Age,[195] innerkirchlich jedoch umstritten ist.[196]
Es gibt heute nicht wenige Stimmen innerhalb des Christentums, die die Vereinbarkeit des Christentums mit der New Age-Bewegung für möglich halten oder gar eine Hinordnung des Christentums auf das New Age behaupten. Der Publizist Günther Schiwy, früher Jesuit, geht so weit, daß er den Geist des New Age mit dem Heiligen Geist identifiziert.[197] Dabei beruft er sich auf C. G. Jung († 1961)[198] und verweist auf den Zisterzienser-Abt Joachim von Fiore († 1202), der von der zukünftigen Entwicklung des christlichen Äons zu einem Äon des Heiligen Geistes gesprochen hat.[199]
Schiwy versucht nachzuweisen, daß das New Age-Denken nichts anderes ist als eine leicht säkularisierte Variante der Lehre vom Heiligen Geist, wie

---

192 A. Meyhöfer, (Anm. 57)

193 M. Ferguson, (Anm. 88), 39-41; R. König, (S. 45 Anm. 44), 20-23. 64.

194 A. Meyhöfer, (Anm. 57)

195 Vgl. M. Ferguson, (Anm. 88), 56.

196 Siehe oben S. 142ff.

197 G. Schiwy, (S. 145 Anm. 47), passim, bes. 109; vgl. A. Socci, Ein alter Irrtum macht wieder Schule, in: 30 Tage in Kirche und Welt 1, 1991, Nr. 1, S. 30-36.

198 Vgl. C. G. Jung, Zur Psychologie westlicher und östlicher Religion, Zürich/Stuttgart 1963, 683ff.

199 Vgl. J. Schumacher, Der Abschluß der Offenbarung Gottes (Freiburger theologische Studien 114), Freiburg 1979, 93f.

sie Papst Johannes Paul II. in der Enzyklika „Dominum et vivificantem" vom 18. Mai 1986 entfaltet hat. Das Fazit seiner Überlegungen lautet: „Der Geist des Neuen Zeitalters ist der Geist Gottes. Das läßt uns hoffen und fordert uns auf, an der ‚sanften Verschwörung' mitzuwirken."[200] Als Kronzeugen für die Vereinbarkeit des New Age-Bewußseins und des christlichen Bewußtseins führt er neben Teilhard de Chardin († 1955) den deutschen Jesuiten Hugo Makibi Enomiya-Lasalle († 1991) an, der berühmt geworden ist durch die Zen-Kurse, die er seit dem Ende der sechziger Jahre überall in der Welt gehalten hat. Schiwy erklärt, auch Enomyia-Lasalle sei davon überzeugt gewesen, daß das New Age, nicht anders als das Christentum, „der Unruhe des Geistes Gottes" entstamme, von dem die Schrift sagt, daß er den Erdkreis erfüllt und daß er weht, wo er will (Joh 3,8).[201] In der Tat schreibt Enomyia-Lasalle: „... man kann doch in dem, was mit dem integralen Bewußtsein Wirklichkeit wird, einen Beginn der Umwandlung der Welt gemäß den messianischen Weissagungen sehen."[202]

Wo immer die innere Zuordnung von New Age und Christentum behauptet wird, geht man indessen von einem gestaltlosen Christentum aus, das bereits eine Neu- oder Uminterpretation im Sinne des New Age erfahren, damit aber seine Authentizität verloren hat.[203]

Das ist auch die Meinung der New Age-Theoretikerin Marilyn Ferguson, denn sie bemerkt, das Christentum könne erst dann das Wohlwollen des New Age finden, wenn es „gereinigt" und dem New Age adaptiert, wenn es transformiert und zu einem esoterischen Christentum umgewandelt worden sei. Sie spricht in diesem Zusammenhang von dem „Wassermann-Evangelium Jesu Christi".[204]

In der Tat verwendet man im New Age häufig christliche Begriffe, unterlegt ihnen aber eine andere Bedeutung und hofft auf eine allmähliche „Reinigung" und „Transformation" des Christentums in diesem Sinne.

---

200 G. Schiwy, (S. 145 Anm. 47), 109.

201 Ebd., 102. Vgl. oben Anm. 72 u. 187.

202 H. M. Enomyia-Lasalle, Am Morgen einer besseren Welt. Der Mensch im Durchbruch zu einem neuen Bewußtsein (Herderbücherei 1164), Freiburg 1985, 148f. Im gleichen Buch distanziert sich der Autor allerdings von typischen New Age-Positionen, wie sie uns etwa in der Selbsterlösung und im Irrationalismus begegnen. Vgl. A. Meyhöfer, (Anm. 57); N. Lobkowicz, Neues Zeitalter im Sternzeichen des Wassermanns. Die verschwommene Ideologie der Bewegung „New-Age", in: Deutsche Tagespost vom 11. Juli 1987.

203 Sehr aufschlußreich ist in diesem Zusammenhang die bereits zitierte Schrift (Anm. 166): K. Ledergerber, P. Bieri, Was geht New Age die Christen an? Brücken zum gegenseitigen Verständnis, Freiburg 1988 (Herder Taschenbuch 1542).

204 M. Ferguson, (Anm. 88), 444f.

Es ist nicht zu leugnen, daß sich das Christentum der Gegenwart dem New Age-Denken ganz grundlegend nähert durch eine starke Tendenz zum Synkretismus und zur Einebnung seiner spezifischen Eigenart.[205]
Das Christentum und die Kirche haben ein völlig anderes Wirklichkeitsverständnis als das New Age. Dennoch können sie eine Reihe von Gedanken und Aktivitäten des New Age bejahen. In diesen Punkten ist die Zusammenarbeit mit den New Agern zu verantworten, sollte sie gar gesucht werden. Zu begrüßen sind die Hinwendung des New Age zu einer Dimension, die den Alltag übersteigt, die über das Sinnlich-Erfahrbare hinausgeht, auch wenn damit noch nicht die Transzendenz erreicht wird, und die In-Frage-Stellung des Positivismus, der sich auf die meßbare und berechenbare Welt beschränkt. Zu begrüßen ist auch der Einsatz des New Age für Frieden und Harmonie, für die innere und äußere Einheit der Menschheit. Damit werden wesentliche Anliegen des Christentums angesprochen.
Das New Age greift echte Probleme der Gegenwart auf, wenn es den egoistischen und kurzsichtigen Raubbau an der Natur oder die Bedrohung durch außer Kontrolle geratene Technologien anprangert. Eine größere Ehrfurcht vor der Schöpfung und vor dem Menschen muß die Unterstützung des Christentums und der Kirche finden. Vor den ökologischen Problemen darf der Christ die Augen nicht verschließen. Die Zerstörung der Natur kann ihm nicht gleichgültig sein. Er ist überzeugt von der Erschaffung der Welt durch Gott und von dem Kulturauftrag Gottes an den Menschen. Die Ehrfurcht vor der Schöpfung war schon immer eine grundlegende Forderung des Christentums. Sie erhält eine neue Dimension angesichts der modernen Entwicklung der Mikrophysik und der Mikrobiologie. Der Mensch hat heute die Macht, sich selbst und seinen Lebensraum völlig zu zerstören, gewollt oder ungewollt. Dank seiner ethischen Verantwortung darf er nicht alles tun, was er kann. Ein neues Verhältnis zur Natur ist eine dringende Notwendigkeit. Nicht weniger notwendig ist ein neues Verhältnis des Menschen zu sich selbst und zu seinen Mitmenschen. Ohne eine allgemeine moralische Aufrüstung gibt es keine humane Zukunft, ist vielleicht gar das Überleben der Menschheit gefährdet.[206]
Zu begrüßen ist auch die Ganzheitsmedizin, welche die seelischen Faktoren, die die Krankheit bedingen oder mitbedingen, in die Therapie einbezieht. Das New Age verdient alle Unterstützung, wenn es auf die heilenden Kräfte in der Tiefenseele rekurriert und diese etwa in der

---

205 R. König, (S. 45 Anm. 44), 82ff.

206 Vgl. ebd., 98.

Meditation aktiviert. Die Naturmedizin, die im Yoga angepriesenen Techniken zur Selbstfindung sowie die Entspannungstechniken der Ganzheitsmedizin können für den Menschen eine echte Hilfe sein in den mannigfachen Belastungen und Gefährdungen, denen er ausgesetzt ist. Die New Age-Medizin ist zu begrüßen, wo immer sie nicht okkulte Hintergründe hat.

Sogar der Optimismus der New Ager muß anerkannt werden, wenn er sich nur als nüchterner Realismus erweist, nicht als phantastische Fehlbeurteilung der Wirklichkeit, denn von der Therapie ist nicht viel zu erwarten, wenn schon die Diagnose falsch ist. Indessen ist nicht zu übersehen, daß ein falscher Optimismus mit den darauf aufbauenden irrationalen Wunsch- und Traumkonstruktionen in die Katastrophe führen kann.

In all diesen Punkten gibt es für das Christentum und die Kirche die Möglichkeit der Verständigung und auch der Zusammenarbeit mit dem New Age. Unannehmbar sind jedoch für das Christentum das magische Weltbild des New Age, der Okkultismus, die Umwertung aller Werte, die gnostische Spekulation, die Karma- und Seelenwanderungslehre, die Relativierung der Christusgestalt, das Reden vom kosmischen Christus, die Ablehnung der Dimension des Geschichtlichen, speziell in der Gestalt der Ablehnung der Heilsgeschichte, und die starke Akzentuierung der subjektiven Erfahrung. Abzulehnen ist auch der latente Totalitarismus des New Age. Unvereinbar mit dem Christentum und dem Glauben der Kirche sind die Identifikation des Heiles mit der persönlichen Entwicklung des einzelnen und die Vorstellung, daß die Sünde nicht in der Auflehnung des Herzens gegen Gott besteht, sondern in der Unwissenheit, daß der Mensch die Erlösung findet in der Überwindung des falschen Bewußtseins, das ihm vermittelt wird durch Einweihung und psychologische Techniken.[207]

Weit entfernt sich das New Age vom Glauben der Kirche, wenn es den personalen und trinitarischen Gott ablehnt und den Geistern, die angeblich über menschliche Medien in unserer Welt wirksam werden, einen zentralen Platz einräumt.[208] Gerade mit seinem Pantheismus – eigentlich handelt es sich hier wohl um einen Panentheismus – tritt das New Age in einen diametralen Gegensatz zum Christentum.[209]

Die jüdisch-christliche Offenbarung lehrt, daß Gott nicht identisch ist mit der Welt, daß die Welt nicht aus ihm hervorgegangen ist, daß er sie

---

207 Ebd., 103.

208 J. Sire, Die Welt aus der Sicht der anderen, Stuttgart 1980, 150ff.; G. Schütz, (S. 128 Anm. 12).

209 W. Schmidt, E. Flöther, C. Matrisciana, (Anm. 26), 11f.; J. Tibusek, (S. 19 Anm. 11), 10.

vielmehr geschaffen hat, in Freiheit, aus Liebe. Somit ist auch der Mensch ein Geschöpf Gottes. Durch die Taufgnade wird er ein Tempel des dreifaltigen Gottes, wird er vergöttlicht, aber immer steht er Gott gegenüber. Niemals kann er mit Gott verschmelzen, mit dem Göttlichen eins werden. Die Personalität Gottes erkennt bereits die natürliche Vernunft.

Das New Age verfehlt das Christentum, wenn es die Christusgestalt relativiert, wenn es das Christentum als eine Religion neben den anderen Religionen versteht und eine synkretistische Welteinheitsreligion anstrebt. Dabei ist nicht zu bestreiten, daß eine solche Relativierung in wachsendem Maße Zustimmung findet im Christentum und in der Kirche, ausdrücklich oder einschlußweise.[210]

Unvereinbar mit dem Christentum ist das New Age-Denken, wenn in ihm der Begriff der Sünde und die Vorstellung von einer gefallenen Schöpfung keinen Platz haben, wenn der Mensch die Erlösung selber bewerkstelligen muß und Christus nicht der Erlöser, sondern nur ein Lehrer des Lebens ist, einer von vielen „Erleuchteten".[211] Der Begriff der Gnade, der im New Age keinen Platz hat, ist für das Christentum so etwas wie eine Kurzfassung des Evangeliums.

Wenn die Lehre von der Gnade heute mehr als viele andere Glaubenswahrheiten der Vergessenheit anheimgefallen ist, wenn man weithin so handelt und lebt, als ob man nicht auf die Gnade angewiesen wäre, wenn wir heute im Christentum eine wachsende Sympathie für den Pelagianismus beobachten, so ist das eine Folge der Säkularisierung des christlichen Glaubens, eines mangelnden Sinnes für das Wesentliche der Botschaft des Neuen Testamentes, so zeigt sich darin aber auch das Eindringen des New Age-Denkens in das Christentum.

Unrealistisch und irreführend ist die Todesdeutung der New Ager, die heute allgemein nicht wenig Zustimmung findet und der Erwartung vieler entspricht.

Das New Age-Denken widerspricht dem Christentum und der natürlichen Vernunft, wenn es den Feminismus propagiert, den sexuellen Libertinismus, die widernatürliche Sexualität und die Zerstörung von Ehe und Familie.

Zentrale Aussagen der christlichen Anthropologie finden im New Age keine Heimat, etwa die unantastbare Würde des Menschen, der einzigar-

---

210 Zum Eindringen des New-Age-Denkens in die christliche Verkündigung und in die Theologie vgl. C. Cumbey, (Anm. 145), 186, wenngleich die Autorin in solcher Konkretion wohl zu weit geht.

211 R. König, (S. 45 Anm. 44), 103.

tige Wert der Person, die Grundforderung der Nächstenliebe, der fundamentale Gemeinschaftsbezug des Individuums, der etwas anderes ist als Kollektivismus, und die Verantwortung des einzelnen und der Gesellschaft für die Schwachen. Damit entsteht die Frage, wie das New Age eine humane Welt schaffen will.

Durch einen demonstrativen Optimismus, der irrational ist und die Vernunft verachtet, der freilich der verborgenen Sehnsucht vieler entgegenkommt, wiegt das New Age die Menschen in falscher Sicherheit. Das gilt vor allem für das erwartete Weltfriedensreich, die Weltfriedensgemeinschaft. Der Realismus der Offenbarung spricht demgegenüber von immer neuen Bedrängnissen und von einem sich steigernden Chaos angesichts des fortschreitenden Abfalls vieler als den Geburtswehen des neuen, transzendenten Reiches, das mit der Parusie Christi anheben wird.

Das neue Paradigma findet vielfach Vertrauen, weil es mit dem Anspruch der Wissenschaft auftritt. Dieser Anspruch ist jedoch rein verbal. In Wirklichkeit beruft es sich stets auf die Intuition, unbekümmert um deren Glaubwürdigkeit und Autorität. Die innere Eingebung und Geister können indes nicht die wissenschaftliche Argumentation ersetzen. Auch die Erkenntnisse einer höheren Bewußtseinsstufe bedürfen der rationalen Rechtfertigung, nicht anders als der Glaube an die jüdisch-christliche Offenbarung.[212]

Das New Age-Denken hat eine starke verführerische Kraft. Auf sanfte Weise zieht es die Menschen in seinen Bann, unmerklich. Geschickt nutzt es dabei die verbreitete Zukunftsangst aus. Es empfiehlt sich durch seinen Irrationalismus, der im Gewand des Rationalismus einhergeht, durch seinen dezidierten Kampf gegen jede dogmatische Festlegung, derweil es seine eigenen Dogmen unbemerkt fixiert und propagiert, durch seinen Kampf gegen die überkommenen ethischen Normen und durch seinen betonten Optimismus. Die Transformation arbeitet nach der Weise der Gehirnwäsche und verändert die Menschen, die sich ihr anvertrauen, von Grund auf. Eine Rückkehr in das frühere Leben ist dann sehr schwer. Man gerät in diese Welt etwa durch den Besuch von Seminaren, an denen man teilnimmt aus beruflichen Gründen oder um zu größerer menschlicher Reife zu kommen, und verfällt ihrer Faszination, bevor man genauer erfaßt hat, worum es geht. Hier zeigen sich Parallelen zu den Jugendreligionen, Vorformen des New Age, und zu den Drogen. Die Folgen sind leidvoll: Verlust des Wirklichkeitssinns, Zerbrechen familiärer Bindungen, Aufgabe des Berufes, Abhängigkeit von fragwürdigen Autoritäten,

---

212 J. Sire, (Anm. 208), 150ff.

seien es Einzelpersonen oder Gruppen, mangelnde Lebenstauglichkeit, gestörtes Sozialverhalten, geistige Regression und Zerstörung der Persönlichkeit. Der Mensch wird psychisch krank. Die Flucht in eine Scheinwelt, in die Scheinwelt des neuen Paradigmas mit seiner esoterischen Spekulation und seinem Okkultismus, hat ihre Folgen. Die Vernunft verläßt uns, wenn wir ihr die Treue aufkündigen. Man hat in diesem Zusammenhang von der Esoterikkrankheit gesprochen.[213]
In dem im Jahre 1983 in Amerika erschienenen Buch „The Hidden Dangers of the Rainbow" („Die verborgenen Gefahren des Regenbogens") wird die New Age-Bewegung als Wegbereiterin des Antichristen bezeichnet.[214] Angesichts der Umwertung aller Werte, des dezidierten Aberglaubens und des angestrebten widergöttlichen totalitären Welteinheitssystems ist es nicht ganz abwegig, hier an den im 2. Thessalonicherbrief[215] und in der Geheimen Offenbarung[216] angekündigten Antichristen zu denken.[217] Allein die Prophetie der Offenbarung will uns keinen Fahrplan für die Zukunft an die Hand geben.
Die New Age-Bewegung ist eine Antwort auf die Sinnkrise, die sich der westlichen Welt im Gefolge der wachsenden Säkularisierung bemächtigt hat. Sie füllt die geistigen Leerräume aus, die der Verlust des christlichen Denkens und der christlichen Lebensführung geschaffen hat, und profitiert von der Frage nach dem Sinn, die in unserer technisierten und materialistisch orientierten Welt immer lauter gestellt wird und oft ohne Antwort bleibt. Wenn die religiösen Antworten fehlen oder nur halbherzig gegeben werden oder wenn die Religion nicht mehr den ganzen Menschen anspricht und rationalistisch verödet, dann haben die Ideologien – dazu gehören die neuen Jugendreligionen ebenso wie die verschiedenen esoterischen Gruppierungen und auch das grandiose esoterische System der New Age-Bewegung – Hochkonjunktur, dann flüchtet der Mensch in die Irrationalität, in eine Scheinwelt. Dieser Ausweg bietet sich um so eher an, je mehr das Vertrauen zur Vernunft, zu rechten Vernunft, verlorengegangen und die wirkliche Welt zu einer unerträglichen Last geworden ist. Wo die Sinnfrage keine Antwort findet, sucht man mit

---

213 J. Schumacher, Die New Age-Bewegung als Anfrage an das Christentum, (Anm. 96), 77f.

214 C. Cumbey, The Hidden Dangers of the Rainbow. The New Age Movement and our Coming Age of Barbarism, Shreveport 1983; deutsch: Die sanfte Verführung. Hintergrund und Gefahren der New Age-Bewegung, Asslar ^{6}1987 (^{1}1986). Vgl. oben S. 277. 280. 291.

215 2 Thess 2,3-12.

216 Apk 17,17.

217 Vgl. J. Tibusek, (S. 19 Anm. 11), 70f.

Hilfe von Ersatzreligionen oder mit Hilfe des Aberglaubens die Lebensangst zu vertreiben und die Lebenskrisen zu meistern, um nicht vollends verzweifeln und resignieren zu müssen.[218]

Der Verlust des christlichen Denkens und das dadurch hervorgerufene Sinnvakuum führen angesichts der gegenwärtigen Veränderungen und Entwicklungen in den äußeren Lebensbedingungen sowie angesichts der immer schwieriger werdenden Durchdringung der Lebensvorgänge und der Entwicklungsprozesse zu wachsender Unsicherheit und Angst. Der schnelle Wandel der Verhältnisse und die äußeren Bedrohungen, die vermeintlichen wie auch die wirklichen, führen zu einer inneren Unruhe, die viele überfordert. Die Massenmedien schüren die Unruhe im Hinblick auf Umweltverschmutzung, Massenarbeitslosigkeit, wirtschaftliche Rezession und Mißbrauch der Atomkraft. Damit aber dienen sie der Sache des New Age, denn die New Age-Ideologie erhebt den Anspruch, angesichts einer fatalen und ausweglosen Gegenwart das rettende Rezept für eine glückliche Zukunft zu haben.

Die New Age-Ideologie empfiehlt sich dadurch, daß sie synkretistisch ist, ein Markt der Möglichkeiten. Dem einzelnen räumt sie ein, daß er sich nach eigenem Gutdünken bedient, daß er das auswählt, was ihm gefällt. Sie besteht nicht einmal darauf, daß es Überzeugungen oder Meinungen gibt, die miteinander unvereinbar sind. Sie verkündet: Wahr ist, was gut ist für dich, was dich glücklich macht, was dir eine Hilfe bedeutet! Im Grunde gesteht sie jedem seine eigene Wahrheit und seine eigene Moral zu.[219] Sie beschenkt ihn mit einer Freiheit, die sich als letzte Subjektivität darstellt und rechtfertigt. Das kommt den Wünschen des modernen Menschen entgegen, zumindest den oberflächlichen und unreflektierten, aber es ist nicht sachgemäß, es ist illusionär. Das Haus, das darauf errichtet wird, stürzt zusammen, weil es kein Fundament hat. Das deutlich zu machen ist die Aufgabe der Kirche und ihrer Verkündigung, die sich verständlicher artikulieren und ihre Stimme deutlicher vernehmbar machen müßte.

Die Antwort des Christentums und der Kirche auf die Herausforderung der New Age-Bewegung muß zum einen in der Selbstbesinnung bestehen, in der Frage nach den eigenen Versäumnissen hinsichtlich des verborgenen Suchens und der religiösen Sehnsucht der Menschen, zum anderen im geduldigen Dialog, im konstruktiven Gespräch, in dem die eigene Position geläutert und vertieft wird und somit klarer und überzeugender hervortreten kann. Der Anknüpfungspunkt wird dabei die „anima

---

218 R. König, (S. 45 Anm. 44), 27.

219 Vgl. G. Danneels, (S. 34 Anm. 18), 49f.

naturaliter religiosa“ sein, die sich auch im New Age Bahn bricht. Unter Umständen kann man sich auch zu „gemeinsamen Überlegungen und Aktionen von Christen und New-Age-Anhängern“ zusammenfinden,[220] das darf jedoch nicht zu einer synkretistischen Auflösung des Christentums und der Kirche führen. Im Vordergrund muß dabei das Bemühen der Kirche stehen, ihr vielfach ins Horizontale abgeglittenes Christentum zu überwinden, ihre authentische Botschaft zu verkünden, die Dimension des Mysteriums wieder stärker hervorzuheben, sich auf ihre reichen spirituellen und emotionalen Werte zu besinnen, den Menschen Erlebnis und echte Gemeinschaft zu vermitteln und ihnen Geborgenheit zu schenken. Wenn die Kirche heute vielen alt und verbraucht erscheint, so dürfte sich darin nicht zuletzt ihr Identitätsverlust widerspiegeln. Die Forderung der Stunde ist daher für sie die Besinnung nach innen, wodurch die New Age-Ideologie, die dezidiert eine Verinnerlichung des Menschen anzielt, überholt wird. Und sie muß den Mut wiedergewinnen, ihr Ureigenes zu betonen und mit größerem Selbstbewußtsein vorzubringen, vielleicht auch mit größerer Aggressivität.[221] Vor allem muß sie wieder mehr mit einer Stimme reden. Das Surrogat verliert seine Attraktivität, wenn das Echte seine Qualität nicht mehr verbirgt.[222]

---

220 G. Schiwy, (S. 145 Anm. 47), 11.

221 Marilyn Ferguson hebt hervor, daß die Uneinigkeit der Christen, ihre Wertschätzung des Charismatischen und ihre Zaghaftigkeit, im besonderen der Verlust der Standhaftigkeit der katholischen Kirche, der Ausbreitung des New Age entgegenkommt (M. Ferguson, [Anm. 88], 426f.).

222 J. Schumacher, Die New Age-Bewegung als Anfrage an das Christentum, (Anm. 96), 76-79.

RÜCKBLICK

Die wachsende Wertschätzung der esoterischen Spekulation und des Okkultismus zeigt uns, daß auch die Säkularisierung und der Konsum-Materialismus der Gegenwart das Bedürfnis des Menschen nach dem Geheimnisvollen und Unbegreiflichen, nach dem, was hinter der vordergründigen Wirklichkeit liegt, nicht beseitigen können. Die religiöse Dimension ist ein Wesenskonstitutiv des „Homo sapiens". Deshalb gerät der Mensch in einer Welt der radikalen Immanenz in Frustration, Vereinsamung, Unsicherheit und Angst, deshalb hält er immer wieder Ausschau nach dem Numinosen, nach dem Unfaßbaren, vor allem dann, wenn er mit äußeren und inneren Bedrohungen konfrontiert wird. Davon profitiert neben den Sekten die Esoterik, die geheimes Wissen und okkulte Praktiken vermittelt und damit dem grauen Alltag einen gewissen Zauber verleiht.

Wenn sich heute Millionen auf die Esoterik einlassen, obwohl diese vor dem nüchternen Urteil der Vernunft keinen Bestand hat, wenn immer mehr Menschen sich alten Geheimlehren über Gott und die Welt zuwenden, ihre Hoffnung auf Okkultismus und Spiritismus setzen, die Welt des Mythos ihrer konkreten Welt vorziehen, ungewohnte Gedankengänge und befremdliche Lebenspraktiken übernehmen, die Rationalität mit der Irrationalität vertauschen, so offenbaren sich darin große Ratlosigkeit und abgründige Not.

Es ist der von Natur aus auf die Religion hin ausgerichtete Geist des Menschen, der sich hier meldet, der ausbricht aus der öden und sinnlosen Welt einer nachchristlichen oder nachreligiösen Epoche, der Sicherheit und Geborgenheit sucht in der vielfältigen Gefährdung seiner Existenz. Der Mensch braucht einen Beziehungsrahmen für sein Leben, der die alltägliche Erfahrung übersteigt. Er leidet an der Unvollkommenheit seiner Gegenwart und träumt von einer besseren, von einer idealen Zukunft. Er sucht mehr, als die Welt ihm geben kann, auch wenn das nicht immer sogleich zutage tritt.[1]

In der nüchternen Welt der Gegenwart vermißt der Mensch das Geheimnishafte, sucht er Geborgenheit, Sicherheit und unverbrüchliche Regeln für ein gelungenes Leben. Da die Kirche unter dem Einfluß des Zeitgeistes geneigt ist, das Mysterium zu rationalisieren oder zu eliminieren und ihre Botschaft zu horizontalisieren oder auch zu relativieren, stellt sie ihr Licht vielfach unter den Scheffel. Davon profitiert die Esoterik. Sie ist undurch-

---

1 Vgl. G. Danneels, (S. 34 Anm. 18), 47f.

schaubar und will es auch sein. Sie verleiht dem Menschen ein höheres Wissen, sie schenkt ihm außergewöhnliche Kräfte und führt ihn in die geheimnisvolle Welt der Symbole. In der kleinen Gruppe gibt sie ihm Geborgenheit und schenkt ihm das Bewußtsein, zur Elite des Geistes zu gehören. Mit ihrer hermetischen Weisheit und mit ihren esoterischen Rezepten zeigt sie ihm den Weg zu geistiger und körperlicher Gesundheit und eröffnet ihm ganz neue Möglichkeiten der Lebensbewältigung. Zwar ist sie alt und anachronistisch, aber sie gibt sich neu und alternativ.[2]
Die Esoterik versteht sich als Mystik. In ihren verschiedenen Schattierungen ist sie so etwas wie eine irrationale Erlebnisreligion, in der alles Raum hat, was irgendwie die Verbindung mit dem Übersinnlichen, dem Inbegriff des Göttlichen, herstellt oder fördert, ohne daß sie besondere ethische Forderungen stellt. Damit aber kommt sie dem modernen Menschen entgegen.
Dem Menschen, der der analytischen Vernunft, die die modernen Naturwissenschaften prägt, überdrüssig ist, empfiehlt sich die Esoterik als ganzheitliche Wahrnehmung, erlebnismäßiges und erfahrungsbetontes Wissen. Sie hält jedoch nicht, was sie verspricht. Sie vermittelt einen imaginären Wirklichkeitsbezug. Denn wer bei ihr Zuflucht sucht, überläßt sich der vagen Spekulation, der Beliebigkeit und der Inkonsequenz. Die Antwort, die man erhält, ist oft die falsche, auch wenn es schwer ist, diese Erkenntnis zu vermitteln.
Die Esoterik definiert ihre Position zwischen dem Glauben und der herkömmlichen Wissenschaft. Gemäß ihrem Selbstverständnis ist nur sie unvoreingenommen. Sie beansprucht, Erkenntnis zu sein, die auf unmittelbarer Erfahrung beruht. Diese bestimmt sie als eine solche, die den ganzen Menschen ergreift und nicht eines Beweises bedarf. Sie betont, daß man diese Erfahrung selber machen muß. Wie das zu geschehen hat, vermittelt sie durch die Einweihung, die Initiation. Die Evidenz dieser persönlichen Erfahrung aber macht die Esoterik zu einer Wissenschaft eigener Art.
Der Esoteriker ist leichtgläubig gegenüber dem, was man ihm als Erkenntnis für Eingeweihte, als innere Erfahrung oder als intuitives Wissen vorlegt. In seiner Deutung der Wirklichkeit vertraut er dem Gefühl, nicht der Vernunft. Im Grunde glaubt er nicht zu wenig, sondern zu viel, sosehr er seine Überzeugungen auch als Erfahrungen und Einsichten kennzeichnet. Das bringt der Terminus Aberglaube zum Ausdruck. Kritischer müßte der Esoteriker sein gegenüber seinem „Wissen".

---

2 Vgl. auch J. Müller, Wege zum geistlichen Leben, Stuttgart 1987, 120ff.

Die Esoterik gibt der Subjektivität des Menschen Raum, sie schenkt ihm die Illusion geistiger Autonomie und schmeichelt seinem Selbstbewußtsein. Damit liegt sie ganz auf der Linie der Erwartung der Moderne.
Die Differenzen zwischen dem Christentum und der Kirche und dem esoterischen Welt- und Lebensverständnis sind groß. Dennoch gibt es gemeinsame Vorstellungen und Anliegen. Sie bieten Möglichkeiten der Zusammenarbeit, vor allem sind sie Anknüpfungspunkte für den Dialog, der nicht verstummen darf. Ihn schuldet der Christ dem Andersdenkenden um der Liebe, aber auch um der Wahrheit willen. Den Dialog mit dem Andersdenkenden gebieten die Würde des Menschen und der Anspruch der Wahrheit schon im Vorfeld des Christentums, erst recht im Christentum, das ihm eine tiefere Begründung gibt. Die Voraussetzungen für den Dialog sind ein gewisses Maß an Kenntnissen und eine ethische Grundhaltung, die sich dem Menschen und der Wirklichkeit verpflichtet weiß. Der ersteren Voraussetzung will das vorliegende Werk dienen, die letztere ist das Ergebnis der konsequenten Nachfolge Christi.

PERSONENREGISTER*

* Die Autorennamen in den Anmerkungen und im Literaturverzeichnis sind nicht erfaßt.